国家赔偿审判实务

裁判观点集成

最高人民法院赔偿委员会办公室　编著

人民法院出版社

图书在版编目（CIP）数据

国家赔偿审判实务与裁判观点集成 / 最高人民法院赔偿委员会办公室编著. -- 北京 : 人民法院出版社, 2023.7

ISBN 978-7-5109-3791-0

Ⅰ. ①国… Ⅱ. ①最… Ⅲ. ①国家赔偿法－法律解释－中国 Ⅳ. ①D921.65

中国国家版本馆CIP数据核字(2023)第069257号

国家赔偿审判实务与裁判观点集成
最高人民法院赔偿委员会办公室 **编著**

责任编辑 赵杰琼
执行编辑 杨　洁
出版发行 人民法院出版社
地　　址 北京市东城区东交民巷 27 号（100745）
电　　话 （010）67550656（责任编辑）　67550558（发行部查询）
65223677（读者服务部）
客服 QQ 2092078039
网　　址 http://www.courtbook.com.cn
E - mail courtbook@sina.com
印　　刷 三河市国英印务有限公司
经　　销 新华书店

开　　本 787 毫米×1092 毫米　1/16
字　　数 361 千字
印　　张 21.5
版　　次 2023 年 7 月第 1 版　2023 年 7 月第 1 次印刷
书　　号 ISBN 978-7-5109-3791-0
定　　价 88.00 元

编写说明

1994年5月12日，全国人大常委会审议通过《中华人民共和国国家赔偿法》（以下简称国家赔偿法），堪称我国民主法治建设史上具有里程碑意义的一件大事。国家赔偿法自1995年1月1日施行以来，全国各级司法机关、行政机关依法解决了大量国家赔偿纠纷，在救济私权、规范公权、修复和提升国家公信力、维护社会和谐稳定等方面，发挥了重要作用。但同时也应看到，由于立法时我国社会经济发展所处的特定历史阶段，使得这部法律提供的权利保障，无论在实体方面还是程序方面，都出现了与我国经济社会快速发展不相适应的情况。尽管在其后的2010年、2012年，全国人大常委会先后进行了两次法律修改，在完善赔偿程序、畅通诉讼渠道等方面进行了许多实质改进，法律实施中的不少突出紧迫问题得以缓解，但在赔偿范围、赔偿标准等主要问题方面没有改变。

国家赔偿法实施二十九年来，全国法院国家赔偿审判队伍注重严格司法与能动司法相结合，在国家赔偿法的正确适用方面积累了许多宝贵经验，最高人民法院及时收集提炼，先后出台了多部重要的司法解释和司法政策，使国家赔偿的制度体系在现行法的框架下得以不断完善和补强。

进入新时代，人民群众对权利保障的要求更高，对国家责任体系也有了更高的期待，但国家赔偿审判中一些深层次的问题一直没有解决，如国家赔偿领域中无罪羁押赔偿原则的扩张与限制，涉案财物处置中审前返还与插手经济纠纷的界定以及赔偿程序与民事程序的衔接，对刑事判决未认定部分财产的处置与赔偿，不同救济程序的审查边界，不同性质赔偿责任与办案程序的交叉，追偿追责条款的休眠等。这些问题的存在，不仅造成人民法院国家赔偿审判法律适用的困扰，与新时代深化依法治国实践的要求不符，也显示出进一步完善国家赔偿制度的必要性和紧迫性。为此，最高人民法院赔偿委员会办公室组织力量，广泛征集问题，成立攻坚小组，吸收骨干参与，对审判实务中的相关问题进行深入分析研判，并在此基础上撰写文章，汇编成《国家赔偿审判实务与裁判观点集成》一书。本书的编辑出版，致力于为人民法院国家赔偿审判法官、司法机关自赔和复议案件办案人员、律师等法律实务工作者提供办案指南，同时也希望能为有志于国家赔偿法学习研究的法律科研人员和法科师生，提供一个了解国家赔偿制度最新理论研究成果和审判实践前沿的好读本。

本书具有以下三个突出特色：**一是内容全面，体系完整。**本书涉及赔偿范围、赔偿请求人和赔偿义务机关、赔偿方式和计算标准、赔偿程序等司法赔偿各方面内容，全面展示近年来我国国家赔偿司法工作的新成果、新趋势，体系清晰完整，内容翔实准确，为国家赔偿审判提供全面指导。同时，为有效吸收借鉴域外立法经验，特委托西南政法大学相关学者专项进行国家赔偿法域外立法研究，并代为收集、翻译了美国、英国、澳大利亚、德国、法国、日本、韩国等国家相关法律条款，以期反映国家赔偿立法在世界范围内的最新动向，同时为各界人士关注和研究国家赔偿制度提供支持。**二是特点突出，实用性强。**近些年来，最高人民法院赔偿委员会办公室一直注重搜集国家赔偿审判实务中的重点难点问题。前期，我们又结合下级法院报送的数百个审判实务中遇到的疑难复杂问题，梳理总结了四十个左右的重点课题，所涉问题都是困扰国家赔偿审判多年、一直想解决而未能完全解决的。本书系列文章试图对相关问题进行探索和解读，以期对国家赔偿案件审理有所参考，对国家赔偿法研究有所裨益。**三是作者权威，精益求精。**本书由最高人民法院以及地方人民法院具有丰富实践经验的国家赔偿审判人员参与编写，每一篇文章都是原创，每一篇都既有法学理论的探讨又有实践经验的总结，每一篇都由最高人民法院赔偿委员会领导亲自核稿、审定，整个编写过程精益求精，确保了本书内容的准确性和权威性。

由于作者水平、视野有限，本书定非完美之作，错漏之处在所难免，欢迎广大读者给予批评指正。最后，真诚希望各位读者一如既往地关心、支持国家赔偿工作，共同推进国家赔偿事业的科学发展。

最高人民法院赔偿委员会办公室

目　　录

一、赔偿范围

二、赔偿请求人和赔偿义务机关

三、赔偿方式和计算标准

四、赔偿程序

五、其他相关问题

一、赔偿范围

（一）刑事赔偿范围

无罪羁押赔偿原则的新发展

——以不典型改判无罪的国家赔偿为视角

【核心观点】

国家赔偿法一直适用无罪羁押赔偿原则。关于不典型改判无罪是否予以赔偿问题，实践做法和理论探讨都比较深入，基本能够达成共识的是：再审后原判一罪或者数罪因基本事实认定错误而被撤销或者不成立，虽未改判无罪，但是被告人服刑期间超出再审判决确定刑期的，应该给予国家赔偿。

【问题及相关背景】

刑事错案的赔偿问题，实践中虽然数量比较少，但影响非常大。由于其天然的悲剧色彩，一旦发生，往往引发公众的情感共鸣，舆论关注度高，社会反响强烈。我国实行无罪羁押赔偿原则，对于改判无罪的被告人进行国家赔偿，不会产生任何问题。问题在于一些不典型的改判无罪案件，对于那些因改判致使羁押或者服刑时间严重超过生效判决确定刑期的被告人，虽然情理上应该得到赔偿，但从法律上找不到明确依据，赔与不赔引发广泛争论，甚至一时成为舆论热点。

［案例1］1995年3月和8月，某地发生两起出租车司机被抢劫杀害等案件。法院认定被告人田某等五人实施了该两起犯罪，并认定田某另外实施了两起持刀拦路抢劫货车司机行为，分别抢劫100元、195元。法院除了对其他四名被告人判决以外，判决田某犯抢劫罪，判处无期徒刑，剥夺政治权利终身。后抢劫杀害出租车司机的真凶出现，案经再审，2013年法院认定田某等五人抢劫杀害出租车司机的事实不成立，但田某持刀拦路抢

劫货车司机100元和195元的行为存在，最终，法院除了对其他四名被告人进行改判以外，认定田某依然构成抢劫罪，改判有期徒刑三年。

[案例2] 王某平时以蹬三轮为业，与朋友李某合租一处住房。1994年12月15日，李某告诉王某自己杀了个小女孩，并威胁王某不要报案，否则下场和那个小女孩一样。当晚，王某蹬三轮车拉着李某到距离出租屋5公里外的地方抛尸。次日晚，王某因涉嫌强奸杀人被民警带走，李某逃逸。1996年11月，王某因故意杀人罪、奸淫幼女罪，数罪并罚被决定执行死缓。后李某因另案被抓获，供述了本起犯罪事实。2013年7月，法院再审认定王某故意杀人罪、奸淫幼女罪不成立，但伙同李某抛尸构成包庇罪，判处王某有期徒刑三年。

[案例3] 2003年8月至10月，邹某非法买卖盐酸氯胺酮制剂7500盒，非法获利16250元，后该制剂经转手被他人制成氯胺酮晶体贩卖。2004年12月，法院判决认定邹某犯贩卖毒品罪，判处无期徒刑，剥夺政治权利终身，并处没收个人全部财产。案经再审，2018年8月，法院认为，盐酸氯胺酮制剂于2003年11月1日以后被纳入第二类精神药品范围管理，此前属于按处方药管理、在医疗机构凭医生处方使用、零售药店不得经营的专营专卖物品，遂撤销原判，改判邹某犯非法经营罪，判处有期徒刑二年，并处罚金3万元。

[案例4] 2012年6月，吴某被刑事拘留。几经补侦和延审，2014年2月法院作出判决：被告人吴某犯贪污罪，判处有期徒刑十二年，并处没收财产15万元；犯串通投标罪，判处罚金8万元。数罪并罚，决定执行有期徒刑十二年，并处没收财产15万元，罚金8万元。吴某上诉后，案件被发回重审。2016年6月，该法院重审认定吴某贪污罪不成立，判决吴某犯串通投标罪，判处罚金8万元。重审期间，吴某于2016年2月被变更强制措施为取保候审。

实践中，不典型改判无罪情形比较复杂，上述案例具有一定的代表性，有的数罪改为一罪，有的重罪改为轻罪，有的因原判认定的主要犯罪事实发生变化而改判，有的原判认定的事实没有变化，只是因法律适用错误而改判。改判的程序也不一样，有的经历了再审程序，有的在上级法院发回重审后改判。不同的改判情形，在国家赔偿法上的意义和结果不尽相同。上述四个案例，都不是典型的被改判无罪，从严格依法的角度，似乎都难以给予赔偿。但是，考虑到我国国家赔偿法规定得相对简单，而且多年未曾修改，司法实践从公平正义和人权保障的角度，根据改判的不同情形，有分别地、尽可能地保护有关当事人的合法权益。案例 1 和案例 2 经过再审程序，虽然田某被改判成较轻的抢劫罪，王某被改判成较轻的包庇罪，均不是无罪，但原判认定的主要犯罪事实即抢劫杀害出租车司机和强奸杀人的事实被否定，因此，对两人最终给予了国家赔偿。案例 3 改判时法院认为邹某实施的贩卖盐酸氯胺酮制剂的事实确实存在，仍然具有社会危害性和刑事违法性，案例 4 中法院认为改判发生在重审程序而不是再审程序，对被告人的羁押是保证刑事诉讼顺利进行的必要，因此，对邹某和吴某没有给予国家赔偿。

对不典型改判无罪引发的国家赔偿问题，处理好了，可以凝聚起彰显公平正义、维护和谐稳定的正能量，处理不好，则有可能给当事人造成二次伤害，损害法律公正性、严肃性和司法公信力，应该予以高度重视。

【理论探讨】

对于上述不典型改判无罪是否予以国家赔偿，实践中众说纷纭，莫衷一是，尚存争论。最终，前两个案例获得赔偿而后两个案例没有获得赔偿，可以说是各种观点相互妥协的产物，是各种利弊权衡的结果。简单梳理一下，这些观点总体上可以分为两类：肯定论和否定论。

肯定论者认为，对于不典型改判无罪的被告人，可以或者说应该进行国家赔偿，主要有以下理由。

第一，公平正义理念。公平正义虽然是具体的、历史的，不同的群体和个人、不同的历史阶段有着不尽相同的公平正义理念，但是，整个社会也存在深植于大众心中的最朴素、最基本的公平正义理念，这是整个社会得以维系、延续、进步的基础。朴素的公平正义理念，不一定是合乎法律的，但一定是必不可少的。杀人偿命、欠债还钱是，犯多大罪判多重刑、判几年刑服几年刑应该说也是。羁押期限或者服刑期限超过生效判决确定的刑期，无论是发生在再审程序，还是二审、重审程序，无论是发生在数罪并罚的案件中，还是在个罪案件中，都应该对多羁押或者多服的刑期予以赔偿，即便超期羁押、超期服刑是国家为了保证刑事诉讼顺利进行所要付出的一些代价，但这些代价也不应该由个别的被告人来承担，而应该统一由国家来承担，否则，就违背了最朴素的公平正义理念，被告人难免产生又一次被冤枉的感觉，“二次伤害”由此产生。

第二，人权保障理念。尊重和保障人权，是社会文明进步的重要标志，是我国宪法确立的重要原则，也是我们党和国家的坚定意志和不懈追求。早在1997年，党的十五大就提出要“尊重和保障人权”，2004年宪法修改时明确规定“国家尊重和保障人权”。宪法第四十一条第三款规定：“由于国家机关和国家机关工作人员侵犯公民权利而受到损失的人，有依照法律规定取得赔偿的权利。”司法机关能否切实尊重和保障人权，直接关系党和国家意志在司法领域的实现，直接关系党中央的决策部署在人民法院的贯彻落实。2012年修正刑事诉讼法明确规定刑事诉讼应该“尊重和保障人权”。此后，刑事司法一改疑罪从轻的观念，坚决贯彻疑罪从无原则，纠正了一批冤错案件，社会各方面予以高度评价。作为人权保障法的国家赔偿法，更应该在尊重和保障人权方面身先士卒，做得更好。人权中最基本的是人身权，尊重和保障人权要从尊重和保障人身权开始，切实加大对人身权的保障力度，对侵犯人身权的行为，坚决予以纠正；对羁押期限或者服刑期限超过生效裁判确定刑期的被告人，坚决予以赔偿。

第三，准确理解立法原意。考虑到国家赔偿法关于无罪赔偿的规定已经二十余年没有修改，难以适应实践中审理复杂多变的国家赔偿案件的需要，这就需要最高人民法院根据不同案件的具体情形作出符合立法目的、原则和原意的解释。在上述田某国家赔偿案件审理过程中，地方法院赔偿委员会对于如何理解和适用国家赔偿法第十七条第三项意见不一，提出请示。最高人民法院赔偿委员会考虑到案件的特殊情况，认为五名被告人被指控抢劫杀害出租车司机的基本犯罪事实被否定，相当于宣告被告人对指控的该起犯罪事实无罪，就应该予以赔偿，而且，五名被告人羁押时间大致相同，如果其他被告人因改判无罪而分别获得100多万元的国家赔偿，而田某因改判轻刑、多坐牢十几年却不予赔偿，将在几个被告人之间造成巨大的不平衡，产生新的矛盾。经征求意见，全国人大有关部门对决定赔偿完全同意。王某案也经历了如此程序。两案的赔偿决定作出后，当事人满意，赔偿义务机关满意，舆论一片赞同，取得了良好的法律效果和社会效果。

第四，国家财力足以承受。经过改革开放以来几十年的发展，我国的综合国力和财政能力取得了有目共睹的巨大成就。2018 年，我国一般公共预算支出高达 22 万亿元。对于超期监禁或者超期服刑的被告人予以赔偿，虽然数额目前不得而知，但国家财力完全可以承受。据不完全统计，近些年每年各级法院赔偿委员会决定赔偿的人身自由赔偿金总额约两三亿元。打个不恰当的类比，现在高速公路造价为平均每公里 1 亿元左右，两三亿元赔偿金也就相当于建造两三公里高速公路。

否定论认为，对于不典型改判无罪的被告人，不宜进行国家赔偿，主要有以下理由。

第一，赔偿法定原则。我国实行国家赔偿法定原则，赔偿的范围、标准、程序等均由法律明文规定。国家赔偿法第十七条、第二十一条规定，只有对改判无罪的被告人，才能进行国家赔偿，从国家赔偿法的条文规定无法得出对没有改判无罪的被告人也可以进行国家赔偿的结论，对于没有明确改判无罪或者未全部改判无罪的被告人，就不能进行国家赔偿。否则，对于改判后仍然有罪的被告人也进行国家赔偿，就违反了法律规定，属于法外开恩，浪费纳税人的钱财。

严格按照赔偿法定原则来讲，有关司法解释如 2016 年 1 月施行的《最高人民法院、最高人民检察院关于办理刑事赔偿案件适用法律若干问题的解释》第六条的规定，或者司法答复如 1996 年 8 月作出的《最高人民法院关于原判数罪中个罪被改判无罪且该罪刑罚已执行如何适用法律问题的答复》的内容，都有越权解释或者答复的嫌疑。即便按照该解释和答复，数罪并罚的案件个罪被改判无罪的可以赔偿，但是，前述三个案件被告人均没有改判无罪，案例 4 中对吴某的改判发生在重审程序中，重审或者二审属于正常的刑事诉讼程序，对被告人的羁押属于保证刑事诉讼顺利进行的程序措施，这些情形均不符合司法解释或者答复的规定，不应该予以赔偿。

第二，对危害社会行为免除国家赔偿责任原则。不典型改判无罪的被告人，如上述四个案例中的被告人，其行为都具有一定的社会危害性，对于国家、社会和他人利益都造成了一定危害，国家能够改判其较轻的罪名和刑罚，已经维护被告人的利益了，不能再奢望对他们进行国家赔偿。对此，国家赔偿法第十九条第三项明确规定“依照刑事诉讼法第十五条、第一百七十三条第二款、第二百七十三条第二款、第二百七十九条[①]规定不追究刑事责任的人被羁押的"，国家不承担赔偿责任。

第三，刑事诉讼必要代价理论。为了保证刑事诉讼的顺利进行，切实维护国家和人民利益，必须赋予公安机关、司法机关必要的刑事诉讼强制权力。刑事诉讼是通过寻找证据证实犯罪的过程，不可能一蹴而就。囿于人的认识能力的有限性和科学技术发展的阶段性，刑事强制权力在运行过程中，拘留、逮捕、审判等发生错误是不可避免的，由此给被告人造成一些损害，是社会正常运行所要付出的必要代价或者成本。特别是二审或者发回重审是正常的刑事诉讼程序，不同于特别程序如再审程序，刑事判决一般经过两审才能生效，被告人在二审或者重审过程中被改判不典型无罪的，不应该给予国家赔偿。

第四，赔偿与国家财力相适应。早在 1994 年制定国家赔偿法时，关于法律草案的说明中就提到"考虑国家的经济和财力能够负担"。如果所有改判轻罪轻刑的被告人超期监禁或者服刑都要给予国家赔偿，国家财力是难以负担的。

我们认为，上述观点各有道理。应当说，目前拟完全实现对不典型改判无罪的人予以国家赔偿，尚缺乏法律依据。但我们认为，随着法律制度的不断完善，司法实践的不断丰富，在不久的将来，对不典型改判无罪的人予以国家赔偿或补偿，是有可能实现的。

关于无罪羁押赔偿原则，从手头不全的资料来看，国际上和一些国家的规定大致相同，对无罪羁押的一般要进行赔偿，但在如何适用的具体情形上，特别是关于不典型改判无罪是否予以赔偿问题，则规定各异，不一而足。

从国际公约看，我国 1988 年签署的《公民权利和政治权利国际公约》第 14 条第 6 款规定："在一人按照最后决定已被判定犯刑事罪而其后根据新的或者新发现的事实确实表明发生误审，他的定罪被推翻或者被赦免的情况下，因这种定罪而受刑罚的人应依法得到赔偿，除非经证明当时不知道的事实的未被及时披露完全是或者部分是由于他自己的缘故。"可以看

① 分别对应 2018 年修正刑事诉讼法第十六条、第一百七十七条、第二百八十四条、第二百九十条。

出，该公约的基本要求是发生误审时其定罪被推翻或者赦免的人有权依法得到赔偿。

从其他国家及地区看，关于无罪羁押赔偿原则，英美法系国家以判例法为主、制定法为辅，表现得较为散乱，研究起来比较困难。大陆法系国家的刑事赔偿立法，主要有两种：第一种，以德国为代表。德国的刑事赔偿面很宽，不以有罪无罪为界限，而是以刑事追诉行为是否被改正为界限，对于轻罪重判等情形都规定予以赔偿。德国刑事追诉措施赔偿法第 1 条规定："一、对于因一项刑事法庭判决遭受损失者，如其判决在再审程序的刑事诉讼中被取消或者被判轻，或者在能使该判决有效的其他刑事诉讼中被取消或者减轻时，由国库予以赔偿。二、如果没有作判决而处以矫正或者保安处分或者一项附随结果时，相应适用第一款。"这就是说，原判决或者矫正或者保安处分等被取消或者被减轻，国家均负赔偿责任，而不问取消或者减轻的原因。该法第 2 条规定："一、如果当事人已被释放，或者针对他的刑事诉讼已经终止，或者法院拒绝对他开庭审判，当事人由于受羁押或者其他刑事追诉措施而遭受损失，由国库予以赔偿……"这就是说，只有针对被告人的刑事诉讼未开始或者已终止，其之前曾遭受羁押的，国家都予赔偿，而不论刑事诉讼未开始或者已终止的原因。第二种，以日本为代表。对侵犯人身自由权的，只赔偿无罪羁押的，不赔偿有罪羁押的，即实行无罪羁押赔偿原则。日本刑事补偿法第 25 条规定："受到根据刑事诉讼法所作的免诉或者公诉不受理判决的人，如果有充分理由认为没有应判决免诉或者公诉不受理的事由，而应受到无罪判决时，可以根据关押或者拘禁的情况向国家请求补偿，或者根据刑罚的执行或者拘禁的情况请求补偿。"这就是说，对于免诉或者公诉不受理的人，不予赔偿，但免诉或者公诉不受理判决如果有问题，并且有充分理由认为应受到无罪判决的人，才能请求赔偿。

可以看出，我国的无罪羁押赔偿原则，没有采用德国的立法模式，而是借鉴了日本的做法。

【意见建议】

关于不典型改判无罪的实践做法和理论探讨都比较深入，基本能够达成共识的是，对于无罪羁押赔偿原则在目前阶段可以作如下扩充适用：再审后原判一罪或者数罪因基本事实认定错误而被撤销或者不成立，虽未改判无罪，但是被告人服刑期间超出再审判决确定刑期的，应该给予国家赔偿。

尚未达成共识的是：二审或者重审后原判一罪或者数罪因基本事实认定错误而被撤销或者不成立，虽未改判无罪，但是被告人羁押期间超出生效判决确定刑期的，是否给予国家赔偿？

对此，我们认为限于现行法律规定，暂无法获得赔偿，但未来可以通过修改国家赔偿法的途径来解决。毕竟，二审或者重审程序与再审程序在国家赔偿法上的意义和作用大致相同，无论经历哪个程序，改判无罪的都要赔偿，区别仅仅是在适用法律条文时是单独适用国家赔偿法第二十一条第四款还是一并适用第十七条第三项，既然对于“再审后原判一罪或者数罪因基本事实认定错误而被撤销或者不成立，虽未改判无罪，但是被告人服刑期间超出再审判决确定刑期的，应该给予国家赔偿”能够达成共识，得到最高立法机关和最高司法机关的肯定，那么，对于“二审或者重审后原判一罪或者数罪因基本事实认定错误而被撤销或者不成立，虽未改判无罪，但是被告人羁押期间超出生效判决确定刑期的”情形，就应该也给予国家赔偿。当然，如果未来修法后区分赔偿、补偿，则纳入补偿可能更加恰当、稳妥。

实践中还有一种情形，也是多有争论，即对公民采取刑事拘留或者逮捕措施超过法定期限且被羁押的时间超过生效判决确定刑期的，是否给予国家赔偿？

对此，我们认为，不宜给予国家赔偿。主要理由在于：一是国家赔偿法关于羁押赔偿的基本前提是无罪，判决有罪的话，除非前述特殊情形，否则基本谈不上赔偿；二是国家赔偿法 2010 年修改后关于羁押赔偿的处置原则改为后置吸收，只要有审判行为存在，此前的拘留、逮捕措施即便发生违法或者错误，也被其后的审判行为所吸收而不再追究，是否予以国家赔偿只会根据判决情形来决定；三是实践中似乎还没有类似情形决定赔偿的先例。

至于单纯的“轻罪重判”或者“重罪改判轻罪”致使超期监禁或者超期服刑问题，例如实践中常见的绑架罪改为非法拘禁罪、抢劫罪改为抢夺罪等，因为案件的基本事实没有发生变化，只是法律适用有所改变，相应的罪名和刑罚有所改变和减轻，也没有改变整个案件的有罪判决属性，所以，目前还不宜纳入国家赔偿的范围。

综上，关于不典型改判无罪以及轻罪重判的赔偿问题，最好的途径是系统性地修改国家赔偿法，区分刑事赔偿与刑事补偿，增设“刑事补偿”条款，规定：无论是违法拘留、逮捕还是审判，无论是经过再审还是二审、重审程序，凡是违法行使职权致使超期羁押或者超期服刑的，都给予国家赔偿；凡是行使职权行为没有违法或者过错，而事实上超期羁押或者超期服刑的，都给予国家补偿。

（撰稿人：最高人民法院　祝二军）

刑事拘留的审查强度及违法情形的认定

【核心观点】

违法刑事拘留国家赔偿适用违法归责原则。人民法院赔偿委员会对刑事拘留拥有实质审查权。判断赔偿义务机关是否承担刑事拘留国家赔偿责任，既要对程序是否合法进行审查，也要对条件是否合法进行审查。为防止出现审查不深或者过度审查现象，对司法实践中刑事拘留违法情形的认定，实质审查应以刑事拘留的证明标准来进行；程序审查应以刑事诉讼法的有关程序规定来进行。

【问题及相关背景】

2013 年 9 月 12 日，甘肃省张家川回族自治县张家川镇发生高某非正常死亡事件。杨某于 2013 年 9 月 14 日、15 日先后多次在其 QQ 空间、腾讯徽博，散布“警察殴打死者家属”“家属已经被警察强行拘留”“钻石国际歌厅法定代表人是张家川县法院副院长苏建”“被害人在死前用血书写下苏字、已经指明了嫌疑人，但警方到现在也迟迟不肯作为，又是在怕什么”等虚假信息，并发表“大家转起来”“看来必须得游行了”等言论，被网民大量浏览、转载，引发网上围观，一些不明真相的群众参与了张家川回族自治县县城“聚集”，扰乱了公共秩序。2013 年 9 月 17 日，张家川回族自治县公安局以杨某涉嫌寻衅滋事立案侦查，经讯问，杨某对其利用网络编造、散布虚假信息，发表游行言论的事实予以承认。当日，张家川回族自治县公安局对杨某刑事拘留。2013 年 9 月 22 日，鉴于杨某犯罪情节较经，社会危害性较小，悔罪态度诚恳，张家川回族自治县公安局依据刑事诉讼法第十五条之规定撤销此案，杨某当日被释放。

杨某于 2013 年 11 月 14 日向张家川回族自治县公安局提出赔偿申请，

张家川回族自治县公安局对杨某的赔偿请求决定不予赔偿。复议机关天水市公安局决定维持了赔偿义务机关的决定。杨某向天水市中级人民法院赔偿委员会申请作出赔偿决定。该院赔偿委员会决定维持赔偿义务机关的自赔偿决定和复议机关的刑事赔偿复议决定。

本案的焦点在于杨某涉嫌寻衅滋事一案被撤销后，赔偿义务机关是否承担刑事拘留杨某的国家赔偿责任。

我们认为，本案系刑事拘留国家赔偿问题，判断赔偿义务机关是否承担刑事拘留国家赔偿责任，既要对侦查机关采取刑事拘留强制措施的程序是否合法进行审查，也要对采取刑事拘留强制措施的条件是否合法进行审查。

【理论探讨】

我国对于刑事拘留赔偿的修改几经反复，刑事拘留赔偿内容从1994年国家赔偿法第十五条第一项“对没有犯罪事实或者没有事实证明有犯罪重大嫌疑的人错误拘留的”，修改为2010年国家赔偿法第十七条第一项规定的违法拘留，2012年国家赔偿法修正时该未作变更，即“违反刑事诉讼法的规定对公民采取拘留措施的，或者依照刑事诉讼法规定的条件和程序对公民采取拘留措施，但是拘留时间超过刑事诉讼法规定的时限，其后决定撤销案件、不起诉或者判决宣告无罪终止追究刑事责任的”。从该条可以看出，刑事拘留国家赔偿的原则，正式确定以违法归责为赔偿原则。

国家赔偿法对于刑事拘留归责原则，明确适用单一的违法归责原则。考虑到刑事拘留是对现行犯或重大犯罪嫌疑分子在遇有法定的紧急情况下依法采取的强制措施，其条件要求明显低于逮捕，因此，在刑事拘留赔偿范围，一方面，要保证公安机关严格按照刑事诉讼法规定的条件和期限采取拘留措施，另一方面，对公安机关依照刑事诉讼法侦查刑事案件要给予充分保障，给予侦查机关更大的裁量权。鉴于国家赔偿法第十七条第一项的规定关于违法的判断，还是缺乏具体的标准，司法实践中对于违法刑事拘留的认定也较为混乱。2015年《最高人民法院、最高人民检察院关于办理刑事赔偿案件适用法律若干问题的解释》第五条规定了属于国家赔偿法第十七条第一项规定的违法刑事拘留的三种情形，即无论是违反刑事诉讼法规定的条件，还是违反刑事诉讼法规定的程序，抑或是虽然依照刑事诉讼法规定的条件和程序对公民采取拘留措施，但是拘留时间超过刑事诉讼法规定的时限，均属于违法刑事拘留。该条司法解释对于刑事拘留违法的判断给出了具体的标准，有利于司法实践中对违法刑事拘留的判断和认定。

一、人民法院赔偿委员会对刑事拘留拥有实质审查权

刑事拘留国家赔偿制度在违法归责原则的全面统摄下，其前提条件就是要先行判断拘留行为的违法性。人民法院赔偿委员会对刑事拘留违法性的认定，体现在对刑事拘留本身的审查权限上。因刑事诉讼法及相关司法解释对拘留程序与期限规定较为明晰，故关于实质审查和形式审查的争论主要体现在对拘留条件的审查上。主张实质审查的意见认为，人民法院赔偿委员会有权审查侦查机关采取的刑事拘留措施是否符合刑事诉讼法相应条款的规定，并进而作出刑事拘留措施是否违法、是否应当给予国家赔偿的决定，即有权审查被刑事拘留的人的行为与刑事诉讼法规定的可以先行拘留的情形是否相符。主张形式审查的意见则认为，人民法院赔偿委员会对刑事拘留的审查是一种形式审查，即只能审查侦查机关采取刑事拘留措施是否依据刑事诉讼法作出，不能审查被刑事拘留人的行为与法律规定的可予拘留情形之间是否有对应关系。笔者赞同实质审查的意见，即人民法院赔偿委员会对刑事拘留拥有实质审查权。

二、对刑事拘留实质审查的认识

笔者认为，人民法院赔偿委员会对刑事拘留的实质审查应以刑事拘留的证明标准来进行，以防司法实践中出现审查不深或过度审查现象。

刑事诉讼证明的标准，是法律所规定的运用证据证明待证事实所要达到的程序，从立案至法院裁判的整个动态过程，刑事诉讼程序的每一个阶段都需要特定的证明标准。可以说，证明标准的确定直接影响到刑事诉讼实践的具体操作和推进，因而科学合理且具有实践操作性的证明标准对于案件的正确审理和裁判结果的公正性具有根基性的意义。因此，侦查机关在采取刑事拘留强制措施时，必须遵循一定的证明标准。

按照一般的观点，刑事拘留是公安机关、检察机关对直接处理的案件，在侦查的过程中遇到法定的紧急情形，对现行犯或者重大嫌疑分子所

采取的临时性剥夺其人身自由的强制措施。[①] 刑事拘留必须具备两个条件：一是对象必须是现行犯或者重大嫌疑分子；二是具有法定的紧急情形。对于紧急情形的限定，刑事诉讼法第八十二条明确列举了七种可以先行拘留的情形，对紧急情形的法定化进行了严格的框定。

然而，对于刑事拘留证明标准的具体描述和界定，法律法规中并没有明确的规定。在具体权衡刑事拘留这一刑事强制措施的作出以及实际执行是否具备正当性与合法性的判断上，笔者认为，可以借鉴域外国家“合理理由”[②] 的表述，以合理理由作为刑事拘留的证明标准符合我国国情。因为拘留的对象是人，而证实犯罪事实发生的证明标准在立案时已解决，此时要解决的是该人是否实施了犯罪行为。依据刑事诉讼法第八十二条第一项至第三项，已经有一定的证据证明该行为人可能是犯罪行为实施人，若同时有合理理由证明犯罪嫌疑人有企图自杀、逃跑或者在逃的或有毁灭、伪造证据或者串供可能等可能阻碍刑事诉讼顺利进行的紧急情况，此时，证明标准成立，可对该犯罪嫌疑人采取刑事拘留措施。

刑事拘留决定的作出和执行应建立在刑事诉讼法具体规定的基础上，具备法定的合理化理由。其一是犯罪事实客观发生。依法作出刑事拘留决定的前提，即必须按照刑事诉讼法的规定，以客观发生、存在的犯罪事实为基础性依据。犯罪事实的客观发生和可能实施该犯罪事实的现行犯、重大嫌疑分子，是启动刑事拘留程序的前提条件。通过实际控制涉嫌犯罪的

---

① 参见曹建明、何勤华主编：《大辞海、法学卷》，上海辞书出版社 2003 年版，第 272 页。

② 英国有史以来第一次以成文法的形式来系统规定警察权力的法律即 1984 年警察与刑事诉讼法第 24 条规定了无证逮捕，该条规定了警察对触犯可捕罪的犯罪嫌疑人无证逮捕的相关内容。该条多处提到“合理理由”，如，对于有合理理由怀疑犯罪行为已经发生的，地方警察可对有合理理由认为是实施犯罪的人的嫌疑人适用无令逮捕。又如，只有在地方警察有合理理由相信有涉及某些具体原因逮捕嫌疑人必要时，警察对犯罪嫌疑人有立即逮捕权。日本刑事诉讼法第 199 条第 1 款规定：检察官司、检察事务官司或者司法警察职员，在有相当的理由足够怀疑被怀疑的人已经实施了犯罪时，可根据其法官预先签发的逮捕证来逮捕该被怀疑的人。法国刑事诉讼法典第 62-1 条第 1 款规定了拘留制度的具体定义，“拘留是司法警官在司法机关的监督下采取的一种强制措施”，并规定了拘留制度的适用对象是“存在说得通的理由可以怀疑其实施了重罪或当处监禁刑之轻罪”的犯罪嫌疑人。意大利刑事诉讼法第 384 条第 3 款规定，若犯罪嫌疑人犯罪后发现该犯罪嫌疑人，或者根据一定的、具体的材料显示，其确有理由认为该犯罪嫌疑人存在逃跑的可能性，但因为情况紧急而来不及等公诉人作出决定时，司法警察也可以主动对犯罪嫌疑人实施拘留。参见世界各国刑事诉讼法编辑委员会：《世界各国刑事诉讼法》，中国检察出版社 2016 年版，第 2153 页、第 335 页、第 563 页、第 1691 页。

人，暂时剥夺现行犯以及重大嫌疑分子的人身自由，保障后续的刑事诉讼程序能够顺利进行。其二是现行犯、重大嫌疑分子被发现处于紧急状态。犯罪事实发生后，作为犯罪嫌疑人的现行犯、重大嫌疑分子为逃避刑事责任追究，会想尽一切办法在第一时间掩饰其实施了犯罪行为。为了保障刑事诉讼程序的顺利进行，侦查机关应在尽可能短的时间内实际控制现行犯和重大嫌疑分子。因此，立法机关依据司法实践的经验，在刑事诉讼法第八十二条中列举了七种紧急状态的情形，为刑事拘留程序的启动提供了明确的法律根据。

刑事拘留的证明标准不能是排除合理怀疑的刑事定罪标准，否则会导致过度审查。与侦查阶段的证明标准相比，定罪的证明标准更为严格规范。刑事诉讼法第二百条规定，作出有罪判决的条件是：案件事实清楚，证据确实、充分。在刑事诉讼程序中，作为刑事诉讼程序推进最后环节的审判，其定罪证明标准远远超出犯罪事实这一案件的核心要素，因此，刑事定罪的证明标准最为严格，应当遵循排除一切合理怀疑的证明标准。而刑事拘留强制措施是侦查阶段所采取的措施，其证明标准仅限于犯罪事实这一案件的核心要素，并未将犯罪事实之外的其他与案件本身具有各种牵连关系的事实也纳入证明标准中。在案件侦查阶段，只要能够证明犯罪事实客观发生、犯罪嫌疑人涉嫌犯罪，那么，就有合理理由对犯罪嫌疑人作出刑事拘留决定。

为此，人民法院赔偿委员会对刑事拘留是否违法的实质审查，应以刑事拘留的证明标准来进行，而不能用刑事定罪的证明标准即排除一切合理怀疑的标准来进行。

三、对刑事拘留的程序审查

刑事拘留作为一项限制人身自由的强制措施，一旦被违法行使，其危害性不可估量。为了充分保护受害人的合法权益，有必要对侦查机关刑事拘留的合法性实行严格审查。从《最高人民法院、最高人民检察院关于办理刑事赔偿案件适用法律若干问题的解释》第五条的规定来看，违法刑事拘留中的“违法”既包括实体违法，也包括程序违法，这体现了对程序公正的重视。侦查机关实施刑事拘留行为，如果实体合法，但程序违法，也是需要承担国家赔偿责任的。

刑事诉讼法第八十五条、第八十六条规定了拘留的程序。对刑事拘留的程序审查，应按照上述规定来进行判断。即侦查机关实施刑事拘留时，必须出示拘留证；除有碍侦查或无法通知的情形以外，应在拘留后二十四小时以内通知被拘留人的家属或单位；应在拘留后的二十四小时以内进行讯问；在发现不应当拘留的时候，必须立即释放，发给释放证明；等等。

四、对刑事拘留的时限审查

根据我国刑事诉讼法的规定，侦查机关采取刑事拘留强制措施时有时限上的明确规定。公安机关采取刑事拘留强制措施一般应不超过十日，特殊情况下可拘留十四日，最长可拘留三十七日（对于流窜、多次、结伙作案重大嫌疑分子）；人民检察院所实行的拘留发生在直接侦查中，一般不超过十日，特殊情形下应不超过十四日。若超过此期限，且最终被撤销案件、不起诉或者宣告无罪的，则需承担赔偿责任。

【意见建议】

在司法实践中，或许我们会遇到各种各样的问题，比如，对于侦查机关拘留或延长拘留手续齐全的，是否需要实质审查，并以最终无罪结论认定为违法拘留；仅有程序性的违法事项，但拘留本身并无错误，亦无终止追究刑事责任情形，能否认定为违法刑事拘留；等等。那么，我们在个案中应该如何判断是否属于违法刑事拘留。

第一，对于侦查机关违反刑事诉讼法规定的条件采取拘留措施的情形。此种情形是《最高人民法院、最高人民检察院关于办理刑事赔偿案件适用法律若干问题的解释》第五条规定的违法刑事拘留的情形之一。

对侦查机关拘留行为的合法性审查与违法性界定，按照国家赔偿法的规定，应该结合刑事诉讼法的规定进行审视、核查。刑事诉讼法第八十二条规定，公安机关对于现行犯或者重大嫌疑分子，如果有下列情形之一的，可以先行拘留：(1）正在预备犯罪、实行犯罪或者在犯罪后即时被发觉的；(2）被害人或者在场亲眼看见的人指认他犯罪的；(3）在身边或者住处发现有犯罪证据的；(4）犯罪后企图自杀、逃跑或者在逃的；(5）有毁灭、伪造证据或者串供可能的；(6）不讲真实姓名、住址，身份不明的；(7）有流窜作案、多次作案、结伙作案重大嫌疑的。刑事在第七十一条和第七十七条增加了刑事拘留的两种情形，即违反取保候审规定以及违反监视居住规定，需要予以逮捕的，可以先行拘留。

结合前文关于刑事拘留证明标准的论述，是否对犯罪嫌疑人适用刑事拘留，应以刑事诉讼法规定的上述统一标准，而不是以有罪或无罪来作界定。具体来讲，违反刑事拘留的条件主要表现为，拘留对象非现行犯或重大嫌疑分子；不符合可予拘留的七种情形；违反取保候审、监视居住规定但不符合逮捕条件的，不得先行拘留。

司法实践中，可能存在侦查机关拘留或延长拘留手续齐全，案件最终为无罪结论申请刑事拘留国家赔偿的情形，对这种情形是否需要进行实质审查存在争议。笔者认为，此种情形其实就是判断侦查机关是否违反刑事诉讼法规定的条件采取拘留措施，涉及刑事拘留条件问题，需要进行实质审查。

第二，对于侦查机关违反刑事诉讼法规定的程序采取拘留措施的情形。程序违法主要表现在：未依法出示拘留证；未在二十四小时以内送至拘留所羁押；不存在无法通知或者涉嫌危害国家安全罪、恐怖活动犯罪通知有碍侦查的情形，但未在拘留后二十四小时以内通知被拘留人的家属；未在拘留后的二十四小时以内进行讯问；等等。这些程序方面的违法行为，不能视为瑕疵。

仅有程序性的违法事项，但拘留本身并未违反刑事诉讼法规定的刑事拘留条件，亦无终止追究刑事责任情形，不能认定为违法刑事拘留。

第三，对于侦查机关依照刑事诉讼法规定的条件和程序对公民采取拘留措施，但是拘留时间超过刑事诉讼法规定的时限的情形。对此类合法拘留超过法定期限最终无罪的情形，如公安机关采取刑事拘留强制措施最长拘留时限超过三十七日；人民检察院所实行的拘留超过十四日，且最终撤销案件、不起诉或者宣告无罪的，应承担赔偿责任。即对于合法拘留后最终无罪的超期刑事拘留，国家承担赔偿责任。

第四，国家赔偿法对于合法拘留后最终无罪的超期拘留给予赔偿，而对于最终有罪的拘留的超期问题未予明确规定。笔者认为，对于刑事拘留后被判处管制、拘役、有期或无期徒刑的，因我国将刑事拘留时间按照天数折抵刑期，超期时间在判决生效后被正常折抵，故对于此种情形的刑事拘留超期问题，不进行特殊处理，不予赔偿。对于刑事拘留后被判有罪，但仅作宣告并不服实刑的，笔者认为，生效的有罪判决已成为前阶段拘留的正当化基础，此种情形的刑事拘留即使超期，也不予国家赔偿。

第五，对于最终被判有罪的，在刑事拘留时即使发生实体或程序上的违法，国家赔偿法并未作出明文规定，笔者认为应不予赔偿。

第六，对于违反法定程序和条件的拘留，如果案件最终处理结果为有罪认定，侦查阶段采取的刑事拘留强制措施，由于可以折抵刑期，不符合刑事赔偿责任的构成要件，不应予以赔偿。

第七，实践中有的赔偿请求人以被拘留人身体状况不符合羁押条件为由，认为刑事拘留违法。只要侦查机关采取的刑事拘留措施不违反刑事诉讼法规定的条件和程序，没有超过时限，即使案件最终作无罪处理，也不应赔偿。

第八，关于侦查机关未发传唤通知书，超期传唤当事人，刑事案件被撤销后，超期传唤是否属于赔偿范围。传唤并不是刑事拘留，国家赔偿法并没有规定对超期传唤的国家赔偿，笔者认为，超期传唤并不属于国家赔偿范围。

（撰稿人：最高人民法院　陈娅）

怠于履行监管职责的国家赔偿责任

【核心观点】

以看守所、监狱管理机关为赔偿义务机关的案件，对怠于履行监管职责的不作为行为，纳入国家赔偿范围，各方均予认可，但对于如何界定怠于履行监管职责行为，该怠于履职行为与损害结果之间的关系如何认定，该行为所应当承担责任的类型及比例，法律依据不足，实践中认识不一，亟待规范。本文认为，首先，应当明确的是看守所、监狱管理机关负有对在押人员的人身安全保护义务、确保正常秩序义务以及积极救助义务；其次，应当细化各项义务的具体内容以及履行相应义务的最低限度；再次，应当明确因怠于履行职责应当适用过错推定责任以及具体的举证责任；最后，应当就相应的赔偿范围与免责条款进行列举，减少实践中的争议，增加可操作性。

【问题及相关背景】

监狱管理机关在执行刑罚的过程中，因违法行使职权造成受害人生命健康权损害的，依法应当承担国家赔偿责任。司法实践中，监狱管理机关因违法作为行为致人损害，引起的国家赔偿责任判定和范围问题比较容易确定。对于怠于履行监管职责的不作为行为，纳入国家赔偿范围，各方均予认可，但对于如何界定怠于履行监管职责行为，该怠于履职行为与损害结果之间的关系如何认定，该行为所应当承担责任的类型及比例，法律依据不足，实践中认识不一，亟待规范。

例如，在一起国家赔偿案件中，徐某某因涉嫌票据诈骗被公安局刑事拘留，羁押在看守所。某日，看守所组织在押人犯劳动，下午 3 时许劳动完毕回监房。同监房犯罪嫌疑人陆某作为临时召集人，以影响其所在监房完成生产劳动进度为由，要徐某某等人面壁罚跪。不久，徐某某对罚跪表示异议。同监多名犯罪嫌疑人在陆某的授意下先后殴打徐某某。下午4时38分许，同监犯罪嫌疑人发现徐某某昏迷不醒后报告值班干警，干警将徐某某送往医院，但徐某某已死亡。公安局对徐某某作尸体检验，结论是死者系遭受他人钝性外力作用造成多发性肋骨骨折，脾脏及肺破裂失血性休克而死亡。在整个殴打过程中，看守所的值班人员没有使用电子监控装置对监房进行监视，也没有按照公安部的有关规定进行巡视。事故发生后，看守所进行了调查，并对当班工作人员以及看守所负责人的失职行为作了行政处理。徐某某的亲属向公安局递交确认赔偿申请书。公安局作出不予赔偿决定书，认为“徐某某死亡的直接原因是第三人加害所致，我局看守所工作人员违反内部规定的行为与徐某某的死亡之间无直接因果关系，不应承担国家赔偿责任”，故决定“对徐某某的死亡我局不予国家赔偿”。

致徐某某死亡有两个因素，一是同监犯罪嫌疑人的殴打，二是被告看守所工作人员的失职。殴打一节是故意行为，而失职是过失行为，从行政法角度考量是行政机关的不作为。这两种不同性质的行为之竞合造成了徐某某死亡事件的发生。对于这一事实，案件双方当事人在审理中均无异议。但由于立法的空白，竞合过错引发的赔偿责任的分担问题成了本案的关键。

我们认为，要厘清以看守所、监狱管理机关为赔偿义务机关因怠于履行监管职责的不作为行为而导致的国家赔偿责任，应当就目前的不作为类型、因果关系进行梳理，结合国内外的相关理论及经验，就相关法律法规的完善提出相应的建议。

【理论探讨及建议】

一、怠于行使职权引发司法赔偿

看守所、监狱是我国国家机器的重要组成部分之一，作为一个强制性的暴力机关，主要用作对违法者、犯罪嫌疑人、犯罪者执行剥夺人身自由权的处罚。在押人员人身自由受到限制，但是其余权利仍然受到国家保护。根据我国宪法的有关规定，我国公民的生命健康权和人身自由权均受到宪法的保护，不受任何人或者组织之非法侵害，即使是在押人员，权利也应当得到保障。

司法赔偿指的是服刑人员在接受司法机关行使侦查权、检察权、审判权和看守所、监狱管理职权时，其合法权益受到了侵犯，国家应当承担赔偿责任。我国国家赔偿法规定，国家赔偿的主体应当是造成国家赔偿的司法机关及其工作人员。司法机关包括我国的检察机关、公安机关、审判机关和监狱机关等。司法赔偿是国家赔偿中的一种，当公民的合法权利受到了司法机关的侵害时，公民有权向国家要求赔偿。看守所、监狱管理机关也是国家司法机关之一，当在押人员的合法权利受到侵害时，自然也有权要求看守所、监狱管理机关进行司法赔偿。国家赔偿法第十七条规定："行使侦查、检察、审判职权的机关以及看守所、监狱管理机关及其工作人员在行使职权时有下列侵犯人身权情形之一的，受害人有取得赔偿的权利：……（四）刑讯逼供或者以殴打、虐待等行为或者唆使、放纵他人以殴打、虐待等行为造成公民身体伤害或者死亡的；（五）违法使用武器、警械造成公民身体伤害或者死亡的。"2010 年修正国家赔偿法在本条中增加了放纵他人实施侵权行为，即是对消极不作为行为纳入国家赔偿特别是刑事赔偿责任范围的认可。

学术界通说认为，产生国家赔偿责任的行为应当是国家机关及其工作人员所为之职务违法行为。判定执行职务行为的标准，存在主观说和客观说两种观点。我国多数学者认为应采客观说，即以行为的外在表现形式作为标准。依据客观说之标准，属于执行职务的行为有以下三种：一是执行职务本身的行为；二是与该执行职务有关且密不可分的行为；三是怠于行使职权的行为。本文主要探讨涉及因怠于履行监管职责而引发的国家赔偿问题。

近几年，涉及看守所、监狱管理机关的国家赔偿案件数量虽然不多，但主要集中于因看守所、监狱管理机关怠于履行监管职责而引发的国家赔偿诉讼。赔偿请求人提出的赔偿事由多为，受害人发病或受伤后，赔偿义务机关（看守所、监狱管理机关）未及时予以救治，致使受害人延误治疗，从而致残、致死等。上述赔偿事由并非国家赔偿法第十七条第四项、第五项规定的典型的殴打、虐待或者唆使、放纵他人殴打、虐待造成受害人受伤、死亡的情形，而是集中在赔偿义务机关未主动积极地救治受害人。此类赔偿案件主要的争议焦点和审查重点在于：（1）赔偿请求人的赔偿申请是否属于国家赔偿法的赔偿范围；（2）赔偿义务机关是否履行了相应的法定职责；（3）赔偿义务机关的履责行为或者不予履责，是否与受害人的损害结果之间构成符合国家赔偿的因果关系。

2005年《最高人民法院关于犯罪嫌疑人在看守所羁押期间患病未得到及时治疗而死亡所引起的国家赔偿应如何处理问题的答复》中就已经明确："根据《中华人民共和国看守所条例》的规定，看守所是对被依法逮捕的犯罪嫌疑人予以羁押的法定场所，并负有保护被羁押人在羁押期间人身安全的法定职责和义务。""犯罪嫌疑人在看守所羁押期间患病未得到及时治疗而死亡所引起的国家赔偿，应当按照《中华人民共和国国家赔偿法》规定的行政赔偿程序处理。"2010年修正国家赔偿法将看守所、监狱管理机关明确纳入刑事赔偿义务机关范围后，就看守所、监狱管理机关未履行监管职责的行为，最高人民法院也曾作出批复。最高人民法院在〔2012〕赔他字第3号《关于监狱管理机关怠于行使法定职责是否承担刑事赔偿责任的答复》中指出，"巢湖监狱怠于履行职责，未尽到及时转院救助义务，与解永明患病死亡之间存在一定联系，应当承担相应的赔偿责任。根据国家赔偿法第十七条第（四）项之规定，处理本案应综合考虑该怠于履行职责的行为在损害发生过程和结果中所起到的作用等因素，适当确定赔偿比例和数额。"据此，对于将怠于履行监管职责的消极不作为行为纳入国家赔偿审查范围，以及法律依据即国家赔偿法第十七条第四项的规定，都予以了明确。

在英美法系，也有不少在押人员因监狱管理机关监管不力而要求赔偿的案例，但普遍需要证明监管不力与损害之间的因果关系。例如，艾奥特诉巴恩哈特一案中①，一名囚犯指控州监狱官员未能保护他免受狱友的挂锁攻击，并对他提出有关监狱条件的投诉进行报复。法院认为，州监狱官员决定向囚犯提供锁以保护其个人物品，这并没有表明他们故意漠视造成严重伤害的重大风险；囚犯提供的证据并没有证明存在长期和普遍的风险；挂锁是合法使用的，州法律要求囚犯的个人物品必须有一个合理的安全区域。在另一起公开报道的案件中，美国一名囚犯因醉酒滋事入狱，但有言语不清、行动困难等症状遂请求医疗救治，但是被拒绝。该囚犯在拘留期间跌倒两次，头部遭到撞击，也未被及时送医救治。最终陪审团判决赔偿该名男子1261万美元。

① See Ayotte v. Barnhart, 973 F. Supp. 2d 70(D. Me. 2013).

澳大利亚则是通过立法，明确了在押人员因受到伤害而获得赔偿的权利。澳大利亚首都领地惩戒管理条例（2010年）① 规定了所受损害的分类定义，包括医疗损害、财产损害、自然损害等，考虑应享权利与其他权利，给出了赔偿补偿的方式与价金，同时规定了赔偿获得之申请程序。

二、怠于履行监管职责的不作为行为的界定

对行政机关不作为的判断，学术界以及实践中存在几种不同的判定标准：第一种是单纯以行为的方式为标准，将事实上未积极作出而是消极无为表现的行为，界定为不作为行为；第二种是以是否改变既存法律关系为标准，认为未改变现有法律关系的行为属于不作为行为；第三种是以是否履行法定义务为标准，国家机关及其工作人员负有某种作为的法定义务，并且具有作为的可能性而在程序上逾期有所不为的行为。笔者认同第三种标准，即是否履行法定义务。从国家赔偿的角度审视不作为行为，目的是对国家机关及其工作人员的行为作出法律评价，即使国家机关及其工作人员作出一定的行为改变了现有法律关系，但如果该行为未履行或未完全履行其法定义务，也属于不作为行为，且具有违法性。②

看守所、监狱管理机关具有人员聚集、密闭管理以及限制自由等特点，在日常的在押人员管理中，看守所、监狱管理机关等负有保障在押人员基本权利不受侵犯的义务。监狱法第七条第一款规定："罪犯的人格不受侮辱，其人身安全、合法财产和辩护、申诉、控告、检举以及其他未被依法剥夺或者限制的权利不受侵犯。"第五十四条规定："监狱应当设立医疗机构和生活、卫生设施，建立罪犯生活、卫生制度。罪犯的医疗保健列入监狱所在地区的卫生、防疫计划。"《看守所留所执行刑罚罪犯管理办法》第五条第一款规定："罪犯的人格不受侮辱，人身安全和合法财产不受侵犯，罪犯享有辩护、申诉、控告、检举以及其他未被依法剥夺或者限制的权利。"以上是相对原则性的规定，此外，还有相关的行政规章、规范性文件等对看守所、监狱管理机关具体的监管行为予以规范，监狱管理机关履行监管职责首先要符合法律、法规及相关规范性文件的规定，满足

① Australian Capital Territory Corrections Management Regulation 2010.

② 参见赵振屏：《监狱管理机关怠于监管承担赔偿责任的范围》，载《人民司法·案例》2017年第8期。

合法性的要求。例如，《司法部关于印发〈现代化文明监狱标准〉的通知》规定：依法保障罪犯的人身安全、合法财产和辩护、申诉、控告、检举等权利。尊重罪犯人格，不发生体罚虐待罪犯的事件；建立罪犯健康档案，保障罪犯的基本医疗，罪犯中的发病率和病死率低于当地城镇居民的水平；监狱建筑及辅助设施布局规范合理，功能齐全，质量可靠，监狱的安全警戒设施达到《监狱建设标准》的要求；等等。

侵权法理论界一般认为，作为义务具体表现为：保护义务、控制义务、警告义务、检查义务及救助义务。[①] 结合看守所、监狱管理机关的自身特点，笔者认为，可以将其法定监管义务分为：保护人身安全义务、确保正常秩序义务以及积极救助义务。（1）保护人身安全义务。所谓保护义务是指行为人采取积极措施，保护他人的人身安全，防止他人利益遭受损失的义务。人民警察在执法中与包括在押人员在内的特定相对人形成特殊关系，人民警察对这些特定的人有保护等作为义务，同时基于该特定的监管关系，具有预防和制止这些被监管人员损害他人权益的义务。"躲猫猫"事件属于典型的具有监管与被监管特殊关系的当事人一方，即看守所民警对被拘押人李某明未尽到保护义务而导致其死亡的公安行政失职案件，李某明家属最后获35万元赔偿。（2）确保正常秩序义务。其是指"对他人存在危险的物品、人物的控制，采取积极措施预防物或人对他人造成的损害的义务"[②]。该义务也许是因监管、监护，也许是因职权职责而确立。确保正常秩序义务的客体既可以是人，也可以是物，即可以分为对人的控制义务和对物的控制义务。看守所、监狱管理机关应当对处于其控制下的物或环境承担积极作为的注意义务，避免使这些物或环境受他人侵害或这些物或环境侵害在押人员。（3）积极救助义务。所谓救助义务是指在特定条件下，行为人应当对他人提供帮助、援助，以使他人能够摆脱所面临的危险、困境，避免遭受人身损害。"任何人，当其他人面临重大的死亡或严重的身体伤害危险时，如果他在对其本人根本不存在不方便之处时不去救助他人，他人因为其不作为而遭受死亡或严重的身体伤害的后果，即应在刑罚上承担刑事责任，也应对受到损害的一方或死亡一方的遗孀或其子女

---

① 参见张民安主编：《侵权法上的作为义务研究》，中山大学出版社2009年版，第285页。

② 蔡唱：《不作为侵权行为研究》，法律出版社2009年版，第61页。

承担损害赔偿责任。"[①] 同理，因在押人员与看守所、监狱管理机关形成的特殊监管与被监管关系，后者负有积极救助前者，提供帮助的义务。

三、因果关系及举证责任分配

基于受害人与加害人之间的社会接触而产生的特别关系，如监管关系、救助关系、行政拘留关系等，使特别关系一方当事人对他方当事人产生合理的信赖，相信在自己从事这项活动时，自己的人身和财产不会受到侵害。如果他方当事人未尽（包括保护、救助、危险排除等）安全注意义务，致使受害人遭受损害的，则可以要求对方承担过错侵权责任，即过错推定责任。受害人无须再证明行为人主观上的过错，只须证明某种特殊关系的存在和加害人对安全注意义务的违反。行为人之积极作为的安全注意义务，是因为行为人开启危险源后，其与受害人之间产生特殊信赖关系而要求其必须采取合理的防范措施，以保障受害人的人身或财产安全。该理论起源于民事侵权法领域，但同样适用于因特殊监管关系而形成的在押人员与看守所、监狱管理机关。

具体来说，看守所、监狱管理机关对于在押人员负有保护人身安全义务、确保正常秩序义务以及积极救助义务，因此，当前者怠于履行前述义务而造成后者的权益遭到损害，即负有赔偿的义务，因果关系成立。此外，需要注意到，前述三项义务之间并非能够完全区分，更多的时候是杂糅在一起或者互相转换。例如，看守所、监狱管理机关应当确保监管场所的正常秩序，而一旦在押人员遭到他人伤害，看守所、监狱管理机关的义务就侧重于对在押人员的积极救助义务。

国家赔偿法第二十六条第二款规定："被羁押人在羁押期间死亡或者丧失行为能力的，赔偿义务机关的行为与被羁押人的死亡或者丧失行为能力是否存在因果关系，赔偿义务机关应当提供证据。"《最高人民法院关于人民法院赔偿委员会适用质证程序审理国家赔偿案件的规定》第六条第四项也明确，就"赔偿义务机关行为与被羁押人在羁押期间死亡或者丧失行为能力不存在因果关系"，由赔偿义务机关负举证责任。在 2010 年国家赔偿法修改过程中和前述司法解释起草过程中，都曾探讨过将被羁押人人身

---

① 张民安：《过错侵权责任制度研究》，中国政法大学出版社 2002 年版，第 338 页。

伤害的情况纳入赔偿义务机关举证范围，但最终都未能成立。从举证难易程度考虑，赔偿义务机关对被监管对象在羁押场所内发生的事实更容易了解，应当提供相关的证据加以证明。赔偿委员会对事实不清或赔偿请求人举证困难的情形，也可以依职权向赔偿义务机关调取证据，尽可能地查明相关事实，保障赔偿请求人的合法权益。

此外，对怠于履行监管职责的行为还要结合合理性标准进行判断。例如，应当根据证据判断在送医院抢救的过程中，监狱管理机关在救治时间、送医程序、救治措施、医疗条件上是否符合法律规定和合理性标准，对赔偿请求人突发疾病是否尽到了合理的救治义务。《最高人民法院关于监狱管理机关怠于行使法定职责是否承担刑事赔偿责任的答复》中之所以认为巢湖监狱应当承担一定的赔偿责任，是从救治时间的合理性出发，认为巢湖监狱存在未及时转院的情形，属于怠于履行监管职责情形。又如滕德某申请吉林省四平监狱违法不作为国家赔偿案，赔偿委员会审查时，从监管措施的合理性考虑，认为四平监狱在劳动现场有监管措施不到位、存在安全隐患的情形，属于怠于履行监管职责的行为，对造成的赔偿请求人损害应当承担赔偿责任。

此外，需要说明的是，因监狱医院兼具医疗救治和监狱监管的双重职责，如赔偿请求人的赔偿内容仅针对监狱医院在医疗救治方面的行为，并不涉及监狱医院行使监狱监管职能，在此情况下，赔偿请求人的申请内容不属于国家赔偿法的赔偿范围，故赔偿（补偿）程序不宜适用国家赔偿法，赔偿请求人如认为监狱医院的医疗行为不当，可另寻其他法律途径解决。

我们建议从立法层面完善看守所、监狱管理机关怠于履行职责致在押人员身体伤害或死亡的国家赔偿条件及举证责任等相关制度。

（撰稿人：上海市高级人民法院课题组）

未经刑事裁判处理之财产的国家赔偿

【核心观点】

目前司法实践中，未经法院刑事裁判，司法机关对于涉案财物的处理引发的国家赔偿争议案件较多。由于法律规定不完善，如何确认司法机关行为违法性和处理赔偿请求，成了国家赔偿审判的难点。本文从典型案例出发，探讨不同情形下此类刑事赔偿案件所面临的问题，寻求解决问题的对策。本文认为，未经法院刑事裁判司法机关擅自处理涉案财物国家赔偿案件，应当在尊重刑事司法权的基础上予以适度审查，坚持违法归责和非法利益不予保护原则，贯彻司法行为合法性和赔偿请求人权益合法性“双重审查”模式。一方面，根据刑事诉讼法规定，法院的刑事裁判不仅要对人身自由作出裁判，也要对涉案财物作出裁判。除非是法律授予司法机关追赃权，否则，未经法院裁判，司法机关擅自处理涉案财物构成违法。另一方面，法院必须对赔偿请求人涉案财物作实质性审查，如果系赔偿请求人的合法权益，应当予以支持。如果非系赔偿请求人的合法权益，则驳回其赔偿请求。在赔偿案件审理过程中，原一审法院在二审终审后再对涉案财物作出的补充裁判，本质上系违法裁判，不具有法律效力，法院赔偿部门不应当受其拘束。如果查明系赔偿请求人的合法权益，可以认定刑事补充裁判无效，支持赔偿请求人的赔偿请求。如果查明不属于赔偿请求人的合法权益，则驳回赔偿请求人的赔偿请求。

【问题及相关背景】

财产权作为一项基本人权已是法治社会毋庸置疑的共识，国家赔偿法第十八条、第三十六条明确规定了司法机关侵犯财产权导致损害的情形、赔偿的具体方式、标准等内容。针对刑事诉讼程序中当事人的财产权保护，目前实务界较多关注财产权赔偿的范围与标准问题，也即国家赔偿法第三十六条所确定“直接损失”的定性及外延能否突破等问题。但在国家赔偿实践中，不少案件往往是：在没有法院作出刑事裁判的情况下，因司法机关对涉案财物①的不当处置引发的国家赔偿争议。

关于刑事诉讼过程中涉案财物处理的方式及监管问题，法律层面并不完善。2012 修正的刑事诉讼法进一步强调了对涉案当事人的财产权保护，第二百三十四条明确规定了法院必须对司法机关查封、扣押、冻结的涉案财物及其孳息作出最终处理决定，这属于对涉案财物处理进行司法化的调整与改革，对于当事人财产权的保护具有积极的意义。但对于未进入审判程序情况下司法机关对涉案财物处理行为，以及即使是经刑事审判程序，对那些司法机关违法侵害当事人财产权的行为缺乏明确规定。可以说，长期以来刑事诉讼程序中的财产强制行为并未得到有效的司法控制。从以往的司法实践来看，滥用和不当使用搜查、扣押权，是继刑讯逼供、高羁押率之外我国所面临的一大问题。② 虽然公检法等部门也已意识这一问题，近年来推出了不少规定③，但这些规定大部分限于各系统内部运行，在运作时因缺乏有效的外部监督，往往也不能得到强有力贯彻。相关刑事诉讼程序中的查封、扣押、冻结、追缴等限制财产行为实质上无法得到有效的管理与监督。

在“确赔合一”审理机制背景下，法院赔偿部门如何就针对司法机关财物处置行为的赔偿请求进行审理，面临不少挑战。2016 年 1 月 1 日开始实施的《最高人民法院、最高人民检察院关于办理刑事赔偿案件适用法律若干问题的解释》第三条明确了侵犯财产权刑事赔偿有关情形，但如何认定未依法解除查封、扣押、冻结等措施或者返还财产，仍需要结合司法机关相关规定进行判断，而该条第七项规定的“对生效裁决没有处理的财产或者对该财产违法进行其他处理的”，需要法院赔偿部门对有关强制和处

① 本文“涉案财物”包括违法所得和赃物赃款。

② 参见刘卉：《建立搜查扣押的司法审查制度》，载《检察日报》2009 年 12 月 22 日。

③ 目前，除法院系统外，其他司法机关发布的规范性法律文件包括：《最高人民法院、最高人民检察院、公安部、国家安全部、司法部、全国人大常委会法制工作委员会关于实施刑事诉讼法的若干规定》《人民检察院刑事诉讼规则》《人民检察院侦查协作的暂行规定》《人民检察院刑事诉讼涉案财物管理规定》《公安机关办理刑事案件程序规定》《公安机关办理刑事案件适用查封、冻结措施有关规定》《公安机关涉案财物管理若干规定》等。

置行为是否违法进行判断。但这涉及对司法权本身的审查问题，法院的赔偿决定触角延伸到哪里，容易引发职权方面的争论。另外，此类案件往往涉及财物合法属性的判断问题，而在涉案财物未经生效裁判确认定性，赔偿义务机关和赔偿请求人对于财物合法性又各执一词的情况下，法院赔偿部门能否对财物合法性问题直接作出判断，如何判断，以及是否可以财物合法属性为依据形成赔偿处理意见。这些都是困扰刑事赔偿工作的突出问题。

【理论探讨】

司法实践中，司法机关因对涉案财物进行相关处置产生争议的背景不一，情形复杂多样。以下我们结合有关案例，从司法机关处理涉案财物的合法性和赔偿请求人权益的合法性两方面分析国家刑事赔偿审查问题。

一、关于审查司法机关处理涉案财物的合法性问题

1. 未经法院刑事审判程序，司法机关对涉案财物处理的合法性

司法机关对当事人财物实施查封、扣押、冻结、追缴等强制措施过程中可能产生的权利侵害，以及在案件被撤销或不起诉等终止追究刑事责任后对财物的处置行为，均可能引起赔偿争议。因案件最终没有进入刑事审判程序，法院刑事审判自然无法对涉案财物作出裁判。公安部、最高人民检察院、最高人民法院有关刑事诉讼的解释都规定公安机关、检察机关可以在刑事诉讼程序中返还涉案财物。但“允许公安机关、检察机关在撤销案件的同时返还涉案财物，有可能导致公安机关、检察机关利用刑事侦查权干预民事纠纷的风险，即公安机关、检察机关明知被追诉人没有犯罪事实或不需要追究刑事责任，但出于保护对方当事人利益而立案侦查，扣押并返还有争议的财产。”[①] 实践中最常见的争议是，根据受害人的举报，司法机关在侦查过程中，直接将相关财物认定为犯罪嫌疑人的赃款赃物发还给受害人，进而引发纠纷。如赵某玉申请温州市公安局鹿城区分局违法刑事扣押赔偿一案，赵某玉之子何某某因涉嫌合同诈骗被刑事拘留，温州市

---

① 吴光升：《审前返还刑事涉案财物的若干问题探讨》，载《中国刑事法杂志》2012年第1期。

公安局鹿城区分局认为登记在赵某玉名下的小轿车属于赃物，予以查扣，并将该车辆发还被害人徐某某。这显属公安机关对涉案财物事实认定不清即予处理所引发的赔偿争议。还有司法机关终止追究刑事责任将扣押的涉案财物直接发还给刑事案件中受害人的情况，这实质上属于司法机关越权处理民事纠纷而引发的争议。这种情形引发的国家赔偿案件往往会出现：受害人一方已经提前取回财物，而司法机关因其自身违法的行为，又可能要对犯罪嫌疑人承担国家赔偿责任。还有的国家赔偿争议主要因有关规定不完善、含混乃至冲突而导致。如寿某定申请舟山市普陀区人民检察院违法追缴刑事赔偿一案中，舟山市普陀区人民检察院以寿某定在管理某寺庙修建工程中收受相关人员财物，涉嫌受贿罪，将其收取的相关款项直接收缴国库，后寿某定因身份问题，不被认定为受贿罪主体，舟山市普陀区人民检察院对其不予起诉。就本案中的收缴行为，原 1985 年《最高人民检察院关于检察机关受理的经济案件经审（侦）查认为不构成犯罪其非法所得财物如何追缴问题的批复》规定，人民检察院若认定为非法所得的，可予以依法收缴，但原 2010 年《人民检察院扣押、冻结涉案款物工作规定》第三十四条取消检察机关的没收权并规定应移送主管机关处理。本案存在两大争议，第一，寿某定作为非公职人员，其收取的款项在未经有关主管部门认定前，检察机关可否直接认定为违法所得并不予返还；第二，寿某定为寺庙修建事项收受相关财物，佛教协会是否属于主管机关，检察机关的移送行为是否正确。若移送错误，对于违法所得，是否需要承担赔偿责任。审判实践中，有不同声音。

2. 已经刑事审判程序，但生效刑事裁判未对相关财物予以处理此情形又可分两种不同情况

第一种情形是司法机关没有将其在侦查过程中查封、扣押、冻结、追缴的财物随案移送法院。如李某利申请仙居县公安局刑事违法追缴赔偿一案，仙居县公安局认为案涉 18 万元属李某利非法经营违法所得，直接予以收缴，但未随案移送法院。台州市中级人民法院赔偿委员会认为，刑事审判未对预收的 18 万元赃款作出裁判，仙居县公安局直接收缴财物的处置方式属于违反刑事诉讼法的违法行为。

第二种情形是司法机关虽将涉案财物移送法院，但法院裁判没有对财物作出认定、处理，当事人申请国家赔偿。不少司法机关为了在赔偿案件

审查中免予赔偿，事后由原审法院作出刑事裁判，对刑事涉案财物作出补充裁判处理。如何认定刑事补充裁判的效力，可分两种情况：第一种情况，相关案件已经刑事审判程序，但涉案财物随案移送后却被遗漏处理。赔偿请求人申请赔偿后，原刑事审判组织依照法定程序作出补充裁判，对涉案财物作出处理的，该裁判形式上具有法律效力。“由于刑事赔偿和刑事诉讼两种制度承载的价值目标上的差异，刑事赔偿审查权不能代替刑事诉讼，其审查权必然有所克制。”① 人民法院对形式上合法的刑事裁判应当予以尊重。赔偿请求人对于涉案财物认定处理的异议只能以申请刑事再审予以救济，不再属于国家赔偿的审查范围。已经立案的，法院赔偿部门应当作出驳回赔偿申请的决定为妥。如果发现刑事裁判有错误，则应当建议当事人提起审判监督程序纠正。第二种情况，涉案财物未随案件移送导致未经刑事审判程序，该刑事裁定没有经法定的庭审质证、辩论的刑事审查程序，特别是有些刑事案件二审已经作出终审裁判，一审法院再对涉案财产作出处理。如金某顺、蒋某琴申请平阳县公安局返还财物赔偿一案，在二审终审裁定两年后，也即在赔偿案件审理过程中，一审法院再作出补充裁定，对涉案相关卷烟作出违法认定并予以没收，上缴国库，并明确该裁定送达后立即发生法律效力。该裁定不仅剥夺了当事人上诉权，而且实体上未经二审终审，违法认定是否正确亦有问题，显然规避了国家赔偿的审判监督，构成对司法秩序的破坏。“刑事赔偿对刑事诉讼具有监督功能，可以实现对刑事诉讼程序完整性破坏的事后救济。”② 由于该一审刑事补充裁定在形式和程序上均违法，不是生效的二审终审裁判，无法通过审判监督程序纠正，其违法严重程度已经上升至无效裁判，故法院赔偿部门在审理赔偿案件时不应受其约束，仍应以赔偿案件立案前状态审查司法行为，同时可以在赔偿决定书中指出刑事补充裁定违法之处。类似决定方式在行政赔偿实践中已经屡见不鲜，行政诉讼法第七十六条规定：“人民法院判决确认违法或者无效的，可以同时判决责令被告采取补救措施；给原告造成损失的，依法判决被告承担赔偿责任。”作为同样监督公权力的刑事赔偿审判，也应当予以参照，至少在国家赔偿决定书“本院赔偿委员会认

① 白雅丽：《侵犯财产权刑事赔偿问题探析》，载《法律适用》2015年第9期。

② 白雅丽：《侵犯财产权刑事赔偿问题探析》，载《法律适用》2015年第9期。

为”部分可以明确。

二、关于审查赔偿请求人权益的合法性问题

国家赔偿保护的是赔偿请求人的合法权益，对于司法机关违法查封、扣押、冻结、追缴等行为违法的情形下，法院赔偿部门有无职权审查相关财物是否系赔偿请求人的合法权益，有以下几种观点。

一种观点认为，法院赔偿部门无权审查财物合法性。即未经法院裁判为非法财物的，若司法机关相关行为违法，应当推定为合法财物一概予以赔偿。如前述李某利案中，台州市中级人民法院赔偿委员会根据无罪推定规则，决定由仙居县公安局返还李某利 18 万元，并没有进一步审查涉案财物是否赔偿请求人的合法权益从而作出决定。此种审判方式中，如果系赔偿请求人的合法权益，法院作出该赔偿决定，各方当事人和社会各界都没有异议。问题是若赔偿义务机关有较充分依据证明财物属违法，法院赔偿部门此操作将难免面临尴尬境地。法院未对涉案财物作出认定，是否可推定相关财物即为合法财产？笔者认为，从法院应对随案移送财物进行认定原则出发，法院对司法机关移送的财物未作处理（不管什么原因），只能认定处理财物的违法性，而不能简单根据无罪推定原则推定相关财物属于赔偿请求人合法财产。对此，2010 年《人民检察院扣押、冻结涉案款物工作规定》第三十七条第四款明确规定：“人民检察院应当严格按照人民法院的生效判决、裁定处理扣押、冻结的款物。对于起诉书中未认定的扣押、冻结款物以及起诉书中已经认定、但人民法院判决、裁定中未认定的扣押、冻结款物，参照本规定第三十六条、第四十条的规定处理。”而按照该规定第三十六条和第四十条规定，相当于要重新返回到审前程序处理方式，事实上还是由法院赔偿部门对涉案财物的法律属性进行审查后再行处理。若认定为非法利益，就应当驳回其赔偿请求，同时，建议移送主管机关处理。若认定属于合法权益，则应当决定及时返还。无法返还的，应当按照市场价支付赔偿金予以赔偿。

另一种观点认为，只有合法权益，法院才能决定赔偿，故法院有权审查。如严某良申请金华市金东区人民检察院违法刑事扣押赔偿案，严某良经由法院执行人员介绍得知相关土地拍卖信息，串通他人以低价拍得土地，后高价转让他人获利 71 万元。2007 年，金华市金东区人民检察院以

严某良涉嫌对法院执行人员行贿罪对其进行拘留。该案中检察院未能及时移送涉案71万元款项至工商部门，致使工商部门以超过处罚时效为由，不予受理。严某良申请金东区人民检察院赔偿违法扣押71万元的利息损失。法院赔偿部门认为，赔偿请求人涉及串通拍卖，其获取的利益应当属于非法所得，不受法律保护，且检察院扣押财产没有超出其获取的非法利益范围，不需要承担国家赔偿责任，更不需要承担利息损失。但对未经行政认定和法院审判的相关事实证据，法院赔偿部门直接认定，赔偿工作是否有越俎代庖之嫌？如果明确法院赔偿部门具有审查权，行政主管部门、法院刑事审判部门和赔偿委员会职权分界又是如何，有待深入研究。

【意见建议】

前述各种情形下国家赔偿问题，法院赔偿部门均面临一个困境，即应遵循何种原则或模式把握当事人的赔偿请求。

在"确赔合一"的审查模式下，较多数观点认为法院赔偿部门有权对赔偿请求人被查封、扣押、冻结、追缴的财物是否属于合法财产作出认定，继而作出相关决定。如前述严某良案即属于此种处理方式的典型案例。另外，在寿某定案中，法院赔偿部门也认为，赔偿请求人的行为实质上是在建筑工程管理过程中，利用职务之便收受他人财物并为他人谋取利益，其收受的财物及孳息根据建筑法第六十八条的规定属于违法所得，故对其赔偿请求不予支持。两案均体现了赔偿案件审理的基本思路，即对涉案财物的合法属性判断也要作为是否予以赔偿的条件。

但法院赔偿部门以司法机关证据材料为依据，确认涉案财物合法属性并继而对赔偿请求作出处理的做法，貌似对财产赔偿问题进行更为实质性的处理，但不可避免面临两方面的质疑：一是赔偿部门实际履行刑事审判程序对涉案财产裁判的司法职权，是否具有足够的法律依据；二是未经严格的质辩、调查等审判程序，赔偿部门对于涉案财物的认定仅从司法机关的证据材料出发，是否足够严谨、专业。笔者认为，国家赔偿法是民事侵权法的特别法，既是救济法，又是监督法，必须符合违法侵权的要求。若赔偿部门仅以司法机关处理涉案财物的合法与否为审查要点，即作出有利或不利于赔偿请求人的赔偿决定，违背侵权法的违法且侵权的责任承担要求。从侵权法的原理要求看，法院不仅要求审查司法机关的司法行为是否合法，而且必须审查司法机关的司法行为是否侵犯赔偿请求人的合法权益，即必须审查涉案财物是否赔偿请求人的合法权益。审查赔偿请求人权益的合法性，是国家赔偿工作必须直面的问题。刑事赔偿审查权和刑事司法权存在一定分工，既不能简单以司法机关认定的证据事实作为赔偿案件审理的依据，也不能越权代替行政处理或法院刑事审判。未经法院刑事裁判司法机关违法处理涉案财物的国家赔偿案件，国家赔偿审查应当在尊重刑事司法权的基础上予以适度审查，坚持违法归责和非法利益不予保护原则，对司法行为合法性和赔偿请求人权益合法性进行“双重审查”。国家赔偿作为事后审查纠错机制，提高其公信力，可以通过赔偿案件司法化审理以及规范质证和听证程序解决。

综上，将涉案财物处置的赔偿简单停留在违法归责原则的大前提下，是远远不够的，必须遵循侵权法违法且侵权的基本要求，灵活处理相关国家赔偿争议，对此，国家赔偿法应当予以修正和规范。

（撰稿人：浙江省高级人民法院　江勇）

财产刑改判引起的国家赔偿责任

【核心观点】

刑事案件经过再审，原判决确定的罪名尚在，但财产刑改判，被告人已经执行的财产不能返还，受到损害的，不符合国家赔偿法第十八条第二项规定的“再审无罪”条件，不能直接引起国家赔偿，被告人应当根据有关发生法律效力的刑事裁判财产刑部分的执行程序和执行监督的控告申诉途径实现救济。现实中可能存在通过执行程序和执行监督的控告申诉途径仍不能实现权利救济的情形，建议立法扩大刑事司法赔偿的范围，采用结果归责原则，确立对财产刑错误执行的国家赔偿责任。

【问题及相关背景】

我国刑法规定的财产刑是以剥夺犯罪分子的财产为惩罚内容的刑种，属于附加刑，有没收财产和罚金两种。没收财产是法院判处犯罪分子强制没收其个人所有财产的一部分或全部。罚金是法院判处犯罪分子向国家缴纳一定数额的金钱。财产刑的起源早于自由刑，随着财产刑的发展，其发挥作用的空间越来越大。据有关资料记载，西方一些国家的罚金刑已成为仅次于自由刑的第二大刑罚方式，适用很广泛。罪刑法定、罪刑相适应是刑法的基本原则。我国刑法第三条规定：“法律明文规定为犯罪行为的，依照法律定罪处刑；法律没有明文规定为犯罪行为的，不得定罪处刑。”第五条规定：“刑罚的轻重，应当与犯罪分子所犯罪行和承担的刑事责任相适应。”财产刑与自由刑、生命刑的适用原则具有一致性，均应严格适用。对于依法判处财产刑的，亦应当严格依法执行。但由于我国历史的原因，在很多人的心目中，单处财产刑几乎可以和古代的“以钱赎罪”画等号，对财产刑的认识不到位，财产刑的作用发挥得不充分，财产刑在适用和执行中出现一些困难和问题，甚至由此引发国家赔偿纠纷。

下面列举一则案例：天某公司、高某友涉嫌刑事犯罪一案，辽宁省本溪市中级人民法院于 2012 年 7 月一审作出刑事判决：一、天某公司犯逃税罪……；二、高某友犯逃税罪，判处有期徒刑五年，并处罚金 1800 万元；犯贪污罪，判处无期徒刑，剥夺政治权利终身，并处没收个人全部财产；犯挪用公款罪，判处有期徒刑十年；数罪并罚，决定执行无期徒刑，剥夺政治权利终身，并处没收个人全部财产。三、侦查机关依法扣押在案的赃款赃物、违法所得予以追缴，上缴国库。高某友对一审判决不服，提出上诉。辽宁省高级人民法院二审于 2012 年 11 月作出裁定，驳回上诉，维持原判。高某友对二审裁定不服，向最高人民法院申诉。最高人民法院于 2014 年 4 月指令天津市高级人民法院再审。天津市高级人民法院再审，于 2017 年 12 月作出判决：一、撤销辽宁省高级人民法院二审裁定和本溪市中级人民法院一审判决；二、天某公司犯逃税罪……；三、高某友犯贪污罪，判处有期徒刑十年，并处没收个人财产 10 万元；犯逃税罪，判处有期徒刑五年，并处罚金 50 万元；数罪并罚决定执行有期徒刑十二年，并处罚金 50 万元，没收个人财产 10 万元；四、案涉赃款予以追缴，上缴国库。另，天津市高级人民法院再审判决作出后，高某友涉案财产的返还程序本溪市中级人民法院已经启动，但由于只有部分财产已经返还，其余部分财产的返还程序尚未终结，高某友申请国家赔偿，请求返还被执行的现金、房屋、财务资料，并赔偿房屋租金及利息等。高某友的主要理由为，天津市高级人民法院再审判决撤销辽宁省高级人民法院二审裁定和本溪市中级人民法院一审判决，原一审判决确定的没收个人全部财产之刑罚被依法撤销。赔偿义务机关辽宁省高级人民法院的主要答辩理由为：高某友涉嫌犯罪一案经再审未改判无罪；本溪市中级人民法院作为财产刑的执行机关，对高某友涉案财产的执行与交接工作仍在进行，执行程序尚未终结，高某友申请国家赔偿不符合法定受理条件。最高人民法院赔偿委员会最终采纳了赔偿义务机关的意见。

上述案例中，高某友原判的逃税罪、贪污罪尚在，但判处罚金、没收财产被再审改判，高某友主张的错判罚金、没收财产所导致的损失，能否引起国家赔偿，是通过刑事裁判财产刑部分的执行程序予以返还，还是应适用国家赔偿程序予以解决。这是该案争议的焦点问题，亦即被告人再审原判罪名尚在，但财产刑改判，被告人因原一、二审法院错判，被多执行的财产刑应当如何返还，以及未能返还应当如何救济的问题。赔偿请求人所针对的侵权行为是赔偿义务机关行使审判权的行为。

【理论探讨】

对“审判权”如何理解？日本学者田口守一认为，“审判权是对法律争诉所具有的审理和裁判权限（审判权）以及附属于上述权限的诉讼指挥权、法庭警察权、强制处分权等权限。”在我国，广义的审判权包括审理权、裁判权、诉讼指挥权、强制措施权、执行权、调查权、送达文书权等。审理权和裁判权构成狭义的审判权，后几类权力可统称为辅助性审判权，广义的审判权是一种复合性权利，狭义的审判权才与司法权同义。[①]国家赔偿法指向的法院错判行为应为狭义的审判权，即司法裁判行为。“司法裁判是司法人员通过证据对发生在过去的案件事实的逆向认识活动，而错判往往又是在多年之后才被认知的，因此，对错判的认识就成为对过去的认识结果的二次逆向认知，时过境迁，即使有了新证据或者新发现的证据，这种认知活动的难度也是可想而知的。”[②] 如何认定错判行为？“每一起冤案的发生往往都是多种原因交互作用的结果。我国刑事司法工作中存在一些误区很有可能导致错判，这些误区有些属于认识和观念问题，有些属于制度和机制的问题，属于策略和方法的问题。”[③] “错判的发生具有普遍性和蛰伏性，错判的认知具有模糊性和对抗性，因此我们需要明确认定错判的证明标准。通过对美国、英国、德国的错判证明标准的实例解析，可以看到，我们在认定错判的时候都不适用刑事诉讼中认定被告人有罪的证明标准，而且认定错判的证明标准都低于认定有罪的证明标准，我们应该重新阐释中国刑事诉讼中错判的证明标准，而且应当区分启动再审的证明标准、认定错判的证明标准和决定国家赔偿的证明标准。”[④]

财产刑与自由刑均属于刑罚，财产刑与自由刑中任何一刑未撤销，证明被告人还是有罪，因此财产刑改判与自由刑改判所导致后果的性质均属

① 参见马怀德主编：《国家赔偿问题研究》，法律出版社 2006 年版，第 167 页。
② 何家弘：《刑事错判证明标准的名案解析》，载《中国法学》2012 年第 1 期。
③ 何家弘：《当今我国刑事司法的误区》，载《清华法学》2014 年第 2 期。
④ 何家弘：《刑事错判证明标准的名案解析》，载《中国法学》2012 年第 1 期。

于轻罪重判，只不过受损权益的指向不同，前者是财产权受损，后者是人身自由权受损，引起损害后果的侵权行为均属于法院错判行为。上述案例中，高某友的财产返还程序已由作为执行机关的一审法院启动，正在进行中。由此可见，对已被执行的财产应当通过财产刑的执行程序予以返还已无争议，有争议的是能否在执行程序进行中，直接并行适用国家赔偿程序予以救济，也就是说，法院对财产刑的错判行为能否直接引起国家赔偿。有观点认为，为了保障人权，防止司法权力的滥用，推动国家赔偿法向前发展，更大程度地给予受害人救济，应当将轻罪重判纳入国家赔偿的范围，以使犯罪者的合法权益被违法侵害时有获得国家赔偿的权利。按照一般人的理解，此处的轻罪重判所涉及的刑罚应当包括自由刑和财产刑。

从域外立法来看，目前有国家将轻刑重判的错判行为纳入国家赔偿范围，如比利时 1894 年法律规定，原判决撤销重判较轻的罪刑时，被告依法有权请求赔偿。但具体到财产刑的改判，大多数国家都未明确规定对因财产刑错判导致财产不能追回的，应当给予国家赔偿。美国联邦侵权赔偿法虽然未将刑事错判排除于赔偿范围之外，但其赔偿标准因司法双轨制，各州之间的差别较大，有的州根本没有制定赔偿标准，有的州规定不给予赔偿，即使少有的几个州规定对刑事错判受害人给予赔偿，但也只是象征性补偿。英国 2007 年司法与安全（北爱尔兰）法规定，"如果被裁定罪名成立，无权获得赔偿"。澳大利亚仅首都地区人权法对国家赔偿有明确规定，且有严格限制，财产刑改判因难以引起精神上或身体上的痛苦，不予赔偿。因澳大利亚加入《公民权利和政治权利国际公约》时保留了"为司法不公提供赔偿可能是通过行政程序，而不是根据具体的法律规定"的条款，其规定的是通过行政程序给付国家赔偿金，而非通过国家赔偿程序给予国家赔偿。[①] 德国刑事追诉措施赔偿法（1971 年）第 1 条规定，"对于因一项刑事法庭判决遭受损失者如其判决在再审程序的刑事诉讼中被取消或被减轻，或者在能使该判决有效的其他刑事诉讼中被取消或被减轻时，由国库予以赔偿"，但有例外规定，"国家对公务员行使正当裁量权，不构

① 根据最高人民法院委托西南政法大学代为收集并翻译的美、英、澳三国国家赔偿相关法律条款。

成违法的行为，导致第三人发生损害，国家不负赔偿责任”。[①] 域外立法虽然笼统地规定法官错判行为可以导致国家赔偿，但因司法豁免权的范围和程度不同，各国在限制责任方面的规定差异较大。

对于我国而言，是否将财产刑改判的法院错判行为纳入国家赔偿范围，也应当围绕司法豁免权的范围、程度等因素进行考量。从目前来讲，笔者认为不宜纳入国家赔偿范围，可以从国家赔偿范围的确定原则、将轻罪重判纳入国家赔偿的归责原则、财产刑与自由刑被错判所导致损害性质的比较、财产刑改判后的救济程序来进行分析。

第一，国家赔偿范围的确定原则。国家赔偿范围的确定必须坚持以下基本原则：一是保证受损害的合法权益获得有效救济的原则，二是便于职权运用的原则，三是以国家的财政承受能力为依据的原则。上述三项原则中，任何一项原则坚持不好都会违背国家赔偿法的立法初衷，产生负面法律效果。其中，便于职权运用原则，从根本上讲是如何在对公权力行为的规范和保护中寻找平衡的问题。“法律确定的职权是人民意志的体现，国家机关和国家机关工作人员依法运用职权是人民意志实现的形式。在确定国家赔偿范围时，不能过分扩大责任的范围，否则就会束缚职务行为的运用，同样不能达到实现人民意志的结果。责任的承担和免除是一定度的区分，其中度的定位应体现一定的价值取向，符合社会的公平和正义。”[②] 目前如何掌握好这个“度”，情况比较复杂，困难较大。将财产刑改判的错判行为纳入国家赔偿，其适用的应当是结果归责原则。对财产刑改判的错判不仅与刑事案件的事实认定或者法律适用有关，还与审理程序、审理制度和认知程度等有关，如果不问导致错判产生的主观和客观原因，让错判产生的财产损失后果一律由国家承担，最后由国家向法官进行追偿追责，对法官也是不公平的，必然会对法院审判职权的行使产生束缚和制约，因为法院为了规避担责的风险，必然会去想怎么不被追责，结果导致不敢判，不愿判，法律不能起到对犯罪行为应有的惩治、威慑和打击作用，不能保护国家和人民的利益和安全，其负面影响难以估量。

---

① 皮纯协、冯军主编：《国家赔偿法释论》，中国法制出版社2004年版，第279页、第306页。

② 刘嗣元、石佑启、朱最新编著：《国家赔偿法要论》，北京大学出版社2010年版，第80页。

第二，关于归责原则问题。所谓归责原则，是指法律上以何种根据来确认和追究国家赔偿法律责任。根据我国国家赔偿法第十七条第三项和第十八条第二项的规定，符合再审无罪的条件，错判的自由刑和财产刑已经执行的，可以申请国家赔偿。国家赔偿法将人身权和财产权的赔偿范围限制在再审无罪范围，即对完全无罪之人给予赔偿，所采取的是结果归责原则。我国国家赔偿法之所以对再审无罪赔偿采取结果归责原则，是寻求救济和规范平衡的结果，除了便于赔偿之外，还有以下考虑因素：第一，为保护法院行使审判权的独立性，限制“司法豁免权”的范围，将违法性审查排除于国家赔偿的审查范围，避免法院行使审判权的行为受到其他来自外界因素的干预。第二，采取特别牺牲理论说，国家因从事公务活动让人民受到一定的损害是必然现象，人民要作出牺牲，但这种牺牲如果超出一定的限度，造成异常严重的损害，即有特别牺牲时，应当由国家赔偿。“特别牺牲理论看上去支持的是一种有限的国家赔偿责任，因为它主张人民忍受一般的牺牲，只有在受到特别牺牲时才由国家予以赔偿，不过它不以行为人的故意或过失为归责要件，已经隐含了无过错责任论的要素在内。”[①] 第三，国家赔偿法规定再审无罪赔偿，言外之意是对有罪之人不予赔偿。遵纪守法是公民的最基本的义务，任何犯罪行为对国家、人民和社会都具有危害性，任何一个有罪的案件都要侦查和定罪量刑，需要动用公安、检察、法院和监狱等国家司法资源。从这个角度来讲，国家赔偿法规定一律有罪不赔，符合公平正义。域外多数国家或地区对损害人身权的冤狱赔偿所采用的归责原则也都是结果归责原则，即被羁押的公民确系无罪的，无论司法机关是否违法，有无过错，该公民都有权请求赔偿。

由于前述的错判产生、错判认定标准的复杂性等原因，主张将轻罪重判纳入国家赔偿范围采取结果归责原则，显然不可取，主张此观点者甚少，多数观点认为应当采取违法归责原则。但如果适用违法归责原则，在决定国家赔偿前，应当先对侵权行为的违法性进行审查，且认定违法一定要有事实依据和法律依据，才能对错判行为作出是否具有违法性的结论。否则，不但受害人的权利不能得到保障，相反还耗时耗力，对被评价的法院或法官的工作积极性有所挫伤，最为重要的是，程序如何设计、由谁启

① 沈岿：《国家赔偿法原理与案例》，北京大学出版社2011年版，第40页。

动、定错标准是什么、如何评判法官办案的公正性等基础性制度都不完善，犹如现有的法官错案追究制度、司法责任制度的落实情况一样，在实践的过程中会产生很多困难和问题。因此，在解决好归责原则的矛盾和冲突之前，不宜将财产刑的改判纳入国家赔偿范围。

第三，财产刑改判与自由刑改判所导致的损害后果存在根本性的不同，虽然财产刑与自由刑在适用上具有同等的重要性，但财产权受损的危害性远没有人身权受损的危害性严重，这一点已成为社会共识。因此，在国家赔偿法将损害人身权的轻罪重判行为纳入国家赔偿的范围前，将财产刑改判纳入国家赔偿范围是不可能的，在纳入国家赔偿范围这个问题上，自由刑改判应当走在财产刑改判的前面，或者两者同时纳入。

第四，对财产刑改判后的权利救济措施虽然不尽完善，但已有路可循。对于财产刑的执行，最高人民法院于2014年9月1日通过了《最高人民法院关于刑事裁判涉财产部分执行的若干规定》（法释〔2014〕13号），该规定对发生法律效力的刑事裁判主文确定的罚金、没收财产的执行机关、执行异议程序作出了规定，并明确刑法、刑事诉讼法及有关司法解释没有相应规定的，参照适用民事执行的有关规定。对于财产刑的执行监督，《人民检察院刑事诉讼规则》明确了检察机关具有对刑事裁判涉财产部分执行监督的职责，规定人民检察院发现人民法院对刑事裁判全部或者部分被撤销后未依法返还或者赔偿的、执行的财产未依法上缴国库等违法情形，应当依法提出纠正意见，并可以对公安机关查封、扣押、冻结涉案财物的情况，人民法院审判部门、立案部门、执行部门移送、立案、执行等情况进行调查核实。刑事被告人在财产刑改判后，财产未予及时返还的，可以向原执行法院提出申请。原执行法院存在执行不力等情形的，刑事被告人可以向检察机关提出控告、申诉。此情形下，应当避免国家赔偿程序与刑事裁判涉财产部分执行程序或执行监督程序并行情形的出现，以防止裁判结果不统一和司法资源浪费。

【意见建议】

笔者主张财产刑改判不纳入赔偿范围，但此主张并非对刑事被告人因财产刑错判而受到的损失不给予及时救济，而是要在现有制度基础上执行机关和受委托执行的机关各尽其责，尽力推动执行和执行监督工作。从理论上讲，刑事被告人因财产刑改判而应当予以返还的已被执行、收入国库的财产，与国家赔偿金的支付渠道一样，应当由国库支付返还，不应当存在支付不能的问题，所以无须适用强制执行程序进行执行回转。但现实中为什么存在执行返还不及时、不足额或返还不能的问题，这是个不得不令人深思的问题，这个问题绝非是追究错判财产刑的法院或法官的责任所能解决的。“解铃还须系铃人”，一般情况下，问题还是应当由问题的制造者来解决，这样才符合侵权法“谁侵权，谁赔偿”的原则，受理国家赔偿案件的法院在证据收集、程序审查等方面也会省去很多麻烦。有人主张可以适用非刑事执行错误赔偿的法律规定来解决此类情形下的国家赔偿问题，但笔者亦不认同。虽然生效刑事判决财产刑部分的执行程序刑法和刑事诉讼法未规定的，可以参照民事执行的规定执行，但该执行程序与民事诉讼强制执行程序具有本质上的不同，比如有无申请执行人不同，被执行人的法律地位不同，财产流向不同，执行程序不完全相同等。对于财产刑改判后被执行的财产不能返还的问题，不能直接适用非刑事司法赔偿中错误执行赔偿，否则会混淆国家赔偿的内部划分体系，执行不好，会将简单问题复杂化。故建议从财产刑的具体执行环节入手，查找侵权行为和因果关系，结合财产刑执行错误给刑事被告人造成财产权益损害的情形，采用与非刑事错误执行赔偿相同的归责原则，规定财产刑错误执行赔偿，以扩大刑事司法赔偿的范围，加强国家赔偿立法，实现对财产权受损的刑事被告人的救济。

此外，司法实践中还有两种观点需要在此澄清一下。这两种观点均认为，原罪名不变，但财产刑改判，能够直接引起国家赔偿，对此已经有相应的法律规定。其中一种观点认为，国家赔偿法第十八条第一项①已经将刑事司法赔偿中的错误执行纳入赔偿范围，体现在该规定中的“等”字。笔者对此观点不认同，其理由在于适用的归责原则不同。国家赔偿法第十八条第一项采取的归责原则是违法归责原则，笔者认为，刑事司法赔偿中的错误执行赔偿应当将归责原则确定为结果归责原则，其理由与非刑事司

① 国家赔偿法第十八条规定：“行使侦查、检察、审判职权的机关以及看守所、监狱管理机关及其工作人员在行使职权时有下列侵犯财产权情形之一的，受害人有取得赔偿的权利：（一）违法对财产采取查封、扣押、冻结、追缴等措施的；（二）依照审判监督程序再审改判无罪，原判罚金、没收财产已经执行的。”

法赔偿中的错误执行赔偿确立归责原则的理由相同，在此不再赘述。

另一种观点认为，2012年《最高人民法院关于适用〈中华人民共和国刑事诉讼法〉的解释》第四百四十五条①规定扩大了财产刑国家赔偿的范围，财产刑由重改轻，已经执行不能返还的部分予以国家赔偿，能更好地体现损害与赔偿之间的对应关系，更为合理。笔者认为这种观点和理由均站不住脚。2012年《最高人民法院关于适用〈中华人民共和国刑事诉讼法〉的解释》第四百四十五条规定："财产刑全部或者部分被撤销的，已经执行的财产应当全部或者部分返还被执行人；无法返还的，应当依法赔偿。"由于刑事诉讼法与国家赔偿法分别属于不同的两个部门法体系，所规制的法律关系不同，该司法解释规制的是刑事诉讼法律关系，而非国家赔偿法律关系，其并未扩大财产刑国家赔偿的范围，亦未规定财产刑由重改轻，已经执行不能返还的部分予以国家赔偿。该规定中的"依法赔偿"是指依国家赔偿法的规定予以赔偿，而非依该条予以赔偿。在该条所述情形中，不符合国家赔偿法规定的赔偿范围的，仍然不能赔偿。该观点对法律体系、法律规范、法定赔偿原则及赔偿责任构成要件产生误解，不宜提倡。

（撰稿人：最高人民法院　崔晓林）

① 现为法释〔2021〕1号第五百三十一条。——编者注

监狱医院涉国家赔偿案件适用程序及判断标准

【核心观点】

2010年修正的国家赔偿法第十七条，将监狱作为赔偿义务机关所涉国家赔偿案件纳入国家赔偿法刑事赔偿范围。近年来，司法实践中此类案件日益增多，新情况、新问题不断显现。其中，尤以监狱医院所涉国家赔偿问题最为突出。因此，笔者认为，在处理监狱所涉医疗纠纷过程中，应当根据国家赔偿法、监狱法相关法律法规规定，结合案件的具体情况，从监狱的行为是否符合合法性、合理性、正当性要求的角度，全面、准确作出判断，从而达致保障私权与维护公权的平衡。对于监狱未尽监管职责、救治不及时或者救治不当，造成公民、法人和其他组织合法权益损害的，依法当赔则赔，保障受损的合法权益得到应有的保护；同时，对于监狱已依法尽善履职，已尽到了应尽的注意义务的，亦应给予必要的维护，以保证其依法尽职履职的积极性，以及维护合法履职的权威性。

【问题及相关背景】

近年来，罪犯或其亲属申请赔偿或补偿的请求，类型多样、数额较高且方式欠妥。经调研发现，近三年来监狱及其上级机关，或者人民法院赔偿委员会处理的赔偿、补偿案件中，罪犯或其亲属提出的请求理由多种多样，除国家赔偿法第十七条明确规定的情形之外，申请赔偿或补偿的事由基本上涵盖了监管、惩戒、劳动、医疗等狱政管理的方方面面。

罪犯或其亲属申请赔偿或补偿的案件，一般存在以下几个特点：一是申请赔偿或补偿的数额普遍偏高，少则几十万元，多则几百万元甚至上千万元。二是非正当维权现象比较突出。有的罪犯或其亲属，不通过法定程序申请赔偿，信访不信法，希望通过上访闹访，甚至采取一些极端的可能扰乱监狱或者正常社会管理秩序的手段，给监狱及其上级机关施加压力，以期获得更高额的赔偿、补偿款，而不愿意通过正当法律途径予以解决；有的监狱对于罪犯或其亲属申请赔偿、补偿的案件，因出于种种因素考量，也不愿意进入法定程序，而采取“体外循环”方式予以解决，即由监狱与申请人在法定程序外自行协商达成和解。三是依法化解矛盾的意识、能力尚待加强。有的监狱依然存在官本位思想，有的出于不当政绩观、追责压力、不科学的考核评价指标等诸多方面原因，对国家赔偿存在狭隘认识、错误理解或不当限制，使其在面临赔偿申请时，或私了解决，或推诿塞责，以至于赔偿法设置的义务机关先行处理的纠错与便民初衷，在司法实践中得不到充分有效的体现。此外，个别监狱及其上级机关，对涉及监狱的赔偿、补偿诉求或者监狱发生的突发、意外事件，或多或少存在依法化解矛盾、处理应对危机的措施和能力不足的问题。

罪犯或其亲属申请赔偿或补偿的案件中，当出现罪犯在服刑期间罹患疾病（含精神类疾病），或者因年迈、疾病死亡，以及因发生其他意外情况致伤残、死亡情形时，罪犯或其亲属通常以监狱及其医院存在殴打、虐待等行为，或者救治、诊疗不及时，或者监管措施存在过错、未尽监管职责等为由，申请赔偿、补偿。实践中已出现多起罪犯或其亲属以监狱及其医院怠于履行救治义务、救治不及时或医疗救治措施不当为由提出赔偿、补偿申请的案件（以下简称监狱医院涉赔案件）。

【理论探讨及建议】

一、监狱医院涉赔案件所涉及的法律问题

（一）监狱医院涉赔案件适用何种法律程序

近年来，监狱医院涉赔案件日益增多。因缺乏明确的法律规定，以致实践中对此问题争议较大，做法不一。其所引发的最直接的问题或者说其争议之主要焦点在于，对于此类案件应适用何种法律程序予以解决，即监狱医院涉赔案件到底属于民事法律调整范围还是属于国家赔偿法调整范围。

实践中，监狱将受伤或者患病的罪犯送诊的医院，一般包括三种情

况，一是监狱医院，即监狱依照监狱法在监狱内部设立的，管理人员和医生均为民警，只针对罪犯，不面向社会群众的监狱内部医院，此种情形最多；二是监狱管理局总医院，即主管机关是监狱管理局，但“一套人马两块牌子”，收治对象既有罪犯又有社会普通群众的较大型的监狱医院，但此种情形较少，且对于罪犯亦是与监狱内部医院一样实行严格监管；三是社会医院，经监狱医院临时判断，因罪犯伤病情况较危重，监狱医院设施及水平难以救治罪犯伤病的，经相关流程审批，监狱将罪犯送至就近的社会医院救治，由监狱承担相关医疗费用。

实践中，对以监狱及其医院怠于履行救治义务或者救治不及时、救治不当为由提出的赔偿、补偿申请，尤其是对于前两种情况下的监狱医院作出的医疗行为，应适用何种程序处理，主要有以下几种观点。

第一种观点认为，此类案件所涉行为属于医疗行为，医疗行为具有一定的专业性和社会性，并非监狱监管职权行为，监狱医院虽隶属于监狱，但因医疗行为自身的特殊性，故应与其他医疗行为一样，统一纳入民事法律调整范围，不应纳入国家赔偿法调整范围。同时，关于是否属于医疗过错或者医疗事故的判断，需经医疗事故鉴定方能作出，国家赔偿程序中并无此方面规定，故应按照民事相关程序和标准予以认定。

第二种观点认为，罪犯与监狱之间存在监管与被监管关系，地位不平等，同时，就监狱医院医疗行为性质而言，其仍是一种监管行为，或因其具有特殊性，可理解为一种监管行为的延伸，应属于国家赔偿法调整范围。同时，监狱医院亦非民事法律可予调整的医疗机构，侵权责任法（民法典颁布实施后，该法已被民法典侵权责任编的规定予以取代）以及《最高人民法院关于审理医疗损害责任纠纷案件适用法律若干问题的解释》（以下简称《医疗纠纷解释》），对此均未作出规定，故此种情形亦无法通过民事法律加以调整。

第三种观点认为，可以根据医院不同性质，分情况处理。一是针对不对外营业，不具有社会性、营利性的监狱内部医院（实践中监狱医院多属此种情形），因其不具有独立性，如发生医疗救治不当或过错，应适用国家赔偿法调整，实体审理过程中可申请医疗鉴定机构鉴定，并结合相关情形综合认定责任承担。二是针对具有社会性、营利性且同时对外营业的监狱医院，其与被羁押人员之间的医疗纠纷，可将其视为医患关系，引导权利人通过民事诉讼程序处理。

第四种观点认为，监狱医院与就医罪犯之间存在监管与被监管的关系，显然不适用民事诉讼程序，同时因国家赔偿法无明文规定，故该情形是否属于国家赔偿法调整范围尚有待商榷，现阶段可针对个案通过补偿、协调形式予以化解。

监狱医院与罪犯之间的医疗纠纷，应由哪个程序予以调整，因属于法律规定的盲区，尚无定论，故实践中操作亦不相同。从能够查询到的相关案例来看，罪犯或其亲属以监狱医院医疗行为不当提起的民事诉讼，多被人民法院以该种纠纷不属于民事受案范围为由驳回起诉。如罪犯蔚某在太原第三监狱服刑期间，罹患肺结核在该监狱医院救治一段时间后，转入当地社会医院救治，嗣后蔚某以监狱医院救治不当为由向法院提起民事诉讼，请求判令监狱赔偿其各项费用。法院以蔚某与监狱之间不属于平等民事主体之间的法律关系为由，对其起诉不予受理。同时，实践中亦存在针对申请人就此类争议提出的国家赔偿申请，以不属于国家赔偿范围为由予以驳回的情形。如上海白茅岭监狱罪犯冯某因病被送至监狱总医院救治，后冯某病亡，其亲属以监狱医院救治不及时为由向监狱申请国家赔偿，监狱管理机关以其提出的申请不属于国家赔偿范围为由予以驳回。据了解，实践中，针对那种收治对象既有罪犯又有社会群众的监狱医院，个别法院以民事案件予以受理；此外，针对此种纠纷亦有个别案件被纳入国家赔偿程序中予以审查；还有的被监狱及其上级机关作为信访案件予以协调处理。据此，针对此种实践操作各异的情形，亟待加以规范。

（二）罪犯医疗纠纷责任边界问题

罪犯医疗纠纷的责任边界问题，亦是实践中反映较多的难点问题。一是监狱医院受医疗条件和水平限制，其救治效果必然不能与社会医院相比较，当出现基本医疗设备无法保障而可能影响罪犯病情时，如何进行医疗判断，是否应由专业医师诊断、何时应转专业医院治疗、与社会医院在救治中责任如何划分等问题，在相关案例中亦有所反映。对此，缺乏相应规范，各监狱实际执行过程中亦掌握不一致。二是监狱与罪犯之间存在监管与被监管关系，入院治疗或转院就医均需一定的审批手续或流程，但有时此种报批的过程可能就与救治或者转院的及时性之间存在矛盾，对此应如何解决。三是罪犯与监狱医院之间的医疗纠纷缺乏鉴定标准，在民事诉讼程序中，针对医疗纠纷，根据最高人民法院司法解释规定，一般应先经过医疗鉴定机构鉴定，而针对监狱医院的医疗行为问题，目前尚无相关规范，实践中有法院赔偿委员会直接认定的，也有委托医疗鉴定机构鉴定的，但许多医疗鉴定机构不愿接受监狱医院的委托，或不愿对监狱医院的医疗行为进行鉴定。据此，如何确定监狱医院所涉医疗纠纷的实体判断标准，亦是实践中类似案件处理的难点之一。

二、监狱医院涉赔案件的调整程序

笔者认为，在现行监狱管理体制下，监狱医疗机构的医疗行为应理解为监狱管理机关行使监管职权范畴，其所涉相关案件，与其他因监管职权引发的国家赔偿案件一样，可以通过国家赔偿程序予以审查。理由如下：

第一，根据监狱法的规定，其主要宗旨是执行刑罚，惩罚和改造罪犯，预防和减少犯罪。而根据该法的授权及其规定，监狱的主要法定职责是刑罚的执行、狱政管理以及对罪犯的教育改造。此外，根据监狱法第六十条的规定，对罪犯在监狱内犯罪的案件，由监狱进行侦查。综上，监狱管理机关行使职权的行为，主要包括刑罚的执行、狱政管理、对罪犯的教育改造以及对罪犯在监狱内犯罪案件进行侦查。

第二，监狱法第五十四条规定，监狱应当设立医疗机构和生活、卫生设施，建立罪犯生活、卫生制度。罪犯的医疗保健列入监狱所在地区的卫生、防疫计划。根据该条规定，监狱的狱政管理职权包含了有关医疗、卫生范畴。换言之，监狱医院是监狱为贯彻实施监狱法的规定，设立的专门为解决罪犯医疗问题的机构，其主要特征如下：通常情况下，监狱医院隶属于所在监狱，没有独立的法人资格；监狱医院采取的医疗行为具有一定的强制性，罪犯并无选择权；监狱医院具有非营利性，其与被救治的罪犯之间的关系，有别于社会医院向普通患者提供医疗服务的民事关系；监狱医院的医生一般也是双重身份，既有医生资格，也同时具有狱警身份，其所作出的医疗行为亦同时属于监狱工作人员的执法行为。从以上特征可以看出，监狱医院与罪犯之间属于监管与被监管的关系，监狱医院对罪犯实施医疗诊治的行为，实际上是监狱在实施狱政管理过程中基于法律授权的职责所作出的有关医疗、卫生领域的行为，属于监狱履行法定监管职责的重要组成部分。

第三，从现行的民事相关法律规定来看，无论是民法典侵权责任编还是《医疗纠纷解释》，其所规范的医患关系以及医疗损害责任纠纷，均不包括监狱医院及其相关医疗情形。根据 2022 年修订的《医疗机构管理条例》第十五条之规定，申请医疗机构执业登记，应当具备下列条件：(1) 按照规定应当办理设置医疗机构批准书的，已取得设置医疗机构批准书；(2) 符合医疗机构的基本标准；(3) 有适合的名称、组织机构和场所；(4) 有与其开展的业务相适应的经费、设施、设备和专业卫生技术人员；(5) 有相应的规章制度；(6) 能够独立承担民事责任。从上述规定可以看出，监狱医院并不符合法定医疗机构的标准。同时，绝大多数的监狱医院都只是监狱的内设部门，不具有独立法人资格或者其他组织的主体资格，无法作为适格的民事主体参与民事诉讼。且如前所述，在司法实践中，罪犯或其亲属几乎无法通过民事诉讼方式向监狱主张医疗损害赔偿。

第四，以监狱行使职权存在违法、过错或不当为由提出的赔偿申请，一般都可以纳入国家赔偿程序予以审查，而作为监狱行使职权之组成部分的医疗行为如不能纳入其中，则有失标准统一。此外，以监狱及其医院怠于履行救治义务或者救治不当为由申请国家赔偿的绝大多数案件中，从当事人申请的行为性质而言，多数情况下难以区分是单纯的医疗行为还是监管履职行为，其申请所涉情形往往二者皆有，如既申请怠于救治，又申请救治或用药不当等。若将纯医疗行为纳入民事诉讼范围，则往往可能产生同一赔偿请求人提出的关于监狱的不同诉求，分属不同调整范围，有的属于民事诉讼调整范围，有的则属于国家赔偿管辖范围。如此操作显然不利于及时有效地保障赔偿请求人的合法权益。

因此，笔者认为，在现行监狱管理体制下，将罪犯与监狱医院的医疗纠纷，作为监管行为的一部分纳入国家赔偿程序，有助于一并解决请求人的相关诉求问题。诚然，纳入国家赔偿程序予以处理，即可能面临确定监狱及其医院是否依法尽善履职，是否存在医疗过错或者事故鉴定等问题。对此，建议可根据国家赔偿法的规定，并参照民法典侵权责任编以及《医疗纠纷解释》的相关规定，同时结合案件具体情况，作出相应的判断。此外，据了解，目前一些看守所正在进行医疗社会化改革，将看守所医疗事务外包给社会医院，作为社会医疗的一部分，如果今后监狱管理机关也推行此种改革尝试，则对于监狱所涉医疗纠纷适用何种程序问题，将会产生相应的影响。

三、监狱医院涉赔案件的实体判断标准

在有关监狱医院涉赔案件的实体判断上，笔者认为，应当根据现有法律法规规定、个案具体案情，同时结合监狱医院普遍医疗条件、罪犯病情状况以及日常生活经验等多方面因素，综合、客观加以判断。笔者认为，在对此类案件进行裁量认定时，应立足于“两个充分考虑、一个应当做到”。

（一）充分考虑监狱实施狱政管理的实际情况

1. 监狱医院普遍存在医疗压力较大、经费不足问题

监狱法第八条第一款规定：“国家保障监狱改造罪犯所需经费。监狱的人民警察经费、罪犯改造经费、罪犯生活费、狱政设施经费及其他专项经费，列入国家预算。”罪犯医疗费用属于“专项经费”，亦应列入国家预算。实践中，监狱所需经费的获得一般有以下形式：一是极少数经济发达地区可实现财政全额保障；二是大部分省（市、自治区）的监狱，由财政拨付一定比例费用，剩余部分则由监狱自筹，即通过其生产所得加以弥补；三是少数地区在财政保障的基础上，由财政和监狱再拿出部分资金，集中用于大病统筹。

从目前监狱医疗费用的实际情况来看，虽然司法部、监狱管理局逐年上调罪犯医疗经费标准，但离实际需要仍存在较大差距，罪犯医疗费用超标现象普遍存在。以笔者查阅到的相关数据为例，2012 年，全国各省份监狱罪犯医疗费财政拨款平均为 17.57 元/人/月，而实际开支达 31.3 元/人/月，有 21 个省（市、自治区）医疗费超标达 50% 以上。再如，某监狱 2014 年外出就诊数据显示，该监狱在押罪犯近 900 人，仅当年 1 月至 8 月全监狱罪犯外出就诊就接近 350 人次，外出就诊的费用已严重超支，超支部分只能挤占其他费用。

此外，很多监狱的医疗费用，在使用上也难以确保平衡，多数情况下被少数重病病患占用。例如，某监狱罪犯贾某，其 2016 年 10 月《罪犯收监身体检查表》载明“自述脑梗塞病史六年”。2017 年 5 月 28 日至 2017

年6月1日，某市第二人民医院住院病案显示，贾某因冠心病、急性心肌梗死入该院治疗，诊断为冠状动脉粥样硬化性心脏病、急性高侧壁、前壁心肌梗死、心功能Ⅳ级、高血压病3级、脑梗死、肺炎，该院给予药物及置入支架治疗。2017年6月1日至2017年7月30日，某市第一人民医院住院病案显示，贾某转入该院治疗，诊断为急性前壁心肌梗死、心功能III级、高血压3级、冠状动脉支架植入后状态、冠状动脉粥样硬化性心脏病、高脂血症，经完善相关辅助检查、对症治疗后，患者病情稳定，一般情况可，准予出院。贾某在前述两家医院治疗花费共26万余元，均由某监狱支付。

结合前述普遍存在的医疗及经费压力，监狱医院普遍面临经费保障有限、医务人员不足、诊疗设备相对落后，应对复杂病情能力欠缺等实际情况。实践中，医护人员普遍不足，技术层次相对较低，一方面，对罪犯存在非理性医疗需求时，缺乏有说服力的专业意见；另一方面，因监狱医院确诊、治疗的技术有限，也会造成大量出监就诊，而除危、急、重症等病情较严重情况外，如需将罪犯送外治疗，还需经一定的排查、审批手续，抽调警力，做好安全警卫工作等，对监狱的日常监管安全提出新的挑战。

2. 监狱及其医院在实施狱政管理方面存在客观难度

考虑到对疾病的判断与治疗具有很强的专业性，且有的疾病具有一定潜伏期，病发因素复杂，现场管理罪犯的民警很难准确判断病情发展。同时，监狱管理又面临着改造与反改造的实际情况，有的罪犯为逃避、对抗教育改造，人为制造各种医疗问题，逃避改造，频繁就医，或不按医嘱用药，加重病情，规避劳动，有的甚至出于越狱动机，故意装病或装成在劳动中受伤，骗取民警将其带至环境相对宽松的监狱医院或社会医院，再伺机逃脱。监狱民警需要初步判断罪犯有就医必要，报经上级批准后，再送医治疗。同时，因监狱正常监管制度要求，除危、急、重症需要马上外出就诊的情形以外，如需将罪犯送到社会医院治疗，还需经过一定的排查、审批手续，且需要抽调警力做好安全警卫工作等。

因此，笔者认为，在认定监狱所涉医疗问题时，要正视和尊重前述客观情况，并结合日常生活经验，综合予以考量。

（二）充分考虑监狱对罪犯采取医疗保障的必要限度

当前，随着全国总体经济发展水平不断提高，社会医疗及保障的总体水平也得以逐步提升。但我们也要客观地看到，在一些地区，尤其是经济欠发达地区，还存在着监狱医疗水平高于社会平均医疗水平的问题，罪犯“免费医疗”与社会普通公民“看病难、看病贵”形成鲜明反差。这种对比所体现出的不公，容易引发民众对社会公正的质疑。

此前，笔者曾关注到媒体报道的两则新闻：其一，李某，19 岁，农民，患有严重的再生障碍性贫血，2008 年因难以支付高额的治疗费用便实施故意犯罪，其目的在于入狱后按照相关规定可以接受免费治疗。李某在策划并实施抢劫活动之后，被判七年有期徒刑，监外执行。之后，他再次进行持枪抢劫以便加重刑罚，此次，法院判决李某有期徒刑十一年，考虑实施强制收监，他“入狱治疗”的初衷得以实现。其二，张某，农民，曾因实施敲诈勒索被判处有期徒刑八个月。2008 年 7 月出狱，同年 9 月，其发现自己患病，为享受监狱免费治疗而再次犯罪。

此外，实践中，当罪犯出现在监狱中伤、病、死等状况时，罪犯家属往往“信访不信法”，非正当维权现象十分突出。有的采取多人拉横幅、喊口号冲击扰乱监狱，在网上散布谣言，长期不处理遗体或拒绝火化等上访、闹访方式，给监狱及其上级机关施加压力，以期获得高额赔偿、补偿。对于此类非正当维权行为，少数监狱采取“息事宁人”“花钱买平安”的方式解决矛盾，由此可能引发“会哭闹的孩子有奶吃”的负面效应以及恶性循环。

以上情况值得深思。罪犯作为受惩罚、被改造的特殊群体，在制定有关罪犯医疗保障机制的法律、法规，或者执行有关法律制度时，既要考虑给予罪犯基本权利保障和人道主义关怀，但也要注意不能矫枉过正，尤其不应忽视其医疗问题特殊性所引发的负面影响，决不能让罪犯享受“超国民”待遇，否则，可能诱导一些故意犯罪以及监狱“医闹”等问题。

（三）应当做到保障私权与维护公权的平衡

国家赔偿法第一条规定：“为保障公民、法人和其他组织享有依法取得国家赔偿的权利，促进国家机关依法行使职权，根据宪法，制定本法。”因此，国家赔偿制度兼具的两个主要功能：一是保障公民、法人和其他组织享有依法取得国家赔偿的权利，二是促进国家机关依法行使职权。笔者认为，保障私权与维护公权之间，亦存在一定的平衡关系。

实践中，对于如何掌握监狱所涉医疗纠纷的实体判断标准存在争议。一种观点认为，监狱及其干警应负有保证罪犯人身安全及相关合法权益的法定义务，故应对其课以严格责任，只要罪犯在监狱里出现伤、病、死等后果的，就应当认定监狱负有未尽履行监管职责的情形，确定其承担相应的赔偿责任。第二种观点则认为，判断监狱是否依法履职，不应仅从是否存在损害后果方面加以判断，而应从监狱所负有的法定职责，作出的具体履职行为，以及履职行为与损害结果之间是否存在因果关系等方面综合予以判断。

笔者同意第二种观点。前一种观点，即对于监狱行为课以严格责任，虽有利于保障私权，但其弊端亦较明显，一方面，容易出现前述的过度保护问题，另一方面，如一旦出现不良后果，就要担责、问责，此举将有损甚至会挫伤监狱及其干警履行职务的积极性，导致其不敢管、不愿管。因此，在对此类案件予以处理时，应当树立保障私权与维护公权兼顾的平衡性思维，即结合案件的具体情况，综合判断监狱的行为是否符合合法性、合理性、正当性的要求，既不能只强调行为而忽视结果，亦不能只强调结果而忽视行为。就此观点，笔者试结合以下几个案例的处理思路予以阐明。

[例 1] 解某因犯盗窃罪被判入狱服刑。某日 7 时许，狱警巡查发现解某身体不适卧床休息，即将其送至监狱医院治疗。9 时 40 分左右，监狱医院下达病危通知书，监狱遂电话通知其家属会见。次日其家属要求会见，因当天是星期日会见未果。解某病发第三日 20 时许，其病情再度加重，某监狱将解某送至当地医院急救。解某病发第四日 6 时许，其因抢救无效死亡。解某的家属遂向监狱提出国家赔偿申请。对本案监狱是否未尽监管职责或存在医疗不当，存在争议。一种意见认为，在解某患病期间，监狱已将其安排至监狱医院诊治，在其病情加重时亦转移到地方医院诊治，已尽到监管职责，解某系因病死亡，其死亡后果与监狱之间不存在因果关系，监狱不应承担赔偿责任。另一种意见认为，监狱在解某患病后虽及时将其送至监狱医院治疗，但经初步诊断且下达病危通知的情况下，该监狱并未做到及时送医，且不能作出合理解释，其未予及时转院救治行为显然不具有合理正当性，该行为与解某患病死亡之间存在一定联系，应综合考虑该行为在损害发生过程和结果中所起的作用等因素，适当确定赔偿比例和数

额，判令监狱承担相应的赔偿责任。笔者赞同后一种意见。最终，法院赔偿委员会经权衡，确定由监狱对于解某因病死亡的后果，承担一定比例的次要责任。

［例 2］闫某在监狱服刑期间因与其他罪犯发生纠纷而受伤，监狱将其送到当地中医院就诊，确诊为左腿股骨骨颈骨折，并进行切开复位钢板内固定手术。后监狱将闫某转院至新某监狱医院（即该省监狱管理局总医院）继续住院治疗。闫某刑满释放后因腿部伤残向新某监狱申请国家赔偿，请求该监狱承担治疗不当的赔偿责任。法院赔偿委员会在审理该案期间，委托司法鉴定。某医学院法医司法鉴定所出具司法鉴定意见认为：新某监狱在闫某住院期间多次提及“骨折处疼痛”时，未采取相应诊疗措施，且存在未及时拍片观察病情，发现骨折处螺钉断裂后未采取措施，病志记载“骨折已愈合”与实际情况不符的医疗过错，与闫某骨折未愈合并活动受限有一定因果关系，与其左下肢伤残程度的关联度约 50%。法院赔偿委员会认为，有资质的鉴定机构出具的医学鉴定意见表明，新某监狱对闫某所采取的医疗诊治行为不当，与其骨伤病情加重之间存在一定关联，应承担相应的赔偿责任，据此酌定新某监狱向闫某支付残疾赔偿金、精神损害抚慰金共计 18 万余元。

［例 3］王某因感冒、发热、咳嗽、胃部不适，于 2016 年 2 月 6 日至 11 日间，先后五次在卫生员田某（亦为罪犯）处领取常用药品。2016 年 2 月 11 日清晨，王某起床困难，当天队列训练时被安排在一旁休息；下午训练结束后，王某在返回监舍途中摔倒，被搀扶回监舍，几分钟后被送至监狱医院，因病情严重后被紧急送至市医院，经抢救无效死亡，抢救记录显示其为心源性猝死。嗣后医学鉴定意见为：王某符合患化脓性肺炎致呼吸循环衰竭死亡。法院赔偿委员会认为，根据监狱法以及司法部的相关规定，监狱应当设立医疗机构，对罪犯所患疾病及时诊治。在王某患病期间，其先后五次在田某处领取常用药物并服用，监狱安排罪犯从事医疗保障工作的做法违反监狱管理相关规定，王某死亡虽系其患化脓性肺炎直接导致，但监狱医疗制度不健全，没有专业医护人员对其所患疾病进行必要的检查和诊断，与其死亡之间存在一定联系，遂酌定该监狱承担相应的赔偿责任。

［例 4］张某因右眼不适在监狱医院就诊，被确诊患老年性白内障，并

经相应药物治疗，病情基本稳定。后张某因右眼视物不明，经监狱审批后被送至市中心医院就诊，诊断为右眼青光眼、白内障，左眼未见明显异常。嗣后，因病情需要，监狱先后安排张某在市中心医院、监狱医院、省某医院住院治疗，并为其外出就诊花费 4 万余元。张某在省某医院三次手术后视力未能恢复，后被鉴定双眼视力盲目评定为一级，完全丧失劳动能力。张某遂以监狱未尽监管职责、治疗不当为由申请国家赔偿。法院赔偿委员会认为，张某在服刑期间因患眼疾，监狱依照狱政管理的相关规定，安排其在监狱医院就诊、治疗以及经报批后安排其外出就诊、手术治疗等，并先后为其花费就诊费用 4 万余元，监狱不存在未尽监管职责、不履行及时救治义务情形。张某失明、劳动能力丧失，系其自身疾病发展所致，故对张某提出的赔偿请求予以驳回。

[例 5] 陈某与同监罪犯刘某因在监狱卫生间发生口角进而厮打，两人从争执到厮打结束前后历时约 3 分钟，双方动手的时间为 1 分 10 秒，值班警员赶至现场时陈某眼部已受伤。监狱立即将陈某送往医院检查治疗，并及时转院治疗。嗣后，陈某经鉴定为右眼损伤致盲。陈某及其家属以监狱未尽监管职责、未及时救治为由，向监狱提出赔偿申请。法院赔偿委员会认为，本案中，陈某违反监规，与同监罪犯发生争执、厮打且事发突然，监狱警员及时赶至现场，在了解事态后及时上报情况，及时将陈某送医诊治，嗣后亦多次送其出监就诊，并支付相关就医费用，以上情形能够说明监狱对陈某给予了及时的救治，已经履行了其应尽的职责，据此对陈某的赔偿请求予以驳回。

结合以上几个案例的分析，笔者认为，监狱应当切实履行监狱法以及司法部相关规定所赋予其的法定职责，对监狱的医疗、卫生状况以及罪犯的健康状况，尽到法定的、合理的以及属于正常认知范围内的注意义务（以下统称为应尽的注意义务），避免因未履行监管职责或者未尽到应尽的注意义务，而引发不良后果。同时，监狱虽负有保证罪犯人身安全的职责，但对此亦不应片面认为只要监狱出现伤病等事件，即必然认定其未尽监管职责或者救治不及时，而应将监狱是否依法尽善履职，是否尽到了应尽的注意义务，作为判断标准，对于某些意外事件或者突发情形，不能严苛要求监狱一律加以避免，或者严苛要求其在已尽善履职的情况下，仍需承担相应的赔偿责任。因此，笔者认为，在处理监狱所涉医疗纠纷过程中，应当根据国家赔偿法、监狱法相关法律法规规定，结合案件的具体情况，从监狱的行为是否符合合法性、合理性、正当性要求的角度，全面、准确作出判断，从而达致保障私权与维护公权的平衡。对于监狱未尽监管职责、救治不及时或者救治不当，造成公民、法人和其他组织合法权益损害的，依法当赔则赔，保障受损的合法权益得到应有的保护；同时，对于监狱已依法尽善履职，已尽到了应尽的注意义务的，亦应给予必要的维护，以保证其依法尽职履职的积极性，以及维护合法履职的权威性。

以上笔者仅就监狱医院涉赔案件的适用程序及判断标准问题抛砖引玉，提出拙见，期待更多有识之士对此问题予以关注、研究，共同致力于此类问题的进一步规范与完善。

（撰稿人：最高人民法院　苏戈）

国家赔偿范围的确定

【核心观点】

国家赔偿系法定赔偿，国家赔偿范围属法定范围，包括应予赔偿和不予赔偿两方面的情形。随着经济社会的发展，依法治国步伐不断加快，国家赔偿范围方面存在的问题在审判实践中日益显露出来，如行政赔偿范围没有规定行政不作为赔偿、刑事赔偿范围没有兜底条款造成司法困境，免责兜底条款过于宽泛等现实问题。本文通过国家赔偿典型案例、借鉴域外经验，提出进一步完善国家赔偿范围的几点思考，对赔偿范围以“列举式+兜底条款”的法律条文进行综合规定，并确立国家赔偿的基本原则应包含“有权利必有救济”的原则以及“全部赔偿”原则。

【问题及相关背景】

国家赔偿制度是国家对公权力在运行过程中发生的侵权行为承担责任的一项重要法律制度。我国的国家赔偿制度，经历了从无到有、逐步完善的发展过程，国家赔偿的范围也随之从抽象到具体、从单一到逐步健全的发展过程。1954 年宪法第九十七条规定：“……由于国家机关工作人员侵犯公民权利而受到损失的人，有取得赔偿的权利。”1982 年宪法第四十一条第三款规定：“由于国家机关和国家工作人员侵犯公民权利而受到损失的人，有依照法律规定取得赔偿的权利。”1986 年民法通则第一百二十一条规定：“国家机关或者国家机关工作人员在执行职务中，侵犯公民、法人的合法权益造成损害的，应当承担民事责任。”1989 年行政诉讼法第六十七条第一款规定：“公民、法人或者其他组织的合法权益受到行政机关或者行政机关工作人员作出的具体行政行为侵犯造成损害的，有权请求赔偿。”1994 年颁布的国家赔偿法对行政赔偿和刑事赔偿的范围，赔偿义务机关，赔偿的方式、标准和计算方法，赔偿的程序，赔偿费用等作了全面具体规定，扩大了公民权利的救济途径，标志着我国国家赔偿法律制度的全面确立。2010 年，国家赔偿法第一次修正，在赔偿范围、赔偿标准上取得重大进步，完善了赔偿程序，并首次对国家赔偿"精神损害抚慰金"作了明确规定。2012 年，国家赔偿法第二次修正，修改了该法第十九条第三项。我国的国家赔偿制度的建立与发展，对推进国家法治建设进程发挥了重要作用，随着经济社会的发展，依法行政、依法治国理念的不断深入、法治建设的不断完善，客观需要国家赔偿制度与之相适应；同时，国家赔偿法在实施过程中也遇到一些现实问题，需要不断完善和修订国家赔偿范围。如 2015 年最高人民法院公布的十大行政不作为案例中的张某华（死者刘某洲妻子）等五人诉甘肃省天水市公安局麦积分局行政不作为赔偿案、2016 年最高人民法院、最高人民检察院发布的刑事赔偿典型案例中滕某刚申请吉林省四平监狱违法不作为国家赔偿案均显示出国家赔偿法在赔偿范围方面的空白，亟待对赔偿范围进行完善。

【理论探讨及建议】

本文从国家赔偿的范围角度探讨对其修改完善的必要性。国家赔偿范围是指国家承担赔偿责任和公民、法人或者其他组织行使国家赔偿请求权的权限范围。从国家的方面来说，国家赔偿的范围是指国家机关及其工作人员的哪些行为造成的哪些损失应当给予国家赔偿。从赔偿请求人方面来说，国家赔偿范围指依法可以提出国家赔偿请求权的范围，意味着在国家权力运行中申请人所受到侵害可以依法获得补救的程度。

美国联邦侵权行为法第 1346 条规定："由政府雇员在他的职务或工作范围内活动时的疏忽或错误的作为或不作为所引起财产的破坏或损失、人身的伤害或死亡等属于美利坚合众国的侵权赔偿范围之内。"德国 1981 年国家赔偿法第 1 条规定："公权力机关违反对他人承担公法义务时，公权力机关应依据本法对他人赔偿就此产生的损害。

我国国家赔偿法第二章行政赔偿第一节赔偿范围第三条对侵害人身权、第四条对侵害财产权作了规定、第五条对国家不承担行政赔偿的范围予以明确；第三章刑事赔偿第一节刑事赔偿范围第十七条对侵犯人身权、第十八条对侵犯财产权刑事赔偿的范围作出了明确的规定，第十九条规定了国家不承担刑事赔偿责任的情形。可以看出，国家赔偿法中赔偿范围主要从正反两方面作出规定：一方面，规定了国家承担赔偿责任的范围，另一方面，也规定了国家不承担赔偿责任的情况。但是，随着形势的发展，依法治国的步伐不断加快，国家赔偿法在赔偿范围方面存在的问题在审判实践中日益显露出来，如行政不作为引起的赔偿问题、刑事赔偿没有兜底条款的困惑、国家赔偿免责条款过于宽泛等问题。

一、关于行政不作为引起的赔偿相关规定缺失及其建议

（一）行政赔偿范围现状

关于行政赔偿范围，国家赔偿法第三条规定了侵犯人身权可获得赔偿的五种情行：(1) 违法拘留或者违法采取限制公民人身自由的行政强制措施的；(2) 非法拘禁或者以其他方法非法剥夺公民人身自由的；(3) 以殴打、虐待等行为或者唆使、放纵他人以殴打、虐待等行为造成公民身体伤害或者死亡的；(4) 违法使用武器、警械造成公民身体伤害或者死亡的；(5) 造成公民身体伤害或者死亡的其他违法行为。第四条规定了侵犯财产权可获得赔偿的四种情形：(1) 违法实施罚款、吊销许可证和执照、责令停产停业、没收财物等行政处罚的；(2) 违法对财产采取查封、扣押、冻结等行政强制措施的；(3) 违法征收、征用财产的；(4) 造成财产损害的其他违法行为。以上规定的兜底条款均有“其他违法行为”的规定，但其具体指哪些行为，没有规定，也未明确是否包括行政不作为。

（二）行政不作为引起的赔偿相关规定缺失

行政不作为（指行政主体负有法定的作为义务，并且具有履行的可能性，却逾期没有履行的行为）是一种违法的行政行为，其造成的损害是否可以请求国家赔偿？

由于国家赔偿法没有将其明确列入行政赔偿范围，所以，有观点认为，只有积极的行政作为才可能产生赔偿责任，不作为没有积极侵害他人权利，不可能产生赔偿责任。另一种观点认为，作为行政违法行为的形式之一，行政不作为只要对损害结果产生了实际影响，与损害结果之间存在因果关系，就应当承担相应的赔偿责任。

国家赔偿中行政赔偿的立法目的是解决行政主体侵权行为的赔偿责任，它应该对行政作为和不作为违法进行合理规范，为受害的公民、法人其他组织提供充分的救济，切实保障他们的合法权益。从理论上讲，行政主体行使的行政权是一种公共管理权，行政主体在行使公共管理权的同时，也要对公众承担相应的法律义务。确立行政不作为违法要承担赔偿责任，就是要达到行政主体行使行政权力和履行义务的基本平衡。

在国外，建立了国家赔偿制度的国家，没有完全排除行政主体不作为违法的国家赔偿责任。如德国 1981 年国家赔偿法第 1 条规定："公权力机关违反对他人承担公法义务时，公权力机关应依据本法对他人赔偿就此产生的损害。美国联邦侵权行为法第 1346 条规定："由政府雇员在他的职务或工作范围内活动时的疏忽或错误的作为或不作为所引起财产的破坏或损失、人身的伤害或死亡等属于美利坚合众国的侵权赔偿范围之内。"

最高人民法院 2015 年 1 月 15 日公布的全国十大行政不作为案例中，张某华（死者刘某洲妻子）等五人诉甘肃省天水市公安局麦积分局行政不作为赔偿案案情如下：2006 年 3 月 3 日凌晨 3 时许，被害人刘某洲遭到罪犯苏某堂等三人拦路抢劫，刘某洲被刺伤后喊叫求救，多人听到呼救后多次拨打"110"报警，"110"值班人员让其给"120"打电话；经他人再次拨打"110"报警后，"110"值班接警人员在近两个小时后指令派出所出警。此时被害人刘某洲因失血过多已经死亡。甘肃省天水市中级人民法院认定天水市公安局麦积分局"110"值班民警高某犯玩忽职守罪，免予刑事处罚。被害人刘某洲近亲属起诉天水市公安局麦积分局要求赔偿。天水市中级人民法院在审理时对国家赔偿法第三条第五项"造成公民身体伤害或者死亡的其他违法行为"作了扩大理解，"行政不作为属违法行为，造成损失的应予相应的赔偿。"并参照了《最高人民法院关于公安机关不履行法定行政职责是否承担行政赔偿责任问题的批复》（法释〔2001〕23 号），认为公安机关应当承担相应的赔偿责任。但因分歧意见较大，后报请甘肃省高级人民法院逐级向最高人民法院请示。最高人民法院于 2013 年 9 月 22 日作出〔2011〕行他字第 24 号《关于公安机关不履行、拖延履行法定职责如何承担行政赔偿责任问题的答复》："……应当根据公安机关不履行、拖延履行法定职责行为在损害发生过程和结果中所起的作用等因素，判决其承担相应的行政赔偿责任。"后经天水市中级人民法院协调，达成调解协议：天水市公安局麦积分局一次性支付刘伟洲家属赔偿金 20 万元。

（三）建议

今后我国修改国家赔偿法时，应将行政不作为明确纳入国家赔偿范围。可以借鉴 2018 年 2 月 8 日起实施的《最高人民法院关于适用〈中华人民共和国行政诉讼法〉的解释》第九十八条对行政不作为赔偿以司法解释的形式明确规定："因行政机关不履行、拖延履行法定职责，致使公民、法人或者其他组织的合法权益遭受损害的，人民法院应当判决行政机关承担行政赔偿责任。在确定赔偿数额时，应当考虑该不履行、拖延履行法定职责的行为在损害发生过程和结果中所起的作用等因素。"将不履行、拖延履行、不完全履行等情形均明确纳入赔偿范围，但同时应当考虑该不作为对损害发生过程和结果中所起的作用等因素确定赔偿比例。

二、关于刑事赔偿范围没有兜底条款造成的司法困境及其建议

（一）刑事赔偿范围没有兜底条款

国家赔偿法第十七条仅规定了侵犯人身权刑事赔偿的五种情形：（1）违反刑事诉讼法的规定对公民采取拘留措施的，或者依照刑事诉讼法规定的条件和程序对公民采取拘留措施，但是拘留时间超过刑事诉讼法规定的时限，其后决定撤销案件、不起诉或者判决宣告无罪终止追究刑事责任的；（2）对公民采取逮捕措施后，决定撤销案件、不起诉或者判决宣告无罪终止追究刑事责任的；（3）依照审判监督程序再审改判无罪，原判刑罚已经执行的；（4）刑讯逼供或者以殴打、虐待等行为或者唆使、放纵他人以殴打、虐待等行为造成公民身体伤害或者死亡的；（5）违法使用武器、警械造成公民身体伤害或者死亡的。第十八条规定了侵犯财产权刑事赔偿的两种情形：（1）违法对财产采取查封、扣押、冻结、追缴等措施的；（2）依照审判监督程序再审改判无罪，原判罚金、没收财产已经执行的。以上规定中对应该给予刑事赔偿的情形一一列举，均没有兜底条款。

（二）刑事赔偿范围存在的困惑

法律文本是法律实践的总结，相对而言是滞后于实践。法律文本在一

定时期内需要维持稳定性，不可能经常修改。而社会发展的规律和复杂事物的产生是不以人的意志为转移的，是依照自身发展规律运行的。法律文本的稳定性和社会发展的不确定性必然会导致法律与现实之间的冲突。法律条文是有限的，但复杂的事物却是无限的，以有限规范无限，要求法律文本中应当设置兜底条款，否则法律条文将是千车载、万船装。从法律制定的角度看，设置兜底条款是减少法律条文数量的重要途径。兜底条款可以说是一把双刃剑，它在保障法的稳定性和周延性的同时由于自身的模糊性也产生了一系列问题，不利于保障法的确定性，在适用过程中会出现不统一的情形。因我国国家赔偿法关于刑事赔偿范围并未规定兜底条款，导致在审判实践中会出现以下两方面的问题。

第一，司法实践中不得不以司法解释的方式明确界定部分赔偿或不予赔偿的范围。如关于无罪之人被判处管制、有期徒刑缓刑、剥夺政治权利后的请求赔偿问题。《最高人民法院关于人民法院执行国家赔偿法几个问题的解释》第四条规定，人民法院判处管制、有期徒刑缓刑、剥夺政治权利等刑罚的人被依法改判无罪的，国家不承担赔偿责任。这一规定以司法解释的形式明确将这三种无罪的人排除在国家赔偿范围之外。客观上这三种人虽未羁押限制人身自由，但都曾是被认定有罪并处以刑罚的人，他们均不同程度地被限制了人身自由和权利，判处管制的人必须接受公安机关的监督，判处缓刑的人人身自由受到一定限制，剥夺政治权利的人不能行使宪法规定的选举权和被选举权及出版、集会、结社、游行等自由，以及担任国家机关职务或企事业单位、社会团体领导职务的权利。同时，这三种刑罚都较大程度影响公民的职业声望、社会地位、个人尊严，丧失较多的社会就业机会等，对其人身权利造成严重损害，因而对这三种无罪的人也应给予相应的国家赔偿。

第二，在司法实践中确有申请人因刑事违法行为受到损害，却没有赔偿法律依据的问题。以 2016 年 1 月 7 日最高人民法院、最高人民检察院发布的刑事赔偿典型案例中的滕某刚申请吉林省四平监狱违法不作为国家赔偿案为例，1999 年 12 月 30 日，滕某刚与吴某海、刘某新、孟某友（均为服刑人员）四人被临时安排组成一个相互监督的互包组，在该监区内的水泥生产加工场地做推煤工作。其间，滕某刚等三人与吴某海发生口角。后四人擅离岗位到主控室休息。当日 5 时左右，吴某海趁滕某刚等三人熟睡之机，拿起室内砸煤用的铁钎，向滕某刚等三人头部连续击打数下，发现三人没有反应后，认为三人已死亡，遂从该二楼窗外铁梯爬到楼顶欲跳楼自杀。四平监狱管教员及其他监狱管理人员赶到现场后，组织对伤员进行了救治，并于当日22时45分，将吴某海抓获。滕某刚经鉴定为：脑软化灶形成左侧肢体偏瘫，肌力四级，属七级伤残；颅脑缺损160平方厘米，属九级伤残。后吴某海被四平市中级人民法院以故意杀人罪判处死刑。吉林省高级人民法院赔偿委员会审理认为，本案四平监狱劳动现场存在安全问题，监狱干警监管措施不到位，根据相关规定结合本案案情，可以确定四平监狱在监管上存在一定的不作为情形。根据国家赔偿法及相关规定，四平监狱应当承担一定比例的赔偿责任。因本案中滕某刚所受伤害系吴某海直接造成，另外，滕某刚在受伤前亦随同其他服刑人员擅自脱离推煤岗位，其自身亦有一定违规之处，故根据本案具体情况，法院赔偿委员会决定由四平监狱承担30%的责任。

该案中，虽然法院赔偿委员会决定四平监狱承担30%的赔偿责任，但所涉行为在刑事赔偿范围方面却没有明确的法律依据，亦不属于国家赔偿法第十七条第四项“刑讯逼供或者以殴打、虐待等行为或者唆使、放纵他人以殴打、虐待等行为造成公民身体伤害或者死亡的”情形。

（三）建议

上述案例可以看出，刑事赔偿范围兜底条款在司法实践中的需求尤为迫切。建议在将来修改国家赔偿法时在刑事赔偿范围中增加兜底条款。

建议不断完善国家赔偿范围法律规定模式，以“列举式+兜底条款”的法律条文进行综合规定。目前刑事赔偿范围的规定是以列举的方式来表述的，但没有兜底条款。这种模式虽然在司法实践中具有操作性强、直观明了的优点，但是随着国家权力的主动外扩以及外国国家赔偿范围逐步拓展化的趋势，其已经阻碍了刑事赔偿范围的扩大，不能适应国家法治理念对国家权力的节制要求。改变国家赔偿范围法律规定模式，将简单的列举式改为“列举式+兜底条款”，不仅为进一步扩大国家赔偿的受案范围确立了法律原则，在具体的司法实践中也具有界定受案范围的作用，提高了国家赔偿制度面对复杂的国家权力运行状况和日渐发展的社会需要的能力。而且，可以借鉴法国国家赔偿范围的确定方式，法国国家赔偿范围是由行政法院的判例汇集起来的。建议我国在条件成熟的情况下，适当采纳最高人民法院判例作为国家赔偿范围的一个有机组成部分。事实上，近年来各基层法院在审理相关案件时，均会参考最高人民法院发布的典型案例和中国裁判文书网的类案检索案例。2020 年 7 月，江苏省高级人民法院还出台了《关于建立类案强制检索报告制度的规定》。

三、关于国家赔偿中的免责条款

（一）存在的问题

国家赔偿法第五条、第十九条规定了国家不予赔偿的情形即免责条款，但其中有不尽如人意之处。

第一，关于公民故意作虚伪供述，或者伪造其他有罪证据被羁押或者被判处刑罚的刑事赔偿问题。虽然国家赔偿法规定对这类情形不予赔偿，但笔者认为这种免责规定欠妥。因为依据刑事诉讼法规定，对一切案件的判处都要重证据，不轻信口供，只有被告人供述，没有其他证据的，不能认定被告人有罪和处以刑罚；没有被告人供述，证据充分确定的，可以认定被告人有罪和加以处罚。由此看出，仅有虚伪供述本身是不足以导致错案发生的。如果司法机关仅凭被告人的虚伪供述就定案，那就有不可推卸的违法责任，最后形成冤错案件就应进行相应的刑事赔偿。

第二，关于刑法规定不负刑事责任的人被羁押的刑事赔偿问题。国家赔偿法规定，对于依照刑法第十七条、第十八条规定的不负刑事责任的人，如果司法机关对其实行了羁押，国家不承担赔偿责任。

刑法和国家赔偿法的价值取向应当是一致的，都要体现我国的人道主义精神和人权思想，规定此情形下国家免责，如果不负刑事责任的人被羁押，其消极影响不言而喻。

（二）建议

笔者认为，对上述两种人员的刑事赔偿国家免责规定过于宽泛，应当细化和完善，建议规定不负刑事责任的人经查没有犯罪事实、羁押错误的，或虽有犯罪事实，但自其不负刑事责任情况被确认后，释放延迟而违法羁押的，国家均应承担相应的赔偿责任。

应确定国家赔偿范围的基本原则，为重构和扩大国家赔偿范围提供准则。国家赔偿范围的确定原则对于扩大国家赔偿范围具有十分重要的指导意义，尤其是在国家权力不断扩张和深入的现代社会，国家权力本身具有侵犯公民权利的可能性，对所有的国家行为都应当设置相应的国家赔偿制度。因此，确立国家赔偿的基本原则应包含“有权利必有救济”的原则以及“全部赔偿”原则，前者界定了国家赔偿的事项内容，即公民获得某项权利时必须获得相应的权利救济手段，也就是说，公民的各种法律权利和相应利益都一视同仁地成为国家赔偿法的调整范围和国家赔偿责任的承担范围；后者则是指国家侵权行为所承担赔偿责任的大小，应以国家侵权行为所造成的实际损失的大小为依据，进行全部赔偿，而不仅仅是赔偿直接损失。

总之，国家赔偿范围的健全与完善，是我国实行依法治国方略的重要标志，是加强人权保障的重大法治进步。虽然现行国家赔偿法在赔偿范围上存在部分缺陷和不足，但是一部法律的完善需要有一个不断实践不断修改的过程，因此，要通过司法实践不断完善和修改法律上的缺陷，使我国的国家赔偿范围不断丰富、完备、科学，真正实现权利义务一致，权力责任对等，助力构建和谐社会，努力让人民群众在每一个司法案件中感受到公平正义！

（撰稿人：甘肃省天水市中级人民法院　杨江龙）

自伤、自残免责条款适用的禁止与限制

——自伤自残行为与监管机关疏于监管并存时的国家赔偿

【核心观点】

国家赔偿法第十九条第五项规定“因公民自伤、自残等故意行为致使损害发生的”，国家不承担赔偿责任。当出现被羁押人在羁押场所以自杀、自残方式导致自身身体残疾或死亡的后果时，免责条款的适用有何禁忌或者限制？如果自伤、自残的结果与监管失职、救治失当甚至违法虐待、刑讯逼供等原因混合时，行使侦查、检察、审判职权的机关以及看守所、监狱及其工作人员是否需要对损害后果负赔偿责任？本文试图通过对自杀、自伤、自残行为背后的原因、条件及产生的影响进行分析，确定国家赔偿法第十九条第五项免责条款适用的禁止和限制因素，通过对监管失职、失责行为与受羁押人自残行为之间的关联性的分析，揭示出国家免责条款普遍适用下的平衡和例外的一般规律，促进相关执法部门尽快提升执法水平，增强化解此类矛盾冲突的能力，适应人权保障发展的新需要，推进国家赔偿新理念在具体工作中的落实。

【问题及相关背景】

从外观上看，任何一起自伤自残类型的案件都是行为人自主选择的结果，行为人应当对自我选择的后果负完全或者全部的责任。正是基于此，即便是在以死亡为给付保险金条件的人身保险合同中，自杀豁免或减轻原则也都成为共识。譬如，人寿保险合同中，法律强制性规定，对于自成立之日起二年之内被保险人自杀的情形，保险人可以不承担给付保险金的责任。国家赔偿领域与民事、刑事领域不同，当一个人处于受羁押状态时，其完全失去人身自由，法律并没有给予受监管人犯自由地选择终结生命或残害自身的权利，他们的人身自由二十四小时处于监管机构的严密管理之中，他们选择自杀、自残，从管理者的角度来看，被视为是一种对抗改造的抗拒行为;[①] 但从罪犯家属的角度来看，则会怀疑监管场所管理中有虐待或施压，或者管理上的懈怠等行为才造成被羁押人自杀，因此要求监管机构承担赔偿责任。人民法院需要区别这其中是否参杂着职责违法作出判断，也即被羁押人自伤、自残行为与监管机关疏于监管并存时，国家赔偿免责条款的适用禁止与限制。

【理论探讨】

一、适用国家赔偿法第十九条第五项规定之主客观要件分析

（一）主观条件

被羁押人或受监管人员自杀需是“故意”所为，该故意从主观追求程度上区分，可以分为违反监规的主动追求的直接故意和“因病恶化”的消极放任的“故意”。

在一般情况下，自杀、自残行为属于个体对自身生命权、健康权的主动放弃和处分，这与自杀、自残者的心理和精神因素密切相关。一个罪犯的自伤、自残行为，既可能是出于逃避劳动、抗拒改造、扰乱秩序、陷害他人等目的；也可能是由于自身意志薄弱、心理承受力差、精神过于脆弱等身体方面的原因；还有可能是因犯罪而后悔、内疚、自暴自弃，极度自责而主动放弃生命和健康；或是出于自身精神或心理上的严重病症（已诊

---

① 现行法律法规都规定，为逃避劳动，在狱内自伤自残的，应受到严惩。监狱法第五十八条第一款规定：“罪犯有下列破坏监管秩序情形之一的，监狱可以给予警告、记过或者禁闭：(一) 聚众哄闹监狱，扰乱正常秩序的；(二) 辱骂或者殴打人民警察的；……(五) 有劳动能力拒不参加劳动或者消极怠工，经教育不改的；(六) 以自伤、自残手段逃避劳动的；(七) 在生产劳动中故意违反操作规程，或者有意损坏生产工具的；(八) 有违反监规纪律的其他行为的。”《暂予监外执行规定》第六条第一款规定：“对需要保外就医或者属于生活不能自理，但适用暂予监外执行可能有社会危险性，或者自伤自残，或者不配合治疗的罪犯，不得暂予监外执行。”

断为精神障碍），以致在病态下因不受自控而放弃生命和健康。笔者认为，有必要将这两种情形区分开来：如果被羁押人或受监管人员在神志清醒的状态下实施足以造成自身死亡或残疾的危险行为，意在通过自伤或自残的行为达到其摆脱劳动改造或抗拒改造之目的，应归属免责条款规定的“典型性故意”。但如果嫌犯或狱犯是处于“病态”下，即完全是因丧失行为能力而对自身行为缺乏辨识力，并不能预见到其自我伤害的损害后果，基于自身疾病发作选择自伤或自残，则应当归属另一类“非典型性故意”，可以看作无意识所为，或基于自身疾病发展出现的特定疾患结果。此种情形下，监狱似有保持高于前者的“注意”义务。但在我国司法实践中，对于自杀自伤者是否患有此种易于引发该行为病症、是否存在上述“典型性故意”，负有看管职责的人在注意程度要求上的不同并未被引起重视。这种不加区别的混谈，就会造成国家赔偿法第十九条第五项适用的法律效果和社会效果不能尽如人意，难于为狱犯家属从情感上所接受和认可。对于涉及此类情形的国家赔偿案件分析，也会产生一定的影响。

试举一列如下：罪犯文某生入狱服刑两年后逐渐开始出现情绪波动，不爱说话，怀疑有人给他下毒。监狱安排文某生到心理矫治中心进行治疗。同年 4 月 2 日，监狱将文某生转到监狱医院精神病管区留院观察，并由该市第二人民医院精神科（该院有精神病医学鉴定、诊疗专业资质，是该监狱精神病犯的治疗医院）对文某生进行初步诊断，结果为精神分裂症。遂将文某生送监狱医院精神病犯管区住院治疗。后又委托当地市级医院精神病司法鉴定所对文某生的精神状态进行鉴定。同年 4 月 19 日，司法鉴定所作出文某生患精神分裂症（发病期）的司法鉴定意见。同年 5 月 1 日下午 4 时 39 分，文某生与其他服刑人员在户外活动返回医院监区途中，突然冲出队列快速跑向医院监区二楼的应急通道，当时的值班警察发现后立即去追，有几个犯人也一起追，未追上，文某生越过栏杆跳下。该监狱立即将文某生送医抢救，经诊断文某生“右侧血气胸，右侧肺部挫伤，第 7、8、9 胸椎骨折，脑挫伤，脊椎损伤”。该监狱又邀请地方医院著名脊柱外科主任、专家对文某生进行椎体骨折手术。术后文某生转入 ICU 病房监护治疗，后又进行了右手拇指粉碎性骨折手术。文某生出院诊断为胸 7、8、9 椎体爆裂性骨折并截瘫，脊椎损伤、双侧血气胸、双侧肺部挫伤、右手拇指粉碎性骨折等。文某生出院后转回该监狱医院继续治疗，按照该市人民医院的治疗意见，加强护理，密切观察病情变化。同年5月29日，文某生转送到省司法警察医院继续住院治疗。同年8月9日出院，出院诊断为胸椎7、8、9椎体爆裂性骨折术后并截瘫、骶尾部褥疮并感染等。出院后文某生在监狱住院治疗至次年刑满释放。其间，监狱三次邀请该市第三人民医院康复科、泌尿外科和神经外科的专家进行会诊。文某生因不符合保外就医条件，没有保外就医。本案中文某生因精神疾病原因采取自杀的方式致自身残疾，该自残行为排除了监管机关疏于管理的责任，完全适用了国家赔偿法的免责条款，但其实，深入分析，国家对于文某生自残后所给予的全面的救治处理，一方面是职责使然，另一方面也是对文某生因病而选择自残的损害后果的"买单"。本案从结果上适用了国家赔偿法第十九条第五项的规定，但若是能从本案当事人病情发展的角度分析其自杀自残行为的源头，选择病残的理由作因果关系释法，则较之于适用该条之规定，似更为符合本案的实际情况。

（二）客观要求

与普通人的自伤、自残不同，受羁押和看管的人犯或嫌犯，要采取自伤自残行为难度较大。具体表现在，其自伤、自残行为所必须借助的物品管理极严格、获取的难度也极高。从一份调查数据上看，狱内自伤、自残及自杀的具体手段主要有：（1）吞食异物占20.95%，监内吞食多为尖锐物品，如小剪刀、牙刷、指甲刀等；（2）自缢占28.72%，自缢的工具多为绳索、衣服、被单、毛巾等；（3）割腕占31.76%，工具多为在劳动、学习、生活中日常使用的玻璃片、刀剪、铁钉等；（4）跳楼、撞墙及其他手段合计占18.57%。所以，笔者认为，如果自伤或自残者所借助的自残工具系其能够在日常的生活中使用到的物品，或在劳动中允许使用的工具，而不是必须严格管控和没收清理的特殊物件，监狱不存在对物器的保管不善的问题，应当适用免责的规定。而若罪犯实施自伤、自残的行为使用的是监管中严格管控的特殊类物品，如毒品、匕首等，则应考虑监管责任中是否还存在重大性过失如玩忽职守等情形。如果仅是利用现有的监管设施或常用的服饰、器皿及允许保管保存的生产工具进行自伤、自残的，适用免责条款无障碍。例如，在如下案例中，笔者认为就可以借用免责规定来判断监狱监管行为的合理性。罪犯石某在监狱习艺车间劳动时，用小剪刀在自己脖子上乱划，后被带工队长及进发现并制止。十几天后，监狱邀请市第一人民医院精神卫生科医生对石某进行诊断，诊断意见为石某呈抑郁状态，建议使用精神类药物。一周后，石某在打扫监舍时用扫帚把儿在自己脖子上猛划，被同监服刑人员制止。同日，监狱对其采取了禁闭措施，并使用了戒具。半个月禁闭期满解除禁闭，石某由第八监区被调到第十一监区。第二年 5 月 8 日，在车间劳动时，石某看到第十一监区教导员后进行辱骂和威胁。同日，监狱对其进行严管。解除严管时，监狱的意见是送医就诊。次日零晨 5 时，石某借上厕所之机，用线裤拴在暖气管上企图自杀，被其他服刑人员发现并制止。监狱再次对其进行禁闭并使用戒具。① 十五日后解除禁闭并解除戒具。此后三个月，监狱对石某实施严管并加戴戒具。后继续严管集训，直至刑满释放。后石某以遭到殴打、虐待为由要求监狱给予其精神损害赔偿。笔者认为，石某自残行为所借助的器具并非监狱管理工具，该自伤、自残未造成石某人身残疾，但引起监狱机关对其采取关禁闭、戴戒具、严管等措施，上述禁闭、加戴械具及严管等管制措施具有合法性和免责性。

综上，国家赔偿法第十九条第五项条款适用时对自伤、自残者的客观行为的考察还应结合监狱的管理职责来审视。

二、自伤、自残免责条款适用的主要禁忌条件

监管机关未依法履行监管救治的职责，存在主观上的故意或重大过失，客观上的管理疏漏，足以构成重大的违法违纪后果的，在适用国家赔偿法第十九条第五项免责条款时应当受到限制。

2010 年 2 月 23 日下午 5 时左右，某地刑警在办理侦查案件过程中将犯罪嫌疑人薛某抓获，带回至该县公安局刑警大队一中队办公室，为安排清点赃物和辨认需要，当晚 10 时许，将其带至二楼刑警大队审讯室，干警高某未对薛某加戴戒具。高某在看护薛某过程中去厕所，薛某见屋内无人，便走出审讯室，从二楼东侧走廊窗户处跳楼。办案人员发现后，从楼外将薛某追回。至当日 23 时 28 分，薛某交代了全部犯罪事实。2 月 24 日上午，薛某被送至该县第一人民医院，检查结果为：双脚跟骨粉碎性骨

① 详见（2016）甘委赔 1 号石某申请某监狱国家赔偿案。

折。经住院治疗四十八天，好转后出院。2010 年 5 月，薛某亲属向纪检委投诉。某县公安局纪检督察部门对此案进行调查，并于 2010 年 9 月 10 日作出《关于薛某跳楼受伤的调查报告及处理情况》。该报告认为，该县公安局刑警大队一中队高某在将涉案人员薛某带至审讯室后，未对其加戴戒具，在副大队长赵某指令其看护薛某时失控脱岗，致薛某在跳楼逃跑过程中双脚骨跟摔成粉碎性骨折，系玩忽职守，未认真履行法定职责，违反了人民警察法第二十二条第十一项之规定。副大队长赵某安排工作后，督促检查不到位，负有领导责任。同年 9 月 13 日，该县公安局根据上述报告分别作出《关于给予高某行政记过处分的决定》和《关于给予赵某通报批评的决定》。后薛某因犯盗窃罪被判处有期徒刑，申请国家赔偿时仍在服刑中。[①] 当有证据表明监管或看护机关工作人员存在着明显的失职失责行为，对于损害事件的发生，起着一定程度的直接诱导或者一定程度的加速损害结果扩张的作用，可否看作自伤、自残的损害结果与职权行为之间形成了直接的因果关系，因而使得被羁押人自伤、自残或自杀而致其人身受损的国家赔偿案件免责条款受到限制或排除适用？笔者认为，如果能够在物品管控、清理中及时发现遗失物品，或严格落实清监查号制度，就可以有效防止危险事件的发生。试举一例如下：某犯罪嫌疑人在侦查阶段，由公安民警押解到作案现场进行指认，指认结束后，在车内等待押解返回时，该犯罪嫌疑人将其口袋中的氰化物服入口中，导致急性中毒身亡。该犯罪嫌疑人家属以公安局疏于监管、具有严重过错，致该犯罪嫌疑人中毒死亡为

---

① 案件索引：辽宁省高级人民法院赔偿委员会（2012）辽法委赔监第 10 号。该案评析中认为：薛某的行为属于自伤自残。某县公安局未履行人身安全的监管职责。在刑事侦查过程中，公安机关对犯罪嫌疑人未戴戒具、脱岗失控，因玩忽职守受到行政处分，而在薛某跳楼之后，未当即检查薛某跳楼后的伤情，未及时送医院救治，耽误最佳治疗期。因而赔偿义务机关不但要承担薛某后期的治疗费用，而且也应承担薛某双足粉碎性骨折所应支付的后期残疾赔偿金、康复费、继续治疗费、残疾辅助器具费等一次性支付 20 万元。参见赵英伟：《不履行人身监管职责的国家赔偿责任》，载《国家赔偿办案指南》2013 年第 2 辑（总第 4 辑），第 226~229 页。

由，向赔偿义务机关提出国家赔偿请求。[①] 这是一起在看管期间犯罪嫌疑人服毒自杀身亡的案件，赔偿委员会法官在审理该案件中，并没有适用自杀免责条款，而是考虑了赔偿义务机关的职责失误，要求看管机关承担了部分责任。笔者认为，在这种存在较大或较明显过失的案件中，一味割裂追究违纪失职者行政或刑事责任与公民生命权自由选择之间的客观联系，是不利于使自残、自伤者所在的家庭因其自残自伤行为所带来的情感及利益需求及时得到填补的。以法国最高行政法院审理的“夏巴自杀索赔案”来看，国外已经开始了对存在违纪失职的工作人员造成的自杀、自伤后果不免责的探索。在该案中，犯罪嫌疑人夏巴先生因为不满狱政机关随意延长其监禁时间的做法而自杀身亡。夏巴女士因丈夫的死将狱政机关告上法庭，要求其赔偿因过错而给其本人及两个未成年子女造成的损害。巴黎行政法院一审判决驳回其诉讼请求，巴黎上诉行政法院随后以狱政机关与夏巴先生自杀间无直接因果关系为由驳回其上诉请求。夏巴女士不服，向最高行政法院提起法律撤销审之诉，要求法院判决狱政机关赔偿。[②] 在最高行政法院看来，至少是在夏巴案中，监狱管理机关疏于管理的过错与自杀后果间存在着直接的因果关系。最高行政法院认为，狱政管理机关存在一系列过错：一是没有按照法国刑事诉讼法典第 183 条之规定在最短的时间内向夏巴先生送达延长羁押的预审法官裁定；二是在夏巴先生有充足理由

---

① 法院于 2013 年作出（2013）右行初字第 40 号刑事判决，认定四名民警构成玩忽职守职罪。2016 年法院赔偿委员会作出（2016）内 22 委赔 1 号国家赔偿决定，认为：根据国家赔偿法第十九条第五项之规定，国家不承担赔偿责任。但公安局在侦办犯罪嫌疑人涉嫌故意杀人案中，未能认真履行搜查犯罪嫌疑人身体及看管职责，致使犯罪嫌疑人在看押过程中服毒自杀，存在过失，应承担监管责任。犯罪嫌疑人属于自杀，且在羁押期间又已供述自己犯罪行为，应对自己的行为负主要责任，赔偿义务机关亦应对犯罪嫌疑人之死承担部分监管不利职责。综上，结合法律规定的标准和本案实际情况，酌定赔偿死亡赔偿金、丧葬费合计 13 万元、精神损害抚慰金 2 万元。

② 参见张莉：《监管理与司法监督》，载《行政法学研究》2010 年第 2 期。在法国，国家作为公法人（此外还有地方领土单位和公务法人）可能因行政机关的重过错或一般过错造成的损害承担行政赔偿责任。自 1958 年 10 月 3 日拉克托阿里沃尼案以来，法国在狱政领域一直坚持国家只为监所管理部门所犯重过错承担赔偿责任的原则。然而自 20 世纪 90 年代起，法国在许多领域放弃了重过错归责原则，如 1992 年 4 月 10 日的“V 夫妇案”中，最高行政法院放弃了医疗领域的重过错原则。随着重过错归责原则在行政领域应用范围的逐步缩小，法国最高行政法院最终在 2003 年 5 月 23 日的“夏巴自杀索赔案”中放弃了狱政领域的重过错归责原则，认为狱政机关的一系列一般过错也可以使国家承担行政赔偿责任。

质疑延长羁押正当性时，监舍管理人中没有立即核对当事人请求，并查明延期羁押的原因，导致被羁押人坚信自己是司法恣意的受害者，从而萌生了自杀的念头；三是面对情绪失控的夏巴先生，狱警并未采取任何防范措施，导致悲剧几个小时后就发生。最后，最高行政法院认为，正是一系列可以归咎于狱政机关的过错直接导致了夏巴先生的自杀。监所管理上多个疏忽大意的过失直接促成了自杀惨剧的发生。夏巴先生的自杀身亡与监狱管理之间存在直接因果关系，故判决国家向夏巴女士赔偿72830欧元，向两个未成年子女支付15900欧元赔偿金。①

我国司法实践中，因罪犯狱中意外死亡而闹访的现象时有发生，尤其是罪犯如果自杀死亡或重伤的，家属更是究其始末毫不放弃要求追责，对于被羁押人自伤、自残的案件，除了坚持损害结果自负的大原则之外，正视和全面考虑职权机关违反监管职责的违法过错对于损害结果所产生的原因力（或者说促进力），在能够确认监管机关或其工作人员职权行为存在客观过错的前提下，适当加入因违法因素对死亡的促进作用和影响大小的评判，公允地处理此类问题，能较为客观地化解双方的矛盾和冲突。

三、赔偿义务机关对自伤、自残造成严重后果的赔偿案件承担举证责任义务的范围和要求

《最高人民法院、最高人民检察院关于办理刑事赔偿案件适用法律若干问题的解释》第八条规定："赔偿义务机关主张依据国家赔偿法第十九条第一项、第五项规定的情形免除赔偿责任的，应当就该免责事由的成立承担举证责任。"即赔偿义务机关以公民存在故意虚伪供述、伪造其他有罪证据或自伤、自残等行为为由，主张免除赔偿责任的，应当就该免责事由的成立承担举证责任。

试举一例如下：某监狱职工在监区厂区锅炉压力检测室内发现西侧窗户上部暖气管的被单上挂着罪犯刘某的尸体。经尸检，结论为刘某死因符

① 案件事实如下：夏巴先生曾由预审法官决定被拘留四个月，期限为1992年6月18日至1992年10月18日。由于10月19日仍处于监禁中，夏巴先生向监所管理人员抗议监狱管理部门随意延长其被监禁时间。然而，他并不知道对他采取的临时性限制人身自由的措施已经根据预审法官新的裁定自10月18日午夜零时起延长，而该裁定已于两天前送达至看守所但并未及时通知其本人。面对夏巴先生有理有据的质疑，监所管理人员只是一味地要求其安静下来，等待明天处理，而未采取其他措施。盛怒之下，夏巴先生悬梁自尽。

合缢死特点。经重新鉴定，专家给出分析意见认为刘某符合自缢死亡。后该地区法院认定该监狱干警唐某因未按照监狱工作制度正确履行职责，致使罪犯刘某长时间脱离监管并自杀身亡，判决唐某犯玩忽职守罪，免予刑事处罚。可以说，如果单纯从刘某的死亡原因上看，监狱并没有直接责任，但是从刘某死亡后监狱未及时发现的角度看，监狱在监管方面存在严重的疏漏，当出现明显足以造成被监管人自杀死亡的恶性后果时，应当实行举证责任倒置的归责原则。根据国家赔偿法第二十六条规定："人民法院赔偿委员会处理赔偿请求，赔偿义务人和赔偿义务机关对自己提出的主张，应当提供证据。被羁押人在羁押期间死亡或者丧失行为能力的，赔偿义务机关的行为与被羁押人的死亡或者丧失行为能力是否存在因果关系，赔偿义务机关应当提供证据。"也就是说，只有当侵权行为造成被羁押人死亡或者丧失行为能力这两种结果时，法律才要求赔偿义务机关对因果关系这一要件实行举证责任倒置的风险承担义务。但司法实践和司法解释中，也有突破法律的这一限定要求，将举证责任扩大到其他严重伤残后果发生的情形的。诸如（2016）最高法委赔监 230 号赵某辉申请吉林省四平监狱感染艾滋病国家赔偿申诉案，赵某辉在狱中感染艾滋病，其并未出现死亡或丧失行为能力的情形，赵某辉于 2011 年 6 月因吞食金属异物，在吉林省监狱管理局中心医院取出异物时被确认为 HIV 抗体呈阳性。随即吉林省疾病控制中心确认赵某辉感染艾滋病病毒。该案中，最高人民法院赔偿委员会从被羁押人举证的不便利性出发，结合赵某辉已初步完成其在入监狱服刑前及服刑初期并未感染艾滋病病毒的举证，结合四平监狱不符合监管规范羁押艾滋病病毒携带者赵某伟的事实，认为赵某辉已就损害事实及因果关系等提供了初步证据，从而将该案的因果关系举证责任分配给监狱管理机关。该突破表明，必要时，人民法院赔偿委员会可视案件的具体情况，公平、合理地分配案件举证责任。上述刘某因长期脱离监管而自杀身亡的事件，监狱管理机关需要对刘某的死亡原因给予充分的证据证明。包括罪犯的心理活动或病程治疗个体档案记录材料，自杀、自残当天或近日活动情况的影像记录，抢救过程的档案记录，死因鉴定报告等，只有这部分举证材料详实，才能对被羁押人选择自伤、自残的原因有更清晰的解释，才能解除因自伤、自残行为而丧失行为能力或死亡的罪犯家属对监狱或看守所未尽到应尽的职责的怀疑，才能起到直接的证明作用。

四、自残、自伤案件存在多种原因的复合时，外在叠加因素对于损害扩大所起的作用应作为赔偿责任的分配的重要参考

现实中一个结果的出现往往是多种原因复合或多重原因叠加的结果：当公民自伤、自残后监管机关送去救医的过程中，出现送诊时机延迟或诊疗过程瑕疵等问题时；当狱内犯人自伤、自残的原因中包含有少数司法机关及其工作人员的工作方式方法粗暴引起受羁押人不堪忍受其言语上的刺激，而选择自残的情形；还有狱警与其他人勾结，放任或唆使他人刺激受羁押人，致其不堪忍受走上绝路的情形①……当外界因素的介入足以致损害结果的程度有所增加、扩大或加重时，在部分排除免责条款适用的前提下，法官应分清主次责任和直接间接因果关系，对于最终的死亡、残疾或其他严重的身体伤害后果而言，确需区分作用力的大小，以原因力对结果形成所起的推动或促成作用大小，合理分摊损害后果的赔偿责任。关于参考的比例：如果有专门的死因鉴定或过错鉴定意见，人民法院可以参考；如果没有，可以要求监狱、看守所或其他司法机关对扩大的损害后果与其职权行为之间不存在直接因果关系承担举证责任，不能举证时，应当就扩大部分的损害，要求赔偿义务机关承担与其过错程度相适应的赔偿责任。由于这部分比例责任的确定单纯依靠法官个人的知识储备和实践经验可能仍然不够，笔者建议对此类问题，引入陪审员或专家组评判，确实难以平衡的，也可以考虑以司法救助、协调各方力量化解等辅助方式解决此类矛盾。

【意见建议】

综上，笔者认为，目前国家赔偿法第十九条第五项规定的因公民自伤、自残等故意行为致损害发生的规定，在实践中是十分必要的，但是对于另外一些具有特殊情节的案件，即当有国家赔偿法第十七条所规定的其他情形出现时，对于该法条的适用，则要加以必要的约束，或者以例外性的补充规定弥补或覆盖该免责条款未尽的情形。故建议补充以下规定。

---

① 刑法实践中，当明知他人有强烈的自杀倾向仍然用语言增强其自杀决意，并提供自杀工具助其完成自杀的行为，有直接定故意杀人罪的判例。

第一，当自伤、自残的行为本身不至于直接导致受害人死亡或丧失行为能力，但却由于监管机关在抢救方面的迟延或诊疗方面的重大过失，致自伤、自残人出现损害结果扩大时，监狱、看守所或其他司法机关应对扩大的损害后果与其职权行为之间不存在直接因果关系承担举证责任，不能举证时，应当就扩大部分的损害承担与其过错程度相适应的赔偿责任。

第二，当行使侦查、检察、审判职权的机关及看守所、监狱管理机关及其工作人员在行使职权时，存在重大过失或疏漏，玩忽职守或其他不当行为，已受到纪律处分、刑事追责，且该行政违法行为或刑事违法行为与受羁押人的自杀、自残行为存在因果关系时，不得以国家赔偿法第十九条第四项规定的“行使侦查、检察、审判职权的机关以及看守所、监狱管理机关的工作人员与行使职权无关的个人行为”为由免责，而应对其违法失职行为对自伤、自残行为后果的促进作用合理分析，对该自伤、自残行为承担起必要的善后责任，并对该自伤自残后果给予一定的司法救济。

第三，当出现自伤、自残等故意行为致损害结果发生时，如果同时有证据证明该自伤、自残行为人系受到了刑讯逼供或者殴打、虐待等行为或者受到了司法工作人员以放纵他人给予殴打、虐待的方式致受害人产生轻生自残行为，而不是受害人自身精神或心理疾病导致时，应对刑讯逼供或唆使他人殴打、虐待受羁押人致其精神失控的行为进行追究，确有证据证实该自伤、自残行为与职权机关及其工作人员主观故意的犯罪行为有直接关系时，国家不免除赔偿责任，但该受羁押人需证明其有无辜受到羁押的情形存在。

第四，建议强调在自伤、自残损害后果中，单纯的精神损害赔偿要求，不予支持。我国国家赔偿领域中将精神损害赔偿建立在有事实上的职权侵权基础上，没有这个事实侵权的前提，单独提出有关精神损害赔偿的诉求，可以决定不给予精神损害抚慰金。

随着时代的发展，公民的人权保障必将愈来愈全面，即使是受到羁押的罪犯或犯罪嫌疑人，他们在丧失人身自由的情况下，人权也受到越来越多的重视和保护。我们在以法律法规规定受羁押人不得以自伤、自残的方式逃避自身应受的刑事制裁和劳动教育改造的同时，也应对国家机关工作人员的职权行为也即内部监管行为是否存在重大过失或违法失职进行司法审查，将存在违法违纪和重大监管失职的情形作为国家赔偿法第十九条第五项免责条款适用的例外，单独加以规定。如此，不但有利于有针对性地解决狱内意外死亡事件家属的信访问题，更能体现国家赔偿法对每一位公民的普惠和关照。适时对现有法律规定作细化和调整，不但体现了新时代国家赔偿法“当赔则赔、应救则救”的新理念，也更加符合新时代国家司法对公民权益，尤其是罪犯、犯罪嫌疑人这类特殊群体的关怀和温暖。

（撰稿人：最高人民法院　贾力）

（二）非刑事司法赔偿范围

指定保管行为引起的国家赔偿责任

【核心观点】

在目前缺少法律规范的前提下，保管人虽然与申请人或者被执行人之间没有直接的保管合同，但保管人系基于执行法院的指定，如果出现保管人不履行保管职责，或者保管人故意转移、隐匿、破坏保管物造成保管物毁损灭失的，可以由申请人或者被执行人直接以保管人为被告，提起损害赔偿的民事侵权之诉。如果因保管人的不当行为造成的损失范围确定没有争议，执行法院也可以根据相关司法解释规定，在案件的执行程序中责令保管人限期追回财产或者承担相应的赔偿责任。保管人如果愿意承担相应责任的，可以在案件的执行程序中一并解决；如果保管人对此有异议的，则只能通过民事诉讼予以解决。司法实践中，因保管人自身原因造成保管物损失的，一般情况下执行法院对此没有过错，执行法院不必为此承担国家赔偿责任。但是受害人如果能够证明执行法院对于保管人的选任或者监督有过错的，执行法院要在过错的范围内承担相应的赔偿责任。

【问题及相关背景】

查封扣押财产的保管，是指人民法院在执行程序中，在采取查封扣押措施后，占有该财产并保持其现状，使其不至于毁损灭失，确保将来能够以查封扣押的财产来实现强制执行目的。人民法院对于查封扣押的财产，以自行保管为原则，但限于执行工作的复杂性以及被查封扣押财产的特殊性，有些情况下需要指定第三人保管。在指定第三人保管情形下，出现被查封扣押财产毁损灭失的情形，如何厘清各方责任，合理界定国家赔偿范围，在不同的情形之下合理确定不同的权利救济方式和途径，是国家赔偿审判工作中需要认真研究的理论与实务问题。

有关民事执行或财产保全中司法查封扣押的财产指定第三人保管的规范，主要集中规定于《最高人民法院关于人民法院民事执行中查封、扣押、冻结财产的规定》（以下简称《查扣规定》）。另外，《最高人民法院关于人民法院执行工作若干问题的规定（试行）》（以下简称《执行规定》）以及《最高人民法院关于适用〈中华人民共和国民事诉讼法〉的解释》（以下简称《民诉法解释》）中也就查封扣押的财产交第三人保管问题作了相关规定。

《查扣规定》第十二条[①]规定："查封、扣押的财产不宜由人民法院保管的，人民法院可以指定被执行人负责保管；不宜由被执行人保管的，可以委托第三人或者申请执行人保管。由人民法院指定被执行人保管的财产，如果继续使用对该财产的价值无重大影响，可以允许被执行人继续使用；由人民法院保管或者委托第三人、申请执行人保管的，保管人不得使用。"该条规定明确了查扣财产的保管顺序，即应先由法院自行保管，法院不宜保管的指定被执行人保管，被执行人不宜保管的，再委托第三人或者申请执行人保管。同时，规定了人民法院、第三人或申请执行人保管情形下不得使用被保管的财产。《民诉法解释》第一百五十四条、第一百五十五条沿袭了上述规定。

国家赔偿法第三十八条规定："人民法院在民事诉讼、行政诉讼过程中，违法采取对妨害诉讼的强制措施、保全措施或者对判决、裁定及其他生效法律文书执行错误，造成损害的，赔偿请求人可以要求赔偿的程序，适用本法刑事赔偿程序的规定。"国家赔偿法该条规定，是民事执行或财产保全过程中人民法院将查封扣押的财产指定第三人保管引起国家赔偿案件的法律适用依据。《最高人民法院关于审理民事、行政诉讼中司法赔偿案件适用法律若干问题的解释》（法释〔2016〕20号，以下简称《民事行政司法赔偿解释》）对于哪些情况属于违法采取保全措施以及错误执行作了进一步的明确解释。这些规定均属于审理此类国家赔偿案件的法律依据。

结合审判实践，因司法查封扣押的财产指定第三人保管产生的纠纷，

---

① 经2020年12月23日法释〔2020〕21号修正为第十条，内容未作修改。——编者注

主要包括以下几种情况：（1）因被查封扣押的财产毁损灭失，针对被查封扣押的财产应否指定第三人保管产生的纠纷；（2）针对执行法院在办理指定第三人保管的过程中违法行为产生的纠纷；（3）因第三人擅自使用或者处分查封扣押财产致使该财产毁损灭失产生的纠纷。上述几种情形之下，有的涉及国家赔偿责任的承担，有的需要通过执行救济或者民事诉讼来为受害人提供法律保护。下面依次针对上述三种情形，具体分析各种不同权利救济途径的区分、国家赔偿案件的构成以及审判工作中需要注意的具体问题。

【理论探讨及建议】

一、关于应否指定第三人保管查扣财产产生的国家赔偿案件

《查扣规定》第十二条规定，查封、扣押的财产不宜由人民法院保管的，人民法院可以指定被执行人负责保管；不宜由被执行人保管的，可以委托第三人或者申请执行人保管。该条规定不同于《执行规定》的相关条文规定。《执行规定》第 42 条规定："被查封的财产，可以指令由被执行人负责保管。如继续使用被查封的财产对其价值无重大影响，可以允许被执行人继续使用。……" 第 43 条规定："被扣押的财产，人民法院可以自行保管，也可以委托其他单位或个人保管。对扣押的财产，保管人不得使用。"[①] 解读上述条文，《执行规定》区分查封与扣押的情形，但无论针对查封的财产抑或扣押的财产，在被执行人、执行法院以及第三人或者申请执行人之间没有明确保管顺序。但《查扣规定》第十二条明确了保管顺序，即应先由法院自行保管，不宜保管的指定被执行人保管，被执行人不宜保管的，再委托第三人或者申请人保管。2015 年《民诉法解释》第一百五十四条第一款，关于财产保全程序中查扣财产的保管，也是沿袭了《查扣规定》第十二条的精神，确定了应先由法院自行保管，不宜保管的指定被执行人保管，被执行人不宜保管的，再委托第三人或者申请人保管的顺序。

理解上述条文的立法精神，应当是以执行法院自行保管查扣财产为原

---

① 经 2020 年 12 月 23 日法释〔2020〕21 号修正，此两条未保留。——编者注

则，司法解释如此规定，目的就在于尽最大可能保证查扣财产保持稳定的状态，避免因其他因素导致无法最终满足执行目的。但社会生活的复杂性决定了不可能真正完全实现所有的查扣财产均由法院保管的理想状态。一是查扣财产的物理特性。比如对季节性商品或者鲜活、易腐烂变质以及其他不宜长期保存的物品采取保全措施，应当及时变卖该物品以提存该变卖款，再如查扣大型建筑物等不动产或者大型机械设备等，法院均不能实现自行保管。二是法院的人力资源或办公场所的条件限制。近年来民商事案件数量激增，查扣措施的适用同样激增，大量的查扣财产无法实现全部由法院自行保管。三是考虑经济因素不宜由法院保管。法院采取查扣措施保全财产，目的在于确保生效裁判的顺利执行，但从采取查扣措施到最终实现执行之间尚有一段时间，查扣期间如果被查扣财产一律闲置，是对社会资源的巨大浪费。比如正在运营的车辆、正在使用的成套机械设备等。

在上述法院不能或者不宜自行保管的情况下，需要进一步考虑是由被执行人自行保管还是指定第三人保管。实践中的情况可能千差万别，但确定的标准应当坚持一条，即是否有利于执行目的的顺利实现。《查扣规定》第十二条第二款规定：“由人民法院指定被执行人保管的财产，如果继续使用对该财产的价值无重大影响，可以允许被执行人继续使用；由人民法院保管或者委托第三人、申请执行人保管的，保管人不得使用。”在人民法院未自行保管的情况下，如果一律指定第三人保管，势必造成查扣财产在使用上的浪费。但是，如果允许被执行人继续使用会对查扣财产的价值产生重大影响的，或者被执行人存在变卖、隐匿、破坏或者毁损查扣财产可能的，人民法院就不宜指定由被执行人继续保管并使用。

审理此类国家赔偿案件，重点在于审查法院将查扣财产指定第三人保管的正当性。

《民事行政司法赔偿解释》第三条第七项规定，对季节性商品或者鲜活、易腐烂变质以及其他不宜长期保存的物品采取保全措施，未及时处理或者违法处理，造成物品毁损或者严重贬值的，人民法院应当承担赔偿责任。司法实践中，法院对于该项规定的季节性商品或者鲜活、易腐烂变质以及其他不宜长期保存的物品，未及时处理而是指定第三人保管的，第三人按照人民法院的指令接收查扣财产以后，按照法律规定或者执行法院的指令，其基本的职责是“保管”，但这里的保管应作合目的性的解释，即通过保管人的保管使得保管物不发生价值减损的后果。如果作为保管人的第三人未及时处理或者不适当处理，造成物品毁损或者严重贬值的，应当认定第三人对于保管物未尽到必要的保管职责，其就因保管不善产生的保管物价值的减损部分，负有赔偿责任。具体的操作过程中，如果保管物减损的价值能够确定且当事人之间就此没有争议的，执行法院可在执行程序中责令保管人进行相应的赔偿；如果当事人之间对赔偿范围有争议，或者保管人对于执行法院责令其赔偿的通知有争议的，执行法院应当告知有关当事人通过民事诉讼解决。一般情况下，执行法院对此是没有过错的，不必为此承担国家赔偿责任。如果申请人能够证明执行法院对于损失的发生有过错，可以就此申请国家赔偿。

如果申请人有充分证据证明被执行人与第三人具有利害关系，查扣财产不适于指定该第三人保管，而法院没有给予充分审查，径行将查扣财产指定该第三人保管，因此造成该财产灭失的，比如出现第三人根据被执行人的授意隐匿、转让查扣财产，此种情况下，应当允许执行法院追究被执行人和第三人的法定责任。如果执行法院穷尽相应司法手段以后仍然无法追回损失的，人民法院因不当指定与被执行人有利害关系的第三人保管，应当为此承担必要的国家赔偿责任。

如果查扣财产需要具备一定的保管条件或者对于保管有特殊要求，第三人不能满足该条件或要求的，在申请人或者被执行人提出不同意指定该第三人保管的情况下，如果法院仍然指定该第三人保管，由此产生的损失，人民法院也应当承担赔偿责任。如果第三人明知自己不符合保管条件或者无法满足保管查扣财产的特殊要求，在人民法院指定其保管时未提出反对意见，其对查扣财产因保管造成的损失也有一定的过错，审理国家赔偿案件的人民法院应当综合考虑作为赔偿义务机关的执行法院与作为保管人的第三人各自的过错情况，合理确定各方的赔偿责任。

二、因办理指定第三人保管过程中的违法行为产生的国家赔偿案件

《查扣规定》第八条①规定："查封、扣押动产的，人民法院可以直接

① 经2020年12月23日法释〔2020〕21号修正为第六条，内容未作修改。——编者注

控制该项财产。人民法院将查封、扣押的动产交付其他人控制的，应当在该动产上加贴封条或者采取其他足以公示查封、扣押的适当方式。”《执行规定》第 41 条[①]第 1 款规定：“对动产的查封，应当采取加贴封条的方式。不便加贴封条的，应当张贴公告。”根据上述司法解释规定，人民法院采取查扣等保全、执行措施的，应当实现对查扣财产的实际控制。查封、扣押财产的实际控制形式有法院执行控制和交由其他人控制两种，对交由他人控制的，应当采取张贴封条或其他足以公示的方式。《查扣规定》第九条至第十一条[②]分别规定了不动产、特定动产及其他财产权如何实现实际控制。其第九条规定：“查封不动产的，人民法院应当张贴封条或者公告，并可以提取保存有关财产权证照。查封、扣押、冻结已登记的不动产、特定动产及其他财产权，应当通知有关登记机关办理登记手续。未办理登记手续的，不得对抗其他已经办理了登记手续的查封、扣押、冻结行为。”根据该规定，对于有产权证照的动产或不动产的查封，应当向有关管理机关发出协助执行通知书，要求其不得办理查封财产的转移过户手续，必要时也可以采取加贴封条或张贴公告的方法查封。第十条规定：“查封尚未进行权属登记的建筑物时，人民法院应当通知其管理人或者该建筑物的实际占有人，并在显著位置张贴公告。”这一条是关于查封尚未进行权属登记的建筑物时的要求，核心要义在于要在显著位置张贴公告。通知管理人或者实际占有人不是公示原则的要求，只有在显著位置张贴公告才符合公示原则。第十一条规定：“扣押尚未进行权属登记的机动车辆时，人民法院应当在扣押清单上记载该机动车辆的发动机编号。该车辆在扣押期间权利人要求办理权属登记手续的，人民法院应当准许并及时办理相应的扣押登记手续。”另外，《执行规定》第 41 条第 3 款规定，“既未向有关管理机关发出协助执行通知书，也未采取加贴封条或张贴公告的办法查封的，不得对抗其他人民法院的查封”，而《查扣规定》第九条规定“不得对抗其他已经办理了登记手续的查封、扣押、冻结行为”，强调了查封登记的效力。《查扣规定》施行后，可以办理登记手续的，适用其第九条规定；无法办理登记手续的，适用《执行规定》第 41 条第 3 款。《查扣规定》第二

① 经 2020 年 12 月 23 日法释〔2020〕21 号修正，此条未保留。——编者注

② 经 2020 年 12 月 23 日法释〔2020〕21 号修正，第九条至第十一条修正为第七条至第九条，内容未作修改。——编者注

十六条[①]第三款规定："人民法院的查封、扣押、冻结没有公示的，其效力不得对抗善意第三人。"上述规定均是对查封公示对抗效力的规定，第九条规定未登记不得对抗已登记查封，第二十六条规定未登记不得对抗善意第三人。根据上述司法解释规定，人民法院采取查扣措施的，应当同时办理必要的手续以确保实际控制查扣财产。如果没有办理必要手续实现对查扣财产实际控制，而径行指定第三人保管，该第三人保管期间因人民法院查扣行为不当，未产生相应的查封措施对外效力，未能实现保全或者执行的法律效果的，人民法院应当就该过错承担赔偿责任。

我国台湾地区"强制执行法"第77条规定，不动产查封时，书记官应做成查封笔录，载明下列事项：（1）为查封原因之权利；（2）不动产所在地、种类、实际状况、使用情形及其他应记明事项；（3）债权人、债务人；（4）查封方法及实施的年月日时；（5）查封的不动产有保管人的，其保管人。查封人员与保管人应在笔录上签名。该条规定同样适用于动产查封。借鉴我国台湾地区上述规定，人民法院在采取查扣措施时，也应当制作查扣笔录或者查扣清单，载明必要的事项，由执行人员与保管人共同签名。如此要求，既明确了查扣财产的基本情况，也能够强化保管人的责任意识。如果保管期间出现查扣财产毁损灭失等情形的，能够及时界定各方的责任。

人民法院审理指定第三人保管期间因保管财产毁损、灭失产生的国家赔偿案件，应合理分配申请人与赔偿义务机关的举证证明责任。对于申请人而言，其只要举证证明执行法院采取查扣措施后将该查扣财产指定第三人保管，第三人保管期间查扣财产出现了毁损、灭失的客观事实，就完成了初步的举证证明责任。在申请人完成初步的举证证明责任以后，需要由赔偿义务机关举证证明其在采取查扣措施的同时，是否采取必要的措施以确保实现对查扣财产的实际控制，包括是否通知有关登记机关办理登记手续，是否在该动产上加贴封条或者采取其他足以公示查封、扣押的适当方式，交第三人保管的，执行工作人员是否制作查扣笔录或清单等。如果赔偿义务机关不能证明其对查扣财产在交付第三人保管时，已经采取必要措

① 经2020年12月23日法释〔2020〕21号修正为第二十四条，内容未作修改。——编者注

施实现对该查扣财产的实际控制，其应当承担相应的赔偿责任；保管人有过错的，保管人也应当承担相应的过错责任。如果赔偿义务机关能够证明其对查扣财产在交付第三人保管时，已经采取必要措施实现对该查扣财产的实际控制，出现查扣财产毁损灭失，完全是因为保管人保管不善造成的，此种情况应当认定保管人对于损失应承担完全责任或者主要责任，应根据赔偿义务机关就选任或者监督保管人有无过错，来决定其是否承担责任以及承担责任的大小。

三、因第三人原因致查扣财产毁损灭失产生的国家赔偿案件

根据《民诉法解释》以及执行工作相关司法解释规定，查扣财产指定第三人保管的，第三人不得使用查扣财产。人民法院采取查扣措施将财产指定第三人保管的，自采取查扣措施到最终实现保全、执行目的之间尚有一段时间，在该第三人保管期间出现查扣财产毁损灭失的，人民法院应否承担国家赔偿责任，需要进一步探讨。

一般情况下，人民法院查扣财产并指定第三人保管的，执行工作人员均应告知第三人不得使用查扣财产。第三人在保管期间擅自使用查扣财产，或者采取其他措施致使查扣财产价值发生重大变化或者毁损灭失的，因该查扣财产价值发生重大变化或者查扣财产出现毁损灭失的结果系因第三人引起，与人民法院的执行行为之间缺乏必要的联系，因此人民法院不应就此承担国家赔偿责任。有观点提出，根据《民事行政司法赔偿解释》第三条第六项和第五条第八项的规定，对（执行中）查封、扣押、冻结的财产不履行监管职责，造成被保全财产毁损、灭失的，构成违法保全或者执行错误，因此，执行法院即使将查扣财产指定第三人保管的，也要履行监管职责，如果未尽到必要的监管职责，即使因第三人的原因造成查扣财产价值变化或者毁损灭失，执行法院也要承担必要的赔偿责任。笔者认为，应当正确理解此处法条规定的“监管”的科学含义。人民法院对于查扣财产既可以自行保管，也可以指定债权人、债务人或者第三人保管。在人民法院自行保管情况下，其应当承担完全的监管职责，法院自行保管期间出现查扣财产价值减少或者毁损灭失的情形，执行法院只有在法定免责事由如不可抗力等的情况下，才可以免除赔偿责任。在指定他人保管情况下，人民法院的监管责任并不等同于自行保管的监管责任，只要人民法院

指定的保管人符合法定条件，明确告知了保管人保管职责，如果因保管人的原因造成查扣财产价值减少或者毁损灭失的后果，该损害后果与执行法院的执行行为之间既没有直接的因果关系，也不具备相当的因果关系。执行法院对于查扣财产的毁损灭失没有过错，应当免除执行法院的赔偿责任。

2013 年 12 月 12 日，最高人民法院发布的法办〔2013〕151 号《关于国家赔偿法实施中若干问题的座谈会纪要（二）》第十六条规定，根据 2000 年《最高人民法院关于民事、行政诉讼中司法赔偿若干问题的解释》第七条第五项的规定，人民法院查封、扣押财产，指定第三人、申请执行人或者被执行人作为保管人，因保管人不履行监管职责或者擅自处分保管物，导致查封、扣押财产毁损、灭失的，国家不承担赔偿责任。但是，人民法院明知保管人有上述情形而不及时采取措施加以制止的，应当承担相应的赔偿责任。

关于第三人在保管期间擅自使用、处置查扣财产致使查扣财产已经或者可能发生价值减少或者毁损灭失，该如何处理的问题。《查扣规定》第二十六条[①]第二款规定，第三人未经人民法院准许占有查封、扣押、冻结的财产或者实施其他有碍执行的行为的，人民法院可以依据申请执行人的申请或者依职权解除其占有或者排除其妨害。《执行规定》第 44 条[②]规定，被执行人或其他人擅自处分已被查封、扣押、冻结财产的，人民法院有权责令责任人限期追回财产或者承担相应的赔偿责任。结合上述两个条款，人民法院指定的保管人在保管期间擅自处分查扣财产的，人民法院应当解除其保管，另行指定保管人或者自行保管；如果存在其他可能对查扣财产造成妨害情形的，应当排查其妨害；如果已经出现损害后果的，人民法院有权责令责任人限期追回财产或者承担相应的赔偿责任。

我国台湾地区“强制执行法”及“刑法”就保管人责任作出如下规定，保管人因故意或者过失致查封之动产或者不动产灭失或者毁损的，应负赔偿责任。查封的财产交保管人保管后，如认为不适当，应另行委托第三人保管，或者移置于执行法院之贮藏所。如保管人拒不交出，执行法院

---

① 经 2020 年 12 月 23 日法释〔2020〕21 号修正为第二十四条，内容未作修改。——编者注

② 经 2020 年 12 月 23 日法释〔2020〕21 号修正为第 32 条，内容未作修改。——编者注

可径行解除其占有。保管人有“毁损、除去或污秽公务员所施之封印，或查封之标示，或为违背其效力之行为者，处一年以下有期徒刑、拘役或者罚金”。保管人如隐匿查封物，可构成“刑法”第138条隐匿公务员职务上委任第三人掌管之物品罪。为了促使保管人能够尊重查封的效果，执行人员在指定其保管时，应具体告知其违背保管义务的民事责任和刑事责任。笔者认为，我们可以借鉴台湾地区关于保管人保管责任的相关规范。

四、结语

执行程序中对于查扣财产指定第三人保管，《查扣规定》以及《民诉法解释》作出了不同于《执行规定》的新的规定，审理有关此类国家赔偿案件时应注意法律适用问题。具体的审判工作中，要结合具体的案件事实，科学认定损害发生的原因，正确确定法律关系的性质，合理界定国家赔偿案件与执行救济、民事诉讼等权利救济方式之间的区别与联系。属于国家赔偿范围的案件，要及时受理并依法审判；不属于国家赔偿范围的纠纷，也要指导申请人通过法定的途径行使权利。

（撰稿人：最高人民法院　李延忱）

执行瑕疵引起的国家赔偿责任

【核心观点】

执行瑕疵是指人民法院在对判决、裁定及其他生效法律文书执行过程中，存在违背执行法律规定的要件、程序或方法的执行行为。执行瑕疵的内涵应该包括但不限于现行司法赔偿案件、司法解释中规定的错误执行情形，如果出现法定情形之外的执行瑕疵行为，国家是否需要承担赔偿责任，不能单凭违法归责原则作为评判标准，还是需要以国家赔偿责任的构成要件进行衡量，从而得出是否需要国家承担赔偿责任的结论。

【问题及相关背景】

[案例一] 在民事诉讼、执行过程中，人民法院依申请对交通肇事车辆保全或者查封、扣押，且对车辆采取“死封”措施。实践中有的保全、执行裁定中未列明查封、扣押期限，亦未告知当事人可以自行提车，或者虽依法律规定到期没有续封的，保全措施自动解封，但因法院没有制作解封裁定，协助部门也不予放行车辆，造成车辆长期停放以致毁损。在此情况下，人民法院是否应就不明示查封、扣押期限或到期后未及时制作解封裁定承担国家赔偿责任?

[案例二] 在人民法院执行强制迁出房屋的案件过程中，根据民事诉讼法的相关规定，应当通知被执行人或者他的成年家属到场，拒不到场的，不影响执行。在实践中，未通知被执行人或其成年家属到场的情形多样，被执行人以此为由主张执行过程中造成其财产毁损或丢失的，是否属于执行瑕疵，应承担相应的国家赔偿责任?

上述两个案例中所提出的问题是目前审判实务中的较为常见的问题。它们似乎不能按照《最高人民法院关于审理民事、行政诉讼中司法赔偿案件适用法律若干问题的解释》中所规定的违法保全、错误执行的具体情形来对号入座，但又确实属于违反执行程序规定的情形。在这里我们暂且将它们归为执行瑕疵。对于执行瑕疵行为是否能够纳入国家赔偿范围，需要首先对执行瑕疵的概念进行界定，执行瑕疵与执行程序违法、执行程序错误、执行措施违法等概念之间有何区别，如何区分，须予以明确。在明确执行瑕疵的概念后，再按照国家赔偿责任构成要件进行分析，进而判断执行瑕疵行为是否需要国家承担相应的赔偿责任。

【理论探讨】

执行瑕疵一词最初来源于强制执行法学。笔者从相关论文、书籍中查到如下几种释义：（1）瑕疵一词从字面意义上理解常常意指不完美、存在缺陷或不足，所以瑕疵执行行为也就是一种存有缺陷的民事执行行为，即执行机关实施的违背执行法律规定的要件、程序或方法的民事执行行为，或者执行行为虽然符合法律规定但执行结果不符合债权人在实体法上权利关系的执行行为。[①]（2）执行机关执行中有不符合法律规范，甚至违法的情况发生，这些不符合法律规范，甚至违法的执行行为在韩国强制执行法学上被称为瑕疵执行行为，包括违法执行与不当执行。[②]（3）民事强制执行程序是由一系列法律要素构成的一个完整的系统，在这个系统中，任何因素、任何环节有问题或出现错误，都有可能影响执行结果，造成对当事人或案外人的权益损害，这就是民事执行救济的事实基础——民事执行瑕疵。[③]

关于执行瑕疵的分类，有的学者依据造成民事执行瑕疵的原因的不同，将执行瑕疵分为执行主体、内容、标的、依据、启动要件、执行措施瑕疵。[④] 我国台湾地区强制执行法学理论有一种三分法，以执行行为违法之不同程度为标准，将有瑕疵的执行行为分为表见执行行为、无效执行行

① 参见江必新：《强制执行法理论与实务》，中国法制出版社 2014 年版，第 28 页。
② 参见邱星美：《执行权与审判权之界域研究》，中国政法大学 2016 年博士学位论文。
③ 参见史锐：《民事执行救济法律问题研究》，中国政法大学 2010 年硕士学位论文。
④ 参见谭秋桂：《民事执行原理研究》，中国法制出版社 2001 年版，第 220~225 页。

为和得撤销执行行为三种。[①] 更为普遍的分类方式是由台湾学者杨与龄先生首先提出的，将执行瑕疵分为违法执行和不当执行两种方式，违法之执行行为是指违反强制执行法律规范规定的执行行为要件、执行程序或者执行方法等执行行为；不当之执行行为是指执行行为虽然符合法律规定，但是执行的结果与债权人（申请执行人）在实体法上之权利关系不符的情形。[②] 目前该分类方式已被我国大陆地区理论界普遍接受而成为通说。

从上述关于执行瑕疵的释义和分类来看，在强制执行法学理论中，执行瑕疵是一个广义的概念，不但包括程序瑕疵的执行行为，还包括程序合法但结果瑕疵的执行行为。上述分类主要是针对在执行阶段的救济制度不同所产生的分类方式，程序瑕疵的违法执行行为侵害的是执行当事人或利害关系人的程序权利，所对应的救济手段是执行异议；结果瑕疵的不当执行行为侵害的是当事人及案外人的合法权益，所对应的救济手段是执行异议之诉。结果瑕疵的不当执行行为通过执行异议之诉，如最终据以执行的生效法律文书被撤销，其救济途径应当是执行回转程序，而并非国家赔偿范畴。因此本文所研究的执行瑕疵行为应为程序瑕疵的执行行为。

执行程序违法和执行措施违法两者的区别在于，民事诉讼法中第三编即为执行程序，是对整个民事执行过程的先后次序及工作步骤的规定，而民事诉讼法中执行措施的规定只是执行程序规定中的一个具体章节。执行措施是人民法院在强制执行过程中，采取的迫使被执行人履行义务所使用的方式、方法和手段。[③] 根据民事诉讼法关于执行措施的规定，执行措施一般包括查封、扣押、冻结、划拨、拍卖、变卖、扣留、提存收入、强制迁出房屋、强制退出土地、限制出境等。执行措施的实施必须遵循法定程序，按照法律规定的方法进行，如果采用的执行措施不当，例如在执行金钱债权时，应当先执行现金或存款，只有现金存款不足的情况下才能对其他财产进行查封，违背了法律规定的顺序，应属执行措施违法。采用了适当的执行措施，但违反了采用该措施的具体程序规定，应属执行程序违法。但无论是执行程序违法还是执行措施违法，都属于执行违法的具体表

---

① 参见赖来焜：《强制执行法总论（下）》，我国台湾地区元照出版公司2007年版，第518~520页。

② 参见杨与龄：《强制执行法论》，中国政法大学出版社2002年版，第7页。

③ 参见魏庆华：《论我国民事执行措施之完善》，中南民族大学2012年硕士学位论文。

现形式，均应包含在执行瑕疵的范畴中。

执行程序违法和执行程序错误两者的区别就在于违法和错误的区别。一般来说，违法是指违反了法律规定的客观状态，但并未探究是由于主观原因还是客观原因导致的违法情形。而错误在现行法律体系中尤其是民法制度及其理论中多数包括主观状态，[①] 故执行程序错误更多是从主观状态上描述执行程序与客观实际不符。

目前，世界上各国及地区的司法赔偿大多都限于冤狱赔偿及刑事赔偿，一般不包括非刑事司法赔偿即民事、经济、行政诉讼赔偿。少数国家司法赔偿范围比较广泛，既包括刑事赔偿，也包括非刑事司法赔偿。例如，法国关于改革民事诉讼程序的法令第 11 条规定："国家必须赔偿由于司法公务活动的缺陷而产生的损害。发生此种责任的前提是存在重过错或拒绝司法的情形。"[②] 在法国，执行机关实行执达员和执行法官二元制。执达员是申请执行的债权人的委托代理人，报酬来源于当事人，因而不属于法院工作人员，具有半公务性质。执行法官不负责具体实施执行行为，行使执行裁判权，专门处理执行过程中发生的纠纷。另外，法国的执行程序还包括检察机关的行为，检察机关不是执行机关，其作用是保障判决和其他执行依据的执行。[③]

在我国台湾地区，民事强制执行机关为地方法院及其分院所设立的民事执行处，民事执行处设法官、书记官及执达员，办理执行事务，执行法官是执行中主要的独立的执行机关，执行权的行使集中于执行法官。[④] 我国台湾地区所谓的"国家赔偿法"实施后，公务员对于执行职务行使公权力时，因故意或出于过失不法侵害人民自由或权利时，"国家"应负损害赔偿责任。公务员怠于行使职务，致人民自由或权利遭受损害的，同样适用。依其所谓的"国家赔偿法"相关规定，司法官与检察官如非因职务犯罪经判决确定有罪的，纵有因执行职务侵害自由或权利的行为，公务员及"国家"均不负担损害赔偿责任。即司法官和检察官有职务豁免权。但是，

---

① 参见姜强：《申请诉讼保全错误赔偿责任的实务认定》，载《国家赔偿办案指南》2016 年第 2 辑，法律出版社 2016 年版，第 127 页。

② 参见江必新、梁凤云、梁清：《国家赔偿法理论与实务》，中国社会科学出版社 2010 年版，第 136 页。

③ 参见史锐：《民事执行救济法律问题研究》，中国政法大学 2010 年硕士学位论文。

④ 参见史锐：《民事执行救济法律问题研究》，中国政法大学 2010 年硕士学位论文。

民事强制执行程序中的执行推事、执行书记官、执达员虽为法院人员，因其工作职务的性质属于行政工作性质，与审判或追诉工作职务性质不同，故不享有职务豁免。执行人员如有违法执行的行为，且有故意或过失的情形而侵害执行债权人、执行债务人或者第三人的自由或权利的，应由“国家”负损害赔偿责任。原则上，由“国家”对被害人负担损害赔偿责任，只有当执行人员有故意或重大过失时，赔偿义务机关对其有求偿权。另外，执行人员如果在执行程序中违法的，执行债权人、执行债务人或者第三人原则上应依其“强制执行法”第 12 条及其他救济方法先求补救，否则，执行人员对被害人不负赔偿责任，然后，被害人才可向“国家机关”请求损害赔偿。①

可见，从国家赔偿制度的角度来看，多数国家及地区对于民事、行政审判过程中的司法行为，均认可司法豁免理论，且大多数国家及地区的法院并非负责强制执行的机构，故鲜有对法院错误执行的司法赔偿制度。

【意见建议】

在我国，人民法院作为法律赋予强制执行权的执行机关②，在运用国家公权力强制被执行人履行生效法律文书所确定的义务时，必须严格依照法定程序。然而，在执行实践中，人民法院往往会面对各种实体和程序问题，执行程序总是在不同主体之间交叉缠绕，更是在实体问题和程序问题之间交替进行。③ 因此，人民法院在执行过程中难免会因主观或客观原因出现违法情形，违法情形亦有轻有重。国家赔偿法中关于执行违法赔偿的具体条文是“对判决、裁定及其他生效法律文书执行错误，造成损害

① 参见邱星美：《执行权与审判权之界域研究》，中国政法大学 2016 年博士学位论文。

② 民事诉讼法第二百三十一条规定：“发生法律效力的民事判决、裁定，以及刑事判决、裁定中的财产部分，由第一审人民法院或者与第一审人民法院同级的被执行的财产所在地人民法院执行。法律规定由人民法院执行的其他法律文书，由被执行人住所地或者被执行的财产所在地人民法院执行。”行政诉讼法第九十五条规定：“公民、法人或者其他组织拒绝履行判决、裁定、调解书的，行政机关或者第三人可以向第一审人民法院申请强制执行，或者由行政机关依法强制执行。”

③ 参见陈衍桥：《民事执行救济制度体系化研究》，吉林大学 2019 年博士学位论文。

的"[①]，案由定为"错误执行赔偿"[②]，2016年出台的司法解释中又将错误执行所包含的具体情形以列举方式分为十一种情形[③]。应当说，上述情形已经涵盖了执行过程中常见的违法情形，那么，对于法定情形之外的执行瑕疵，该如何判断其国家赔偿责任的承担。

上文中关于执行瑕疵的解读，与我们在国家赔偿司法实践中的认识似乎有所不同，通常给人感觉，执行程序违法与执行瑕疵在违反法定程序上的严重程度应有所区别，程序轻微违法的，应属于执行程序瑕疵。有学者认为，当违反执行程序性规定，损害了赔偿请求人的合法利益时，应确认违法，有实际损失的，应赔偿损失；当程序不规范损害的可能仅仅是赔偿请求人的程序性权利，实际上并未损害其实体权益，可认定为瑕疵。[④] 但程序不规范和程序违法之间的界定标准很难把握，程序性权利对实体权益的影响在每个具体案件中亦会有所不同，并非"程序不规范的执行行为"就不会损害实体利益。有学者指出，程序瑕疵无论如何都意味着，"背后的"实体权利可能受到了侵害，因为不能排除的是，如果按程序规定无瑕疵地行事，这种权利就不会受到，或者不会受到明显的影响。[⑤]

---

① 国家赔偿法第三十八条规定："人民法院在民事诉讼、行政诉讼过程中，违法采取对妨害诉讼的强制措施、保全措施或者对判决、裁定及其他生效法律文书执行错误，造成损害的，赔偿请求人要求赔偿的程序，适用本法刑事赔偿程序的规定。"

② 《最高人民法院关于国家赔偿案件案由的规定》规定："十四、错误执行赔偿（国家赔偿法第三十八条）。人民法院在民事诉讼、行政诉讼过程中，对判决、裁定及其他生效法律文书执行错误造成损害的赔偿案件。"

③ 《最高人民法院关于审理民事、行政诉讼中司法赔偿案件适用法律若干问题的解释》第五条规定："对判决、裁定及其他生效法律文书执行错误，包括以下情形：（一）执行未生效法律文书的；（二）超出生效法律文书确定的数额和范围执行的；（三）对已经发现的被执行人的财产，故意拖延执行或者不执行，导致被执行财产流失的；（四）应当恢复执行而不恢复，导致被执行财产流失的；（五）违法执行案外人财产的；（六）违法将案件执行款物执行给其他当事人或者案外人的；（七）违法对抵押物、质物或者留置物采取执行措施，致使抵押权人、质权人或者留置权人的优先受偿权无法实现的；（八）对执行中查封、扣押、冻结的财产不履行监管职责，造成财产毁损、灭失的；（九）对季节性商品或者鲜活、易腐烂变质以及其他不宜长期保存的物品采取执行措施，未及时处理或者违法处理，造成物品毁损或者严重贬值的；（十）对执行财产应当拍卖而未依法拍卖的，或者应当由资产评估机构评估而未依法评估，违法变卖或者以物抵债的；（十一）其他错误情形。"

④ 参见肖志雄：《非刑事司法赔偿中因执行行为错误之赔偿的若干问题研究》，载《湖北社会科学》2014年第6期。

⑤ 参见［德］弗里德赫尔穆·胡芬：《行政诉讼法》，莫光华译，法律出版社2003年版。

案例一中，法院对交通肇事车辆采取“死封”的查封措施，即对肇事车辆采取实际控制，将其扣押在指定地点。根据执行相关法律规定，查封、扣押动产的期限为两年，查封、扣押、冻结期限届满，人民法院未办理延期手续的，查封、扣押、冻结的效力消灭，因此车辆所有人应当可以取回车辆。但被法院采取“死封”措施的车辆都会有专人负责看管，没有法院的解封裁定，车辆所有人就无法提车。从法院的行为看，没有续封即意味着对车辆解除查封，只要之前的查封行为不违法，该查封行为就不应当认定为违法。但是，没有向协助部门告知解除查封或者未通知车辆所有人可以提车的行为目前缺少明确的法律依据可以认定为执行程序违法，只能属于执行程序不规范，但该行为确实侵犯了车辆所有人的实体权益。根据《最高人民法院关于执行款物管理工作的规定》，人民法院解除对物品的查封、扣押措施的，除指定由被执行人保管的外，应当自解除查封、扣押措施之日起十日内将物品发还给所有人。因此，即使是自动解除查封、扣押措施，法院也应当在十日内将车辆发还给车辆所有人，如果违反该规定的，应当认定为执行行为违法，由此而导致的车辆毁损等财产损失应该给予国家赔偿。实践中，还有可能出现法院虽然已经制作解封裁定并送达协助部门，但由于车辆长时间停放产生高额停车费，车辆所有人无力支付故无法提车的情形。对于法院是否要对未提前告知车辆所有人需支付停车费而承担国家赔偿责任，我们认为，这种情况下，由于法院的行为并未违背法律的相关规定，所以不宜认定为违法行为，进而不应承担相应的赔偿责任。

案例二中，法院未在强制执行前通知被执行人或其成年家属到场参加执行，未履行通知义务似乎侵害的仅仅是被执行人的一项程序性权利，但是否因违法程度较轻而不能引发国家赔偿责任，还需要结合法院后续的执行行为以及最终的损害后果进行判断。实践中，法院未通知被执行人或其家属到场的原因有多种，有可能被执行人在强制执行前已被司法拘留，或者被执行人已经不在被腾退房屋内居住。在没有被执行人或其家属到场的情况下，如果法院在强制执行过程中，依法定程序进行了财产清点，制作财产清单，全程录像并由公证机关进行现场公证，腾退房屋内的所有财物均运至指定处所，交给被执行人，那么未通知被行人到场的行为并未导致最终财产受到损害的后果，因此无须承担国家赔偿责任。反之，如果没有依法定程序对腾退房屋内物品进行清点，制作财产清单，并最终交付给被被执行人，事后被执行人有充分证据证实屋内物品丢失、毁损的，法院应承担相应的国家赔偿责任。

从上述两个案例可以看出，虽然法院的执行瑕疵行为侵犯的只是被执行人的一般性程序权利，但同样可能引发国家赔偿。国家赔偿也是一种侵权责任赔偿，对于侵权责任而言，归责原则和责任构成要件二者相辅相成，缺一不可，归责原则是责任构成要件之前提和基础，责任构成要件则是归责原则的具体体现。[①] 现行国家赔偿法对民事、行政诉讼中的司法赔偿引起的国家赔偿责任以违法归责为原则，[②] 也就是说人民法院行使执行职权的行为具有违法性，是构成国家赔偿责任的前提和基础。但同时也要满足其他构成要件，国家赔偿责任方能成立。

国家赔偿法第二条第一款规定："国家机关和国家机关工作人员行使职权，有本法规定的侵犯公民、法人和其他组织的合法权益的情形，造成损害的，受害人有依照本法取得国家赔偿的权利。"根据上述规定，我国国家赔偿责任的构成要件采用的是四要件说，即行为主体要件、行为要件、损害结果要件和因果关系要件。[③]

对于执行瑕疵是否能够导致国家赔偿责任，也需要从以上四个构成要件来逐一进行分析。首先，主体要件方面，侵权行为主体应当是人民法院及其工作人员。人民法院是具体的赔偿义务机关，但作出行为的只能是经法律授权，行使执行职权的审判员、书记员以及法警。其次，行为要件方面，一是该执行行为应当是人民法院工作人员在行使职权过程中实施的一切与执行职务有关的行为，不仅包括职务行为本身，还包括执行职务过程中的事实行为以及怠于履行职责的不作为行为；[④] 二是该行为应具有一定的违法性，此处的违法应当是狭义上的违法，即违反了具体的法律法规的

---

① 参见王利明：《侵权行为法归责原则研究》，中国政法大学出版社 1992 年版，第 354 页。

② 参见江必新主编：《〈中华人民共和国国家赔偿法〉条文理解与适用》，人民法院出版社 2010 年版，第 353 页。

③ 参见江必新主编：《〈中华人民共和国国家赔偿法〉条文理解与适用》，人民法院出版社 2010 年版，第 47~52 页。

④ 参见马怀德主编：《完善国家赔偿立法基本问题研究》，北京大学出版社 2008 年版，第 196 页。

明文规定。[1] 如果违反的仅仅是法律原则或精神，不能认定为行为具有违法性。再次，损害结果要件方面，任何侵权责任赔偿都强调侵权行为要有相应的损害结果，无损害则无赔偿。法院在执行过程中的违法行为必须要造成一定的损害后果，侵犯了公民、法人或其他组织的合法权益，才可能产生国家赔偿责任。需要强调的是，这里的合法权益应当是指财产方面的合法权益[2]，且应当属于直接损害，而非间接损害。最后，因果关系要件方面，法律上的因果关系是指损害结果与造成该结果的原因之间的关联性，即法院的违法执行行为必须与损害结果之间具有前因后果的关联性。若无法院的违法行为，损害仍会发生，则两者之间不能成立因果关系。

需要指出的是，即使按照国家赔偿责任构成要件进行分析，法院的执行瑕疵行为符合上述要件，还需要进一步判断是否存在多种原因导致损害结果发生的情形，以及受害人本人对损害结果的发生或者扩大是否存在过错。司法实践中，执行案件的案情往往较为复杂，存在多个法律关系，有时很难简单认定他人的民事责任与国家赔偿责任。以案例一为例，法院在诉前或诉讼过程中对肇事车辆进行保全，采取“死封”措施的，只要肇事方提供相应担保的，即可对车辆进行解封。法定的查封、扣押期限为两年，正常的民事诉讼期间一般不会超过两年，但如果由于肇事方故意拖延诉讼时间，或是不自动履行生效判决，导致车辆持续处于被查封状态。即使最后由于法院未制作解封裁定的违法行为造成车辆长时间停放毁损的，被害人由于自身过错导致损害结果的发生及扩大，也应依法减轻法院的赔偿责任。

综上所述，法院在执行过程中存在执行瑕疵只是对行使职权行为违法性的确定，而是否承担国家赔偿责任还需要结合赔偿责任构成要件进行判定。无论是违反一般性程序规定，还是严重的执行违法行为，只要给赔偿请求人造成合法财产的实际损失，就应当给予国家赔偿。但由于执行程序的纷繁复杂，诸多违法情形很难逐一列举，因此，从立法层面上对纳入司

---

① 参见江必新主编：《〈中华人民共和国国家赔偿法〉条文理解与适用》，人民法院出版社 2010 年版，第 356 页。

② 根据《最高人民法院关于审理民事、行政诉讼中司法赔偿案件适用法律若干问题的解释》第五条规定的错误执行情形，侵犯公民、法人和其他组织的合法权益均为财产权益，如果认为人民法院在执行过程中侵犯了公民的人身权，应当适用该司法解释第六条的规定。

法赔偿范围的执行瑕疵作出具体界定远非易事。现行司法解释已对错误执行赔偿的情形规定了兜底条款，基本可以满足司法实践的需要。在此情况下，我们建议可以在修订国家赔偿法时，将民事、行政司法赔偿单独作为一个章节，对于错误执行赔偿的具体规定可延续现行司法解释中列举的情形。

另外，在就本问题收集征求各法院从事国家赔偿审判的法官意见时，有法官提出，根据全国人大常委会法工委对国家赔偿法的释义，可以看出针对错误执行赔偿，最初的立法本意仅针对对判决、裁定及其他生效法律文书执行错误的情形，即如果最终并非对生效法律文书的结论执行错误，即使执行过程中存在违法情形，亦不应给予国家赔偿。按照该立法本意，现行司法解释已经对错误执行赔偿进行了扩大解释，且规定了兜底条款，在此情况下不宜进一步对赔偿范围进行扩张。

（撰稿人：北京法院课题组）

刑事诉讼外枉法裁判的国家赔偿

【核心观点】

在当事人因法院过错而致损的案件中，民众对错判赔偿的希冀有增无减，而其中因枉法裁判所致的民行错判损害赔偿案件现实救济受阻的现况更是严重损害着民众对国家司法的公信力。由于我国长久以来并不区分错判赔偿的类型，相当多因枉法裁判所致生活陷入困境的当事人承受着双重的压力和打击，一方面，要继续寻求救济"讨个说法"，另一方面，无法释放自身对不公平裁决的愤怨，难以找回对社会救济体制丧失的信心。若司法不能有效保护人民的利益，必将被人民所抛弃，本文旨在推动以国赔新思路来化解民行错案中的职务侵权损害后果，打开一扇解决现实问题的窗。

【问题及相关背景】

笔者检索"法信"平台，以"枉法裁判"为关键词检索到的国家赔偿案例中，最终以不予受理决定和程序性驳回结案的数量各占73%和27%。[①] 由于现行的国家赔偿法未将民行错案纳入国家赔偿案件的审查范围，对于枉法裁判下的民行错案"不属于国家赔偿法第三十八条规定的受案范围"几乎成为千篇一律的驳回适用规则。现下的国家赔偿案件中，以错案原因或法官枉法裁判为由提出国家赔偿，在民众头脑中并无太过严格的区分，许多当事人提起国家赔偿只是因为法官对其本应采信的证据未予采信，曾作出过与终审判决相左内容的判决，或已经执行的原生效判决回转不能

---

① 73%是不符合国家赔法第三十八条规定的受案范围及《最高人民法院关于国家赔偿案件立案工作的规定》第一条第九项的规定，另外27%则是因为未向赔偿义务机关提出，不符合国家赔偿法第二十二条第二款的规定。

等，但《最高人民法院关于审理民事、行政诉讼中司法赔偿案件适用法律若干问题的解释》也没有明确将执行回转不能的情形列入国家赔偿的范围之中。笔者认为，这种情况已经滞后于现实的需求，不能满足人民群众对司法的新要求，也与当下司法责任制改革的主旋律不相匹配，亟待改善。

有这样一起案件，1997 年底，因王某进、赵某民在某市法院起诉何某拖欠工程款，王某玉、杨某林起诉何某拖欠劳务费，某市法院将被告人何某的 17 万元工程款冻结。于是何某产生了通过诉讼将已冻结的工程款转移出来的念头，遂找刘某虚拟借据，并怂恿第三人将其诉至某法院，并串通法官方某玲为其补办相关法律手续，法官方某玲违规制作调解书、执行裁定书并倒签日期，致某市法院冻结的工程款被何某等人取走转移。后东窗事发，法官方某玲因涉嫌与当事人相互串通伪造有关法律文书，违背事实和法律枉法裁判，致其他法院判决、裁定无法执行而锒铛入狱。该起案件中，法官利用职权枉法裁判导致某市法院已冻结的财产流失，本应受偿的原告王某进、赵某民、王某玉、杨某林等人却无故因法官的枉法裁判而导致生效判决执行不能，他们能否追回因法院错误放款行为所导致的财产损失呢？

这起典型案件中，方某玲受到了法纪的处理，但由于方某玲的民事枉法裁判，致使原执行放款行为错误，当王某进、赵某民、王某玉、杨某林等人选择以违法解除保全或错误执行而请求某法院国家赔偿时，能否获得支持呢？

如果上述人员未能实现的利益损害无法通过刑事追偿程序追回，其提出国家赔偿请求，在现行的国家赔偿法体系内，获得支持的可能性基本上没有。因为我们的国家赔偿法立案受理条件将这类案件完全地排除出去了。有鉴于此，笔者试图通过本文来说明枉法裁判下的民行错案与正常的审判程序中的错案的差异，以及枉法裁判下的民行错案应当纳入国家赔偿的审查范围的原因。

【理论探讨】

一方面，在当事人眼中，民事、行政枉法裁判似乎是一个口袋，只要是裁判结果有误，被改判或撤销，就必定涉及法官的枉法裁判；另一方面，法官不能拒绝裁判，任何一份作出的代表终局性结论的裁判都可能面临着时间、地域、能力、证据、认识、规则的约束，这些约束在某一个特定阶段构成左右案件的力量的汇合，而一旦冲出上述特定时空及人物、条件的约束，则又会显得如此的单薄和不堪一击，因此，有必要对枉法裁判下的民行错案损害先予界定。

一、枉法裁判铸错案应是双重标准定性

（一）错案的外衣——生效裁决被否定

关于错案，法律未作专门的解释，学界也无统一的认识。从民众的角度看，案件在认定事实和适用法律上存在错误，形式上经过二审和审判监督程序改判，可以认定为原裁判存在错误。但裁判错误并非枉法错判，按照通常的理解，错案是指“在刑事、民事和行政诉讼中，法院在认定事实或者适用法律上发生了错误的案件”[①]。更直白或更准确而言，必须是经过审判监督程序重新作出的最终判决撤销了原生效的一审或二审裁判或否定了原生效裁判对事实、证据的认定，根本改变了原生效判决或裁定的内容的，才可以确定原来的判裁是实体上错判或错裁。但这样的理解，只是泛指意义上的错判。从追责意义上讲，凡是存在以下八种情形的，不得认为具备错判追责的条件，也即不能视为违法或“错误”的情形：（1）对法律、法规、规章、司法解释具体条文的理解和认识不一致的，在专业认识范围内能够予以合理说明的；（2）对案件基本事实的判断存在争议或者疑问，根据证据规则能够予以合理说明的；（3）当事人放弃或者部分放弃权利主张的；（4）因当事人过错或客观原因致使案件事实认定发生变化的；（5）因出现新证据而改变裁判的；（6）法律修订或者政策调整的；（7）裁判所依据的其他法律文书被撤销或者变更的；（8）其他依法履行审判职责不应当承担责任的情形。综上可见，以审判结果被改判的表面外观来判定案件原审是错案，只是构建枉法裁判下错判的第一道基础性门坎，并非实

---

① 最高人民法院司法改革领导小组办公室编著：《〈最高人民法院关于完善人民法院司法责任制的若干意见〉读本》，人民法院出版社2015年版。

质性条件。①

（二）违纪的表象——法官违法行为已被追责或受到处理

法官受到设在人民法院内部监察部门的追究和处理，是法官违反职责和纪律的后果，但并非认定法官存在贪污受贿、徇私舞弊、枉法裁判等严重违法审判行为的全部，各级人民法院内部的监察部门有权对情节轻微的违纪行为进行检查或者通报批评；对于情节较重的违纪行为，给予纪律处分；而对于构成犯罪嫌疑或达到犯罪构成要件的，移送有关司法部门依法处理。对认为应当追究审判责任的，应报请院长决定，报送省（区、市）法官惩戒委员会审议，并由法官惩戒委员会根据查明的情况作出无责、免责或者给予惩戒处分的建议。2009 年最高人民法院制定了《人民法院工作人员处分条例》，将违纪行为划分为：违反政治纪律的行为、违反办案纪律的行为、违反廉政纪律的行为、违反组织人事纪律的行为、违反财经纪律的行为、失职行为、违反管理秩序和社会道德的行为。涉及违纪行为的条款共计 85 条，其中，涉及违反办案纪律的行为有 26 条，涉及失职行为的有 9 条，可见枉法裁判只是叠加了法官违反审判职责要求受到惩戒或追责的客观要件与铸成错案造成当事人民事、行政权益重大损失的结果要件的重大违法情节，也只有上述机关作出的生效处分决定或裁判结果才可以确定法官（或检察官）的行为是否可以定性为枉法裁判。其他一般性违纪行为则不在本文讨论之列。

（三）枉法裁判造成的严重后果并不能通过纪律处分或刑事制裁、审判监督以及执行救济等程序全部得以消弥

长久以来，因民行错案而受到损害的当事人的利益会在审判监督审理后作出的新的判决中重新加以确认，从而转化为由原来民事、行政案件中

---

① 《最高人民法院关于完善人民法院司法责任制的若干意见》第 28 条规定：“因下列情形之一，导致案件按照审判监督程序提起再审后被改判的，不得作为错案进行责任追究：(1) 对法律、法规、规章、司法解释具体条文的理解和认识不一致，在专业认知范围内能够予以合理说明的；(2) 对案件基本事实的判断存在争议或者疑问，根据证据规则能够予以合理说明的；(3) 当事人放弃或者部分放弃权利主张的；(4) 因当事人过错或者客观原因致使案件事实认定发生变化的；(5) 因出现新证据而改变裁判的；(6) 法律修订或者政策调整的；(7) 裁判所依据的其他法律文书被撤销或者变更的；(8) 其他依法履行审判职责不应当承担责任的情形。”

的另一方对胜诉一方承担民事责任的形式进行弥补。但如果错判案件裹挟着法官违法的情形时，则法院、法官行为的瑕疵就会被放大，当事人理所当然地认为，只要法官的违法或违纪行为参与其中，错案的产生就应当属于职务侵权，就应当由造成错案的法院或法官来承担其损失赔偿责任，加之对这类案件重新启动执行，执行对象有时都无法再找到，客观上案件的执行条件已不具备，常会出现无法通过执行或执行回转实现胜诉判决内容的现实情形，而当事人寻求国家赔偿解决这部分利益诉求的愿望拘泥于现实法律的约束又难以得到满足，则当事人就会心生积怨，进而再引发涉诉信访的产生。

传理理念认为，法官思维活动的不确定性特点和对客观事实认知有限性的特点，常会出现；对案件适用法律及裁判结果的差异性评判结果本应是法治运行成本中不可回避的自然现象，法官不应当对案件审理中的言论和认识，承担追责的后果。案件被撤销或改判的结果也不是追究法官错案之责的要件，更不应是引起国家赔偿的起点。但现实中，当赔偿请求人有证据表明法官确实违反了法定职责和义务，有刑事判决或纪律处分所证明时，其提出的民事或行政诉讼正当诉求虽得到最终支持，但却无法通过其他程序获得赔偿、补偿时，[①] 国家承担枉法裁判下民行错案致损赔偿责任则应成为国家赔偿的应有之义，因为部分基于法官枉法裁判而导致的裁判结果错误的情形，正是民众不服判裁、不服执行的根本性原因。

二、改革的必要性及可能性分析

将枉法裁判下民行错判纳入司法赔偿范围弥补当事人因错判而遭受的无辜损害，既是现实需要，也符合国家赔偿制度的立法宗旨，更是司法公正的内在要求。

长久以来，民行错案未被纳入司法赔偿范围的原因，可以归之于：受历史传统文化的影响、客观上不便于审查操作、国家财力有限、旧有的信访维稳式化解矛盾的方法仍广泛采用。在上面几种因素共同影响下，错案司法赔偿虽在几次修法中被提出，但终因时机不成熟而未被采纳。如今，

① 《最高人民法院关于审理民事、行政诉讼中司法赔偿案件适用法律若干问题的解释》第十条规定："公民、法人和其他组织的损失已经在民事、行政诉讼过程中获得赔偿、补偿的，对该部分损失，国家不承担赔偿责任。"

当事人对自身权益愈来愈重视、现代平权思想更加深植人心、对司法人员审判行为的监督方式和途径更加广泛、对司法人员恣意妄为的渎职行为更加难以容忍，旧有的涉诉信访维稳式化解方式不再能够满足当事人对司法公开化、透明化的强烈需求，社会法治化治理方式日益渗透到生活、工作的方方面面，成为民众能够接受的问题处理方式。随着司法责任制的深化和细化，案件质量终身制也被提到改革的进程中来，枉法裁判下的民事、行政错案赔偿，可以更加严格规范司法工作人员的责任心，监督公权力机关的权力行使，同时，也更有助于化解公民、法人、其他组织与司法机关尖锐的对立情绪，更好地体现国家法律对社会公平正义的维护，提升司法公信力。将枉法裁判所致的民事、行政错案纳入国家赔偿的审查范围，已具备以下可行性条件。

（一）与法律精神不悖

国家赔偿法是一部集宪法精神、民法精神、行政法精神于一身的集合性法律。宪法规定，国家保护个体经济、私营经济等非公有制经济的合法的权利和利益；公民的合法的私有财产不受侵犯。国家赔偿法第二条第一款规定："国家机关和国家机关工作人员违法行使职权，有本法规定的侵犯公民、法人和其他组织合法权益的情形，造成损害的，受害人有依照本法取得赔偿的权利。"其赔偿方式和计算标准又与民事法律的损害救济赔偿说较为接近，虽然赔偿范围限制得比民事法律更甚，但其在赔偿原则上存在着天然的窠臼之痕。

（二）有古代律制参阅

我国古代对"枉入人罪"的官吏规定了特定的国家赔偿律制。《唐律疏议·名例》"共犯罪有逃亡"中有这样的记载："若枉入人徒年者，即计庸，折除课役及赎直；每枉一年，折二年；虽不满年，役守五十日者，折一年。即当年无课役者，折来年。其有军役者，折役日。"[①] 该律规定，审

① 《唐律疏议》，刘俊文校注，法律出版社1999年版，第129~131页。钱大均在《唐律与唐代法制考辨》一书中指出，此乃对轻罪（笞杖刑）或者无罪而枉入徒流刑，以每年所需缴纳的课税折抵赔偿；若原本就应该是判赎刑，但却错判为实际刑罚的，将被冤枉服刑的天数计价可以抵除原判所定之部分或全部赎铜。

理案件中因官司误判而枉入人罪的，也就是枉法裁判致人服刑的，对受害人的赔偿方式是国家根据受损的不同程度来冲抵受害人本身所负担的课役、劳役、军役或者是赎铜。《唐律疏议》对法官本该在一定期限内审结的案件拖延不决时，视延误拖延的天数多少给予相应的处罚。

（三）域外法系可鉴

美国通过判例确定法官绝对的特免权，一般不追究其职务行为产生的民事责任，但“该回避不回避”给当事人造成损害的，当事人提起赔偿诉讼，法院认为法官有回避义务而不回避的，法官亦得赔偿。在美国一些州，只给予法官有限的特免，不包括故意的侵权行为在内。1988 年联邦职员赔偿责任改革和侵权行为赔偿法在规定法官赔偿责任由国家负担的同时，对法官故意侵权行为的赔偿要求对法官追责。① 1972 年法国民事诉讼改革明确法官在执行职务中的故意违法和重大过错，是本人过错，由法官本人负责，国家代替法官赔偿时，国家有权追回赔偿金额。德国民法典第 839 条第 2 款第 1 项规定：“公务员对因诉讼事件作出判决而违背职务时，以违背职务涉及犯罪行为为限，应对由此造成的损害负赔偿责任。”② 这些域外立法及实践发展经验表明：对于法官的贪腐行为，情节严重时，除应受到刑事追究之外，国家赔偿之后的追偿也是通行的损害平复之道。

（四）稳定增加的国家经济实力是承担枉法裁判赔偿的财政保障基础

举几个数例：改革开放以来，我国城镇居民人均可支配收入，从 1978 年的 332 元提高到 2017 年的 51261 元，增长了 153 倍；农村居民人均可支配收入，从 1978 年的 1650 元提高到 2017 年的 24956 元，增长了 150 倍。③ 中国的减贫事业，使得 7 亿多人口脱离了极端贫穷，为世界减贫事业作出了巨大贡献。特别是党的十八大以来，6800 多万贫困人口稳定脱贫，贫困

---

① 王名扬：《美国行政法（下）》，中国法制出版社 2005 年版。

② 蔡新法、梅云：《民行错案纳入司法赔偿范围之探究——以一起涉诉信访案为切入点》，载《绍兴文理学院学报》2013 年第 6 期。

③ 参见国家统计局浙江调查总队：《城乡居民家庭人均收入情况（1978—2016）》，载 http://www.zjso.gov.cn/dcsj/ndsj_2174/2016_ndsj/cxjmsz/t20170310_81161.html，2017 年 3 月 10 日访问。

发生率从2012年末的10.2%下降到2017年末的3.1%。[①] 据相关报道，每年的维稳经费预算已达到或超过军费预算，为改革这种非制度化开支非理性和随意性，国家司法救助制度改革的目标为“救助制度法治化、救助案件司法化”，中央财政转移支付资金对于国家司法救助给予每年增加1亿元的倾斜，从2015年的7亿元逐年增涨提高到10亿元。2014年1月至2017年1月，全国政法系统三年司法救助的总人数为275289人，救助资金发放49.84亿元。[②] 这些数据表明，在我国的综合国力不断上升的今天，国家日渐重视以法治的思维规范解决公民的生活之急迫、救济之难题。长期以来，群众大量信访的客观存在，使得维稳经费成为国家保障其有序运营中不小的一笔财政开支，但随着建立社会主义法治国家理念的不断深化，实践中措施、制度的不断完善，国家已将这部分经费的使用目的转变为司法救助性质的经费，这无疑标志着依法治国进程的一次大幅度进步，也显示出旧有的解决矛盾问题的方式不再适应新形势新要求，传统的被动化解，“会哭的孩子有奶吃”的局面将逐渐被主动赔偿、主动补偿、勇于担当、权责分明的新体制所替代，“当赔则赔”的赔偿新理念也必将促使国家赔偿法的立法改革更适应新形势新局面。但这一切的保障来源于我国日渐增涨的综合国力和国家在法治思维指导下对法治运营成本的更多倾斜，抛弃旧有的“哪疼揉哪”“哪哭哄哪”的应急性补偿思路，扩大枉法裁判错案赔偿机制势在必行。

【意见建议】

长期以来，由于对法官的办案中存在过失或不当造成的错误情形，追责的方式一般为纪律处分、刑事制裁或经济处罚等，当事人因民行错判所遭受到的损害，是不可能直接通过申请国家赔偿的方式获得解决的，也就是说，国家赔偿作为最后的一种救济手段，须是通过其他救济方式无法得到全面补偿之后，才能提起的。而国家赔偿程序中设置的限定性条款或免责性条款又会将当事人提起的错判赔偿一律拒之门外。在综合分析枉法裁

---

① 相关数据载 http://www.cqrb.cn/content/2018-02/19/content_142130.htm，2018年2月19日访问。

② 参见徐超:《中国特色司法救助制度成效初显》，载《人民法院报》2019年9月17日。

判民行错案赔偿的必要性和可行性之后，笔者认为，将枉法裁判民行错案国家赔偿纳入国赔案件受理范畴，必将成为大势所趋。下面从损害后果、时效、证据、因果关系等方面，为修改国家赔偿法提出如下建议。

一、受理之规定

国家赔偿法第三十八条将民事、行政诉讼中司法赔偿的范围限定于财产保全、先予执行和执行错误，而枉法裁判错案赔偿属于在错判赔偿领域内的新探索，如不及时加以调整和补充，必然使《最高人民法院关于民事、行政司法赔偿案件适用法律若干问题的解释》及《最高人民法院关于国家赔偿案件立案工作的规定》还拘泥于国家赔偿法第三十八条之规定，使人民群众对民事、行政司法赔偿的新要求不能在实践领域获得有力支持，因此建议将国家赔偿法第三十八条关于非刑事司法赔偿的规定修改为："人民法院在民事、行政诉诉过程中，违法采取妨害诉讼的强制措施、保全措施或者对判决、裁定及其他生效的法律文书执行错误、因法官枉法裁判给当事人造成损害，又无法通过其他诉讼程序加以补救，赔偿请求人要求赔偿的，适用刑事赔偿程序的规定审查处理。"

二、免责之规定

与其他非刑事司法赔偿一样，枉法裁判国家赔偿亦应有国家免责之情形，譬如：(1) 因个人枉法裁判等犯罪原因所致他人精神损害，国家不承担赔偿责任；(2) 枉法裁判所致公民、法人、其他经济组织的经济损失已通过其他途径得以弥补和救济，国家不再承担赔偿责任；(3) 受害人或其他案外第三人对损害的扩大部分存在过错的，国家对扩大部分的不承担赔偿责任。

三、时效之规定

国家赔偿法第三十九条规定："赔偿请求人请求国家赔偿的时效为两年，自知道或者应当知道国家机关工作人员行使职权时的行为侵犯其人身权、财产权之日起计算，但被羁押等限制人身自由期间不计算在内……" 对于枉法裁判行为所致的民行错判赔偿，如果以当事人知道国家机关工作人员行使职权侵权日起算，会导致当事人认识到的职务行为侵权时间，与法院能够客观上所把握的职务行为侵权确认点在时间上的不一致，因为当事人提出的司法人员枉法裁判一般不能被直接确认，需要辅之以专门机关的惩戒文书或处分决定或民事、行政以及刑事判决，而这些能够证明司法人员枉法裁判的确认文书诞生日才应是计算职权侵权行为发生并对当事人产生影响的起算日，也就是枉法裁判行为本身的完成日不是侵权行为的结束日，只是枉法侵权的开始日，枉法裁判的具体侵权确定日是把握当事人知道或应当知道职务侵权的时效起点，为此，建议将国家赔偿法第三十九条修改为："赔偿请求人请求国家赔偿的时效为两年，自知道或者应当知道国家机关工作人员行使职权时的行为侵犯其人身权、财产权之日起计算，但被羁押等限制人身自由期间不计算在内、枉法裁判行为被相关机关认定之前的时间不计算在内……"

四、构成之要件

枉法裁判下民行错案要进入国家赔偿受理审理阶段，必须满足特定的受理审查要求。

第一，损害已然发生且未通过其他权利救济渠道加以救济。比如强制措施复议或执行复议后未加以补救、刑事追偿未能挽回损失、执行回转时对方当事人已无执行能力执行不可能、未领取过涉案信访救助、纪检监督过程中未予以退赔等情形。如果损害发生后，当事人已通过其他途径寻求救济，须待其他途径终结后提出。

第二，有证据证明人民法院原生效的裁判文书已经被撤销，且该撤销系审判或执行人员违法违纪、徇私枉法的行为造成的。枉法民事、行政裁判行为肯定会得到人民法院的刑事判决或裁定书的认定或纪律检查委员会等相关主管部门的处理决定，法官或检察官惩戒委员会作出的惩戒结论，但并非全部受到惩戒的行为都构成枉法裁判，因为枉法裁判不仅要求有错误的裁判行为，还要求主观上有故意和重大过失。审判人员认定主要事实错误、适用法律不当及法定程序违法，导致判决书、裁定书、调解书、仲裁裁决被撤销，造成严重后果，是判断枉法裁判的重要因素，也就自然成为国家机关承担赔偿责任的重要因素。

第三，把握枉法裁判下错误裁判与损害后果之间联系的直接性、现实性、有限性原则。枉法裁判的主观恶性较大，必定会对民事、行政诉讼中的当事人造成经济上不可挽回的损失、精神上难以名状的损害，但以目前的现实情形，虽然当事人的人格权可能因不公正的裁判而受损，但正如刑事附带民事赔偿不对精神损害予以考量一样，国家只承担有限的赔偿责任，即直接的、现实损害赔偿责任。如果枉法裁判行为下形成的错案并不是导致案件损害后果的直接或全部的因素，则人民法院也只对其枉法裁判的直接后果，承担有限的直接赔偿责任，而非全部的赔偿责任。对于当事人提出的精神上的损害（除人身受到侵权的严重情形外），目前是不宜给予金钱赔偿的。对于当事人提出的消除影响、赔礼道歉、恢复名誉之请求，可以在文书中给予必要回应，作为一种国家赔偿方式独立存在。

将枉法裁判民行错判赔偿纳入司法赔偿的审查范围，在标准原则上应把握严格性，不能无条件一并纳入，一定要正确处理好保障当事人的合法权益与维护法官独立审判权之间的衡平关系，保持范围的有限性和法定性。如果是综合性原因造成的错案，法院可以按照过错比例承担赔偿责任，如果是法官故意拖延不作为给当事人造成损害的，应当规定赔偿义务机关对其行为进行合法性及合理性说明，赔偿请求人对其损害后果进行举证和说明。国家在替代枉法人员承担赔偿责任之后，保有向其追偿的权利。①

综上所述，笔者认为，将枉法裁判民行错案赔偿纳入国家赔偿受案范围，不但有利于化解涉诉信访矛盾和纠纷，而且也符合国家司法体制改革“让审理者裁判，由裁判者负责”的大势所趋。恰逢改革盛世，顺应民心、顺势而为，对国家赔偿法第三十八条进行必要的扩大性修改，必将促进我国国家赔偿领域理论和实践的蓬勃发展。

（撰稿人：最高人民法院　贾力）

① 诸如《重庆市实施〈中华人民共和国国家赔偿法〉办法》（2012年9月27日重庆市第三届人民代表大会第三十六次会议通过，自2013年1月1日起施行）第五十八条规定：“行政机关工作人员或者行政机关依法委托的组织或者个人，因故意违法而导致国家赔偿的，应当承担赔偿总额百分之五十至百分之一百的赔偿费用；因重大过失而导致国家赔偿的，应当承担赔偿总额的百分之二十至百分之八十的赔偿费用。侦查、检察、审判机关工作人员以及看守所、监狱管理机关有国家赔偿法第三十一条规定情形导致国家赔偿的，应当承担赔偿总额百分之五十至百分之一百的赔偿费用。依照前两款规定对个人的追偿总额，不得超过其月工资的二十四倍。赔偿义务机关追偿的赔偿费，应当在十日内上缴国库。”

司法赔偿审判中确认权的行使

【核心观点】

针对国家赔偿法第十七条第一项、第二项、第三项、第十八条、第三十八条规定情形提起的司法赔偿请求，原则上以原诉讼、执行程序终结为提起赔偿的条件。原程序尚未终结，则不能再行启动司法赔偿违法性审查权行使的程序。

针对国家赔偿法第十七条第四项、第五项规定情形申请赔偿的，赔偿请求人能够提出损害结果已发生，以及该结果与违法侵权行为之间存在因果关系的一般证据，原则上应予受理并对相关行为予以违法性审查。

对于原诉讼、执行案件已终结，或者存在法律及司法解释规定的视为终结的情形，且原程序中未对相关行为是否违法作出认定，赔偿请求人申请赔偿的，应在司法赔偿程序中一并行使违法性审查权。

侦查、检察、审判机关在原诉讼、执行程序中作出并已生效的具有定案结论性质的法律文书，对赔偿案件的审理具有拘束力，且在赔偿程序中不能随意撤销或者变更。

司法赔偿违法性审查权的行使，可以改变原赔偿义务机关、复议机关在赔偿程序中作出的认定及结论。

行使司法赔偿违法性审查权过程中，对于原职权行为过程中属自由裁量权或者具有裁量性质的行为，应予适当尊重。

【问题及相关背景】

2010 年修正的国家赔偿法，取消了单独确认的前置环节，规定赔偿请求人认为国家机关及其工作人员违法行使职权造成损害的，可以直接申请赔偿。换言之，对于原需要单独确认的案件而言，根据 2010 年修正的国家赔偿法，法院赔偿委员会可在赔偿程序中一并解决原有的违法侵权确认问题，即赋予法院赔偿委员会司法赔偿违法性审查权。但同时，我们也应当客观地看到，虽然2010年修正的国家赔偿法取消了确认的有关规定，但这一修改并不意味着申请赔偿可以不受限制，或随意提起，也不意味着法院赔偿委员会享有的司法赔偿违法性审查权可以不受限制，随意行使。

试举如下案例：王某因涉嫌犯罪被公安机关拘留后移送起诉，检察机关经审查，以王某行为符合刑事诉讼法第十六条第一项，即“情节显著轻微、危害不大”情形，对其作出不起诉决定。王某持该不起诉决定申请赔偿，赔偿义务机关、复议机关均以不起诉决定援引刑事诉讼法第十六条第一项，即“情节显著轻微、危害不大”，该表述符合国家赔偿法第十九条规定的国家不承担赔偿责任的情形为由，对王某的赔偿申请不予支持，王某不服，向法院赔偿委员会申请作出赔偿决定。对于法院赔偿委员会是否应给予王某赔偿，实践中存在不同认识，而产生认识分歧的根源，就在于对法院赔偿委员会所享有的司法赔偿违法性审查权的行使存在认识上的分歧。

笔者认为，法院赔偿委员会确实具有一定的司法赔偿违法性审查权，但该权力的行使并非没有边界，不受制约。法院赔偿委员会在司法赔偿案件的审理过程中，对于司法赔偿违法性审查权的行使，与在先程序的认定、有关机关的裁量行为之间，都应具有一定的边界和逻辑关联，应予厘清。

【理论探讨及建议】

一、司法赔偿违法性审查权的内涵

国家赔偿责任，是指国家机关及其工作人员行使职权过程中有法律规定的侵犯公民、法人和其他组织合法权益的情形并造成损害的，由国家对被侵权者承担的赔偿责任。国家赔偿责任的构成要件，是指国家在何种情况下，具备何种条件，才应承担赔偿责任。换言之，国家承担之侵权赔偿责任，只有当符合一定的条件时方始成立。国家赔偿责任的构成要件，是衡量国家赔偿责任是否成立的具体判断标准。对于国家赔偿责任的构成要件应包含哪些内容，学术界一直存在不同的观点。有的采用四要件说，即认为应当包括侵权行为主体要件、执行职务行为违法要件、损害事实要件和因果关系要件；[①] 有的采用五要件说，即认为应当包括侵权行为主体要件、职权行为违法要件、损害要件、因果关系要件及法律要件（其所称之法律要件，是指受害人要想获得国家赔偿还须符合国家赔偿法之规定）；[②] 还有的采用六要件说，认为应当包括公权力行使、公务人员行为、执行职务、行为的违法性、损害的发生以及因果关系等要件。[③] 笔者认为，采用四要件说，似更符合责任构成要件之一般原理及我国国家赔偿法之实际状况。即国家赔偿责任构成要件包括：主体要件、行为要件、损害结果要件、因果关系要件。在一个具体的赔偿案件中，对赔偿请求人提出的赔偿申请事项予以审查，审查其所申请的行为是否属于法定的违法侵权情形，是否应予赔偿等关键环节，是审查处理该赔偿案件，作出最终认定的基础。其中，对所涉相关行为是否属于法定的违法侵权情形的审查，即是违法性审查权行使的主要目的。据此，违法性审查权，即是在赔偿案件的审理中，对于赔偿请求人提出的公权力机关所为之行政、司法行为，是否属于国家赔偿法规定的违法侵权情形所作出的审查及认定。

现行国家赔偿法共四十二个条文，集程序法与实体法于一身，其规定涵盖行政赔偿、刑事赔偿、非刑事司法赔偿三类赔偿，以及行政赔偿、刑事赔偿两种程序，其总体框架设计系为顺应制定一部统一的赔偿法的需要。实践中，通常把刑事赔偿、非刑事司法赔偿，即国家赔偿法第十七条、第十八条、第二十一条、第三十八条所规定的各类案件，统称为司法赔偿案件，以区别于行政赔偿案件。因行政赔偿案件的违法性审查问题，有行政诉讼程序对具体行政行为违法性的审查及确认为依托，与司法赔偿案件的同类问题差异较大。因此，本文仅就行使侦查、检察、审判职权的机关以及看守所、监狱管理机关所涉的司法赔偿案件中，对相关司法行为的违法性审查权行使问题，且仅围绕其沿革与发展、程序及行使边界问题展开研究。

---

① 参见董保城、湛中乐：《国家责任法——兼论大陆地区行政补偿与行政赔偿》，我国台湾地区元照出版公司 2005 年版，第 303 页。

② 参见马怀德主编：《完善国家赔偿立法基本问题研究》，北京大学出版社 2008 年版，第 104 页。

③ 参见周友军、麻锦亮：《国家赔偿法教程》，中国人民大学出版社 2008 年版，第 63 页。

二、司法赔偿违法性审查权行使的沿革与发展

根据1994年国家赔偿法的规定，申请司法赔偿应首先经过依法确认。1994年国家赔偿法第二十条规定："赔偿义务机关对依法确认有本法第十五条、第十六条规定的情形之一的，应当给予赔偿。赔偿请求人要求确认有本法第十五条、第十六条规定情形之一的，被要求的机关不予确认的，赔偿请求人有权申诉。赔偿请求人要求赔偿，应当先向赔偿义务机关提出。……"根据这一规定，1996年《最高人民法院关于人民法院赔偿委员会审理赔偿案件程序的暂行规定》[①] 第二条规定："赔偿请求人依法向赔偿委员会申请作出赔偿决定的被侵权事项，应当先经过依法确认。根据赔偿法第二十条第二款的规定，被要求确认的机关不予确认的，赔偿请求人有权申诉。赔偿委员会不受理要求确认的申诉案件。"2004年10月1日施行的《最高人民法院关于审理人民法院国家赔偿确认案件若干问题的规定（试行）》（已废止，以下简称《确认规定》）第一条规定："公民、法人或者其他组织认为人民法院及其工作人员的职务行为侵犯其合法权益提起国家赔偿请求的，除本规定第五条规定的情形外，应当依法先行申请确认。"

根据1994年国家赔偿法的规定和最高人民法院相关司法解释的要求，赔偿请求人申请司法赔偿（包括刑事司法赔偿以及民事、行政诉讼中司法赔偿），应当先经过依法确认。赔偿义务机关对依法确认有国家赔偿法第十五条、第十六条、第三十一条规定情形之一的，应当给予赔偿。同时，根据最高人民法院司法解释规定，赔偿请求人对被要求确认的机关不予确认的，有权申诉，但人民法院赔偿委员会不受理要求确认的申诉。综合上述规定不难看出，在1994年国家赔偿法的制度设定中，司法赔偿违法性审查权的行使，是通过"确认"这个必经的程序而得以实现的。

此外，《确认规定》第五条规定："人民法院作出的下列情形之一的判决、裁定、决定，属于依法确认，当事人可以根据该判决、裁定、决定提出国家赔偿请求：（一）逮捕决定已经依法撤销的，但《中华人民共和国

---

① 2011年3月22日施行的《最高人民法院关于人民法院赔偿委员会审理国家赔偿案件程序的规定》第二十四条规定："自本规定公布之日起，《人民法院赔偿委员会审理赔偿案件程序的暂行规定》即行废止；本规定施行前本院发布的司法解释与本规定不一致的，以本规定为准。"

刑事诉讼法》第十五条[①]规定的情形除外；（二）判决宣告无罪并已发生法律效力的；（三）实施了国家赔偿法第十五条第（四）、（五）项规定的行为责任人员已被依法追究的；（四）实施了国家赔偿法第十六条第（一）项规定行为，并已依法作出撤销决定的；（五）依法撤销违法司法拘留、罚款、财产保全、执行裁定、决定的；（六）对违法行为予以纠正的其他情形。”2000年《最高人民法院关于刑事赔偿和非刑事司法赔偿案件立案工作的暂行规定（试行）》[②]第八条规定：“人民法院赔偿委员会受理的赔偿案件的立案范围：（一）因犯罪嫌疑人没有犯罪事实或者事实不清、证据不足，侦查机关对犯罪嫌疑人解除刑事拘留或者检察机关不批准逮捕，或者侦查机关撤销案件，决定予以释放的；（二）因犯罪嫌疑人没有犯罪事实或者事实不清、证据不足，检察机关作出撤销拘留决定、不批准逮捕决定、撤销逮捕决定、撤销案件决定、不起诉决定的；（三）因犯罪嫌疑人没有犯罪事实或者事实不清、证据不足，人民法院撤销逮捕决定的；（四）人民法院一审判决无罪并已发生法律效力的，二审判决无罪的，依照审判监督程序再审改判无罪并已发生法律效力的；（五）侦查、检察、审判、监狱管理机关及其工作人员实施国家赔偿法第十五条第（四）项、第（五）项规定的行为，责任人员被依法追究刑事责任或者给予其他处分的；（六）实施了国家赔偿法第十六条规定行为，已依法纠正的；（七）人民法院撤销原错误司法拘留、罚款决定的；（八）人民法院撤销原错误拘传的；（九）人民法院撤销原错误财产保全裁定的；（十）人民法院错误执行判决、裁定及其他生效法律文书，已依法纠正的；（十一）上一级人民法院经复议，撤销下级人民法院原错误的强制措施、保全措施、执行裁定、决定的；（十二）侦查、检察、审判、监狱管理机关依法对违法侵权行为加以纠正的其他情形。”

根据上述规定，结合国家赔偿法2010年修正以前的司法赔偿审判实践，关于1994年国家赔偿法框架下司法赔偿违法性审查权的行使，一般应

① 现为2018年修正刑事诉讼法第十六条。——编者注

② 2012年2月15日施行的《最高人民法院关于国家赔偿案件立案工作的规定》第十一条规定：“自本规定施行之日起，《最高人民法院关于刑事赔偿和非刑事司法赔偿案件立案工作的暂行规定（试行）》即行废止；本规定施行前本院发布的司法解释与本规定不一致的，以本规定为准。”

理解为：对于原来在刑事诉讼过程中发生的违法侵权情形（侵犯生命健康权的事实行为除外），尤其是针对侵犯人身自由权、财产权情形的相关行为的违法性审查，通常在原刑事诉讼程序中一并解决，即一般是由刑事诉讼程序中作出的生效法律文书等予以认定。在原刑事诉讼或者民事、行政诉讼以及执行程序过程中，对于原违法侵权行为已作出定性或者已经予以纠正的，在赔偿实践中一般应视为对相关行为的违法性审查，即所谓的确认环节已完成，无须再行通过相关程序予以确认。而对于那些在三大诉讼中未作出定性的有关行为，实践中主要包括侵犯公民生命健康权等事实行为，以及在民事、行政诉讼及执行过程中实施相关侵权行为的情形，如在原有关程序中未对所涉侵权行为的违法性予以审查及认定，则只能通过设立一个单独的确认程序来解决违法性审查问题。《确认规定》实质就是解决有关确认程序以及违法性审查问题的司法解释。从《确认规定》施行以后的实践情况来看，该规定更多适用于针对民事、行政诉讼中司法赔偿案件中对相关行为的违法性予以审查认定的情形。

2010 年修正的国家赔偿法取消了单独确认的前置环节，规定赔偿请求人认为国家机关及其工作人员违法行使职权造成其损害的，可以直接向赔偿义务机关申请赔偿。换言之，对于原需要通过确认程序单独确认的案件，在 2010 年修正的国家赔偿法实施以后，应在赔偿程序中一并解决相关行为违法性的审查问题。但同时，我们也应当客观地看到，2010 年修正的国家赔偿法取消了确认的有关规定，虽意味着确认不再成为申请司法赔偿的必经程序，但这一修改并不意味着申请司法赔偿可以不受任何限制或随意提起，也不意味着对相关行为的违法性审查可以随时、随意地行使。

三、现行法律框架下司法赔偿违法性审查权的行使程序

根据现行国家赔偿法的规定，针对行使侦查、检察、审判职权的机关以及看守所、监狱管理机关，在刑事诉讼、民事及行政诉讼以及执行过程中，行使与上述程序相关的行为所引发的司法赔偿案件，从其行为所侵害的权利客体而言，主要包括三种情形，一是该行为涉及的侵犯公民人身自由权应予赔偿的情形，如拘留所涉赔偿、逮捕所涉赔偿、无罪羁押所涉赔偿，以及法院司法拘留所涉赔偿，其法律依据为国家赔偿法第十七条第一项、第二项、第三项及第三十八条之规定；二是该行为涉及的侵犯公民、

法人和其他组织财产权应予赔偿的情形，如违法查封、扣押、冻结、追缴所涉赔偿，或再审改判无罪，原判罚金、没收财产已执行所涉赔偿，以及民事诉讼中违法采取保全措施、错误执行所涉赔偿，其法律依据为国家赔偿法第十八条第一项、第二项及第三十八条之规定；三是该行为涉及的侵犯公民生命健康权应予赔偿的情形，如刑讯逼供或者殴打、虐待或者唆使、放纵他人殴打、虐待致人伤害死亡所涉赔偿，违法使用武器、警械等致人伤害或死亡所涉赔偿，其法律依据为国家赔偿法第十七条第四项、第五项之规定。从这几种法定的赔偿情形来看，均是在三大诉讼活动中或者行使与三大诉讼相关的职权行为过程中发生，因此这几类赔偿的提起以及违法性审查均与三大诉讼活动密切相关。

分析上述三种情形可以看出，有些原诉讼案件中作出的终结案件程序的定案结论，即是对相关行为进行违法性审查并作出的认定，是赔偿请求人申请司法赔偿的前提，此时再行对相关行为进行违法性审查当然没有必要，而若没有这些结论，直接申请赔偿也不可能。例如刑事案件中，侦查、检察、审判机关作出的决定撤销案件决定、不起诉决定或者刑事判决，作出的终止追究刑事责任或者宣告无罪的定案结论，即是对原侵犯人身自由权的行为所作出的违法性审查结论，申请人即可据此申请逮捕或错判刑罚的赔偿；又如刑事案件中作出的生效法律文书，对所查扣之财产决定予以返还的结论，即是对原查封、扣押行为的违法性审查的结论，申请人据此即可申请违法查扣财产的赔偿；等等。因此，在一些案件中，违法性审查，是通过原诉讼程序终结并作出定案结论的形式得以实现的，且该程序终结也是赔偿请求人申请赔偿的前提。试想，如果某犯罪嫌疑人在针对其开展的刑事诉讼程序尚未终结，对其人身羁押尚未作出定性，或者未被宣告无罪时，便寻求刑事诉讼程序外的违法性审查程序，或者申请国家赔偿，其申请当然无法获得支持。

所以说，取消了单独确认的前置环节，并不意味着相关司法行为无须定性，违法性审查权可以不加限制，也不意味着赔偿可以随意提起。笔者认为，国家赔偿法修正后，申请赔偿的条件，即司法赔偿违法性审查权行使的程序，应把握以下几方面。

（一）针对国家赔偿法第十七条第一项、第二项、第三项、第十八条、第三十八条规定情形提起的司法赔偿请求，原则上以原刑事、民事、行政诉讼程序或者执行程序的终结为提起赔偿的条件；原程序尚未终结，则不能再行启动司法赔偿违法性审查权行使的程序

1. 刑事司法赔偿请求

《最高人民法院关于适用〈中华人民共和国国家赔偿法〉若干问题的解释（一）》（以下简称《解释一》）第七条规定："赔偿请求人认为行使侦查、检察、审判职权的机关以及看守所、监狱管理机关及其工作人员在行使职权时有修正的国家赔偿法第十七条第（一）、（二）、（三）项、第十八条规定情形的，应当在刑事诉讼程序终结后提出赔偿请求，但下列情形除外：（一）赔偿请求人有证据证明其与尚未终结的刑事案件无关的；（二）刑事案件被害人依据刑事诉讼法第一百九十八条的规定，以财产未返还或者认为返还的财产受到损害而要求赔偿的。"根据上述规定，以刑事诉讼中侵犯人身自由权、财产权为由要求赔偿，一般应以原刑事程序终结作为赔偿请求人申请赔偿的先决条件。当此时，如原程序尚未终结，则不能再行启动司法赔偿违法性审查权行使的程序，其主要理由如下。

第一，2010 年修正的国家赔偿法第十七条规定："行使侦查、检察、审判职权的机关以及看守所、监狱管理机关及其工作人员在行使职权时有下列侵犯人身权情形之一的，受害人有取得赔偿的权利：（一）违反刑事诉讼法的规定对公民采取拘留措施的，或者依照刑事诉讼法规定的条件和程序对公民采取拘留措施，但是拘留时间超过刑事诉讼法规定的时限，其后决定撤销案件、不起诉或者判决宣告无罪终止追究刑事责任的；（二）对公民采取逮捕措施后，决定撤销案件、不起诉或者判决宣告无罪终止追究刑事责任的；（三）依照审判监督程序再审改判无罪，原判刑罚已经执行的；……"第十八条规定："行使侦查、检察、审判职权的机关以及看守所、监狱管理机关及其工作人员在行使职权时有下列侵犯财产权情形之一的，受害人有取得赔偿的权利：（一）违法对财产采取查封、扣押、冻结、追缴等措施的；（二）依照审判监督程序再审改判无罪，原判罚金、没收财产已经执行的。"其中，"决定撤销案件、不起诉或者判决宣告无罪终止追究刑事责任""依照审判监督程序再审改判无罪"这些法定提起赔偿的条件，无一例外地显示出刑事案件已终结并已作出相关结论，因此，基于上述情形申请赔偿，必然要符合法律规定的条件。如我们熟知的佘祥林、赵作海案，即是刑事再审程序终结作出宣告无罪结论后，他们才能依据国家赔偿法第十七条第三项提起刑事赔偿请求。而对于人身采取的拘留措施以及对财产采取的查封、扣押、冻结、追缴等措施是否违法，通常也要待刑事案件结案时方有定论。无法想象，佘祥林、赵作海等人在未经刑事再审程序，或者该程序尚未终结以及在未作出生效的宣告无罪判决前，即可以向有关机关申请对其人身自由权被侵犯进行违法性审查以及申请赔偿。

第二，如前所述，刑事诉讼过程中针对人身自由权、财产权作出的行为，通常是司法机关依照刑事诉讼法的有关规定，履行刑事侦查、检察、审判职责所作出的法律行为，直观表现为定罪、量刑、处以刑罚或者对人身自由、财产采取强制措施，如拘留，逮捕，刑事查封、扣押、冻结追缴等。该法律行为是否适当，必然需要通过刑事诉讼程序作出定论。刑事案件尚未审结，意味着司法机关对于所采取强制措施的犯罪嫌疑人是否有罪、是否应予刑罚处罚、对所查封扣押的涉案财产等是否属于犯罪工具或者犯罪所得、是否应予罚没或上缴国库等未作出结论性意见，换言之，前述司法机关作出的相关法律行为尚未通过法律程序作出定性。很难想象，在对上述法律行为未通过法定程序作出定案结论以前，被采取上述行为的人可以另行申请违法性审查或者随意提起赔偿申请。

第三，如在刑事诉讼程序未终结前，即可以另行申请违法性审查，或者可以申请赔偿，并由作为赔偿义务机关之司法机关或人民法院赔偿委员会，依照赔偿程序介入，审查原刑事诉讼中相关行为是否违法及应否赔偿，则将导致刑事诉讼、司法赔偿两个司法程序并存的局面，届时将产生很多问题，如两个程序之间关系问题，文书之间的认定效力问题等。毋庸置疑，如此设计势必会搞乱两个程序之间的关系。

因此，《解释一》规定，针对属于2010年修正的国家赔偿法第十七条第一项、第二项、第三项、第十八条项规定情形提起的刑事赔偿请求，原则上以原刑事诉讼程序的终结为提起赔偿的条件。对于刑事诉讼程序是否终结，原则上要看刑事诉讼的过程是否已经完结，对于犯罪嫌疑人的刑事追诉是否已经完成，是否已作出标志刑事诉讼程序已经终结的生效法律文书等。有些案件，可以明显确定该刑事程序已终结，如已针对有关犯罪嫌疑人作出相关法律文书，如撤销案件决定、不起诉决定或者宣告无罪的判决书。而有些案件，则难以判断刑事诉讼程序是否终结。对此，《最高人民法院、最高人民检察院关于办理刑事赔偿案件适用法律若干问题的解释》（以下简称《刑事赔偿解释》）第二条，针对实践中存在的一些情形作出如下规定："解除、撤销拘留或者逮捕措施后虽尚未撤销案件、作出不起诉决定或者判决宣告无罪，但是符合下列情形之一的，属于国家赔偿法第十七条第一项、第二项规定的终止追究刑事责任：（一）办案机关决定对犯罪嫌疑人终止侦查的；（二）解除、撤销取保候审、监视居住、拘留、逮捕措施后，办案机关超过一年未移送起诉、作出不起诉决定或者撤销案件的；（三）取保候审、监视居住法定期限届满后，办案机关超过一年未移送起诉、作出不起诉决定或者撤销案件的；（四）人民检察院撤回起诉超过三十日未作出不起诉决定的；（五）人民法院决定按撤诉处理后超过三十日，人民检察院未作出不起诉决定的；（六）人民法院准许刑事自诉案件自诉人撤诉的，或者人民法院决定对刑事自诉案件按撤诉处理的。赔偿义务机关有证据证明尚未终止追究刑事责任，且经人民法院赔偿委员会审查属实的，应当决定驳回赔偿请求人的赔偿申请。"据此，已作出标志刑事诉讼程序已经终结的生效法律文书，以及属于前述司法解释规定情形的，均应理解为刑事诉讼程序已经终结。

《解释一》在确立这一基本规则的同时，也考虑到了例外情形。有的刑事案件中，被侵犯人身权利或者财产权的受害人不是刑事诉讼中的被告人或者犯罪嫌疑人，例如，犯罪嫌疑人家属或者案外人等有证据证明其为与刑事诉讼无关的受害人，还有刑事诉讼中的受害人根据刑事诉讼法第二百四十五条以财产未返还或者认为返还的财产受到损害而要求赔偿的，则属于《解释一》第七条规定之例外情形，不以刑事程序终结为其申请赔偿的先决条件。

2. 民事、行政诉讼中司法赔偿请求

同理，《解释一》对于民事、行政诉讼中司法赔偿，亦确立了同样规则。该解释第八条规定："赔偿请求人认为人民法院有修正的国家赔偿法第三十八条规定情形的，应当在民事、行政诉讼程序或者执行程序终结后提出赔偿请求，但人民法院已依法撤销对妨害诉讼采取的强制措施的情形除外。"其理由有以下几个。

第一，根据民事诉讼法及相关司法解释的规定，在民事诉讼及执行程序进行中，均有对保全或执行措施予以救济的相关规定，如民事诉讼法规定："当事人对财产保全或者先予执行的裁定不服的，可以申请复议一次。复议期间不停止裁定的执行。""当事人、利害关系人认为执行行为违反法律规定的，可以向负责执行的人民法院提出书面异议。当事人、利害关系人提出书面异议的，人民法院应当自收到书面异议之日起十五日内审查，理由成立的，裁定撤销或者改正；理由不成立的，裁定驳回。当事人、利害关系人对裁定不服的，可以自裁定送达之日起十日内向上一级人民法院申请复议。"此外，当事人、案外人在执行程序中可以依照最高人民法院有关执行的司法解释规定，对人民法院的执行行为申请执行异议、执行复议和执行监督，以及提起执行异议之诉。因此，在诉讼及执行中，当事人或者案外人对法院司法行为存在异议的，应当首先依照法律规定在原民事诉讼及执行程序中寻求救济。

第二，民事、行政诉讼和执行程序中的司法赔偿，一般以穷尽其他救济途径为其责任发生之特别原则。《确认规定》依照这一原则规定，对于依法应当通过审判监督程序提出申诉或者申请再审的，或者申请事项属于司法机关已经立案正在查处的确认申请，不予受理。2010 年修正国家赔偿法虽取消了确认前置环节，但这一规定精神仍可继续适用于申请赔偿的有关提起条件中。

第三，民事、行政诉讼和执行中的司法赔偿案件的最主要特点，即争议的焦点问题，与人民法院、原民事争议各方或案外人在原民事诉讼、执行程序中所为之行为紧密相关。对原民事诉讼案件、执行案件作全方位了解，析清全案事实及所涉诸方之权利义务关系，查清案中所涉之各种违法、过错行为以及造成之损害结果，分清各行为应承担之责任及与损害结果之因果关系，以及理清相关救济途径和予以国家赔偿的关系，是审查此类案件及定性的主要环节。一般情况下，只有在原诉讼或执行程序终结后，才能对前述各环节作出准确判断和定论。因此，从审理案件的需要，特别是从判断行为是否违法，是否构成赔偿责任的角度出发，也要求在审查赔偿案件时，原诉讼、执行程序原则上应已终结。

第四，案件尚未终结，如规定可以申请赔偿，则势必造成诉讼或执行与国家赔偿两个程序并存的局面，将会搞乱赔偿与原诉讼、执行程序之间的关系，而赔偿程序在诉讼或执行程序终结以前，也无法进行终局性的审查处理。综上，赔偿请求人以人民法院具有国家赔偿法第三十八条规定情形为由申请赔偿的，原则上也要以民事、行政诉讼或执行程序的终结作为提起请求的条件。如原诉讼、执行程序尚未终结，则不能再行启动司法赔偿违法性审查权行使的程序。

笔者同时认为，在掌握上述条件时，也不可一概而论，不能仅以执行未作出终结裁定，简单作为判定执行程序尚未终结的形式要件。有的执行案件，虽未作出执行终结裁定，但存在案件财产已执行给付完毕，或者存在司法解释规定的“终结执行”的情形，或者存在执行中止后已不具备恢复执行条件无法重新启动执行情形、对于不具有执行终结条件的案件以“执行中止”形式结案，致实际损害结果已经发生，且无法通过其他救济途径获得补救等情形，也应认为执行程序已经实际终结。此外，在民事、行政诉讼程序或者执行程序中，如人民法院已经依法撤销了对妨害诉讼而采取的强制措施，为便于人民群众方便、快捷取得国家赔偿，《解释一》将此情形作例外规定，相关权利人无须等到民事、行政诉讼或执行程序终结，即可请求赔偿。

（二）针对国家赔偿法第十七条第四项、第五项规定情形申请赔偿的，赔偿请求人能够提出损害结果已发生，以及该结果与违法侵权行为之间存在因果关系的一般证据，原则上应予受理，并对相关行为予以违法性审查

根据构成国家赔偿责任之行为要件，目前达成之共识是，产生国家赔偿责任的行为应当是国家机关及其工作人员所为之职务违法行为。其中，对执行职务之行为的理解包括三方面：一是执行职务本身的行为，也称法律行为，如行政机关行使行政职权作出的具体行政行为，司法机关在刑事诉讼中行使侦查、检察、审判等职权过程中作出的行为，法院作出的执行行为等；二是与该执行职务有关且密不可分的行为，也称事实行为，如刑讯逼供、违法使用警械等超越职权甚至滥用职权之行为；三是怠于行使职权的行为，主要是指有特定义务的机关怠于行使该职权的消极不作为行为。这几方面的职务违法行为，与我国国家赔偿法规定的赔偿范围相对应，共同构成了我国国家赔偿责任的重要内容。

导致生命健康权被侵害的行为，通常不是司法机关行使的职务行为本身，而是与该执行职务有关且密不可分的行为，即通常是事实行为，一般表现为刑讯逼供、殴打虐待、唆使放纵殴打虐待或者违法使用警械等超越职权、滥用职权行为，即国家赔偿法第十七条第四项、第五项规定的情形。此外，《最高人民法院关于审理民事、行政诉讼中司法赔偿案件适用法律若干问题的解释》第六条规定："人民法院工作人员在民事、行政诉讼过程中，有殴打、虐待或者唆使、放纵他人殴打、虐待等行为，以及违法使用武器、警械，造成公民身体伤害或者死亡的，适用国家赔偿法第十七条第四项、第五项的规定予以赔偿。"

实践中，以被侵犯生命健康权为由申请赔偿的，多以请求看守所、监狱等监管机关赔偿为主。这类案件中，赔偿请求人或受害人往往处于被羁押或者服刑状态，人身自由受到限制。在此情况下，如要求其承担全部举证义务，显然既不现实，也不可能。有些情况下如受害人死亡的，则更无法承担有关的举证义务。因此，原则上要求赔偿请求人只要能够提出损害结果已发生以及该结果与违法侵权行为之间存在因果关系的一般证据，即应予受理并可以进行违法性审查。

对受理后，实践中通常又包括两种情况。一种情况是受害人死亡或者受到伤害的情形发生后，有司法机关介入其中，通过刑事侦查等程序对相关责任人追究相应的责任（主要是刑事责任），此时如已受理赔偿案件的，赔偿案件应先中止审查，等待有关机关启动的对相关责任人的刑事追诉程序终结后，结合该追究责任的法律文书或者结论性意见以及有关文书中认定的损害结果等，再行审查处理赔偿案件。另一种情况是赔偿请求人提出赔偿申请后，其申请赔偿的原行为并未引起有关刑事追诉程序，对其提出的赔偿申请，则应根据国家赔偿案件举证责任分配的有关原则，由赔偿请求人和赔偿义务机关对自己提出的主张，提供相应的证据予以审查。如果是被羁押人在羁押期间死亡或者丧失行为能力的，则应根据国家赔偿法第二十六条规定，由赔偿义务机关提供证据，对其行为是否合法，以及行为与被羁押人的死亡或者丧失行为能力之间是否存在因果关系予以举证。

（三）对于原诉讼、执行案件已终结，或者存在法律及司法解释规定的视为终结的情形，且原程序中未对相关行为是否违法作出认定，赔偿请求人申请赔偿的，应在司法赔偿程序中一并行使违法性审查权

一般说来，刑事诉讼程序中，在刑事案件已经终结的情况下，对于犯罪嫌疑人是否有罪，是否应受刑罚处罚，对其采取的人身、财产强制措施是否合法适当等，都应有确定的法律文书或结论性意见。但司法实践中，由于种种原因，目前尚有一些案件，在案件已经终结，或者存在法律及司法解释规定的视为终止追究刑事责任的情形（如存在《刑事赔偿解释》中规定的解除、撤销取保候审、监视居住、拘留、逮捕措施后，办案机关超过一年未移送起诉、作出不起诉决定或者撤销案件等视为终止追究刑事责任的情形），有关机关未能针对其在原刑事程序中采取的人身、财产强制措施作出法律文书或结论性意见，即说明该机关未依照刑事诉讼法及有关司法解释的规定，对原刑事案件所涉有关事项作出认定。赔偿请求人因此申请赔偿的，法院赔偿委员会应结合该刑事诉讼程序已终结的具体情况，在司法赔偿程序中行使违法性审查权，对有关机关在原刑事诉讼中采取的人身、财产等强制措施，或相关事实行为是否合法适当进行审查并作出结论。当此时，违法性审查权的行使，应当根据相关法律规定，结合案件的具体事实情况，从相关行为作出的法律依据、条件及程序，或者相关行为作出的合法性、合理性、正当性，以及相关行为是否造成赔偿请求人合法权益的损害等方面，综合加以判断。

同理，在民事、行政诉讼以及执行程序已终结的情况下，如原程序未对相关司法行为违法与否作出认定，赔偿请求人据此申请赔偿的，法院赔偿委员会亦应结合该程序已终结的状况，围绕案件的具体事实，对原程序中所涉强制措施、保全措施或者执行措施，是否具有合法性、合理性、正当性，以及相关行为是否造成赔偿请求人合法权益的损害等方面，综合加以判断。因前述两种行为的判断原则及标准问题所涉较为复杂，拟适时另行具文加以阐述，本文不再赘述。

四、司法赔偿违法性审查权行使的边界

2010 年国家赔偿法修正以后，随着确赔合一工作机制的不断健全，有

关司法赔偿违法性审查权的行使边界问题，在实践中存在争议。一种观点认为，确赔合一机制赋予了法院赔偿委员会对司法赔偿案件享有终局的违法性审查权，因此法院赔偿委员会对该审查权的行使，不应受到任何限制。对此观点，笔者认为，法院赔偿委员会行使的司法赔偿违法性审查权，并非没有边界，不受制约，其与在先程序的认定，有关机关的裁量权以及具有裁量性质的行为之间，均具有密切的逻辑关联，应予综合平衡掌握，具体意见及理由如下。

（一）对于诉讼程序终结后，侦查、检察、审判等机关在原诉讼程序中作出的具有定案结论性质的法律文书，在赔偿程序中仍应作为赔偿案件审查定性的主要依据，赔偿程序中不能撤销或者变更原诉讼程序中作出的生效法律文书

根据我国三大诉讼法的相关规定，侦查、检察、审判等机关在刑事诉讼中，审判机关在行政、民事诉讼中，有权针对各种不同情况，作出具有定案结论性质的法律文书。上述法律文书一经作出并生效，非经相关法定程序予以撤销或者变更，任何机关不能且无权予以改变。如对于原刑事、民事、行政案件中作出的具有定案结论性质的生效法律文书不服，其只能依照三大诉讼法及相关司法解释的规定通过再审、审判监督或者申诉复查等程序寻求救济。换言之，如需改变这些具有定案结论性质的生效法律文书，只能是依照法律规定提起有关再审、审判监督或者刑事申诉复查程序后，由有关机关依照上述程序规定对原三大诉讼程序中作出的生效法律文书予以撤销或者变更。

如前所述案例，检察机关经审查，以王某的行为符合刑事诉讼法第十六条第一项，即“情节显著轻微、危害不大”情形，对其作出不起诉决定，王某持该不起诉决定申请赔偿，对其赔偿请求应否赔偿，实践中存在不同认识。一种意见认为，检察机关的不起诉决定是标志王某刑事程序终结的法律文书，其具有定案结论性质，其所作结论对于赔偿案件的处理具有拘束力，因该文书认定王某属“情节显著轻微、危害不大”情形，根据国家赔偿法的规定，其属于国家免责情形，故对王某的赔偿请求，应决定不予赔偿。即便审查认为检察机关该认定可能存在问题，亦不应在赔偿程序中予以改变，而应建议该检察机关及其上级机关，通过刑事复查程序予

以纠正。另一种意见认为，检察机关不起诉决定虽认为王某属于“情节显著轻微、危害不大”情形，但该结论是否正确，是否系检察机关为规避赔偿义务滥用职权作出，赔偿委员会应具有终局的司法赔偿违法性审查权，如审查发现检察机关认定有误，则应予以改变，并决定对王某的请求予以赔偿。

笔者同意第一种意见。标志刑事追诉程序终结，且具有定案结论性质的法律文书所作出的认定结论，对于赔偿案件的处理具有拘束力，赔偿委员会不能对此行使司法赔偿违法性审查权。理由如下。

第一，刑事程序与赔偿程序两者有别。标志着刑事追诉程序终结，且具有定案结论性质的法律文书，系公安、检察、法院基于刑事诉讼法的授权，在其各自行使刑事司法权力的过程中所作出，一般包括生效的刑事判决或裁定（如二审维持原判裁定或者确认刑罚执行范围的裁定）、撤销案件决定、不起诉决定等。如该法律文书系法院作出的生效刑事判决，相信不会有人对此持有异议，认为法院赔偿委员会有权在赔偿程序中撤销或者变更该刑事生效判决中的认定结论。公安、检察机关在行使其职权时，作出的撤销案件决定、不起诉决定，与宣告无罪的判决一样，也是终结刑事追诉程序，且具有定案结论性质的法律文书。赔偿委员会享有的司法赔偿违法性审查权，只是法律赋予其在赔偿程序中行使的权力，不可越界行使。否则，将搞乱两个程序。

第二，刑事生效法律文书纠错有据。刑事程序中具有定案结论性质的生效法律文书的错误，应当通过刑事复查、刑事审判监督等法定的刑事程序予以纠正，否则，其所作认定结论应具有终局效力，不能被随意改变。很难想象一个具有定案结论性质的刑事法律文书会在行政或者国家赔偿程序中被纠正。

第三，具有定案结论性质的刑事生效法律文书，其所作相关结论性意见具有专业性，系刑事司法机关基于其行使刑事侦查、检察职权所具有的专业知识及其经验，如痕迹、法医、勘验、技术比对等作出的认定，亦非赔偿委员会之能力所能够加以改变的。因此，司法赔偿违法性审查权的行使，不能改变标志着原刑事程序终结且具有定案结论性质的生效法律文书所作出的认定。民事、行政诉讼中所作出的标志程序终结，且具有定案结论性质的生效法律文书，一般均为法院所作出的生效民事、行政判决或裁定，实践中对此不存在争议，在此不再赘述。

有学者经过检视域外对于检察机关所作不起诉决定的制约措施后得出如下结论：各国对检察机关自由裁量权的行使都不同程度地设定了制约措施，归纳起来主要包括对起诉决定的制约和对不起诉决定的制约。其中英国、美国主要是第一种制约方式，侧重对检察官作出起诉决定的审查。检察官作出起诉决定后还要通过大陪审团或预审法官进一步审查，决定是否将案件交付法院审判；但是对于检察官行使自由裁量权对案件作出的不起诉决定，检察官有很大的独立性，基本上不存在制约措施。①

同时，具有定案结论性质的生效法律文书，在赔偿案件中应当作为审查案件及定性的主要依据。如生效刑事判决中对犯罪嫌疑人是否有罪、是否应受刑罚处罚，其涉案财产的性质等已作出认定，又如生效民事判决中对于各方当事人在原民事纠纷中的权利义务关系作出的认定等，对赔偿案件的审理产生拘束力，在赔偿案件中应作为审查案件事实并作出有关认定的主要依据。赔偿请求人在申请赔偿时，以原程序中作出的具有定案结论性质的法律文书错误为由，请求在赔偿程序中予以撤销或者变更的，不应予以支持。法院赔偿委员会在行使司法赔偿违法性审查权时，不能以审查是否赔偿或者以行使终局审查权为由，对此类生效法律文书予以撤销或者变更。

此时，还应注意一个问题，即在民事、行政诉讼或者执行程序中，相关法院对诉争行为违法与否已在原程序中作出认定，赔偿请求人又以该行为违法为由申请赔偿的，法院赔偿委员会应如何处理？如某公司作为被执行人，在执行程序未终结以前，已通过执行异议程序主张对原执行行为予以阻却或撤销，受理法院或者其上一级法院也已通过裁定形式认定原执行行为合法，并驳回其异议申请，该公司又以该执行行为违法为由再行申请赔偿。笔者认为，此时因存在在先程序的认定结论，故该结论对赔偿程序的审理具有拘束力。即便法院赔偿委员会认为原执行行为可能存在错误，对原认定结论，亦不宜在赔偿程序中直接予以变更或者撤销。笔者认为，正确的做法应当是，如系原作出执行异议裁定法院的上一级法院赔偿委员会审查认为原结论可能存在错误的，应提请本院审判委员会讨论决定，并

① 参见杨彤：《我国相对不起诉制度研究》，载《甘肃政法学院学报》2019年第15期。

提起执行监督程序，作出执行裁定，对原执行裁定予以撤销。如系平级法院或者不具有直接执行监督关系的法院，则只能通过司法建议形式，建议作出原驳回异议裁定的法院，对原执行行为提起执行监督程序予以审查纠正。

（二）司法赔偿违法性审查权的行使，可以改变原赔偿义务机关、复议机关在赔偿程序中作出的认定及结论

如前所述，赔偿委员会享有的司法赔偿违法性审查权不能改变原刑事生效法律文书的认定，那么该权力的行使究竟如何体现？根据国家赔偿法的规定，对于赔偿请求人不服赔偿义务机关决定、复议机关决定，依照法定程序向赔偿委员会申请赔偿的，赔偿委员会有权作出决定。这样的法律授权，体现了赔偿委员会司法赔偿违法性审查权的核心内容，即赔偿委员会对于赔偿义务机关、复议机关在赔偿程序中作出的决定具有终局审查权。

有这样一个案例，刘某某申请某检察院无罪逮捕赔偿，赔偿义务机关、复议机关经审查，以刘某某在原刑事诉讼过程中曾经作出过有罪供述，属于国家赔偿法第十九条第一项规定情形，即公民自己故意作虚伪供述的，国家不承担赔偿责任为由，决定对刘某某的申请不予赔偿。刘某某不服该复议决定，向法院赔偿委员会申请作出赔偿决定。此时，对刘某曾作有罪供述的行为是否属于故意作虚伪供述的国家免责情形，既关系该案是否承担国家赔偿责任的最终结果，同时也事关对原公权力机关所为之行为是否属于违法侵权行为的重要判断。因此，赔偿委员会对此案行使违法性审查权，对赔偿义务机关、复议机关在赔偿程序中作出的认定予以审查，并可作出决定案件最终走向的终局性认定。

法院赔偿委员会经行使违法性审查权后认为，公民故意作虚伪供述，应是指公民为欺骗、误导司法机关，或者有意替他人承担刑事责任而主动作与事实不符的供述。适用国家赔偿法规定的“公民自己故意作虚伪供述”这一免责事由，应符合以下四个条件：一是犯罪嫌疑人、被告人的供述是不真实或者不客观的；二是行为人提供的伪供或者伪证是证明自己有罪的证据；三是行为人必须是出于主观故意，即犯罪嫌疑人、被告人明知作该有罪伪供可能造成自己被羁押或者被判刑的结果，而追求或者放任这

种结果的发生；四是行为人故意作伪供与其被羁押、判刑具有因果关系。而结合前述案例的具体情形，刘某某仅是在侦查期间曾作出过一两次有罪供述，而后一直翻供，难以认定其存在主观故意，该案亦不存在刘某某期望自己被追究刑责或代人受过等情形，这样的情形显然不符合法定的公民自己故意作虚伪供述的情形。据此，赔偿委员会审查认定，原赔偿义务机关、复议机关作出的不予赔偿决定的理由不能成立，遂撤销原决定，依法对刘某某提出的赔偿申请予以赔偿。因此，对于赔偿义务机关、复议机关在赔偿程序中作出的认定，除非该认定系受到刑事生效法律文书的拘束所作出，否则，赔偿委员会有权对其行使司法赔偿违法性审查权，并予以改变。

（三）行使司法赔偿违法性审查权过程中，对于行使原职权过程中作出的正当、合理的自由裁量权或者具有裁量性质的行为，应予尊重

如前所述，根据原职权行为性质的不同，一般可分为法律行为和事实行为；且在某一法律行为实施的过程中，又可具体分为具有裁量性质的行为和具有实施性质的行为。例如，公安机关对于某一犯罪嫌疑人采取拘留强制措施的，其行为即包括判断、认定是否应予拘留的具有裁量性质的行为，以及实施抓捕、拘留和羁押等具有实施性质的行为；又如，法院作出的强制执行行为，根据执行权力的划分标准，又可具体分为执行裁决权和执行实施权。对于法院行使原公权力过程中，法官所行使的自由裁量权，以及公安、检察、监狱等机关行使的具有裁量性质的权力，法院赔偿委员会在行使司法赔偿违法性审查权过程中，应予慎重，并对于原机关作出的正当、合理的自由裁量权或者具有裁量性质的行为，应予尊重。

针对执行行为这种既包含裁量权又包含实施权的行为，如何判断赔偿委员会司法赔偿违法性审查权行使的范围，值得思考。例如，某公司向某法院提出赔偿申请，其理由有二，一是对案件中原生效的仲裁裁决，即法院的执行依据不服，二是认为该法院针对其提出的不予执行仲裁裁决的申请未予采信，对原生效仲裁裁决仍予以强制执行，致使其财产被强制执行。本案中，对某公司提出的赔偿申请应当如何把握，笔者认为，这实际就是判断赔偿委员会司法赔偿违法性审查权行使的范围问题。

通常而言，根据国家赔偿法第三十八条的规定，人民法院在民事、行

政诉讼过程中，违法采取对妨害诉讼的强制措施、保全措施或者对判决、裁定及其他生效法律文书执行错误，造成损害的，受害人有依照法律申请赔偿的权利。而针对生效判决、裁定、仲裁裁决、具有强制执行效力的公证债权文书等执行依据，以及明显属于人民法院执行裁量权范畴的行为，则不属于赔偿委员会司法赔偿违法性审查权行使的范围。结合案例所述，首先，该公司申请认为原生效的仲裁裁决错误应予纠正，这实际是对执行依据，即原生效法律文书不服，对此，赔偿委员会不宜行使司法赔偿违法性审查权，而应告知申请人通过民事申请再审来寻求救济；其次，该公司申请认为法院对其不予执行申请不予采信而采取强制执行措施，进而认为该执行措施即属违法，究其实质，是对法院针对其提出的不予执行仲裁裁决的申请，进行审查并依法行使执行裁量权所作出的判断结论不服，而该情形与国家赔偿法规定的违法或者错误执行的内涵存在差异，亦不应属于赔偿委员会行使司法赔偿违法性审查权的范畴，而应由申请人通过申请执行监督来寻求救济。

此外，针对保全、执行过程中作出的裁量行为，或者具有裁量性质的行为予以审查时，应当以该行为是否具有合法性、合理性及正当性作为审查判断的标准。例如，某公司与杨某某的普通债权债务纠纷，原审法院根据某公司的申请，将杨某某与他人共有的铲车先予执行给某公司，后该车灭失，杨某某及其共有人申请赔偿。在这起案件当中，先予执行既是裁量行为又是实施行为，如何判断其行为是否违法，是其中的关键。笔者认为，先予执行措施是民事诉讼活动中较为严格的措施之一，根据民事诉讼法及相关司法解释的规定，先予执行的情形一般包括追索赡养费、扶养费、抚养费、抚恤金、医疗费用的，追索劳动报酬的，以及因情况紧急需要先予执行等情形。且根据法律及司法解释的规定，法院裁定先予执行的，应当符合以下条件：一是当事人之间权利义务关系明确，不先予执行将严重影响申请人的生活或者生产经营的；二是被申请人有履行能力。原审法院在审理普通债权债务纠纷过程中，在案件并不具有法定先予执行情形时，作出将铲车先予执行给某公司的裁量并付诸实施，其行为违反了法定先予执行条件，应予认定违法。

再如，李某某因与某公司的债务纠纷，申请财产保全。法院依照李某某的申请保全了某公司的账户，经审查发现该账户内有一笔资金，系当地政府因某公司濒于破产，特地拨发的用于支付该公司职工工资的款项。法院经判断，认为该笔钱不适合继续冻结，遂解除了对该账户的财产保全。嗣后，李某某以法院违法解除保全措施造成其债权难以实现为由申请赔偿。对前述法院作出的解封行为应如何理解，其是否属于违法采取的解除查封措施，笔者认为，法院对于该账户解除查封的行为，系基于其针对公司状况、款项性质以及李某某所申请的债权情形等综合考量后作出的裁量、判断行为，该裁量行为不违反法律、司法解释规定，且亦具有合理正当性，故该行为不属于国家赔偿法规定的违法解除查封的行为。因此，赔偿委员会在行使司法赔偿违法性审查权时，如需要对原公权力机关作出的裁量行为以及具有裁量性质的行为进行判断时，应以该行为是否符合合法性、合理性、正当性的要求，作为判断标准。对于合法、合理、正当的裁量行为以及具有裁量性质的行为，应予尊重。

司法赔偿违法性审查权的行使，是解决司法赔偿争议的一把关键钥匙。该问题所涉颇具广度及深度，以上内容为笔者结合日常裁判经历及思考，仅就司法赔偿违法性审查权行使的二三问题略作探究。期待更多有识之士就此问题不断思考研究，共同推动国家赔偿审判工作的健康发展。

（撰稿人：最高人民法院　苏戈）

二、赔偿请求人和赔偿义务机关

后置吸收原则的理解与适用

【问题及相关背景】

我国国家赔偿中对刑事司法赔偿中赔偿义务机关的确定，在新旧国家赔偿法中有不同的规定。1994 年国家赔偿法确立的是分段原则，即赔偿义务机关主体根据程序进行分段确定，赔偿请求人分别向作出相应行为的主体提出赔偿请求。2010 年及 2012 年修正的国家赔偿法确定了刑事司法国家赔偿义务机关的后置吸收原则，该原则从便于当事人获得国家赔偿的角度出发，避免一案存在多个赔偿义务机关导致程序繁杂的问题，但赔偿实践中仍有部分案件在适用后置吸收原则时存在疑难和困惑，做法也不尽一致，是当前国家赔偿司法中的一个亟待解决的迫切问题。

2016 年最高人民法院赔偿委员会办公室第一次审判长联席会纪要提出，后置吸收原则的适用，不仅要求程序上存在吸收，还要求实际羁押亦有吸收和延续。该指导性意见有利于我们准确理解和把握后置吸收原则的适用范围，但其与国家赔偿法关于确定赔偿义务机关的规则存在一定的冲突，因此，需要从立法层面上予以明确和规制。

【理论探讨】

一、设立国家赔偿义务机关的意义和模式

（一）设立国家赔偿义务机关的意义

国家赔偿分为行政赔偿和司法赔偿。本文主要就司法赔偿问题进行探讨。赔偿义务机关是指代表国家接受司法赔偿申请，具体承担国家责任，在赔偿司法程序中应诉的机关。国家机关种类繁多，在国家赔偿案件中一

个损害结果往往牵扯到多个实施侵害行为的机关，这使得确定国家赔偿义务机关成为一个难题。国家赔偿的显著特点，就是由国家承担法律责任，最终支付赔偿费用，由特定机关具体履行赔偿义务。赔偿义务机关概念的提出，初衷就是便于人民请求赔偿。赔偿义务机关设置模式对于公民权益的保护和国家赔偿制度目的的实现发挥着极其重要的作用，其合理与否直接影响到国家赔偿渠道的畅通。

（二）国家赔偿义务机关的设立模式

有关赔偿义务机关的设置，主要有如下两种模式：一是集中模式，即设立专门的、相对独立的机构办理赔偿事务，赔偿义务机关与侵权机关分离，与赔偿裁决机关有时一致。但是，具体做法多种多样。瑞士在财政部下设专门机构，统一受理赔偿请求。其他机关收到赔偿请求之后，应当及时移送。韩国在法务部下设国家赔偿审议会，地方检察机关下设地方赔偿审议会，军事赔偿委员会由国防部另行设置，国家赔偿审议会可以在地方设立地区审议会。审议会是赔偿请求的裁决机关。英国在内政部下设独立的刑事赔偿委员会，统一受理暴力犯罪受害人的赔偿申请。德国刑事赔偿由法院作为裁决机关，州的主管机关（检察机关）负责履行赔偿义务。行政赔偿由侵权机关作为赔偿义务机关。法国最高法院内设补偿委员会，统一处理司法赔偿请求。理论上的一种方案是由保险公司统一受理赔偿请求。二是分散模式。即由实施侵权行为的机关作为赔偿义务机关。例如，美国联邦行政侵权机关自己受理赔偿请求，但赔偿决定由司法部长批准，赔偿诉讼由司法部长统一代理。一些州设专职处理赔偿案件的机构，如威斯康星州的救济无辜判罪委员会，北达科他州的错误拘禁救济局。在美国的某些州，刑事赔偿请求人可以按照民事诉讼法的规定，以州为被告或者以对其实施逮捕或者起诉的警官、检察官为被告，向法院提起诉讼。日本在刑事赔偿领域，由实施侵权行为的机关作为赔偿义务机关，由作出无罪判决的法院作为赔偿裁决机关。

我国现行的赔偿义务机关设置模式为分散式。分散模式的根本特点是将侵权机关与赔偿义务机关一体化。这种分散模式往往要求侵权机关自己确认违法行为存在，由侵权机关对受害人作出赔偿决定。该模式被指违反了任何人都不能充当自己行为的裁判者这一自然公正的法治原则。虽然侵权机关作为赔偿义务机关，便于对工作进行回顾性的检查和监督，在解决赔偿问题上有其便捷性，但往往其决定结果难以让受害人或公众信服。这一模式在实践中出现了许多问题，这些问题和缺陷影响到了国家赔偿制度目的的实现。

二、赔偿义务机关后置吸收原则

（一）后置吸收原则的确立和逐渐完善

刑事诉讼中，对公民、法人和其他组织的错误刑事追究，可能发生在公安部门和检察机关的侦查阶段，也可能发生在检察机关的审查批捕、起诉和法院的审理阶段，也可能在刑罚的执行阶段。因此，常见的司法赔偿义务机关为公安机关、检察院、法院、监狱等。刑事司法实践中，司法机关为了侦查案件的需要，往往在侦查过程中对犯罪嫌疑人采取拘留、逮捕等强制措施，以防止其逃避侦查，至法院审判时，被告人通常已被羁押了一段时间。一般情况下，大多数错误判刑的案件都同时存在错误拘留、错误逮捕甚至刑讯逼供的问题，存在行使侦查、检察、审判职权的机关以及看守所、监狱管理机关及其工作人员共同侵权的情况。特别是在再审程序中法院改判申诉人无罪，意味着整个刑事诉讼程序过程中对申诉人有刑事拘留、逮捕、有罪判决以及刑罚的执行都是错误的。在这种情况下，应当如何确定赔偿义务机关呢？受害人是分别向侦查、检察、审判机关、看守所和监狱管理机关提出赔偿请求，还是选择其中的任何一个机关提出赔偿请求，或者只是向作出原生效判决的人民法院提出赔偿请求？一般认为，在确定赔偿义务机关时，应当坚持方便受害人主张赔偿请求、简化赔偿程序的原则，采取“责任递进转嫁”的处理办法，将作出原生效判决的人民法院确定为赔偿义务机关。而且，作出原生效判决的人民法院不仅应当对已执行的刑罚造成的损害予以赔偿，同时还应当根据受害人的请求，对受害人在侦查、起诉阶段因错误拘留和错误逮捕所遭受的损害一并予以赔偿。

刑事诉讼前一阶段的诉讼结果是后一程序的前提和基础，后一程序的执行机关对前一诉讼阶段的结果负有审查、纠错的责任，各诉讼程序由各行使职权机关，分工负责、互相配合、互相制约，又各自把关。前一阶段要尊重事实、打好基础，后一程序应严格审查、有错必纠。一旦发生违法侵权行为，则由后一机关承担赔偿责任，这就是赔偿义务机关后置确定原则。

1994 年国家赔偿法第十九条既有关于赔偿义务机关后置的规定，也有关于共同赔偿义务机关的规定。该条第二款至第四款规定，对没有犯罪事实或者没有事实证明有犯罪重大嫌疑的人错误拘留的，作出拘留决定的机关为赔偿义务机关。对没有犯罪事实的人错误逮捕的，作出逮捕决定的机关为赔偿义务机关，而不是公安机关与检察机关一起赔偿。再审改判无罪的，作出原生效判决的人民法院为赔偿义务机关，而不是检察机关与法院一起赔偿，这些规定都体现了赔偿义务机关后置确定原则。而该条第四款也规定，二审改判无罪的，作出一审判决的法院和作出逮捕决定的机关为共同赔偿义务机关。之后的《最高人民法院、最高人民检察院关于办理人民法院、人民检察院共同赔偿案件若干问题的解释》（已废止）更进一步明确了国家赔偿法中的共同侵权与责任分担，并排除以下情况作为共同侵权处理：首先，一审法院决定逮捕的案件经二审程序改判无罪的，不存在共同赔偿义务机关的问题；其次，被告人虽经拘留、逮捕、判刑，经再审程序被改判无罪的，由作出原生效判决的法院作为赔偿义务机关，不作为共同赔偿案件处理；最后，在侵害人身权的刑事赔偿中，共同赔偿仅限于侵害人身自由权的案件，侵害生命健康权的侵权行为引起的刑事赔偿，不适用共同赔偿程序。法律和相关司法解释对共同赔偿义务机关确定原则规定不一致，导致了审判实践中对国家赔偿法第十九条是否体现了赔偿义务机关后置确定原则存在两种截然不同的观点。

2010 年修正后的国家赔偿法取消了“共同赔偿义务机关”这一提法。其第二十一条规定：“行使侦查、检察、审判职权的机关以及看守所、监狱管理机关及其工作人员在行使职权时侵犯公民、法人和其他组织的合法权益造成损害的，该机关为赔偿义务机关。”“对公民采取拘留措施，依照本法的规定应当给予国家赔偿的，作出拘留决定的机关为赔偿义务机关。”“对公民采取逮捕措施后决定撤销案件、不起诉或者判决宣告无罪的，作出逮捕决定的机关为赔偿义务机关。”“再审改判无罪的，作出原生效判决的人民法院为赔偿义务机关。二审改判无罪，以及二审发回重审后作无罪处理的，作出一审有罪判决的人民法院为赔偿义务机关。”该条第二款、第三款、第四款，较充分体现了赔偿义务机关后置吸收原则。

（二）后置吸收原则的合理性探析

在刑事司法赔偿案件办理过程中，我国立法的着眼点首先在于便利国家赔偿请求的办理，方便请求人提出请求、获得救济，同时也方便赔偿义务机关处理。国家赔偿法对赔偿义务机关的设定，并不单纯考虑“谁侵权，谁负责”。甚至，有的时候，便利原则压倒了“谁侵权，谁负责”原则。例如，新法和旧法都有一条同样的赔偿义务机关规则，即“再审改判无罪的，作出原生效判决的人民法院为赔偿义务机关”。其实，在再审改判无罪的情形中，很有可能是一连串的错误造成了侵权，如违法拘留、错误逮捕、错误判决，但是，法律并没有依据“谁侵权，谁负责”原则，把拘留机关、逮捕机关和审判机关作为共同赔偿义务机关，其目的是显明的。此时，如果规定所有侵权机关为赔偿义务机关，会使赔偿程序复杂烦琐，机关之间为规避或减轻责任而彼此推诿的现象不可避免，不利于受害人求偿。为方便受害人及时有效地获得赔偿处罚，确立严格的后置吸收原则，取消共同赔偿，无疑具有很大的进步。

赔偿主体后置吸收原则，不可避免地受到了国家赔偿法所确立的违法归责原则的影响。如果以过错责任或严格责任原则或公平责任来确定赔偿责任，在赔偿义务机关的确定上，可能仍会采取“谁侵权，谁赔偿”的分段确定赔偿义务主体或共同赔偿模式。毕竟，在存在多个违法侵权主体的情况下，让后置的主体独家承担似乎有失公允。但从结果归责原则角度，赔偿后置吸收原则具有较强的接受度。

对于法律的这种制度安排，学说上有两种解释。第一种解释认为，这是采取侵权责任后置原则或吸收原则，即当数个司法机关都有侵权行为时，由最后一个作出终局司法决定的机关作为赔偿义务机关。这样，可避免赔偿义务机关众多、赔偿程序复杂、受害人救济困难的弊病，也可加重法律赋予司法决定权机关的“把关”责任。第二种解释认为，这是采取责任递进转嫁原则，即在诉讼过程中，虽然在最初的司法机关及其工作人员的行为中，有错误发生，但是随着诉讼进程的递进，该错误在后继的司法机关行为中并未得到纠正，而当事人因此所受损害亦随之递增。在这种情况下，因早先错误造成当事人损害的责任应当一并转嫁到最后作出错误决定或判决的机关。采用这种处理办法，方便受害人索赔是其出发点，同时，从理论上说，责任递进转嫁亦是合理的。因为，在诉讼过程中，后继的司法机关对前一机关的诉讼活动依法都有审查、审理和决定、判决的权力，如果后继司法机关能够切实履行职权，一般是可以避免错误的延续和当事人损害的扩大的。将责任转嫁至最后作出决定或者判决机关，也是因为其履行职权不当。

第一种解释只是重申了侵权责任后置或者吸收的制度安排，并没有充分说明其正当性。相比较之下，第二种解释阐述了让后继司法机关作为赔偿义务机关的两个理由：一是方便受害人索赔；二是追究后继司法机关怠于履行监督、审查职能的责任，也体现了对“谁侵权，谁负责”的适当考虑。后继司法机关的侵权，不仅仅意味着其自身作出错误决定或判决，也意味着其同时没有履行好监督、审查职能，承担后置的国家赔偿责任也是应当的。

（三）后置吸收原则实践效果和一些不足

赔偿后置原则的确立具有明显的进步意义，主要体现在以下几个方面：一是有利于强化各机关关口审查作用，督促各机关履行尽责，通过严格审查尽量避免前一阶段错误在本机关办理过程中继续，提高办案质量；二是体现了“人本位”思想，被侵权人在后置原则下能够及时确定赔偿义务机关，不至于使受害人在各机关之间奔波，增加诉累，通过简化程序，便于受害人获得国家赔偿，实现赔偿权利；三是一定程度上实现了实际侵权机关和赔偿义务机关的分离，可减少了赔偿案件的阻力，公正地审理赔偿案件。但在适用该原则时，要考虑后置实体或程序是否吸收之前程序中的实体和程序问题，不能将该原则机械化或绝对化。有人认为，国家赔偿法第二十一条第四款体现了绝对后置原则，但事实上刑事司法实践中的一些特殊情形，尤其是一些事实行为难以囊括在内。比如，刑讯逼供造成身体损害；因看守所、监狱管理机关执行疏忽所导致的超期羁押问题；侦查机关扣押财产毁损、灭失等问题的赔偿；对于经再审改判无罪，原判自由刑、财产刑及追缴财物已经执行，应由实际执行的司法机关（如一审法院或者公安机关、检察机关），还是作出原生效裁判的二审法院作为赔偿义务机关，未有明确规定，实践中亦做法不一。再如，经二审或再审改判无罪的理解，罪名的变化、部分罪名的不成立发生的改判，轻罪重判，等等。下面两个截然不同的案例，体现了在理解和适用法律上的分歧和困惑。

［案例一］张某波申请双流区人民法院二审无罪赔偿案［四川省高级人民法院（2019）川委赔提2号］。

2015年11月28日，张某波被原双流县公安局以涉嫌盗窃罪拘留。同年12月9日，经原双流县人民检察院批准逮捕。2016年5月18日，成都市双流区人民检察院向双流区人民法院提起公诉。同年12月1日，双流区法院判决张某波犯盗窃罪，免予刑事处罚。同日，张某波被取保候审。张某波不服，向成都市中级人民法院提出上诉，成都市中级人民法院于2017年12月1日改判张某波无罪。张某波于2018年1月16日向双流区人民法院申请国家赔偿，请求双流区人民法院赔偿其被羁押369天造成的损失及其他损失共计1586593.41元。

双流区人民法院于2018年4月18日作出决定，驳回赔偿请求人张某波的国家赔偿申请。张某波不服该决定，向成都市中级人民法院赔偿委员会申请作出赔偿决定。成都市中级人民法院赔偿委员会于2018年8月2日作出驳回国家赔偿申请的决定。张某波不服该决定，向四川省高级人民法院赔偿委员会以及四川省人民检察院提出申诉。四川省人民检察院于2019年1月10日向四川省高级人民法院提出重新审查意见。四川省高级人民法院赔偿委员会于2019年3月8日作出决定：本案由本院赔偿委员会直接审理；直接审理期间，中止原决定的执行。四川省高级人民法院赔偿委员会于2019年6月9日作出决定：维持成都市中级人民法院赔偿委员会决定。

［案例二］程某华诉安庆市大观区人民法院再审无罪赔偿案。

2006年4月27日，安徽省某公司原董事长、总经理程某华因涉嫌贪污罪被安庆市大观区人民检察院刑事拘留，同年5月11日被决定逮捕，同月30日被取保候审。2007年7月31日，大观区人民法院认定程某华犯职务侵占罪，判决免予刑事处罚。程某华未提出上诉，判决生效。2011年7月6日，安庆市中级人民法院再审判决程某华无罪。

程某华以无罪被羁押34天为由，向大观区人民法院提出国家赔偿申请，大观区人民法院逾期未作出决定。程某华向安庆市中级人民法院赔偿委员会申请作出赔偿决定。2014年7月23日，安庆市中级人民法院赔偿委员会以大观区人民法院判决免予刑事处罚，未实际侵犯人身自由权为由，决定驳回程某华的国家赔偿申请。程某华向安庆市人民检察院提出赔偿监督申请。安庆市人民检察院认为该赔偿决定书适用法律错误，遂提请安徽省人民检察院依法监督。2015 年 6 月 19 日，安徽省人民检察院向安徽省高级人民法院赔偿委员会提出重新审查意见。2015 年年 9 月 6 日，安徽省高级人民法院赔偿委员会作出赔偿决定：撤销安庆市中级人民法院赔偿委员会的国家赔偿决定；大观区人民法院支付程某华人身自由赔偿金 7470.48 元；大观区人民法院在侵权影响范围内，为程某华恢复名誉，并支付精神损害抚慰金 1200 元。

上述两个案例，受害人均是在审判前被限制人身自由，一审均判处有罪，免予刑事处罚。张某波案是在一审判决有罪的情况下，二审改判无罪。程某华案是在一审判决有罪，当事人没有上诉，再审改判无罪。案情及经历的申请国家赔偿程序极其近似，但最终的处理结果却大相径庭。之所以出现这种情况，就是对国家赔偿法第二十一条所确定的赔偿义务机关后置原则的理解和把握不同。张某波案，法院认为，一审判决有罪但免予刑事处罚或判处缓刑，因一审法院未判处被告人实刑，即使二审改判无罪，一审法院并没有实施侵犯赔偿申请人人身权的行为，赔偿义务机关的确定不适用后置吸收原则，应以审判程序前一程序的实施主体为赔偿义务机关。其理由是，国家赔偿法第二十一条第一款规定："行使侦查、检察、审判职权的机关以及看守所、监狱管理机关及其工作人员在行使职权时侵犯公民、法人和其他组织的合法权益造成损害的，该机关为赔偿义务机关。"该条第一款是确定刑事赔偿义务机关基本原则，即实施侵权行为的机关为赔偿义务机关，该条第四款确定的赔偿义务机关后置，也必须在符合第一款规定的前提下适用，法院虽作出一审有罪判决，但免予刑事处罚，未侵犯当事人的人身权，赔偿义务机关应为检察院。尽管该认识未必符合立法本意，但该案对后置吸收原则的理解有一定的代表性，认为后置吸收原则应当是实体后置吸收和程序后置吸收的统一，后置吸收以实体上的后置吸收为前提，没有实体上的后置吸收，就不能成立程序上的后置吸收。依照此理论，该案检察院的逮捕行为吸收公安机关的拘留行为，属于实体吸收，而法院判决"定罪免刑"对之前的拘留和羁押属于程序上的后置吸收。但法院并没有实际羁押当事人，不存在实体上的后置吸收情形，因此排除了后置吸收原则的适用。程某华案中安徽省高级人民法院则适用了赔偿义务机关后置原则，由作出有罪判决的人民法院作为赔偿义务机关向当事人承担国家赔偿责任。

另外，后置吸收原则通过国家赔偿对具体违法侵权行为机关和责任人进行监督和追责的作用，体现得不太充分。国家赔偿法第三十一条规定了刑事追偿的原则，分为两个部分，一是由赔偿义务机关在支付赔偿费用后对有一定情形的工作人员追偿部分或者全部赔偿费用，二是由有关机关依法给予处分，构成犯罪的应当依法追究刑事责任。刑事追偿权是赔偿义务机关在代表国家承担了刑事赔偿责任后，再向因故意或者重大过失侵害公民、法人和其他组织合法权益的人员要求偿还国家已经赔偿的一部分或者全部赔偿金、追究相应责任的权利。但追偿程序的不完善仍然是存在的，体现在追偿范围规定不够完善，未规定归责原则，缺乏程序规则及救济程序，追偿权应否规定时效及期限，合议制机关组成人员故意或者重大过失的认定、追偿与免责问题不明确等。尤其是在后置吸收原则下，问题更加凸现。例如，承担赔偿义务的检察机关认为，错误拘留由公安机关作出，凭什么由检察机关来承担这一阶段的赔偿义务？同时又产生如下问题，检察机关承担了错误拘留这一阶段赔偿义务后，如何追究相应责任？如何进行追偿？直接问责公安机关的责任人员，还是同公安机关协商，由公安机关追偿？若公安机关不予追偿又该如何？这些都是赔偿后置吸收原则需要配套完善的方面。国家赔偿法应当结合赔偿后置吸收原则对赔偿金的管理和追偿程序作进一步的完善。

【意见建议】

一、不能将后置原则绝对化，应当适当考虑前行为是否被后行为吸收或涵盖

后置吸收原则具体体现在国家赔偿法第二十一条第二款至第四款对拘留、逮捕和改判无罪的规定上。首先，从侵犯的权利类型来说，拘留、逮捕和改判无罪前限制人身自由的情形，都是对人身自由权的侵犯，未包括健康权和生命权。其次，从归责原则来说，上述逮捕和改判无罪情形并非因违法行使职权所导致的赔偿，而是因结果错误引起的赔偿，属于结果归

责。再次，对于刑讯逼供等事实行为，不适用后置吸收原则，应当按照“谁侵权，谁赔偿”原则处理，也就是按照国家赔偿法第二十一条第一款的规定确定赔偿义务机关。也就是说违法归责的，不适用后置吸收原则。例如，公安机关在侦查期间刑讯逼供造成他人身体伤害，后被检察机关批准逮捕，又被法院判处刑罚后改判无罪的，法院作为赔偿义务机关，仅对侵犯人身自由的侵权行为承担责任，公安机关刑讯逼供侵犯健康权的行为，应当由公安机关作为赔偿义务机关承担责任，法院不应对侵犯健康权的行为负责。例如，甲因犯罪被法院判处徒刑，在监狱服刑期间因监狱管理机关过错导致其死亡，后因出现新证据出现，甲被改判无罪。如果按照后置吸收原则，那么，赔偿义务机关就应当是监狱管理机关，但这不符合现实情况。这就说明，最后的司法机关不一定就是赔偿义务机关。因此，国家赔偿法仅对侵犯人身自由权的行为规定了后置吸收原则，对违法侵犯健康权和生命权的行为，不能以后置吸收原则处理。在确定赔偿义务机关时，要视被侵犯的权利性质和归责原则，具体情况具体分析，不能笼统以在后司法机关为赔偿义务机关。

二、应进一步明确后置吸收原则下的共同责任问题

共同责任是多主体侵权中责任划分问题，多主体侵权，既有同一程序的侵权，也有不同程序的侵权，主要是无意思联络的侵权。前者例如，根据监察法规定，监察机关和公安机关共同侦查（调查）犯罪案件中，共同刑讯逼供的，就该刑讯逼供行为，双方应当承担共同赔偿责任。后者如侦查程序和审查起诉程序的侵权行为。对于多主体多程序侵权的，根据被侵犯权利性质确定赔偿义务机关。侵犯人身权的，以后置吸收原则确定，侵犯生命健康权的，根据“谁侵权，谁赔偿”原则确定。二者兼有的，分别确定。例如，甲、乙二人涉嫌共同犯罪，甲被公安机关刑讯逼供，后被取保候审。检察机关根据甲的口供，批准逮捕了乙，后对二人作出不起诉决定或者法院判决二人无罪。检察机关是否对甲被刑讯逼供的行为承担责任值得探讨。适用后置吸收原则似有不妥，应适用按份责任或者单独责任。

三、后置吸收原则的建立，有赖于国家赔偿资金来源统一

国家赔偿是国家对行政、司法机关责任的承担。行政机关的行政执法

行为和司法机关的司法行为，均是国家机关行使相应职能而从事的行为，国家机关工作人员从事的与履职有关的行为，则是职务行为，对外的责任体现在机关法人的责任，而这种责任涉及经济赔偿的部分，都来源于国家财政。因此在国家赔偿案件的审理中，涉及多个阶段中的赔偿义务机关，例如刑事司法赔偿中，侦查机关、检察机关、审判机关有可能都要承担赔偿责任，但在理论和司法实践中，由最后作出有罪处理的机关作为赔偿义务机关，对之前必须承担的赔偿责任进行吸收，一并处理。从资金来源于国家财政这一统一来源而言，吸收赔偿责任不但可行而且必需。单一的赔偿程序减少了赔偿请求人的诉累，提高了司法效率，而且简化了司法程序，避免赔偿请求人多次提起赔偿申请。此外，由国家对赔偿请求人进行赔偿，也便于赔偿资金的一体落实。

四、建立适当集中模式，引入第三人制度

分散模式下，赔偿义务机关和受理赔偿申请机关是一致的，必然导致需要在审理中才能确定的赔偿义务机关，在申请时就需明确，导致裁决事项问题前置，不利于受害人赔偿请求权的保护。有时因赔偿请求权人对赔偿义务机关选择错误，导致赔偿程序空转。后置吸收原则的确立主要源于实体和程序吸收理论。在适用后置吸收原则时，必须考虑之前侵权行为能否被后行为所吸收或涵盖，将“后置”和“吸收”两个方面把握得恰如其分确非易事，因此在司法实践中对后置吸收原则有不同理解，这种分歧必将会长期存在。采用适当集中模式可起到化繁为简的作用，即设立专门的赔偿受理机关，实现受理机关和赔偿义务机关相分离，赔偿义务机关可由统一受理国家赔偿机关审理确定。笔者建议，可推行国家司法赔偿案件的跨行政区划集中管辖，在跨行政区划集中管辖法院设立司法赔偿委员会，专门受理司法赔偿案件。为弥补赔偿义务机关确定难的问题，可引入将实施侵权行为机关列为第三人的制度，即坚持赔偿后置原则，将作出最终生效处理的机关为被申请人，其他之前阶段由于具体实施侵权行为而应当承担责任的涉案机关，借鉴民事、行政诉讼的方式，作为赔偿案件中的第三人参与诉讼，在赔偿案件中的地位和作用也可比照适用，司法赔偿委员会可以直接确定第三人为赔偿义务机关，承担赔偿责任。这种设计，主要有以下几个方面的作用：一是有利于及时全面查明案情，为确定赔偿申请是

否符合国家赔偿的条件作出准确的判断；二是划清不同阶段国家机关的各自责任份额，为后续向相关责任人员追究责任，包括追偿打下基础；三是统一赔偿尺度和标准；四是实现程序正义，避免赔偿义务机关自己做自己的法官，提高国家赔偿公信力和权威性；五是便于当事人实现赔偿权利，实质解决国家赔偿争议。

国家赔偿义务机关确定的规则是否科学合理，关系国家赔偿制度实施的效果。经过多年实践，我们积累了成功的经验，如赔偿义务机关后置吸收原则的建立，极大方便了国家赔偿案件的办理，但同时也仍然存在诸多不足。在完善国家赔偿制度方面，应当秉持大道至简的原则，尽可能地化繁为简，制定一些明了而易操作的规范或机制，防止已受侵害或蒙受冤屈的当事人陷入制度迷宫当中。

（撰稿人：兰州铁路运输中级法院　杨磊）

受害人死亡情况下申请国家赔偿主体的确定

【核心观点】

探讨受害人死亡情况下申请国家赔偿主体范围，应将死亡赔偿请求权的权利基础作为切入点，死亡赔偿请求权并不是对死者“生命权”所作的救济，而是对“与死者生前存在密切关系的第三人”遭受的损害进行的赔偿。本文结合民事、行政相关法律法规的规定与原理，对实践中争议较大的两个问题进行分析并得出结论：一是受到公权力侵害的公民死亡时，当有第一顺序继承人存在的情况下，只有第一顺序继承人具有国家赔偿请求人的资格，第二顺序继承人不能提出国家赔偿申请，但遗嘱继承可不受该限制；二是受害公民死亡后，既无继承人，亦无具有扶养关系的亲属，应判定申请国家赔偿的权利已消灭。

【问题及相关背景】

国家赔偿法第六条第二款规定：“受害的公民死亡，其继承人和其他有扶养关系的亲属有权要求赔偿。”据此，当受公权力侵害的公民死亡时，有权提起国家赔偿诉讼并要求获得赔偿的主体为“其继承人和其他有扶养关系的亲属”。该款是对受害公民死亡后申请国家赔偿主体资格进行的规定，但对继承人作为赔偿请求人的规定过于概括，从而在实务操作中产生诸多理解与适用的问题，本文主要从争议较多的两个问题进行讨论。

第一，法定继承中第一顺序继承人和第二顺序继承人的问题。民法典继承编第一千一百二十七条规定：“遗产按照下列顺序继承：（一）第一顺序：配偶、子女、父母；（二）第二顺序：兄弟姐妹、祖父母、外祖父母。继承开始后，由第一顺序继承人继承，第二顺序继承人不继承；没有第一顺序继承人继承的，由第二顺序继承人继承。……”一种意见认为，国家赔偿法应适用民法典的这一规则，第一顺序继承人和第二顺序继承人不能同时获得国家赔偿请求权，只有在第一顺序继承人缺失时，第二顺序继承人才能成为国家赔偿请求人。另一种意见认为，国家赔偿法规定了继承人，而没有规定继承人的顺序，国家赔偿法规定的是国家是否给予赔偿，而不具有遗产分割的功能，如果第一顺序继承人放弃主张权利，国家赔偿法没有规定第二顺序继承人因此无权主张权利，从扩大对公民权益保护和国家赔偿责任的承担角度，可以允许第一顺序继承人和第二顺序继承人都作为国家赔偿请求人。

第二，受害公民死亡后近亲属缺位时申请国家赔偿主体资格的问题。民法典继承编第一千一百六十条规定："无人继承又无人受遗赠的遗产，归国家所有，用于公益事业；死者生前是集体所有制组织成员的，归所在集体所有制组织所有。"受害的公民死亡后，如果既没有继承人，也没有其他有扶养关系的亲属，是判定申请国家赔偿的权利已消灭，还是赋予受害公民的其他亲属或者所在的基层组织等申请国家赔偿的权利。

以上二个问题涉及赔偿请求主体、赔偿实体权益处置和赔偿程序，进行正确理解与适用，对保障国家赔偿案件中受害公民的合法权益与公平正义的实现有着非常重大的意义。

【理论探讨】

一、申请国家赔偿主体确定的法理基础

（一）国家赔偿请求权的权利基础

国家赔偿请求权作为一项请求权，属于由基础性权利派生出的权利，"请求权系由基础权利（如物权、债权等）而发生，必先有基础权利之存在，而后始有请求权之可言"①，因此，确定申请国家赔偿的主体，就是确定受侵犯的基础权利的权利主体，即关键在于定位该基础权利。目前理论上主要形成两种观点即继承肯定说和损失填补说。

继承肯定说认为，侵权机关的违法行为导致公民死亡时，直接受到侵害的基础权利是生命权，死亡受害人可以因生命权被侵害获得损害赔偿请

① 郑玉波：《民法总则》，我国台湾地区三民书局1995年版，第49~50页。

求权，该请求权可由其继承人继承。这一观点衍生出来的代表学说主要有日本学者提出的权利能力转化说与人格继承说。[①] 权利能力转化说认为，死亡赔偿请求权是死亡受害人固有的权利，因生命侵害而原始取得，因此因死亡而转移于其继承人。人格继承说认为，继承人与被继承人在纵的方向相连接而为同一人格，被继承人因生命侵害而死亡，即由继承人原始取得损害赔偿请示权。通常认为，权利能力转化说与生活实态不符，人格继承说与现代继承观念相悖。两观点解释死亡受害人享有损害赔偿请求权，均显牵强，与民法权利能力原理相悖，故不足采。[②]

损失填补说认为，死亡受害人就生命丧失本身并不享有赔偿请求权，也非赔偿权利人，因为对于权利能力已经消灭的死亡受害人而言，并不存在生活实态上可以填补的利益损失，因而也不存在针对死亡受害人的死亡赔偿。此时需要填补的利益损失，即是受害人近亲属因受害人死亡导致的生活资源减少和丧失。[③]“权利之所在即救济之所有”的法律格言在受害人死亡的情形，就需要恰当地转换为“利益之所在即救济之所有”。损失填补说是我国较为主流的观点，结合我国国家赔偿法的规定，可以看出国家赔偿法立法上是采取损失填补说，即赔偿权利人无论在理论上还是在事实上都应当是死亡受害人的近亲属（继承人）以及被扶养人。

（二）受害人死亡情况下申请国家赔偿主体范围分析

根据前述分析，因国家机关的侵权行为造成受害人死亡的情况下，可能遭受损害的基础权利包括死者的生命权、死者的财产权、生存亲属的特定亲属权，其具体包括精神利益和财产利益、第三人的财产权。生命权是不能在死亡赔偿中得到救济的，死亡赔偿请求权是针对后两种基础权利作出的救济，其所对应的具体主体包括以下几类。

1. 近亲属

处于家庭关系中的公民死亡后，亲属间相应的权利义务关系会发生变化，故与死亡公民生前有权利义务关系的亲属是首要的权利主体。至于近

---

① 参见于敏：《日本侵权行为法》，法律出版社 2006 年版，第 395~396 页。

② 参见龙显铭：《私法上人格权之保护》，我国台湾地区中华书局 1958 年版，第 47 页。

③ 参见最高人民法院民事审判第一庭编著：《最高人民法院人身损害赔偿司法解释的理解与适用》，人民法院出版社 2004 年版，第 16 页。

亲属的范围，各国一般以死者的配偶、父母、子女为限，但根据我国相关法律的规定，近亲属的范围较广。国家赔偿法第六条第二款使用了“亲属”一词，是从利于最大限度地保护受害人的利害考虑，可采用《最高人民法院关于适用〈中华人民共和国民事诉讼法〉的解释》第八十五条规定，即近亲属为与当事人有夫妻、直系血亲、三代以内旁系血亲、近姻亲关系以及其他有抚养、赡养关系的亲属。

2. 被扶养人

因扶养人死亡而丧失扶养利益的被扶养人是传统的权利主体。我国国家赔偿法第六条指明是“其他有扶养关系的亲属”，同时在第三十四条赔偿标准中提到，死者生前“扶养的无劳动能力的人”，两相结合可以看出国家赔偿法采用的是实际被扶养模式，但同时将这个被扶养人范围限定在亲属范围内。当死者生前所扶养的无劳动能力人不是其亲属时，按照国家赔偿法的规定是不具有请求权主体资格的。

3. 继承人

继承人取得请求权存在以下几种情形：第一种情形是侵权机关除了侵害被害人的生命权外，还存在侵害其财产权的情况。“对死者生存中发生的财产损害的请求权，例如非即时死亡的情况下，受害人负伤住院的费用、误工费等，与一般的债权相同，可以由继承人继承这一点上也不存在异议。”[①] 第二种情形是，被害人死亡会造成家庭中将来共同财产的减少，若死者未因侵权行为突然死亡，这部分财产是可以合理期待的，并最终由死者的继承人予以继承，因此对这部分财产利益的损害，继承人享有赔偿请求权。

（三）小结

从国家赔偿制度的设置目的来说，它是为了保障公民、法人和其他组织的合法权益，因此近亲属、被扶养人、最终确定的继承人，均有权成为死亡赔偿请求权的主体。当然，这些主体并不是完全并列的，而是存在一定程度的交叉。例如，作为近亲属的配偶、父母、子女，既是被害人的第一顺位继承人，也是第一顺位被扶养人，他们可能是几重身份同时兼备。

① 于敏：《日本侵权行为法》，法律出版社2006年版，第399页。

二、国家赔偿法规定的继承人与民法典继承编衔接问题

（一）国家赔偿法和司法解释条文规定

国家赔偿法第六条第二款规定："受害的公民死亡，其继承人和其他有扶养关系的亲属有权要求赔偿。"根据此款规定，受害公民死亡后，其继承人为国家赔偿请求人，确定国家赔偿请求人的问题也就成了确定继承人的问题，因此必须要与规定继承人范围的民法典继承编相联系，但民法典规定过于笼统，不利于实务操作。2016年1月1日施行的《最高人民法院、最高人民检察院关于办理刑事赔偿案件适用法律若干问题的解释》（以下简称《刑事赔偿解释》）第九条第二款、第三款规定："依法享有继承权的同一顺序继承人有数人时，其中一人或者部分人作为赔偿请求人申请国家赔偿的，申请效力及于全体。""赔偿请求人为数人时，其中一人或者部分赔偿请求人非经全体同意，申请撤回或者放弃赔偿请求，效力不及于未明确表示撤回申请或者放弃赔偿请求的其他赔偿请求人。"

（二）条文制定背景与理解适用

《刑事赔偿解释》第九条意在对继承人作为赔偿请求主体资格作出进一步规定。司法解释制定者认为，国家赔偿法解决的主要是赔偿的正当性问题，至于有请求资格的主体中，由谁来请求，对案件审理不存在实质影响，作出的决定对谁为请求人并不必然产生影响。同样的道理，决定内容对赔偿请求人数量不产生影响，赔偿请求人数量对决定内容也没有影响。[①]因此在同一顺序继承人有数人时，只要其中一人申请国家赔偿，其申请效力及于全体，其他同一顺序继承人并不因未提出申请而丧失获取该事项国家赔偿的权利。至于赔偿所得如何分配，完全是赔偿决定之外的法律关系，可由赔偿请求人之间通过民事手段加以解决。因此，规定同一顺序继承人有数人时，其中一人或部分人作为赔偿请求人申请国家赔偿的，申请效力及于全体，同理，一人或部分赔偿请求人非经全体同意，申请撤回或

---

① 参见《司法解释理解与适用全集·行政诉讼、国家赔偿卷3》，人民法院出版社2016年版。

者放弃赔偿请求，该申请撤回或放弃的效力并不影响未明确表示撤回申请或者放弃赔偿请求的其他赔偿请求人，就受害人的赔偿事项所作的决定内容也不因其中某请求人的撤回申请与放弃赔偿而发生改变。

（三）从司法解释的理解看继承人顺位问题

国家赔偿法作为公法，规定的是国家机关及其工作人员的职务侵权行为，在很多方面与侵权责任具有相似性，如保护的法益的性质、侵权责任的构成要件、归责原则、损害赔偿的计算方式、责任的承担方式、免责事由、时效等，试图将国家赔偿法与民法完全分离很难做到。[①]《最高人民法院人身损害赔偿案件适用法律若干问题的解释》第八条[②]规定："法人或者其他组织的法定代表人、负责人以及工作人员，在执行职务中致人损害的，依照民法通则第一百二十一条的规定，由该法人或者其他组织承担民事责任。上述人员实施与职务无关的行为致人损害的，应当由行为人承担赔偿责任。属于《国家赔偿法》赔偿事由的，依照《国家赔偿法》的规定处理。"这里可以理解为，国家赔偿法有规定的，适用其规定，国家赔偿法没有规定的，适用民法的相关规定。因此，在理解和适用刑事赔偿的赔偿请求主体及相关问题时，必须将民法上相关知识作为理解论据，在解决受害人死亡情况下申请国家赔偿主体资格的问题时，还是要以侵权、继承、婚姻等民事法律的相关原理与方法作为参考。

回归到本文讨论的第一个问题，在刑事赔偿中，如果有第一顺序继承人，但未申请赔偿的，第二顺序的继承人是否具有请求赔偿的资格？笔者认为，虽然国家赔偿法并没有对此进行明确规定，但根据民法典继承编相关规定和原理，结合国家赔偿法实现人权保护与救济的功能，应参照民事继承的规则确定赔偿请求人。此处可以分为三种情况讨论。

1. 法定继承

根据民法典继承编第一千一百二十七条的规定，继承开始后，由第一顺序继承人继承，第二顺序的继承人不继承；没有第一顺序继承人继承

① 参见最高人民法院侵权责任法研究小组编著：《中华人民共和国侵权责任法条文理解与适用》，人民法院出版社2010年版，第44页。

② 该条规定已被民法典吸收散，经2020年12月23日法释〔2020〕17号修正，未保留该条。——编者注

的，才可以由第二顺序的继承人继承。从国家赔偿的角度讲，当有第一顺序继承人存在的情况下，只有第一顺序继承人具有国家赔偿请求人的资格，第二顺序的继承人不能提出国家赔偿申请。

2. 遗嘱继承

根据民法典继承编第一千一百三十三条第二款的规定，自然人可以立遗嘱将个人财产指定由法定继承的一个或者数人继承。如果自然人死亡生前立下遗嘱，在法定继承人范围内确定大概的遗嘱继承人，可以不受第一顺序的限制，也就是说即使是第二顺序的继承人，在有第一顺序继承人的情况下，也具有申请国家赔偿的资格。从另一个角度而言，被遗嘱剥夺了继承权的法定继承人不具有申请国家赔偿的资格。①

3. 遗赠

根据民法典继承编的规定，遗赠是指自然人可以立遗嘱将个人财产赠给国家、集体或者法定继承人以外的人。根据前文分析的损失填补说，受遗赠人虽然不能基于死亡受害人的人身权取得赔偿请求权，但有权对遗嘱赠与所涉财产的财产权取得赔偿请求权。但是，目前国家赔偿法第六条明确将受害人死亡后申请国家赔偿主体限于“继承人和其他有扶养关系的亲属”，故该范围外的受遗赠人不能取得申请国家赔偿主体资格。

需要再次强调的是，本文讨论的主要是申请国家赔偿主体资格的问题，即谁有权提出赔偿申请，而赔偿所得如何分配，完全是赔偿决定之外的法律关系，由赔偿请求人之间通过民事手段加以解决。

三、受害公民死亡亲属缺位问题

实践中有人提出，受害公民死亡后，既无继承人，亦无具有扶养关系的亲属，是判定申请国家赔偿的权利已消灭，还是赋予受害公民的其他亲属或者所在的基层组织等申请国家赔偿的权利？此处应分情况进行分析。

（一）受害人非因国家侵权而死亡的

受害人非因国家侵权而死亡，是指受害人生前受到了来自国家机关及

① 参见蔡小雪：《浅谈行政赔偿请求人和行政赔偿义务机关》，载《中国卫生法制》1995年第5期。

其工作人员的侵害，但死亡并非国家机关及其工作人员的行为所造成，如受害人因生病等原因而死亡等情形。

法律规定的继承人、近亲属或被扶养人都是与死者具有某种身份关系的第三人，但个案中可能存在超出身份关系的损害认定情况，如受害人死亡后，没有继承人或者其他有扶养关系的亲属，垫付救治或丧葬费用的第三人或组织没有与死者相关的身份权，享有的是债权，其是否能基于这种债权直接获得申请国家赔偿的主体资格呢？

笔者认为，这些人的财产权损害并不是由国家机关的侵权行为所直接造成的，是在侵权行为发生后第三人自主自愿实施的一种行为，属于民法意义上的债权，可在死者的遗产范围内主张权利。从前文已述的请求权法理基础来看，死亡赔偿请求权并不是死者的“遗产”，而是对因受害人死亡受到损失的相关主体的“损失填补”，故此类不具有身份关系又有财产损失的第三人，不能获得申请国家赔偿的主体资格。这一理解也符合国家赔偿法第六条规定的精神。

（二）受害人因国家侵权而死亡的

在受害人因国家机关及其工作人员的侵权行为而死亡的情况下，既没有继承人也没有其他具有扶养关系的亲属，能否由其他亲属或有关机关、法人或其他组织代为提起主张？

1. 不具有扶养关系的亲属

首先，前文已多次分析，死亡赔偿请求权是赋予死亡受害人以外因法律关系或者社会关系的媒介作用受到损害的人，属于间接受害人。间接受害人所受的“损害”，是一种以计算上的差额为主要表现形式的单纯的经济利益损失和反射性精神损害。[①] 在受害人因国家侵权行为死亡的情况下，间接受害人包括受害人的近亲属及被扶养人，该损害赔偿是对受害人近亲属或者被扶养人因受害人死亡导致的生活资源减少和丧失的赔偿，不具有扶养关系的亲属并不符合这一条件。

其次，从国家赔偿法和司法解释的条文来看，其没有使用通常诉讼法

① 参见韩松：《人身侵权损害赔偿中的第三人损害及其赔偿请求权》，载《华东政法学院学报》2006年第3期。

上的“近亲属”一词，而是使用“亲属”这一表述，在对“有扶养关系”的理解上可以采取相对灵活的标准，故此处“亲属”的范围很广，已最大限度保护确实需要扶养的对象。

因此，将“具有扶养关系的亲属”范围之外的亲属纳入死亡赔偿请求权主体范围之内，既无法律依据，又无法理支持。

2. 有关机关、法人或其他组织

实践中有观点认为，对于被侵权人死亡后，无继承人或具有扶养关系的亲属的，为维系社会关系稳定，保护死亡受害者潜在的近亲属权益，可以参照某些地方实践中对道路交通事故中的“无名死者”的做法，由有关机关、法人或其他组织以赔偿请求人身份提起国家赔偿申请主张死亡赔偿金，纳入考虑范围的主体包括由民政部门、检察机关、村民委员会或居民委员会等。笔者认为，此种做法不妥，上述机关无权申请国家赔偿。

首先，从民法典侵权责任编和继承编的规定来看，死亡赔偿金不属于死者的遗产范围，国家或集体组织不能参照民法典第一千一百六十条的规定取得赔偿请求权。

其次，有关机关或单位代替主张死亡赔偿金缺乏法律依据。行政法基本原则之一为职权法定原则，行政机关以及其他行政公务组织的行政职权必须由法律予以规定或授予，“法无明文规定不可为”。目前相关法律、法规并未规定或授权有关机关或单位可代替没有继承人或没有具有扶养关系的亲属的死亡受害人主张死亡赔偿金。并且，《第八次全国法院民事商事审判工作会议（民事部分）纪要》第 6 条明确规定：“鉴于侵权责任法第十八条明确规定被侵权人死亡，其近亲属有权请求侵权人承担侵权责任，并没有赋予有关机关或者单位提起请求的权利，当侵权行为造成身份不明人死亡时，如果没有赔偿权利人或者赔偿权利人不明，有关机关或者单位无权提起民事诉讼主张死亡赔偿金，但其为死者垫付的医疗费、丧葬费等实际发生的费用除外。”在国家赔偿法条文的理解与适用中应当予以参照。

最后，受害人因国家侵权而死亡，实施侵权行为的赔偿义务机关支付医疗费、丧葬费等费用是理应承担的义务，不存在其他有关机关或组织为死者垫付的情形。

因此，被侵权人死亡后，无继承人或具有扶养关系的亲属，有关机关、法人或其他组织亦不能纳入申请国家赔偿的主体范围。

综上，受害公民死亡后，既无继承人，亦无具有扶养关系的亲属，应判定申请国家赔偿的权利已消灭。

【意见建议】

我国国家赔偿法第六条第二款的规定模糊不清，而且“继承人和其他有扶养关系的亲属”既存在重合，表述上又显冗余。故建议如下。

第一，对受害人死亡情况下国家赔偿请求权人范围的表述改为“受害人死亡的，近亲属有权要求赔偿”。理由为：一是用“近亲属”的表述包容的范围更广，表述更为简洁，也更为合理。二是与行政复议法、行政诉讼法以及民法典侵权责任编中的有关表述相一致。行政复议法第十条第二款的表述为：“有权申请行政复议的公民死亡的，其近亲属可以申请行政复议。……”行政诉讼法第二十五条第二款的表述为：“有权提起诉讼的公民死亡，其近亲属可以提起诉讼。”民法典侵权责任编第一千一百八十一条第一款的表述为：“被侵权人死亡的，其近亲属有权请求侵权人承担侵权责任。……”同样是有关受害人死亡情况下的请求权问题，前述的三部法律中使用的都是“近亲属”，故从法制统一的角度出发，国家赔偿法第六条第二款中的规定改为“近亲属”更为合适。

第二，在国家赔偿法附则中对近亲属的范围进行更加合理的界定，并且明确近亲属间享有国家赔偿请求权的顺序。理由为：国家赔偿法中的赔偿义务机关包括行政机关、检察机关及法院，由上述任何一个主体通过法律解释的方式对近亲属的范围加以界定都不合适，因此，最简单的方式就是在国家赔偿法附则中对近亲属的范围加以规定，同时对近亲属享有行政赔偿请求权的顺序予以明确。

（撰稿人：最高人民法院　李钟慧）

涉案财产处置时赔偿义务机关的确定

【核心观点】

国家赔偿法中赔偿义务机关的确定，遵循两种不同的原则，在违法拘留、错误逮捕、二审无罪、再审改判无罪的刑事赔偿领域，遵循后置吸收原则，即赔偿义务机关确定为刑事诉讼中后一程序的公权力行使主体。在行政赔偿、非刑事司法赔偿则体现“谁侵权，谁赔偿”的原则。一般情形下，案件财物的处置随着刑事程序的进行而流转，处置财物的机关与刑事诉讼程序进行时的机关相一致，赔偿义务机关的选择无论是根据后置吸收原则还是根据“谁侵权，谁赔偿”原则都比较容易确定。然而特殊情况下，处置涉案财物的机关并非正在进行的刑事诉讼环节中行使职权的机关，如在审判阶段，公安、检察机关已经先期处置了涉案财物，此时赔偿义务机关的确定便产生了困难。这实际上是由于国家赔偿法在赔偿义务机关选择上采取两种原则造成的。通过对国家赔偿法赔偿义务机关确定原理和立法本意的分析可知，要使得赔偿义务机关的选择在法理和逻辑上融通，建议将违法拘留、错误逮捕、二审无罪赔偿、重审无罪赔偿、再审无罪赔偿制度从国家赔偿法中单列出来，以刑事补偿法（或刑事赔偿法）的形式作为国家赔偿特别法存在。将赔偿义务机关的选择回归到“谁侵权，谁赔偿”这一基础的原则上来，而在刑事赔偿程序中对于人身自由权的侵害，由于受多个机关共同作用，则采取后置吸收原则作为刑事赔偿案件管辖机关的确定原则。对于公安、检察机关侵害财产权的案件，确定赔偿义务机关直接采取“谁侵权，谁赔偿”原则。

【问题及相关背景】

［案例一］在甘肃高院赔偿委员会审理的一起案件中，康乐县检察院

对田某作出了逮捕决定，康乐县公安局扣押了田某30万元涉案款。后该案被撤销案件。赔偿请求人田某请求康乐县检察院赔偿两项内容，一项为人身自由赔偿金，一项为被扣押现金损失赔偿。临夏中院赔偿委员会审理该案时认为，根据国家赔偿法第二十一条第三款的规定，对公民采取逮捕措施后决定撤销案件、不起诉或者判决宣告无罪的，作出逮捕决定的机关为赔偿义务机关。故本案赔偿义务机关均为康乐县检察院。但甘肃高院赔偿委员会在审理该案时认为，对于赔偿请求人因扣押现金的国家赔偿申请，赔偿义务机关应为扣押现金的机关即康乐县公安局。对于人身自由权主张赔偿的申请，赔偿义务机关应当为作出逮捕决定的检察机关。

[案例二] 天津高院赔偿委员会在审理邓某请求天津一中院赔偿案中，赔偿请求人提出两项赔偿请求：因扣押车辆、物品、现金损失的赔偿以及因无罪羁押产生的赔偿。对于上述两项请求应当如何确定赔偿义务机关，存在两种意见：一种意见认为，赔偿义务机关均为天津一中院。因为根据国家赔偿法第二十一条第四款的规定，“再审改判无罪的，作出原生效判决的人民法院为赔偿义务机关。二审改判无罪，以及二审发回重审后作无罪处理的，作出一审有罪判决的人民法院为赔偿义务机关。”本案中，邓某一审被宣告有罪，二审发回重审后一审法院宣告其无罪，因此，赔偿义务机关应为天津一中院。另一种意见认为，对于赔偿请求人因扣押车辆、物品及现金损失的国家赔偿，赔偿义务机关应为扣押车辆、物品及现金的机关即天津市公安局。对于因无罪羁押的赔偿，赔偿义务机关应为作出一审有罪判决的机关即天津一中院。

以上案例反映出，对于公安、检察机关实际处置涉案财产赔偿义务机关的确定问题，实践中做法并不一致。最高人民法院在个案答复中，对有些情形给予了比较明确的答复。例如，2000年1月30日在给宁夏高院关于马俊申请国家赔偿一案的答复中认为：由赔偿义务机关赔偿因扣押马骏的个人财产损失20341元。该答复表明，检察机关以不构成犯罪为由撤销案件，扣押财物的行为超越职权不当，应当承担赔偿责任。[①] 再如，2008年12月15日《最高人民法院关于公安机关工作人员利用职权违法追缴财产，其所在机关应当承担国家赔偿责任的答复》指出：从当事人报案，赵

① 参见江必新：《国家赔偿法律实务操作全书》，中国法制出版社2013年版，第904页。

柏军带领公安民警出警，追缴财产的地点及过程，均证明赵柏军的行为符合国家赔偿法规定的违法追缴财产的情形，同意海南高院赔偿委员会多数意见，海口市公安局应承担其工作人员违法行使职权造成的损失的赔偿义务。[①] 以上个案答复，虽然都暗含了确定涉财案件中赔偿义务机关时应遵循“谁侵权，谁赔偿”这一原则，但以上案件中处置财物的办案机关与刑事诉讼阶段行使职权的办案机关相一致，对赔偿义务机关的认定较为明确。但当刑事诉讼程序已经进入到审查起诉或审判阶段，财产由公安或检察机关等在之前刑事诉讼程序阶段已作处置，赔偿义务机关如何确定仍有争议。

2012 年刑事诉讼法修改增加了“人民法院作出判决，应当对查封、扣押、冻结的财物及孳息作出处理”的规定，强调了司法终局原则，明确了人民法院对于涉案财物具有最终处理权。2016 年《最高人民法院、最高人民检察院关于办理刑事赔偿案件适用法律若干问题的解释》（以下简称《刑事赔偿解释》）第三条第一款第七项规定，对财产采取查封、扣押、冻结、追缴等措施后，对生效裁决没有处理的财产或者对该财产违法进行其他处理，且办案机关未依法解除查封、扣押、冻结等措施或者返还财产的，属于国家赔偿法第十八条规定的侵犯财产权。以上规定是否明确了涉财刑事案件财产处置赔偿义务机关的选择问题？显然没有。举个例子，公安部出台的《公安机关涉案财物管理若干规定》第二十条第三款规定，人民法院作出有罪判决，涉案财物由公安机关管理的，公安机关应当根据人民法院的生效判决，对涉案财物作出处理。人民法院的判决没有明确涉案财物如何处理的，公安机关应当征求人民法院的意见。这里的问题是，当公安机关征求了意见，按法院的意见办理时，谁应当作为赔偿义务机关？当公安机关没有按照法院的意见处理涉案财物时，谁应当作为赔偿义务机关？我们认为，刑事涉案财物导致的赔偿案件，赔偿义务机关的确定比较复杂，为了明确较为统一的适用规则，须对赔偿义务机关的确定进行理论探究，分析不同种类涉财物刑事赔偿案件赔偿义务机关的实际确定规则。

---

① 参见江必新：《国家赔偿法律实务操作全书》，中国法制出版社 2013 年版，第 906 页。

【理论探讨】

赔偿义务机关是指国家赔偿法中代替国家履行具体赔偿义务，支付赔偿费用，参加赔偿案件解决的机关。国家赔偿的主体是国家，赔偿义务机关并非赔偿主体，由于“国家”为抽象概念，为了有利于受害人提出赔偿请求，避免国家机关互相推诿责任，我国台湾地区所谓的“国家赔偿法”创设了赔偿义务机关的概念。我国大陆地区借鉴了该做法在国家赔偿法中专章规定了赔偿义务机关。

在我国现行国家赔偿法中，赔偿义务机关的确定分为两种：一是当侵权机关为单一侵权主体时，侵权机关当然就为赔偿义务机关。如行政机关及其工作人员、法律法规授权的组织行使行政职权损害了公民、法人和其他组织的合法权益，该行政机关和被授权的组织为赔偿义务机关；对没有犯罪事实或没有事实证明有犯罪重大嫌疑的人违法拘留的，作出拘留决定的机关为赔偿义务机关；公安、司法机关以及看守所、监狱管理机关及其工作人员违法行使职权造成损害的，该机关为赔偿义务机关。二是当侵权机关为数个国家机关时，国家赔偿法作了不同的规定。[①] 多个机关参与刑事诉讼程序侵害公民人身自由权的，最终作出侵权决定或判决的机关作为赔偿义务机关，而其他情形则是多个赔偿义务机关为共同赔偿义务机关。这就显得比较复杂，那么在我国台湾地区赔偿义务机关是如何确定的呢？

我国台湾地区所谓的“国家赔偿法”第 9 条第 1 项规定，依第 2 条第 2 项请求损害赔偿者，以该公务员所属机关为赔偿义务机关。所谓“公务员所属机关”，是指将行使公权力的职权托付该公务员执行的机关。我国台湾地区所谓的“国家赔偿法”第 4 条第 1 项规定：“受委托行使公权力”的团体，其执行职务之人及“受委托行使公权力”之个人，即视为委托机关之公务员，故因此等人的行为致公民的权益受到损害者，应当以委托机关为赔偿义务机关。我国台湾地区“刑事补偿法”第 9 条规定：“刑事补偿，由原处分或撤回起诉机关，或为驳回起诉、无罪、免诉、不受理、不付审理、不付保护处分、撤销保安处分或驳回保安处分之声请、谕知第 1

① 参见雷伟红：《论我国赔偿义务机关确立制度的缺陷及完善》，载《甘肃政法成人教育学院学报》2005 年第 6 期。

条第5款、第6款裁判之机关管辖。但依第1条第7款规定请求补偿者，由为羁押、鉴定留置、收容或执行之机关所在地或受害人之住所地、居所地或最后住所地之地方法院管辖；军法案件，由地方军事法院管辖。前项原处分或裁判之军事审判机关经裁撤或改组者，由承受其业务之军事法院或检察署为管辖机关。”[①] 可见我国台湾地区所谓的“国家赔偿法”中规定的赔偿义务机关更类似于行政赔偿中的赔偿义务机关，而在台湾地区“刑事补偿法”中则无赔偿义务机关之称谓，而称之为“管辖机关”。因此，在我国台湾地区赔偿制度中赔偿义务机关的选择采用“谁侵权，谁赔偿”的原则，而刑事补偿则冠之以管辖机关，不再考虑具体的侵权机关，在理论上和逻辑上颇为融通。

反观我国国家赔偿法，赔偿义务机关选择适用不同的原则，即“谁侵权，谁赔偿”原则和后置吸收原则。国家赔偿法第二十一条第一款规定：“行使侦查、检察、审判职权的机关以及看守所、监狱管理机关及其工作人员在行使职权时侵犯公民、法人和其他组织的合法权益造成损害的，该机关为赔偿义务机关。”该条第三款、第四款规定：“对公民采取逮捕措施后决定撤销案件、不起诉或者判决宣告无罪的，作出逮捕决定的机关为赔偿义务机关。”“再审改判无罪的，作出原生效判决的人民法院为赔偿义务机关。二审改判无罪，以及二审发回重审后作无罪处理的，作出一审有罪判决的人民法院为赔偿义务机关。”可见第一款规定了“谁侵权，谁赔偿”的原则，第三款、第四款均为特殊规定。这样的特殊规定确立了后置吸收原则。这一例外原则实际上是为充分保护赔偿请求人的权益，方便诉讼而作出的，且该规定的适用范围应限于无罪人身羁押赔偿金的赔偿。但笔者认为这种特殊规定，理论依据并不充分，在司法实践中也易导致赔偿请求人选择赔偿义务机关困难。在实践中，赔偿请求人既有基于刑事无罪判决的人身自由赔偿请求，也有财产被公安、检察等机关违法处置的基于财产权被侵害的赔偿时，赔偿请求人往往直接向作出有罪判决的法院一并提起国家赔偿。人身自由权和财产权是公民两种不同的权利，人身自由权受到侵害并不必然导致财产权受到侵害。这时确认财产损失的赔偿义务机关，

---

① 参见陶凯元、柯汉民主编：《最高人民法院、最高人民检察院关于办理刑事赔偿案件司法解释理解适用与案例指导》，法律出版社2016年版，第418页。

应依据国家赔偿法第二十一条第一款的规定，由实施侵权的机关作为赔偿义务机关。国家赔偿法一贯坚持的是“谁侵权，谁赔偿”的原则，而后置吸收原则仅适用于人身自由权遭受侵害的刑事赔偿案件。

虽然这一观点比较明确，但是在请求人对人身自由权和财产权损失一并申请国家赔偿时，赔偿义务机关的选择原则有两种从法律体例和逻辑上并不合理，由作出有罪判决的人民法院一并赔偿违反了基本的“谁侵权，谁赔偿”原则，在实践中也难免造成赔偿请求人求偿困境和社会公众的理解困难。

【意见建议】

为根本解决赔偿义务机关选择的问题，建议将违法拘留、错误逮捕、二审无罪赔偿、重审无罪赔偿、再审无罪赔偿制度从国家赔偿法中单列出来，以刑事补偿法（或刑事赔偿法）的形式作为国家赔偿特别法存在。原因有如下几点。

第一，我国现行国家赔偿法赔偿义务机关的设立不同于英美法系和大陆法系大部分国家，立法模板借鉴了我国台湾地区，而我国台湾地区所谓的“国家赔偿法”中并不涉及刑事赔偿或刑事补偿制度。赔偿义务机关的确立只有一个原则即“谁侵权，谁赔偿”原则，以该原则为出发点，公安、检察机关违法处置涉案财产，赔偿义务机关的选择几乎没有任何争议。违法拘留、错误逮捕、二审无罪赔偿、重审无罪赔偿、再审无罪赔偿则通过刑事补偿法（刑事赔偿法）立法特殊规定。刑事诉讼程序作为一个整体，侵权机关并非独立的机关，此时不存在单一赔偿义务机关的概念，代之以管辖机关的概念更为妥当，也更符合将刑事诉讼制度看成一个整体的观念。刑事诉讼程序中的错误导致公民损害的，法官并不一定存在违法行为，可能是认识的有限性造成的，是社会运行无法避免的代价，这也符合国家赔偿特别牺牲理论和公共负担理论。我国现行刑事赔偿特别是错误逮捕、二审无罪赔偿、重审无罪赔偿、再审无罪赔偿的归责原则为结果归责，侵权实质上并非单个机关违法造成的，在现行国家赔偿法中，赔偿义务机关的提法会给公众带来该机关违法的印象，这和裁判行为的本质存在冲突，而借鉴台湾地区“刑事补偿法”中的管辖机关的概念，大大减少了公众认为法院判决被改判即为“错判”的刻板印象，从另一个角度维护了刑事法官判断权的豁免，也可以克服赔偿请求人双向求偿选择的困境。

第二，公安机关、检察机关违法处置涉案财产和法院判决被改判无罪存在本质不同。公安机关、检察机关违法处置涉案财产的行为并非狭义上的司法行为即裁判权，更具有准行政行为的属性，其归责原则与行政赔偿应一致，即适用违法归责原则。“赔偿义务机关”的概念用于此处更为合适，由于存在违法性，赔偿义务机关具有天然的被谴责意味，也符合社会认知一般观念。由于侵害财产权的实施主体一般比较明确，赔偿义务机关的选择与民事赔偿、行政赔偿均一致，符合一般法理。如果出现公安机关处置涉案财产征求法院意见，按法院的意见办理等特殊情况，也可以根据“谁侵权，谁赔偿”这一基本原则，确定赔偿义务机关为法院。2012 年刑事诉讼法修改增加的“人民法院作出判决，应当对查封、扣押、冻结的财物及孳息作出处理”的规定，强调了司法终局原则，明确了人民法院对于涉案财物具有最终处理权。《刑事赔偿解释》第三条第一款第七项规定，对财产采取查封、扣押、冻结、追缴等措施后，对生效裁决没有处理的财产或者对该财产违法进行其他处理，且办案机关未依法解除查封、扣押、冻结等措施或者返还财产的，属于国家赔偿法第十八条规定的侵犯财产权。该条规定进一步明确对于生效判决后处置的财产，相关机关只是执行生效判决，本身并没有对财产行使处分权。[①] 因此，办案机关若是基于法院的决定或判决处置财物造成损害的，赔偿义务机关应当为人民法院，但如果办案机关处置涉案财产时未征求法院意见或未按照法院意见处理，则办案机关为赔偿义务机关。对易损毁、贬值、灭失、变质等不宜长期保存的物品，或者市场价格波动较大的债权、股票、基金份额等财产，依据涉案财物先行处置程序处置涉案财物的，处置机关为赔偿义务机关。办案部门截留、私分或者擅自处理涉案财物的，办案机关为赔偿义务机关。

第三，国家赔偿责任为国家责任，赔偿义务机关只是代表国家参加诉讼程序，代表国家承担责任，最终责任实际由国库承担。明确赔偿义务机关的意义在于方便赔偿请求人主张权利。因此，赔偿义务机关的选择一以贯之，应符合一般侵权法的理论和实践，更有利于赔偿请求人求偿的方便

---

① 参见陶凯元、柯汉民主编：《最高人民法院、最高人民检察院关于办理刑事赔偿案件司法解释理解适用与案例指导》，法律出版社 2016 年版，第 6 页。

和赔偿义务机关的先行处理。公安、检察机关违法处置涉案财产，作为侵害财产权的赔偿义务机关先行处理有以下优势：便于尽快查明事实，避免司法程序的确认耗时过长，及时退赔返还、及时救济、减少损失和扣押物品的折旧毁损，切实保护赔偿请求人合法权益；便于内部依法依纪向有关责任人员追责和追偿，维护司法权威和公信力。

综上所述，从理论上，涉案财产实际被公安或检察机关处置时，赔偿义务机关的确定应当遵循“谁侵权，谁赔偿”的原则，这也符合司法实践和侵权赔偿理论的要求，防止办案机关不妥善保管或随意处置涉案财产、办案人员滥用国家权力，也可以防止办案机关推诿扯皮，推卸赔偿责任。有利于进一步明确赔偿义务机关的责任和义务，保护赔偿请求人的合法财产不被非法侵害或随意处置，被侵害后可以及时获得救济和赔偿，达到监督和违法惩戒的目的，真正体现国家赔偿制度在发扬社会主义民主、健全社会主义法制、保护公民与法人合法权益方面的重要意义。在法律体例上，将国家赔偿法和刑事补偿法分别立法，则将从根本上解决赔偿义务机关选择的问题。

（撰稿人：甘肃省高级人民法院　刘晶　龙鑫）

裁执不一致时赔偿义务机关的确定

【核心观点】

对于再审改判无罪，原判决的财产刑及追缴财物已经执行，赔偿请求人要求国家赔偿的，应由实际执行的一审法院或者公安、检察机关作为赔偿义务机关，还是由作出原生效裁判的二审法院作为赔偿义务机关，法律和司法解释没有作出具体的规定。在法无明文规定的情况下，应当根据赔偿请求人的主张，遵循“谁侵权，谁为赔偿义务机关”原则、独立行使职权原则、便利原则来确定赔偿义务机关。赔偿请求人主张错判罚金、没收财产赔偿的，赔偿责任构成要件中的侵权行为为法院的刑事错判行为，而非对生效刑事判决涉财产刑部分的执行行为，应当以作出生效判决的法院为赔偿义务机关。赔偿请求人主张实际执行机关在执行生效刑事判决涉财产刑部分的过程中存在违法查封、扣押、追缴等情形要求赔偿的，应当确定为违法查封、扣押、冻结、追缴等赔偿案由，将该执行机关作为赔偿义务机关。

【问题及相关背景】

在办理国家赔偿案件中，赔偿请求人所列的赔偿义务机关是否适格，是需要首先明确和解决的程序性问题，在国家赔偿程序中占有十分重要的位置，应当引起足够重视。如果案件中涉及侵权行为的司法机关只有一个，赔偿义务机关相对容易确定。但如果侵权行为有两个或者两个以上司法机关介入，侵权行为、损害后果与行为主体交织在一起，使得对赔偿责任的认定变得相对复杂，还会引申出管辖、赔偿金支出、追偿追责等其他方面的问题。此情形下，赔偿义务机关如何确定，成为一个颇有争议的问题。笔者在审判实践中曾碰到这样一则案例。

赔偿请求人路中某、路文某、通信设备厂、天程公司申请抚顺中院国家赔偿。路中某请求返还违法没收、处理其投资购置的财产、投资款及收益的损失等。路文某请求返还或赔偿违法没收、处理的其个人财产、投资款损失及利息等。通讯设备厂请求返还违法没收、处理的财产，赔偿停产停业损失。天程公司请求返还违法没收、处理的土地使用权、房产等。其主要理由：路中某蒙冤入狱十一年，并被扣押、没收了个人财产；法院还以路中某名义扣押、没收了路文某、通信设备厂、天程公司的财产。

抚顺中院答辩意见为：辽宁高院再审判决明确路中某犯职务侵占罪一案，因系民事纠纷，宣告路中某无罪。但系怎样的纠纷，路中某等享有怎样的民事权利，没有判决，亦未经过民事确权，故抚顺中院不承担其财产损失的国家赔偿责任。

案件基本事实如下：2001 年 12 月 30 日，新抚区法院以职务侵占罪判处路中某有期徒刑十二年，追缴路中某 39 套住宅、4 套门市房、未完工的天程小区 8 号楼及被扣押的人民币 15917.5 元、美元 2554.97 元、手机一部、BP 机一台、手表一块。2002 年 2 月 1 日，抚顺中院二审，裁定驳回上诉，维持原判。2003 年 3 月 17 日，抚顺中院决定再审。2004 年 4 月 22 日，抚顺中院再审裁定撤销原二审裁定和一审判决；发回一审法院重审。2005 年 4 月 28 日，新抚区法院重审，以职务侵占罪判处路中某有期徒刑十一年，并处没收全部个人财产。同年 5 月 30 日，抚顺中院二审裁定维持原判。2008 年 4 月 15 日，辽宁高院提审，撤销重审后的二审裁定和一审判决，发回一审法院重审。2008 年 11 月 13 日，新抚区法院以职务侵占罪判处路中某有期徒刑十一年，并处没收其全部个人财产。2009 年 10 月 16 日，抚顺中院裁定维持原判。2010 年 8 月 23 日，辽宁高院提审该案。2011 年 11 月 16 日，辽宁高院判决撤销新抚区法院判决和抚顺中院裁定，宣告路中某无罪。2011 年 9 月 4 日，路中某被释放，共羁押 4015 天。在路中某涉嫌职务侵占犯罪一案的侦查过程中，抚顺市公安局于 2000 年 7 月 28 日查封、扣押了天程公司的财产；抚顺市公安局在抓捕路中某时扣押了其随身携带的财物。2001 年 10 月 10 日，抚顺市公安局向新抚区法院随案移送 43 套房屋、未竣工的天程小区 8 号楼等相关手续。2001 年 10 月 17 日，移送手表、手机、BP 机、现金 117.5 元等。2001 年 10 月 12 日，抚顺市文化局、抚顺市电业局以路中某开发的天程小区分别给其造成损失 392

万元、400余万元为由，申请新抚区法院将公安机关扣押路中某的43套房屋予以财产保全，抚顺市电影公司为抚顺市文化局提供了担保。2001年10月17日，新抚区法院裁定对公安机关扣押的43套房屋予以财产保全，任何单位或个人对该43套房屋不得买卖、转让、抵押、出租、办理过户手续，待人民法院依照法定程序对该43套房屋予以处置。2002年4月9日，抚顺市人民政府致函新抚区法院，请求法院在执行过程中对市政府资金给予保护。2002年6月28日，抚顺市人民政府出具收条，写明收到新抚区法院判决追缴的路中某的39套住宅、4套门市房及未完工天程小区8号楼以及扣押的15917.5元、美元2554.97元、摩托罗拉手机一部、BP机一台、手表一块。2005年9月28日，新抚区法院执行原判决中的财产刑判项。具体执行情况：2005年11月1日，新抚区法院再次公告查封43套房屋，执行卷宗没有执行上述43套房屋情况的记载；新抚区法院实际执行标的为未完工的8号楼。经委托对该楼进行价格评估，评估为价格234.91万元。因天程小区8号楼系烂尾楼，望花区人民政府于2007年3月8日致函新抚区法院，建议由原施工单位先行垫付资金，对天程小区8号楼等遗留工程进行建设。2007年4月16日，新抚区法院复函望花区政府同意其复建意见。望花区政府经对天程小区8号楼续建、销售后，于2011年1月27日与新抚区法院形成《关于望花区天程小区8号烂尾楼资产盘活变现处理意见的备忘录》，并于同年4月19日支付新抚区法院234.91万元，此款存于新抚区法院。另查明，抚顺中院在执行另外两个民事案件的过程中，对天程公司4843平方米土地使用权进行拍卖，并以450万元成交。

对于该案的审理，辽宁高院赔偿委员会认为，关于天程公司所提返还或赔偿4843平方米土地使用权损失的请求，经查，该土地使用权系抚顺中院依据该院民事判决、民事调解经拍卖执行给他人的，其赔偿申请与抚顺中院刑事错判无关，非本案审理范围，应予驳回。关于路中某等所提出的其他财产返还、损失赔偿等请求，因无证据证明抚顺中院处理了路中某涉嫌职务侵占犯罪一案中的涉案财产，赔偿请求人应向实际侵权机关申请赔偿，故此节请求因无事实和法律依据，应驳回赔偿申请。

最高人民法院赔偿委员会经审查认为，路中某涉嫌犯职务侵占罪一案，经再审改判无罪，原判自由刑、财产刑及追缴财物已经执行的，应当以原维持一审有罪判决的二审法院抚顺中院为赔偿义务机关，路中某再审改判无罪，抚顺中院对此应当承担国家赔偿责任。

上述案例即属于存在两个或两个以上司法机关介入涉案财产的情形，除了有作出原生效裁判的二审法院和执行原生效裁判的一审法院外，还有在侦查过程中对案涉财产采取查封、扣押措施的公安机关。因此，上、下级法院之间对本案赔偿义务机关的确定产生了分歧。此处不便论及路中某等是否都具有法定的赔偿请求人资格的问题，单就赔偿请求来看，其触及的就是适用国家赔偿法第十八条第二项规定时应当如何确定赔偿义务机关的问题。根据国家赔偿法第十八条第二项和《最高人民法院关于国家赔偿案件案由的规定》第十条规定，适用国家赔偿法第十八条第二项规定审理的案件，其案由为错判罚金、没收财产赔偿。由于国家赔偿法第十八条第二项未对赔偿义务机关作出明确的规定，因此，对于赔偿义务机关应当如何确定，众说纷纭。前述案件的处理明确了错判罚金、没收财产的赔偿义务机关，具有典型意义。对于该类赔偿的义务机关应当如何确定，一种观点认为，应当由作出原生效判决的法院作为赔偿义务机关，其主要理由是，国家赔偿法第十八条第二项规定的也属于再审无罪赔偿的情形，赔偿的是与人身自由权一并受损的财产权。国家赔偿法第二十一条规定："行使侦查、检察、审判职权的机关以及看守所、监狱管理机关及其工作人员在行使职权时侵犯公民、法人和其他组织的合法权益造成损害的，该机关为赔偿义务机关……再审改判无罪的，作出原生效判决的人民法院为赔偿义务机关。……"此条对再审无罪赔偿义务机关的确定进行了明确规定，将作出原生效判决的人民法院作为赔偿义务机关具有法律依据。另一种观点认为，应当由执行原生效判决的一审法院作为赔偿义务机关，其主要理由有两个：一是虽然法院存在错判财产刑的行为，但再审判决生效后受害人的财产权利可以通过执行回转程序获得救济，一审法院如果在执行环节不出问题，受害人不会发生财产损失；二是国家赔偿法对人身自由赔偿规定了赔偿义务机关后置原则，同理，对财产损害赔偿亦可以适用后置原则，由执行机关作为赔偿义务机关，如此，可以简化刑事赔偿的程序，有利于赔偿请求人及时获得赔偿。还有一种观点认为，作出原生效判决的法院和执行原生效判决的一审法院或者其他司法机关均可作为赔偿义务机关，受害人可以自由选择。其主要理由是，以上两种观点的理由都具有合理性，赔偿义务机关系代表国家行使国家赔偿的程序性权利，赔偿金来源于国家财政，国家是最终承担赔偿责任的主体。为保护受害人及时获得救济的权利，应当确立有利于受害人方便申请国家赔偿的原则。

上述三种观点各有其可取之处，但根据国家赔偿法对赔偿义务机关的设定原则和立法本意，笔者赞同第一种观点。

【理论探讨】

限于资料的有限性，本文没有收集到域外有关对财产刑实际执行司法机关与作出原生效裁判法院不一致的具体情形下赔偿义务机关如何确定的规定，无法进行比较研究。但任何一个国家赔偿案件，其赔偿义务主体的确定都离不开对本国国家赔偿的制度设计和实际情况，本文即从赔偿义务机关设定原则和该原则在错判罚金、没收财产赔偿中的适用两个方面展开探讨。

一、赔偿义务机关的设定原则

国家是一个抽象的政治实体，不可能承担具体的赔偿义务，其赔偿义务须由组成国家的具体机关来落实，因此有必要在国家赔偿程序中设置赔偿义务机关。赔偿义务机关一词源于我国台湾地区，其主要目的就是方便受害人请求国家赔偿。由于国家是抽象的实体，受害人只能向代表国家的机关提出国家赔偿请求，但国家设立的机关各种各样，法律若不能给出明示，受害人难以从中选择合适的索赔对象，机关也不愿主动承担受害人的赔偿请求而经常会相互推诿。因此，我国台湾地区所谓的“国家赔偿法”制定之时虽然也明确赔偿主体是国家及其他公法人，但还是创设了“赔偿义务机关”的概念，以满足便利索赔的需求。在我国台湾地区，赔偿义务机关更多地只是程序法意义上的主体，负责决定的是所谓的“国家赔偿委员会”，而“法规委员会”负责办理所谓的“国家赔偿委员会”的日常事务。对于是否赔偿、赔偿多少、支付赔偿费用等事项，赔偿义务机关并无完全的、决定性的职权。[①] 我国国家赔偿法使用了赔偿义务机关这个词，但词义所涵盖的范围、职能与性质与我国台湾地区不尽相同。根据国家赔偿法的规定，赔偿义务机关参与到受理、决定、协商、申请支付赔偿费

① 参见沈岿：《国家赔偿法原理与案例》，北京大学出版社2017年版，第330页。

用、追偿等多个环节，有学者称其为集侵权机关、赔偿请求受理机关、赔偿决定机关、赔偿责任履行机关和赔偿责任追偿机关于一身。[①] 对于赔偿义务机关应当如何定义、职能和性质是什么，很难明确。有学者认为，赔偿义务机关是指“接受与办理国家赔偿请求、以赔偿被请求人身份参加赔偿案件审理、代表国家履行返还财产、恢复原状等赔偿义务的国家机关或者法律法规授权的组织”[②]。刑事赔偿义务机关是指接受刑事赔偿请求、支付赔偿费用、参加赔偿请求程序的义务方。具体而言，无论刑事赔偿责任是由国家承担，还是国家承担后向故意或重大过错的工作人员追偿，都存在由哪一个机关代表国家向赔偿请求权人代为履行赔偿义务的问题，而代表国家履行赔偿义务的机关即为刑事赔偿义务机关。[③] 从世界各国、各地区来看，刑事赔偿义务机关的设置有集中和分散两种模式，集中模式是指设立专门的、相对独立的机构办理赔偿事务，赔偿义务机关与侵权机关分离，但是，由一个机构统一代表国家为赔偿支付行为，具体类型又是多种多样的。分散模式是由实施侵权行为机关作为赔偿义务机关。我国的刑事司法赔偿选择赔偿义务机关与侵权行为机关相一致的分散模式。[④] 设定赔偿义务机关时，主要遵循了以下原则。[⑤]

一是，“谁赔偿，谁为赔偿义务机关”的原则。该原则是“谁侵权，谁赔偿”原则的衍化。“谁赔偿，谁为赔偿义务机关”的原则是设置赔偿义务机关的一项重要原则，又称为侵权机关与赔偿义务机关一元化设置原则，即实施侵权行为的机关为赔偿义务机关。实行该项设置原则的理由在于，第一，侵权机关作为赔偿义务机关，使其直接面对赔偿请求，与赔偿请求人就其职权行为的合法性进行争辩，直接面临承担责任的风险或者结果，有利于发挥国家赔偿法的职能，规范、督促国家机关依法行使公权力。第二，实施侵权行为的机关对其职权行为是否违法、是否构成侵权、

---

① 参见马怀德：《完善国家赔偿立法基本问题研究》，北京大学出版社 2008 年版，第 155 页。

② 沈岿：《国家赔偿法原理与案例》，北京大学出版社 2017 年版，第 332 页。

③ 参见江必新主编：《〈中华人民共和国国家赔偿法〉条文理解与适用》，人民法院出版社 2010 年版，第 213 页。

④ 参见江必新主编：《〈中华人民共和国国家赔偿法〉条文理解与适用》，人民法院出版社 2010 年版，第 215 页。

⑤ 参见江必新主编：《〈中华人民共和国国家赔偿法〉条文理解与适用》，人民法院出版社 2010 年版，第 215 页。

侵权范围和责任大小最为清楚，有利于在处理国家赔偿案件时查清事实，抗辩、协商以及快速处理赔偿请求。第三，方便受害人申请国家赔偿，保障受害人及时获得救济。

二是职权主义原则。即以独立行使职权行为的主体作为赔偿义务机关的原则。以自己的名义行使职权并承担相应后果的机关或者组织，因其职权行为引起国家赔偿，而应成为赔偿义务机关。公安机关、安全机关、检察机关、法院、看守所、监狱管理机关等能以自己的名义独立行使职权，能作为赔偿义务机关。

三是方便赔偿原则。对于具有共同侵权情形的，国家赔偿法未将所有的侵权机关设立为赔偿义务机关，而是采取责任吸收或者责任递进转嫁原则，实行赔偿义务机关后置，以便于受害人申请国家赔偿。

国家赔偿法第二十一条第一款对赔偿义务机关作出了原则性的规定，即“行使侦查、检察、审判职权的机关以及看守所、监狱管理机关及其工作人员在行使职权时侵犯公民、法人和其他组织的合法权益造成损害的，该机关为赔偿义务机关”，其体现的是“谁侵权，谁赔偿”原则。该条其他几款虽然分别对违法拘留、错误逮捕、二审无罪和再审无罪情形下如何确定赔偿义务机关作出具体明确的规定，且对于再审改判无罪的，明确规定“作出原生效判决的人民法院为赔偿义务机关”，采取责任吸收或者责任递进转嫁原则，实行赔偿义务机关后置。从责任递进转嫁来讲，实行赔偿义务机关后置，与“谁侵权，谁为赔偿义务机关”的原则并不冲突。

二、错判罚金、没收财产赔偿的赔偿义务机关如何确定

国家赔偿法第十八条第二项规定了刑事司法赔偿中的错判罚金、没收财产赔偿，但未规定谁为赔偿义务机关。当实际执行司法机关与作出原生效裁判法院不一致时（其实此情形会常出现，是因为刑事诉讼法规定，刑事二审终审，生效刑事判决的执行机关是一审法院），如何确定赔偿义务机关，其实就是对赔偿义务机关设定原则的具体适用问题。

（一）对国家赔偿法第十八条规定的理解和适用

根据国家赔偿责任构成要件说，侵权主体、侵权行为、损害结果、侵权行为与损害结果之间的因果关系是确定赔偿责任不可或缺的要素，且各

要素之间具有内在的关联性。法律规范是责任构成要件的载体。我国的刑事司法赔偿选择赔偿义务机关与侵权行为机关相一致的模式，赔偿义务机关虽然与侵权主体概念不同，但往往具有同一性。因此，如何确定错判罚金、没收财产赔偿的赔偿义务机关，首先要解决好对国家赔偿法第十八条规定的理解和适用问题。

为了对受害人在刑事诉讼中受损的财产权益给予救济，规范刑事诉讼中的公权力行为，国家赔偿法第十八条规定，“行使侦查、检察、审判职权的机关以及看守所、监狱管理机关及其工作人员在行使职权时有下列侵犯财产权情形之一的，受害人有取得赔偿的权利：（一）违法对财产采取查封、扣押、冻结、追缴等措施的；（二）依照审判监督程序再审改判无罪，原判罚金、没收财产已经执行的。”国家赔偿法第十八条分两项采取列举的方式规定了国家承担刑事赔偿责任的两种情形。第一项将违法对财产采取查封、扣押、冻结、追缴等措施的情形纳入赔偿范围，所针对的是司法机关对财产采取的具体强制措施的行为，目的在于督促司法机关严格依照法律规定，对涉案财产采取刑事强制措施，适用时应当注意，该规定采取的是违法归责原则，决定赔偿时不能忽视司法行为的违法性；第二项将再审改判无罪、原判罚金、没收财产已经执行的情形纳入赔偿范围，所针对的是法院的刑事错判行为，适用国家赔偿法第十八条第二项时，必须满足以下条件：（1）刑事案件再审改判无罪，即原生效判决错误，作出原生效判决的法院存在错判行为；（2）原生效判决系有罪判决，且其中有罚金或没收财产的判项；（3）原判罚金、没收财产已经执行。由此可见，该条的立法目的在于规范法院的刑事审判行为，督促法院依法行使刑事审判权，保证无罪的公民、法人、其他组织不受刑法的追究，而非规范法院或者其他司法机关对原生效刑事判决的执行行为。该规定采取的是结果归责原则，决定赔偿时无须审查审判程序是否违法，只要符合上述规定的责任构成条件，就应当决定赔偿。

（二）确定赔偿义务机关时，要特别注意区分审判、执行领域的几组概念

1. 从刑罚角度，要注意区分财产刑错判与自由刑错判

财产刑与自由刑两个不同的刑种错判赔偿，在适用便利原则采取赔偿

义务机关后置时，两者不能区别对待。财产刑属于附加刑，是以剥夺犯罪分子的财产为惩罚内容的刑种，有罚金和没收财产两种。罚金是指强制犯罪分子在一定的时限内向国家交纳一定数额的金钱。刑法第五十二条规定："判处罚金，应当根据犯罪情节决定罚金数额。"根据犯罪情节决定罚金的数额是罪责刑相适应原则的必然要求。刑法修正案（九）对贪污罪、受贿罪和相关行贿犯罪增加了罚金刑，体现了刑产刑与自由刑并重的立法精神。没收财产是附加刑中最重的一种，指强制没收犯罪分子个人所有财产的一部分或者全部，个人财产仅限于犯罪分子合法所有、现实存在的财产。罚金、没收财产只有经过法院生效判决确认后才能强制执行。财产刑与自由刑一样，具有惩戒犯罪的功能。所判财产刑越重，其惩戒力度越大，一审判决所判财产刑尚未生效，不能强制执行，生效判决对财产罚的轻重和执行与否具有决定性作用，其作出机关对侦查机关、一审法院所指控和查证事实应当作全面审查和认定，负有"把关"责任，因此，采用责任吸收或者责任递进转嫁原则，由二审法院对前面错误行使侦查、检察和一审职权的责任进行吸收，采取责任递进转嫁，将作出生效判决的二审法院作为赔偿义务机关，具有合理性和正当性。

2. 从职能部门的角度，要区分错误判决与错误执行

出于便利考虑，错判罚金、没收财产赔偿采取赔偿义务机关后置原则。但赔偿义务机关是否应当后置到整个刑事案件的执行程序结束，即错判罚金、没收财产赔偿的赔偿义务机关能否后置为执行机关，这也是本文需要解决的一个问题。

错判罚金、没收财产赔偿的赔偿义务机关不能后置为执行机关，是由错误判决行为和错误执行行为两种侵权行为的性质不同所决定的。错误判决行为属于法院错误行使审判职权的范畴，审判权可分为行政审判权、民事审判权和刑事审判权。刑事错误判决行为主要体现在审理程序、认定事实、适用法律、证据和司法廉洁等方面，常见的错误判决行为体现在：合议庭组成不当，未回避，未依法传唤当事人，未组织举证和质证，该收集的证据不收集，量刑不当，据以定罪量刑的证据不充分、不确凿，有罪判无罪或无罪判有罪、重罪轻判或轻罪重判，适用刑罚明显不当，认定罪名不正确，徇私枉法故意错判等。错误执行行为属于法院行使强制执行权的范畴，执行行为分为民事强制执行、行政强制执行和刑事强制执行。刑事

强制执行分为对自由刑的强制执行和对财产刑的强制执行，根据刑事诉讼法规定，对自由刑的强制执行机关通常情况下是监狱、公安机关。根据《最高人民法院关于刑事裁判涉财产部分执行的若干规定》，刑事裁判涉财产部分，由第一审人民法院执行。第一审人民法院可以委托财产所在地的同级人民法院执行。刑事裁判涉财产部分的执行内容是指发生法律效力的刑事裁判主文确定的下列事项：（1）罚金、没收财产；（2）责令退赔；（3）处置随案移送的赃款赃物；（4）没收随案移送的供犯罪所用本人财物；（5）其他应当由人民法院执行的相关事项。由此，错判罚金、没收财产赔偿与非法定案由的错误执行财产刑赔偿（国家赔偿法未规定刑事错误执行赔偿）虽然都涉及财产权损害赔偿，但两者具有本质区别。由于职权性质上的差异，错误执行行为与错误审判行为不可能存在责任吸收或责任递进转嫁问题，因此，将错判罚金、没收财产赔偿的赔偿义务机关后置到执行机关的观点缺乏科学依据。

3. 从执行程序角度，要区分执行根据错误与执行行为错误

持赔偿义务机关应为执行机关观点的人或许其理由并不在于应当采取赔偿义务机关后置原则，而是基于对财产刑与自由刑错判、非刑事司法赔偿中的错误执行所引起的赔偿责任在归责原则上均采取结果归责原则，该类赔偿责任确定时，只问结果，不问错误产生的原因，从而容易混淆执行根据错误和对原生效判决执行行为错误。实践中，经常有人将执行行为错误与执行根据错误统称为执行错误，这是不对的。执行根据解决的是应当不应当启动执行程序的问题，执行行为是指执行程序启动后，执行法院对执行标的物所实施的一系列强制措施。执行根据错误是指作为执行根据的原生效刑事裁判错误，根据刑事诉讼法第二百五十九条规定："判决和裁定在发生法律效力后执行。下列判决和裁定是发生法律效力的判决和裁定：（一）已过法定期限没有上诉、抗诉的判决和裁定；（二）终审的判决和裁定；（三）最高人民法院核准的死刑的判决和高级人民法院核准的死刑缓期二年执行的判决。"由于执行根据错误源于法院的错判行为，故其纠错渠道是审判监督程序，启动模式有当事人申请再审、本院院长提交审判委员会决定再审、上级法院提审或者指令再审、检察机关抗诉。执行行为错误是指执行根据并没有错误，而是执行机关所采取的查封、扣押、冻结、拍卖等执行措施等错误，以及执行范围、执行对象、执行方式等错误，导

致申请执行人、被执行人或者案外人的权益受到损害，其纠错渠道有执行异议、执行复议、执行监督程序。因此，从执行程序角度区分执行根据和执行行为，可以更好地理解错判罚金、没收财产赔偿的赔偿义务机关设定所应遵循的原则，该类赔偿的义务机关不能为执行机关。

国家赔偿法第十八条第二项是针对法院错判行为即执行根据错误所作出的赔偿规定，而非对财产刑的错误执行赔偿。根据该规定，一个完全无罪之公民、法人或其他组织，如果受到刑事错误判决导致其合法的财产权益受到损害，有权利要求国家赔偿。对于前述几组概念理解到位后，便不难理解，此情形下为什么应当将作出错误生效判决的法院作为赔偿义务机关。主流观点亦认为，依照审判监督程序，再审改判无罪，原判罚金、没收财产已经执行，原判侵犯了公民的财产权，因此，被告人由原审判处罚金、没收财产，不论是单独适用，还是附加适用，经再审改判无罪即是对法院错判罚金、没收财产的确认，作出原生效判决的法院即是赔偿义务机关。[①] 况且，国家赔偿法实行法定赔偿原则，目前只将对生效民事、行政判决等生效法律文书执行错误的情形纳入了非刑事司法赔偿的范围，而未将对生效刑事判决的财产刑部分的错误执行行为纳入国家赔偿范围，财产刑错误执行赔偿不能成为正式的法定赔偿案由。财产刑错误执行赔偿与非刑事司法赔偿中的错误执行赔偿分属于不同的司法赔偿领域，虽然在执行程序上有一些相似性，但其本质差异十分明显，仅在执行当事人上，民事、行政强制执行程序就比刑事财产刑执行案件多一个“申请执行人”，不能比照非刑事司法赔偿的错误执行赔偿确定赔偿义务机关。从上述层面讲，将财产刑的实际执行机关作为错判罚金、没收财产赔偿的赔偿义务机关，亦有不妥。

至于财产刑错误执行产生损害如何实现救济，一是执行程序内救济。根据《最高人民法院关于刑事裁判涉财产部分执行的若干规定》第十六条规定，人民法院办理刑事裁判涉财产部分执行案件，刑法、刑事诉讼法及有关司法解释没有相应规定的，参照适用民事执行的有关规定。二是执行程序外救济。根据国家赔偿法第十八条第一项规定，“行使侦查、检察、

---

① 参见江必新主编：《〈中华人民共和国国家赔偿法〉条文理解与适用》，人民法院出版社 2010 年版，第 190 页。

审判职权的机关以及看守所、监狱管理机关及其工作人员在行使职权时有下列侵犯财产权情形之一的，受害人有取得赔偿的权利：（一）违法对财产采取查封、扣押、冻结、追缴等措施的；……”《最高人民法院关于国家赔偿案件案由的规定》第九条虽然规定其案由属于违法查封、扣押、冻结、追缴等赔偿，但上述规定中，“行使侦查、检察、审判职权的机关”应当包括对生效判决的涉财产刑部分的执行机关，“采取查封、扣押、冻结、追缴等措施”亦应当包括在对生效判决涉财产刑部分的执行程序中所采取的执行措施。因此，对财产刑执行中具有国家赔偿法第十八条第一项规定情形，可以申请国家赔偿。但其案由并非财产刑错误执行赔偿，而是违法查封、扣押、冻结、追缴等赔偿，且适用该项规定时，应当注意其归责原则为违法归责原则。

【意见建议】

鉴于司法实践中对于再审改判无罪，原判决的财产刑及追缴财物已经执行，赔偿请求人要求国家赔偿的，应由实际执行机关作为赔偿义务机关，还是由作出原生效裁判的法院作为赔偿义务机关，还存在争论，建议司法解释对此作出明确规定，由作出原生效裁判的法院作为赔偿义务机关。另规定，赔偿请求人主张实际执行机关在执行生效刑事判决涉财产刑部分的过程中存在违法查封、扣押、追缴等情形要求赔偿，符合国家赔偿法第十八条第一项规定情形的，可以根据该规定，以该执行机关作为赔偿义务机关申请国家赔偿。

（撰稿人：最高人民法院　崔晓林）

委托执行引起国家赔偿责任时赔偿义务机关的确定

【核心观点】

即使执行裁定系由委托法院作出，受托法院立案以后，亦应审查委托法院先前作出的执行裁定的合法性与妥当性，如果未加审查即径行采取具体执行措施的，应当认定委托法院与受托法院均有过错，应当共同承担赔偿责任。在其他委托法院与受托法院均有过错的情形下，如果能够分清各自的过错，可以由申请人分别以各个法院为赔偿义务机关主张权利；如果存在混合过错的情形，宜由受理国家赔偿案件的人民法院依职权或者根据申请人的申请，追究相关法院作为赔偿义务机关，一并查清案件事实，判定相应的责任。目前，国家赔偿法以及相关司法解释缺乏追加司法赔偿的赔偿义务机关的程序性设计，可以参照国家赔偿法第十条行政赔偿程序中共同赔偿义务机关的立法精神，通过法律适用的解释来实施。对于因事项委托产生的国家赔偿案件，宜采取将委托法院作为赔偿义务主体的工作模式。

【问题及相关背景】

民事强制执行中，因执行法院所在地无被执行人财产可供执行，为了最大限度实现申请人权益，势必要根据被执行人财产状况，开展必要的跨区域执行活动。根据有关民事诉讼法律和司法解释规定，跨区域执行可具体分为委托执行和异地执行，但我国执行工作原则上不开展异地执行，如果出现执行法院辖区内没有被执行人财产可供执行且在其他地区可能有财产可供执行的情况，一般采取委托执行方式。司法实践中，若法院内部之间在委托执行中协调、协助不当可能导致财产流失，损害债权人合法权利，最终引起国家赔偿。对于此类国家赔偿案件，如何确定赔偿义务机关，如何合理界定各有关法院的国家赔偿责任范围，均为司法实践中需要研究的问题。笔者检索发现，关于法院内部之间在委托执行中因协调、协助不当导致财产流失引起国家赔偿问题，在我国理论研究领域尚属空白，司法实务中的做法亦不统一。为此，笔者借鉴国内外有关强制执行以及国家赔偿基本理论，参考司法实践中的工作经验，就这一问题进行初步探索，希望能够引起有关方面思考，以此促进强制执行和国家赔偿工作的顺利开展。

【理论探讨】

一、委托执行的分类及相应的规范依据

我国现行法律规定的委托执行制度，是指执行法院对被执行人或者被执行的财产在外地法院管辖范围内的执行案件，按照法律规定的条件和程序，将执行权全部或者部分转移给外地法院，并由其实施强制执行的一项执行制度。民事诉讼法第二百三十六条规定，被执行人或者被执行的财产在外地的，可以委托当地人民法院代为执行。受委托人民法院收到委托函件后，必须在十五日内开始执行，不得拒绝。执行完毕后，应当将执行结果及时函复委托人民法院；在三十日内如果还未执行完毕，也应当将执行情况函告委托人民法院。2011 年 5 月 3 日，《最高人民法院关于委托执行若干问题的规定》[①]（以下简称《委托执行规定》）就法院内部之间委托执行工作作了具体全面的规定。2018 年 5 月 31 日，最高人民法院作出《最高人民法院关于进一步规范指定执行等执行案件立案、结案、统计和考核工作的通知》（法明传〔2018〕335 号），该通知要求，“需要委托异地法院执行的，原则上要通过事项委托方式办理，不提倡将全案委托执行，确需全案委托执行的，委托法院和受托法院要严格按照有关司法解释的规定层报各自所在的高级人民法院备案。各高级人民法院要加强对下辖法院全案委托执行和受托执行工作的管理。”根据上述司法解释和司法性文件的规定，委托执行可具体分为全案委托执行和事项委托执行两种情

① 经 2020 年 12 月 23 日法释〔2020〕21 号修正。——编者注

况。无论是全案委托还是事项委托，委托法院与受托法院之间均需要相互协调、协助。如果因为未能及时协助或者协助不当导致财产流失，侵害债权人合法权益的，债权人可提出国家赔偿申请，相关法院应根据自身的过错情况承担相应的国家赔偿责任。

二、全案委托执行中法院内部协助不当导致财产流失产生的国家赔偿问题

笔者通过检索全案委托执行中法院内部协助不当导致财产流失产生的国家赔偿案件类型，主要包括因委托不当产生的国家赔偿案件、办理委托执行手续过程中因协助不当产生的国家赔偿案件以及对执行财产查封措施衔接不当产生的国家赔偿案件等情况。对上述类型国家赔偿案件的审理，应结合有关委托执行的法律和司法解释规定，立足于国家赔偿审判工作实际，坚持保护申请人的合法权益。对于实际工作中出现的新问题、新情况，应当准确把握立法精神，采取立法论、解释论的科学方法，以适当前瞻性的眼光解决矛盾纠纷。

（一）因委托不当产生的国家赔偿案件的审理

《委托执行规定》第一条第一款[①]规定："执行法院经调查发现被执行人在本辖区内已无财产可供执行，且在其他省、自治区、直辖市内有可供执行财产的，应当将案件委托异地的同级人民法院执行。"该条规定了委托执行应具备的条件：一是执行法院经过了财产调查程序；二是被执行人在本辖区内确已无财产可供执行；三是被执行人在执行法院辖区外的其他地区有可供执行的财产。在考虑委托执行时，应当严格把握委托执行的条件，应当以被执行人在受托法院辖区内有可供执行的财产为前提。如果仅仅以被执行人的住所地在外地，尚未发现有可供执行的财产为由，则执行法院不得办理委托执行。实践中，刑事附带民事、交通肇事赔偿、人身损害赔偿等类型的执行案件，因被执行人难以查找，且大多数是外出打工人员或者刑满释放人员，如果委托法院将此类并无财产可供执行的案件委托

① 经2020年12月23日法释〔2020〕21号修正为："执行法院经调查发现被执行人在本辖区内已无财产可供执行，且在其他省、自治区、直辖市内有可供执行财产的，可以将案件委托异地的同级人民法院执行。"——编者注

执行，案件执行到位率往往比较低。审判实践中，当事人因不当委托执行申请国家赔偿的，一般不会得到支持，债权人往往以案件久拖不执为由申请国家赔偿。为了从源头上减少国家赔偿案件，切实保护当事人合法权益，有关法院宜从严掌握案件的委托执行条件。

（二）办理委托执行手续过程中因协助不当产生的国家赔偿问题

《委托执行规定》第四条第一款①规定："委托执行案件应当由委托法院直接向受托法院办理委托手续，并层报各自所在的高级人民法院备案。"在《委托执行规定》实施以前，办理委托执行手续比较烦琐，且周期较长。以基层法院委托外省法院执行为例，其程序为：由发起委托的基层法院层报辖区中级法院、高级法院，然后由本省高级法院移交外省高级法院，再由外省高级法院通过中级法院移交基层法院。委托执行案件周转的法院较多，传递途径复杂混乱，耗时较长，给委托法院、受托法院与当事人的联系造成诸多不便。2011 年 5 月 3 日实施的《委托执行规定》对此进行了改革，规定由委托法院直接向受托法院办理委托手续，在办理完毕委托手续后层报各自所在地的高级法院备案。

如果当事人认为相关法院办理委托执行手续时间过长，构成故意拖延、怠于执行，并因此造成财产流失要求国家赔偿的，法院在审理此类国家赔偿案件时，首先应当区分委托执行案件发生在《委托执行规定》实施前还是《委托执行规定》实施后。如果在《委托执行规定》实施之前，因办理委托手续烦琐，涉及法院较多，如果没有明显的拖延故意，周期过长不能认定相关法院怠于履职，不能支持申请人提出的国家赔偿请求。如果委托执行案件发生在《委托执行规定》实施之后，委托手续相对简化，且流程更加明晰，对于是否存在故意拖延的判断也相对明确，对于此类国家赔偿案件应当结合具体个案情况来判断相关法院是否存在故意拖延造成财产流失的行为，最终决定当事人提交的国家赔偿请求是否成立。

《委托执行规定》第五条②规定了案件委托执行时，委托法院应当提供的材料。该条分八项规定了委托法院应当具体提交的材料类型。应当说，

---

① 2020 年 12 月 23 日法释〔2020〕21 号对本款内容未作修改。——编者注

② 2020 年 12 月 23 日法释〔2020〕21 号对该条内容未作修改。——编者注

案件符合委托执行条件的，委托法院应当一次性提交该条规定的相关材料，避免因材料不全导致执行的拖延。遇有案情复杂等特殊情况的，根据受托法院的要求，委托法院也应当一次性补齐所需材料。如果查证属实因委托法院提供材料不齐全导致受托法院无法及时立案，无法及时采取有效执行措施导致财产流失，委托法院应为此承担相应的责任。

（三）因对执行财产查封措施衔接不当产生的国家赔偿问题

委托法院对债务人在异地的财产采取了财产保全措施，判决生效进入执行程序以后，委托法院根据情况将案件委托异地法院执行，将产生财产保全如何衔接，查封、扣押、冻结的顺位以及协助执行等一系列难题。因此，《委托执行规定》第六条①对此作了规定：一是已查封、扣押、冻结的被执行人异地财产在委托执行时一并移交给受托法院处理；二是委托法院对被执行人财产已经采取查封、扣押、冻结措施的，视为受托法院的查封、扣押、冻结措施；三是受托法院需要继续采取查封、扣押、冻结措施的，持委托执行函和立案通知书办理相关手续即可；四是受托法院续封、续冻时，仍为原委托法院的查封、冻结顺位；五是查封、扣押、冻结等措施的有效期限在移交受托法院时不足一个月的，委托法院应先行办理续封、续冻，再移交受托法院，以避免查封财产因委托期间未及时续封、续冻而流失。

国家赔偿审判实践中，有关因对执行财产查封措施衔接不当产生的国家赔偿问题，主要出现了以下几种情况。一是委托法院在办理委托执行手续时，因移交材料不全或者未移交财产保全手续，导致受托法院未能及时立案，未能及时采取续封、续冻措施，致使被执行人财产流失造成损失。出现此类问题，主要责任在于委托法院，当事人因此申请国家赔偿的，委托法院应当对自身的过错承担相应的赔偿责任。二是查封、扣押、冻结措施的有效期限在移交受托法院时不足一个月，委托法院没有先行办理续封、续冻即径行移交受托法院，保全财产在办理委托手续期间因有效期限届满失去保全措施而流失，导致申请人财产损失。出现此类情况，责任在于委托法院，委托法院应当对此承担相应的国家赔偿责任。另外还需注意

---

① 2020年12月23日法释〔2020〕21号对该条内容未作修改，下同。——编者注

的是，如果查封、扣押、冻结措施的有效期限在移交受托法院时超过一个月，但因办理委托手续致使保全财产在办理委托手续期间有效期限届满，并因失去保全措施而流失，有关法院应否对此承担赔偿责任？笔者认为，《委托执行规定》第六条规定的一个月期间，应理解为办理委托手续的合理期间，也就是说，在一般情况下委托手续是能够在一个月内办妥的。如果因案情复杂、情况特殊未能在一个月内办妥委托手续，因受托法院在办理手续期间尚未立案，尚未取得强制执行权，委托法院更能够掌握有效期限是否届满的情况，更便于采取必要的续封、续冻措施。因此，如果因办理委托手续期限过长导致保全财产有效期限届满而流失的，委托法院具有过错，应当对此承担赔偿责任。三是受托法院接受委托立案以后，没有注意到随卷移送的财产保全措施，未采取必要的执行行为，保全措施有效期限届满前未采取必要的续封、续冻措施，致使已被保全财产流失或者丧失了先前的保全顺位，造成申请人损失。此类情况的主要责任在于受托法院，当事人因此申请国家赔偿的，受托法院应对自身的过错承担相应的赔偿责任。

（四）全案委托情形中赔偿责任主体的确定问题

《委托执行规定》第二条第一款①规定："案件委托执行后，受托法院应当依法立案，委托法院应当在收到受托法院立案通知书后作委托结案处理。"该条款是对过去委托执行制度的一项改革，以往对于委托执行案件是属于委托法院还是受托法院存在模糊认识，造成委托法院与受托法院职责不清，国家赔偿责任主体不明确的问题。《委托执行规定》对此予以明确，即案件办妥委托执行手续以后，受托法院应当依法立案，作为自己的执行案件；委托法院应当作委托结案处理。在全案委托执行情形中的国家赔偿案件，当事人可能从整个执行程序着手，提出国家赔偿申请，具体的事由既可能涉及委托执行之前的执行行为，也可能涉及委托执行以后的执行行为，还有可能专门针对办理委托执行手续。有关委托执行国家赔偿义务机关的确定，国家赔偿法以及相关司法解释均未涉及，仅在 2013 年 12

① 经 2020 年 12 月 23 日法释〔2020〕21 号修正为："案件委托执行后，受托法院应当依法立案，委托法院应当在收到受托法院的立案通知书后作销案处理。"——编者注

月 12 日发布的《最高人民法院办公厅关于国家赔偿法实施中若干问题的座谈会纪要（二）》（法办〔2013〕151 号）第 12 条规定，受托法院对判决、裁定及其他生效法律文书执行错误，系因委托法院作出执行裁定错误所致的，应由委托法院作为赔偿义务机关；因受托法院具体执行行为违法所致的，应由受托法院作为赔偿义务机关。笔者认为，应分情况研究确定实施具体执行行为的机关是否承担赔偿责任。即使执行裁定系由委托法院作出，受托法院立案以后，亦应审查委托法院先前作出的执行裁定的合法性与妥当性，如果未加审查即径行采取具体执行措施的，应当认定委托法院与受托法院均有过错，应当共同承担赔偿责任。当其他委托法院与受托法院均有过错的情形下，如果能够分清各自的过错，可以由申请人分别以各个法院为赔偿义务机关主张权利；如果存在混合过错的情形，宜由受理国家赔偿案件的人民法院依职权或者根据申请人的申请，追究相关法院作为赔偿义务机关，一并查清案件事实，判定相应的责任。目前，国家赔偿法以及相关司法解释缺乏追加司法赔偿的赔偿义务机关的程序性设计，可以参照国家赔偿法第十条行政赔偿程序中共同赔偿义务机关的立法精神，通过法律适用的解释来实施。

三、事项委托执行中因法院内部协助不当造成财产流失产生的国家赔偿问题

《最高人民法院关于进一步规范指定执行等执行案件立案、结案、统计和考核工作的通知》要求，需要委托异地法院执行的，原则上要通过事项委托方式办理，不提倡将全案委托执行。实践中，法院之间往往存在大量的事项委托，委托法院仍然是执行法院，受托法院一般不作立案处理，根据具体的委托办理协助查封、扣押、冻结措施等事项。为了进一步规范执行工作中的事项委托，最高人民法院于 2017 年 9 月 8 日印发《最高人民法院关于严格规范执行事项委托工作的管理办法（试行）》（以下简称《事项委托办法》），对执行工作中的事项委托相关事宜作了明确规定。其中，《事项委托办法》第一条规定了事项委托的具体范围，包括：（1）冻结、续冻、解冻、扣划银行存款、理财产品；（2）公示冻结、续冻、解冻股权及其他投资权益；（3）查封、续封、解封、过户不动产和需要登记的动产；（4）调查被执行人财产情况；（5）其他法院执行事项委托系统中列

明的事项。《事项委托办法》同时规定了事项委托的方式、委托法院需要提供的有关材料以及相应的法律文书、委托办理的合理期限、委托法院与受托法院之间就相关事宜的沟通以及受托法院对所托事项的办理等。法院关于事项委托执行工作中产生的国家赔偿案件，应当适用或者参照适用《委托执行规定》《事项委托办法》以及其他相关法律、司法解释的有关规定，结合案件的具体情况，综合审理认定。

（一）委托过程中因沟通协助不当产生的国家赔偿问题

《事项委托办法》第三条规定："委托法院进行事项委托一律通过执行办案系统发起和办理，不再通过线下邮寄材料方式进行。受托法院收到线下邮寄材料的，联系委托法院线上补充提交事项委托后再予办理。"《事项委托办法》出台前，事项委托一般采取传统的线下邮寄的方式进行。邮寄材料相对于线上委托耗时较多，不利于瞬息万变的执行工作形势，也不利于最大限度保护申请人的合法权益。《事项委托办法》出台后，如果委托法院仍然采取传统的线下邮寄方式进行委托，延误了最佳的执行时机，致使被执行人财产流失，即使没有证据证明委托法院存在故意拖延执行的情形，也应当认定委托法院具有一定的过错，可以判定委托法院就此产生的损失承担相应的赔偿责任。

《事项委托办法》第四条、第七条、第八条、第九条、第十条分别规定委托法院应当通过线上推送或录入委托法院名称、受托法院名称、案号、委托事项、办理期限、承办人姓名、联系方式，并附相关法律文书。相关法律文书应当包括执行裁定书、协助执行通知书、委托执行函、送达回证（或回执），并附执行公务证件扫描件。委托扣划已冻结款项的，应当提供执行依据扫描件并加盖委托法院电子签章。受托法院通过人民法院执行事项委托系统收到事项委托后，应当尽快核实材料并签收办理。如果委托办理的事项超出《事项委托办法》第一条所列范围且受托法院无法办理的，受托法院与委托法院沟通后可予以退回。如果委托法院提供的法律文书不符合要求或缺少必要文书，受托法院无法办理的，应及时与委托法院沟通告知应当补充的材料。未经沟通，受托法院不得直接退回该委托。委托法院应于三日内通过系统补充材料，补充材料后仍无法办理的，受托法院可说明原因后退回。《事项委托办法》的上述规定，一方面，要求委托法院尽量一次性提供全面而准确的材料和相关法律文书；另一方面，也要求受托法院不得推诿，应当尽快核实确定材料以及文书的准确性，以便于及时办理委托事项。如果委托法院或者受托法院在委托过程中未按《事项委托办法》要求妥善办理，导致已经查明的被执行人财产流失的，应当根据各自的过错承担相应的赔偿责任。

（二）违反办理期限造成财产流失的国家赔偿责任问题

《事项委托办法》第六条规定："办理期限应当根据具体事项进行合理估算，一般应不少于十天，不超过二十天，需要紧急办理的，推送事项委托后，通过执行指挥中心联系受托法院，受托法院应当于24小时内办理完毕。"事项委托不同于全案委托，所委托的事项相对而言比较单一明确，大多数情况下限于《事项委托办法》第一条所规定的范围，所委托的事项一般情况下均能在较短时间内办结。而且委托的事项对于实现执行目的均有一定的时限性，能否及时办结直接关系执行目的能否实现。因此，《事项委托办法》规定，办理期限一般不少于十天，不超过二十天。需要紧急办理的，受托法院应当于二十四小时内办理完毕。这就要求受托法院应当根据所托事项的具体情况以及委托法院的特别要求，在合理期限内及时办结。出现需要紧急办理的情形，受托法院应当在第一时间办理完毕。另外，如果委托事项比较急迫，即使委托法院线上录入的有关信息或者法律文书不齐备，受托法院根据实际情况能够先行办理的，也应当先行办理，最大限度避免因材料或者文书不齐导致贻误最佳时机，造成财产流失的不良效果。但是，也应当坚持依法办理的原则，避免出现因委托不合法合规导致事项办理错误的情况。

法院对于当事人提出的因事项委托办理不及时产生的违法执行的国家赔偿案件的审理，应重点审查两个方面：一方面，委托法院是否及时提交委托请求，一般来说，应当根据需要委托办理事项的紧急程度，并给受托法院留出合理的办理期限，及时进行委托。比如，根据申请人提供的被执行人在异地的财产线索，如果被执行人涉及多起诉讼，有多个债权人的，执行法院应当尽快通过线上进行事项委托，委托财产所在地法院调查财产情况，并对查到的财产采取必要的保全措施。如果执行法院对于债权人提供的财产线索没有合理理由、故意不及时开展事项委托的，应当认定为构成故意拖延执行或者不执行，由此造成财产流失的，委托法院应承担相应的赔偿责任。另一方面，应当审查受托法院接受委托后是否在合理期限内办理所委托的事项。受托法院虽然不是执行案件的执行法院，但同样负有在合理期限内及时办理受托事项的法定职责。如果因为受托法院具体工作人员怠于履职，未能在合理期限内办理委托事项，导致被执行人财产流失的，受托法院也应当对此承担相应的赔偿责任。

（三）因事项委托产生的赔偿案件责任主体的确定问题

事项委托不同于全案委托。在全案委托情形下，委托成立以前，委托法院为执行案件的执行法院，应当对此前的一切具体执行行为承担赔偿责任；委托成立以后，受托法院成为案件的执行法院，应当对委托之后自己独立实施的执行行为承担赔偿责任。但特殊之处在于，有些情况下可能委托法院和受托法院因分别实施的行为共同造成损害后果的发生，这是全案委托情形下国家赔偿责任主体的主要情况。但事项委托情形下，委托法院自始至终都是案件的执行法院，债权人面对的一直都是委托法院。并且同一件执行案件可能存在多次委托，委托多家法院的情况。而受托法院并非案件的执行法院，除非为了核实了解必要的情况，受托法院一般不必接触申请执行人，由此，很多情况下申请执行人可能并不知道受托法院的存在。但是，受托法院因为事项委托的成立，无论是否办理受托事项，客观上均应当认定参与了案件的执行工作。因此，事项委托执行的情形下，国家赔偿责任主体的确定，有两种工作模式。一种工作模式是基于委托法院作为案件的执行法院自我责任原则，将受托法院的行为视为委托法院的行为，一律由委托法院单独承担国家赔偿责任。至于委托法院与受托法院之间处于何种关系，相互间权利义务关系如何处理，不作为国家赔偿案件的考量范围。此种工作模式特点是权利义务关系单一，能够一次性解决申请人提出的所有国家赔偿请求，对于保障申请人的权利实现比较便捷。另一种工作模式是基于公平合理原则，厘清委托法院与受托法院各自的责任，谁的过错就由谁自行承担责任。此种工作模式的特点是考虑了案件的具体情况，合理分清相关法院的责任，比较公平合理。但对于保障申请人权利颇为不利，特别是现行国家赔偿法缺乏追究责任主体制度的情况下，申请人始终面对的是作为执行法院的委托法院，很多情况下并不知道受托法院的存在，加之如何认定申请人与受托法院之间存在公法上的权利义务关系存在困难，给申请人承担举证责任和主张权利带来困难。比较上述两种工作模式，笔者倾向于在目前的情况下，对于因事项委托产生的国家赔偿案件，宜采取将委托法院作为赔偿义务主体的工作模式。如果后一种工作模式更具有合理性，可以通过将来修改国家赔偿法或者制定司法解释的方式予以明确。

【意见建议】

委托执行是执行工作中针对跨区域执行的一项重要工作制度，最高人民法院专门针对委托执行作出规范，明确了委托法院和受托法院的职责范围。法院审理涉委托执行领域的国家赔偿案件，要全面理解和把握相关规定，正确区分执行救济、民事诉讼与国家赔偿等权利救济方式的区分与联系，只有符合国家赔偿案件受理条件的，才能够通过国家赔偿程序为权利人提供救济。对于不符合国家赔偿案件受理条件的，要告知权利人通过其他合法渠道进行权利救济。

（撰稿人：最高人民法院　李延忱）

三、赔偿方式和计算标准

国家赔偿法上消除影响、恢复名誉、赔礼道歉的运用

【核心观点】

国家赔偿法上的消除影响、恢复名誉、赔礼道歉是我国国家赔偿法开创性的规定，但这一规定被认为是“先天不足”“后天发展缓慢”，在司法适用中不时发生“间歇性失效”，其法律规定既不明确，实践做法亦不统一，理论研究更不深入，长期以来停留在法律规定上的宣示意义，制度价值未能得到充分彰显。关于消除影响、恢复名誉、赔礼道歉应否作为我国国家赔偿方式，我们有条件地赞同肯定说，即认为其是辅助性的国家赔偿方式，与作为主要赔偿方式的支付赔偿金、恢复原状、返还财产相伴随，而不宜仅以消除影响、恢复名誉、赔礼道歉的方式承担国家赔偿责任。民法、刑法、国际公法等部门法都对国家赔偿法上的消除影响、恢复名誉、赔礼道歉产生了极大影响，域外法也有一些借鉴意义，但消除影响、恢复名誉、赔礼道歉在世界各国都是一个不断完善发展的制度，不仅牵涉国家赔偿责任方式，更牵涉民事侵权责任方式，甚至还涉及证据法上的意义，当然也包括如何强制执行的困扰。对于进一步健全完善这一制度规范，笔者认为至少需要从五个方面重构：一是明确消除影响、恢复名誉、赔礼道歉是几种责任方式；二是确定其适用范围应包括司法赔偿与侵犯财产权之情形；三是明确消除影响、恢复名誉、赔礼道歉的责任方式不能被单独作为决定内容；四是消除影响、恢复名誉、赔礼道歉的形式与内容、时间和场合均应坚持与侵害行为相对等的原则；五是建立消除影响、恢复名誉、赔礼道歉强制执行的保障机制。

【问题及相关背景】

“为受害人消除影响，恢复名誉，赔礼道歉”是从 1994 年国家赔偿法颁布之时就已有的规定，其第三十条规定：“赔偿义务机关对依法确认有本法第三条第（一）、（二）项、第十五条第（一）、（二）、（三）项规定的情形之一，并造成受害人名誉权、荣誉权损害的，应当在侵权行为影响的范围内，为受害人消除影响，恢复名誉，赔礼道歉。”但也有论者指出，从世界各国的立法例来看，把消除影响、恢复名誉、赔礼道歉作为国家赔偿方式的几无先例，我国国家赔偿法是“开创性地将赔礼道歉作为国家承担赔偿责任的方式之一”[①]。此问题在立法之时就产生过不小的争议：反对者认为其无异于“隔靴搔痒”，起不到权利救济作用；支持者则认为其是一种精神安慰，有利于化解矛盾，达成谅解，实现国家管理职能。[②] 最终考虑到我国尚不充裕的有限国力和东方文明“重礼仪”的传统文化观念，在国家赔偿法中明确规定“国家赔偿以支付赔偿金为主要方式”的前提下，[③] 立法机关进一步规定了为受害人消除影响、恢复名誉、赔礼道歉作为国家赔偿方式。然而这一法律规定在多年来的实践中却广受诟病，被认为是“先天不足”“后天发展缓慢，导致其在司法适用中不时发生‘间歇性失效’”[④]。

2015 年 9 月 7 日的《亳州晚报》头版刊登了一则道歉公告，刊登者系安徽省高级人民法院，公告内容是为“亳州兴邦公司集资诈骗案”中原判有罪的邱超等 19 位赔偿请求人“消除影响，恢复名誉，并向他们赔礼道

---

① 王晨：《国家赔偿领域中赔礼道歉制度的检讨与建构——从国家赔偿法、民法、刑法、国际公法“四法”比较的角度谈起》，载《法学杂志》2009 年第 5 期。

② 参见刘家琛主编：《国家赔偿法及配套规定新释新解》，人民法院出版社 2006 年版，第 881 页。

③ 另如有的国家就只规定了金钱赔偿的方式，如《奥地利国家赔偿法》第 1 条：“损害赔偿仅以金钱之方式为之。”参见胡锦光主编：《国家赔偿法》，中国人民大学出版社 2017 年版，第 116 页。

④ 王新龙：《国家赔偿中赔礼道歉制度的法社会学考察——一种受害人中心主义视角下的模式选择》，载《湘南学院学报》2017 年第 3 期。

歉”。由于这是全国首例法院登报公开道歉，一时评论众多，[①] 重新引起人们对国家赔偿法是否应当规定以及如何实现法律规定消除影响、恢复名誉、赔礼道歉的思考与争论。其实在此之前就已有研究者以湖南省2008—2012年审结的300余件国家赔偿案件为样本做过分析：在支持了赔偿请求人消除影响、恢复名誉、赔礼道歉请求的决定书中，31.9%的案件都未在决定正文中体现，仅在决定书说理部分阐述，严格来讲遗漏了当事人的诉请。即便是在决定正文明确要求消除影响、恢复名誉、赔礼道歉，赔偿义务机关实际履行了口头道歉的，也仅占16%。而在决定书说理部分认为应当消除影响、恢复名誉、赔礼道歉的，赔偿义务机关实际履行口头道歉的，更只占1.4%。因此，61.3%的赔偿请求人都对法院的决定方式和赔偿义务机关履行消除影响、恢复名誉、赔礼道歉的方式表示不满。但与此同时，另一方面，绝大多数赔偿义务机关则认为，已经通过公开的国家赔偿程序决定给予经济赔偿，在一定程度上就相当于消除影响、恢复名誉、赔礼道歉，所以仅有17.4%的赔偿义务机关认同确有必要专门为受害人消除影响、恢复名誉、赔礼道歉。[②] 由此可见，消除影响、恢复名誉、赔礼道歉的实践做法颇为混乱，长期以来并未真正落实，最终不了了之的情况比比皆是，[③] 所以国家赔偿法施行二十年后才有的首例法院登报公开消除影响、恢复名誉、赔礼道歉也引起了一时轰动，但此后又归于沉寂，在之后人民法院平反的一系列重大冤错案件中，法院登报公开消除影响、恢复名誉、赔礼道歉并未成为常态。

事实上，虽然2010年国家赔偿法修正最大的亮点之一即是针对精神损害赔偿，将第三十条修改为第三十五条："有本法第三条或者第十七条规定情形之一，致人精神损害的，应当在侵权行为影响的范围内，为受害人消除影响，恢复名誉，赔礼道歉；造成严重后果的，应当支付相应的精神损害抚慰金。"但此次修订对消除影响、恢复名誉、赔礼道歉本身着墨不

---

① 如张枫逸：《"法院登报道歉"比经济赔偿更重要》，载《光明日报》2015年9月14日；张贵峰：《法院向蒙冤者道歉理应成为常态》，载《工人日报》2015年9月10日；樊大彧：《法院道歉有助修复司法公信》，载《浙江法制报》2015年9月10日。

② 参见张平、王译萱：《论赔礼道歉在国家赔偿中的适用》，载《上海政法学院学报（法治论丛）》2013年第6期。

③ 参见王新龙：《国家赔偿中赔礼道歉制度的法社会学考察——一种受害人中心主义视角下的模式选择》，载《湘南学院学报》2017年第3期。

多。更有甚者，按照此次修订，行政赔偿侵犯人身权的，从此前的第一项、第二项两种情形扩展涵盖全部五项五种情形，刑事赔偿侵犯人身权的，也从第一项至第三项三种情形扩展涵盖全部五项五种情形，但由于将“造成受害人名誉权、荣誉权损害的”修改为“致人精神损害的”，又造成了新的理解上的困扰。具体而言，一是是否涵盖司法赔偿不甚清晰。虽然按照国家赔偿法第三十八条的规定，人民法院在民事诉讼、行政诉讼过程中产生的司法赔偿亦适用刑事赔偿程序的规定，但前述第三十五条并没有明确指出亦包括第三十八条之情形，而只规定了有国家赔偿法第三条或者第十七条规定之情形。如要涵盖司法赔偿，需要从第三十八条指向第十七条，认为其也是第十七条所规定的情形之一，然后再依据第三十五条适用之。显然这一法律适用跨度过大，需要两次转承，未必符合对第三十五条本意的文义解释。但是如果不能涵盖司法赔偿，在司法赔偿中显然也大量存在侵犯人身权“致人精神损害的”情形，最为典型的就是错误采取妨碍诉讼的强制措施，与无罪羁押刑事赔偿虽有质和量的区别，但二者在侵犯人身权的形式上是相似的，不予消除影响、恢复名誉、赔礼道歉于理不通。二是对于因侵犯财产权而“致人精神损害的”是否承担消除影响、恢复名誉、赔礼道歉责任不甚清楚。虽然严格按照第三十五条之规定即应“有本法第三条或者第十七条规定情形之一”，然而国家赔偿法第三条和第十七条均明确限定“侵犯人身权”，但是2010年的修法又并没有将此前所规定的“造成受害人名誉权、荣誉权损害的”径直修改为“造成受害人人身权损害的”，而是修改为“致人精神损害的”，如此，则似有意地为侵犯财产权的精神损害赔偿留下了解释空间。① 事实上由于国家所具有的权威性和公信力，国家公权力行为侵犯财产权同样可能“致人精神损害”，完全排除消除影响、恢复名誉、赔礼道歉之适用值得商榷，而且“应当注意的是，在财产损害领域，至少‘赔礼道歉’的运用，能够发挥缓解受害人

① 2008年10月28日中国人大网公布的国家赔偿法修正案（草案）曾提出修改为“侵犯生命健康权和人身自由权”，但最终通过的2010年国家赔偿法保留了“侵犯人身权”的规定，但将造成的损害由“受害人名誉权、荣誉权”改为了笼统的“致人精神损害”。另有学者指出，当时已有地方条例（《深圳市政府部门责任检讨及失职道歉暂行办法》）明确规定，不论侵害的是人身权利、财产权利抑或其他权利，均应消除影响，恢复名誉，赔礼道歉。参见王晨：《国家赔偿领域中赔礼道歉制度的检讨与建构——从国家赔偿法、民法、刑法、国际公法“四法”比较的角度谈起》，载《法学杂志》2009年第5期。

与赔偿义务机关之间的紧张关系的功效”①，故将消除影响、恢复名誉、赔礼道歉限定于侵犯人身权似无必要。

2021 年 3 月 24 日，最高人民法院公布了《最高人民法院关于审理国家赔偿案件确定精神损害赔偿责任适用法律若干问题的解释》(法释〔2021〕3 号）（以下简称《国赔精损解释》），自 2021 年 4 月 1 日起施行。司法解释的第四条至第六条规定了精神损害赔偿责任方式的适用规则及消除影响、恢复名誉、赔礼道歉方式的具体适用。例如，第四条明确了侵权行为致人精神损害的，应为受害人消除影响、恢复名誉或者赔礼道歉，致人精神损害并造成严重后果的，应在支付精损抚慰金的同时视情为受害人消除影响、恢复名誉或者赔礼道歉；又如，第五条明确了人民法院可组织赔偿义务机关与请求人就消除影响、恢复名誉或者赔礼道歉的具体方式协商，协商不成时应当采取的消除影响、恢复名誉、赔礼道歉的具体方式；再如，第六条明确了消除影响、恢复名誉、赔礼道歉原则上应载入决定主文，只有在客观上已起到了相应作用而不需要再消除影响、恢复名誉、赔礼道歉的例外情形，才可以在决定书中予以说明。但是司法解释的制定出台并没有解决长期困扰消除影响、恢复名誉、赔礼道歉的所有问题，例如，没有回应人民法院的司法赔偿是否也属于国家赔偿法第三十五条所规定的情形，也没有明确“侵权行为致人精神损害”是否也包括侵犯财产权。因此，总的来说，消除影响、恢复名誉、赔礼道歉虽然是我国国家赔偿法上一直以来都有的规定，但对于这一问题，法律规定既不明确，实践做法亦不统一，理论研究更不深入，长期以来更多地停留在法律规定上的宣示意义，《国赔精损解释》的出台解决了一些问题，规范统一了消除影响、恢复名誉、赔礼道歉的实践做法，但仍有一些深层次的问题没有得到解决，导致这项制度的价值功能尚且未能得到充分彰显。

① 马怀德：《国家赔偿问题研究》，法律出版社 2006 年版，第 272 页。

【理论探讨】

一、围绕消除影响、恢复名誉、赔礼道歉应否作为国家赔偿责任方式的争论

有学者认为，我国国家赔偿法把赔偿责任方式分为两类六种：一类是财产性的赔偿方式，包括了支付赔偿金、返还财产、恢复原状三种；另一类是非财产性的赔偿方式，包括了消除影响、恢复名誉、赔礼道歉三种。[①]但这一见解并不能从国家赔偿法的规定中直接得到支持。首先，在1994年的国家赔偿法中，第三十条并没有置于第四章“赔偿方式和计算标准”之下，而是作为了第五章“其他规定”的第一条。因而在篇章布局上显然不能与规定支付赔偿金、返还财产、恢复原状的第二十五条并列，第二十五条本身即是第四章“赔偿方式和计算标准”开篇的第一条。其次，即便2010年国家赔偿法在谋篇布局上作了调整，将第三十二条和第三十五条共同置于第四章“赔偿方式和计算标准”之下，但比较该两条的表述，第三十二条：“国家赔偿以支付赔偿金为主要方式。能够返还财产或者恢复原状的，予以返还财产或者恢复原状。”第三十五条：“有本法第三条或者第十七条规定情形之一，致人精神损害的，应当在侵权行为影响的范围内，为受害人消除影响，恢复名誉，赔礼道歉；造成严重后果的，应当支付相应的精神损害抚慰金。”显然第三十五条并未提及国家赔偿的“方式”，易言之，国家赔偿法并没有明确规定所谓的“两类六种”，第三十二条与第三十五条也不是显而易见的并列情形，甚至于“消除影响，恢复名誉，赔礼道歉”是一种赔偿方式还是三种赔偿方式，如果是三种赔偿方式，是必须递进适用还是可以选择适用，从法律规定中均找不到答案。

正因为此，理论界对于消除影响、恢复名誉、赔礼道歉是否应作为我国国家赔偿方式首先就形成了两派针锋相对的观点，即肯定说与否定说。

（一）肯定说

持肯定说的学者认为，消除影响、恢复名誉、赔礼道歉是我国国家赔

---

① 参见王晨：《国家赔偿领域中赔礼道歉制度的检讨与建构——从国家赔偿法、民法、刑法、国际公法“四法”比较的角度谈起》，载《法学杂志》2019年第5期。

偿的方式。如应松年先生指出，虽然消除影响、恢复名誉、赔礼道歉这种方式在1994年的国家赔偿法中并没有列在第四章“赔偿方式”项下，而是列在第五章“其他规定”之中，在审判实践中，法院裁判文书也少将这种方式写在决定主文之中，而是写在“本院认为”项下，似乎是作为评价和陈述的内容，而不是作为明确下判责令的要求，但是，即便这种方式可能经常不独立出现，而是与其他方式并存，但这种方式本身是一种独立的责任承担方式，[①] 因而2010年国家赔偿法修正的体例调整就是为消除影响、恢复名誉、赔礼道歉也是一种国家赔偿责任承担方式而正名。还有学者认为，消除影响、恢复名誉、赔礼道歉在我国国家赔偿法上一直都有明确的规定，其与支付赔偿金、返还财产、恢复原状的赔偿方式同属于实体性、强制性的规定，具有同等的法律性质。正如物质文明建设离不开精神文明建设，国家赔偿中的物质赔偿方式同样需要精神赔偿方式的配合和补充。消除影响、恢复名誉、赔礼道歉，是从法律救济角度加强社会主义精神文明建设不可或缺的重要内容，其作为精神损害的赔偿方式，既有宪法和法律依据，又符合客观实际需要，1994年国家赔偿法将物质赔偿方式和精神赔偿方式分置于两章，是由于当时的认识不够到位，但即便如此，置于第五章“其他规定”之下也丝毫不影响其作为实体性、强制性规定的法律效力。[②]

（二）否定说

持否定说观点的学者认为，不应当把消除影响、恢复名誉、赔礼道歉认定为我国国家赔偿的方式，而应当将其认定为其他侵权责任形式。具体而言，国家赔偿法之所以确立了金钱赔偿、返还财产和恢复原状的国家赔偿方式，而并未将恢复名誉、消除影响、赔礼道歉列为赔偿方式，仅作为其他侵权责任形式予以规定，是因为我国国家赔偿现阶段实质上仅限于物质损害赔偿，精神方面的损害并未单独列入赔偿范围，而是作为损害人身权所附带的赔偿。恢复名誉、消除影响、赔礼道歉显然更多的是侧重精神方面的损害，为了避免在实际赔偿中可能只采用赔礼道歉等无关痛痒的方

① 参见应松年主编：《行政法与行政诉讼法学》，法律出版社2005年版，第550页。

② 参见陈春龙：《中国司法赔偿》，法律出版社2002年版，第380页。

式敷衍搪塞，应否定其是国家赔偿法明确规定的国家赔偿责任方式，仅将其作为其他侵权责任形式看待。①

我们倾向于有条件地赞同肯定说，即对于消除影响、恢复名誉、赔礼道歉的法律性质还是应当认定其为国家赔偿的方式，但是应该是辅助形式的国家赔偿方式，与作为主要赔偿方式的支付赔偿金、恢复原状、返还财产相伴随，而不宜仅仅以消除影响、恢复名誉、赔礼道歉作为承担国家赔偿责任的主要方式。因为在国家赔偿法中明确规定“消除影响，恢复名誉，赔礼道歉”实际上既有积极作用也有其负面局限性。一方面，赔偿义务机关为受害人消除影响、恢复名誉、赔礼道歉，对受害人的精神是一种安慰，有利于化解矛盾，达成谅解，既有利于实现国家管理职能，体现社会治理体系和治理能力的现代化，也可以在一定程度上减轻财政负担，并不需要把所有的国家赔偿方式都折算为金钱；另一方面，消除影响、恢复名誉、赔礼道歉又显然不能真正对受害人的权益给予救济，其更多的还是精神方面的抚慰。② 如果不能配合支付赔偿金、恢复原状、返还财产，就很可能导致消除影响、恢复名誉、赔礼道歉被滥用，赔偿义务机关利用国家赔偿法未明确细化规定消除影响、恢复名誉、赔礼道歉的主体、时间、地点、形式、范围等，随意主张自己已经承担了国家赔偿责任。因此，应当认为消除影响、恢复名誉、赔礼道歉是辅助的国家赔偿方式，不能单独适用，支付赔偿金、恢复原状、返还财产是主要的赔偿方式，其中，按照国家赔偿法第三十二条的规定，支付赔偿金又是更主要的国家赔偿方式。之所以要把支付赔偿金作为更主要的赔偿方式，是因为要考虑到国家赔偿的社会效益和经济效益。③ 恢复原状、返还财产可能既不现实或无必要，很大程度上也容易增加国家承担赔偿责任的负担。毕竟恢复原状并不容易，而恢复和返还的效果也不容易评判，同时，赔偿义务机关长时间地深陷其中难以开展其本应承担的社会管理职能，有可能因“陷入个案纠缠而贻误公务”④，所以以金钱方式赔偿对各方都更为简便易行。这里的“国家赔偿以支付赔偿金为主要方式”与以支付赔偿金、恢复原状、返还财产为

① 参见刘连泰主编：《行政法与行政诉讼法》，厦门大学出版社 2008 年版，第 392 页。

② 参见上官丕亮主编：《国家赔偿法研究述评》，法律出版社 2017 年版，第 371 页。

③ 参见胡锦光主编：《国家赔偿法》，中国人民大学出版社 2017 年版，第 118 页。

④ 张树义：《行政法与行政诉讼法学》，高等教育出版社 2007 年版，第 244 页。

主要赔偿方式，以消除影响、恢复名誉、赔礼道歉为辅助赔偿方式，是基于不同层面所作的界分，二者并不矛盾。

《国赔精损解释》的规定实则也赞同有条件的肯定说，因为司法解释第四条第一款的前半段实际上重申了国家赔偿法第三十五条关于侵权行为致人精神损害应当为受害人消除影响、恢复名誉或者赔礼道歉的规定，后半段则明确了侵权行为致人精神损害同时还造成了严重后果的，应以支付精神损害抚慰金为主，视案件具体情况为受害人消除影响、恢复名誉或者赔礼道歉。该条第二款所规定的“消除影响、恢复名誉与赔礼道歉，可以单独适用，也可以合并适用”，解决的虽然只是消除影响、恢复名誉、赔礼道歉之间的内部关系，但与民法典对于类似问题的规定是相一致的，民法典规定，承担民事责任的方式，可以单独适用，也可以合并适用，且应当与行为的具体方式和造成的影响范围相当。司法实践中，对于消除影响、恢复名誉、赔礼道歉与精神损害抚慰金是否应同时适用的问题，向来有两种观点。一种观点认为，对此应作递进理解，致人精神损害且造成严重后果，其后果显然要重于普通致人精神损害的情形，既然普通情形都要消除影响、恢复名誉、赔礼道歉，那么对于较重情形，则需要在给付精神损害抚慰金的同时，一并决定予以消除影响、恢复名誉、赔礼道歉。另一种观点认为，对此应作保护吸收理解，既然给付精神损害抚慰金是针对严重后果，那么这种承担责任的方式，就应当理解为已经包含并吸收了消除影响、恢复名誉、赔礼道歉，故无须再行单独决定予以消除影响、恢复名誉、赔礼道歉。《国赔精损解释》结合前述观点和相关规定，作了以下调整：一是将国家赔偿法中“消除影响，恢复名誉，赔礼道歉”的标点符号进行了调整，采用民法典“消除影响、恢复名誉、赔礼道歉”的顿号进行表述；二是参考民法典的规定，将消除影响、恢复名誉合并作为一种责任方式，不再拆分，将赔礼道歉作为另一种责任方式，即表述为“消除影响、恢复名誉或者赔礼道歉”；三是明确了消除影响、恢复名誉与赔礼道歉，可以单独适用，也可以合并适用。如仅造成健康权损害的案件，只适用赔礼道歉，而无须适用消除影响、恢复名誉；四是综合以上两种观点，规定侵权行为致人精神损害并造成严重后果，应当在支付精神损害抚慰金的同时，视案件具体情形，为受害人消除影响、恢复名誉或者赔礼道歉；五是确定需要承担消除影响、恢复名誉或者赔礼道歉责任的，应当与侵权行为的具体方式和造成的影响范围相当。

二、部门法与域外法对“消除影响，恢复名誉，赔礼道歉”的影响和借鉴

虽谓我国“开创性地将赔礼道歉作为国家承担赔偿责任的方式之一”①，但消除影响、恢复名誉、赔礼道歉显然并不是国家赔偿法的首创。这是因为国家赔偿法的出现本身就相对较晚。1954 年宪法第九十七条对国家赔偿作了原则性规定，及至 1986 年民法通则第一百二十一条才以部门法规定了国家赔偿责任，1989 年行政诉讼法专章规定国家行政机关的侵权赔偿责任，标志着国家赔偿制度“终于上了一个新台阶”②，所以，1994 年国家赔偿法中规定的消除影响、恢复名誉、赔礼道歉，显然可以从更早的民事法律规定中找到身影。

（一）部门法的影响

如前所述，民法通则第一百二十一条规定，国家机关或者国家机关工作人员在执行职务中，侵犯公民、法人的合法权益造成损害的，应当承担民事责任。这是部门法中最早对国家需要承担赔偿责任的规定。同样在民法通则中，第一百二十条规定：“公民的姓名权、肖像权、名誉权、荣誉权受到侵害的，有权要求停止侵害，恢复名誉，消除影响，赔礼道歉，并可以要求赔偿损失。法人的名称权、名誉权、荣誉权受到侵害的，适用前款规定。”紧接着第一百三十四条规定：“承担民事责任的方式主要有：（一）停止侵害；（二）排除妨碍；（三）消除危险；（四）返还财产；（五）恢复原状；（六）修理、重作、更换；（七）赔偿损失；（八）支付违约金；（九）消除影响、恢复名誉；（十）赔礼道歉。以上承担民事责任的方式，可以单独适用，也可以合并适用。人民法院审理民事案件，除适用上述规定外，还可以予以训诫、责令具结悔过、收缴进行非法活动的财物和非法所得，并可以依照法律规定处以罚款、拘留。”因此，从民法通则所规定的民事责任方式来看，共有十种，“消除影响、恢复名誉”共同作为一种

---

① 王晨：《国家赔偿领域中赔礼道歉制度的检讨与建构——从国家赔偿法、民法、刑法、国际公法“四法”比较的角度谈起》，载《法学杂志》2009 年第 5 期。

② 胡锦光主编：《国家赔偿法》，中国人民大学出版社 2017 年版，第 8 页。

民事责任方式，“赔礼道歉”则是单独的一种民事责任方式。但也有民法学者对这一民事责任方式的体系架构进行反思，提出“有侵害就必须要有致歉”①，对于如何将“消除影响、恢复名誉”和“赔礼道歉”分别单独适用，提出了质疑。不过迄今这一民事责任方式的体系并未发生根本变化，民法典第一百七十九条规定了十一种承担民事责任的方式，“消除影响、恢复名誉”与“赔礼道歉”仍然分立为两种，可以单独适用也可以合并适用，仅新增了“继续履行”作为民事责任的一种方式。

刑法中也有与“消除影响，恢复名誉，赔礼道歉”相近似的规定。早在1979年刑法中，第三十二条即规定：对于犯罪情节轻微不需要判处刑罚的，可以免予刑事处分，但可以根据案件的不同情况，予以训诫或者责令具结悔过、赔礼道歉、赔偿损失，或者由主管部门予以行政处分。1997年刑法修订后调整为第三十七条，除了极个别用词有所调整，内容一如其旧。从刑法的规定来看，首先，是将“赔礼道歉”作为非刑罚性处置的措施之一，即在人民法院宣告被告人有罪的前提下，认为虽构成犯罪但情节轻微而不需要予以刑罚处罚，故“责令犯罪人公开向被害人当面承认罪错，表示歉意，并保证今后不再侵犯被害人的合法权益”②。其次，刑法中仅有“赔礼道歉”，没有“消除影响、恢复名誉”的规定。究其原因，刑法是从非刑罚性处置措施的角度予以规定，对于犯罪人而言，虽非刑罚，但仍然是一种惩罚，反映了国家对于犯罪行为的否定评价和对犯罪人的谴责，“这种方式对于促使犯罪人悔过自新，平息被害人及周围群众的愤怒，促进犯罪人与被害人及周围群众的和解，具有重要意义”③。所以“消除影响、恢复名誉”只是对受害人的救济，不是对犯罪人的惩罚。

在国际法理论上，通说认为道歉是从事国际不当行为的主体对受害人造成的损害予以精神上的补偿所采取的法律责任形式，其不是一般的政治意义上的或者道义上的行为，而是可以产生法律效果的行为，对于任何不当国际行为均可适用，特别是损害他国荣誉、尊严的国际不当行为，更是

① 魏振瀛：《民法》，北京大学出版社、高等教育出版社2002年版，第721页。

② 王晨：《国家赔偿领域中赔礼道歉制度的检讨与建构——从国家赔偿法、民法、刑法、国际公法“四法”比较的角度谈起》，载《法学杂志》2009年第5期。

③ 杜雪晶、刘亚娜：《我国非刑罚处罚的方法》，载《行政与法》2004年第11期。

要求予以郑重道歉。[①] 至于道歉的方式，则既可以是承认错误，口头道歉，也可以是书面正式道歉，或者其他各方均可接受的合适的方式。[②] 所以国际法虽然没有也不可能有法律条文明确规定要消除影响、恢复名誉、赔礼道歉，但事实上，郑重其事地赔礼道歉也是国家承担法律责任的一种方式。这为国家赔偿法将“消除影响，恢复名誉，赔礼道歉”明确规定为国家承担赔偿责任的方式，提供了支撑。

（二）域外法的借鉴

通说认为，西方法律源于罗马，而罗马法中似并没有中国式赔礼道歉的法律规范，但从功能主义的视角出发，不难发现罗马法中也存在类似赔礼道歉的责任方式。在针对各种侵辱（Iniuria）行为提起的诉讼中，罗马法允许宣告侵害人不名誉。由于在罗马法中身份对每个主体而言都极为重要，法律尚未完成“从身份到契约”的转向，所以剥夺身份就能达到规训社会成员的目的。倘若裁判官对个人宣告破廉耻（Infamia），就不仅是道德性的否定评价，而且是与强制道歉一样深具道德色彩的责任承担方式。[③]

承继了大陆法系罗马法传统的德国民法典中，虽没有明文规定“消除影响，恢复名誉，赔礼道歉”，但在实务中根据责任法之一般条款发展出了类似的制度。按照德国民法典的规定，名誉被损，可请求经济上损害赔偿，亦可判令加害人恢复原状。恢复名誉原状的方法除公布法院判决外，最常见的是所谓侵害名誉之虚假陈述的撤回（Widerruf）。撤回的请求权依据是德国民法典第249条第1款，其法理依据在于将德国民法典第1004条第1款之所有权妨碍排除请求权类推适用至侵权责任承担方式。[④] 在法国，对于非财产上之损害，除了有金钱赔偿外，还有与恢复原状近似但不完全相同的方法，这一方法就是所谓的违法状态之排除（la suppression de

---

① 参见邵津：《国际法》，北京大学出版社、高等教育出版社2005年版，第420页。

② 参见王献枢：《国际法》，中国政法大学出版社1994年版，第134页。

③ 参见黄忠：《一个被遗忘的“东方经验”——再论赔礼道歉的法律化》，载《政法论坛》2015年第4期。

④ 参见江明轩：《人格权之保护》，我国台湾地区中正大学2012年硕士学位论文，转引自黄忠：《一个被遗忘的“东方经验”——再论赔礼道歉的法律化》，载《政法论坛》2015年第4期。

l'illicite)，其针对的即是违法状态之“原因”的排除。[①]

在英美法中，长期以来都将赔礼道歉视为一种自认，如此便直接导致受害人被免于相应的举证责任，而由侵权人承担对应责任。这就在无形中促使了侵权人对赔礼道歉采取缄默的态度。为了鼓励道歉，立法通常通过设立“安全港”以排除证据规则的适用。例如，英国 2006 年赔偿法案（UK Compensation Act 2006）第 2 条规定：道歉、提供治疗或者其他补救措施本身不能视为对过失或者违反法定义务的承认。另一部则是 2015 年仅在苏格兰适用的道歉（苏格兰）法案，其规定诉讼外的赔礼道歉不能作为加害人承担责任的证据。另外，在英国的司法实践中，为了鼓励侵权人主动赔礼道歉，赔礼道歉常被作为减轻侵权人民事责任的重要因素。侵权人针对自己实施的诽谤言论而对受害人公开道歉，虽然该行为不能免除其全部侵权责任，但是具有减轻损害赔偿的功能。英国的诽谤法明确规定道歉可以作为减轻损害赔偿金额的抗辩理由。1952 年的毁损名誉法规定，侵权人在实施诽谤行为后，及时更正自己之前不正当的言论和赔礼道歉，并有意支付损害赔偿金时，侵权者可以免除损害赔偿责任。1996 年，英国对毁损名誉法进行修订，该法将赔罪提议（offer to make amends）（包括公开道歉）作为减轻侵权民事责任的证据而被采纳，并且规定法院可以判断侵权人道歉的真挚程度来相应地加减赔偿金额。2001 年，英国伦敦司法机关开展了一项减刑计划，意在将道歉作为减刑的一个可能途径。其中包括对受害人致歉以换取减刑可能的实践。所以，在英美法系国家，赔礼道歉往往不会成为法院的判决内容，但赔礼道歉作为侵权人的悔过表现，可视为侵权人减轻受害人精神损害的一项重要指标，从而酌情减少可能的赔偿金额。英国学术界一些学者也开始研究公开道歉强制执行的现实意义与价值，虽然学术界对于此问题有争议，但至少说明了英国理论界已经对公开道歉的强制执行给予高度重视。[②]

在美国，1986 年，美国马萨诸塞州第一个通过道歉法案。该法案规定“行为人就受害人及其家属遭受的伤害或痛苦，向其表达同情、关心或慰问的言行不得被当作‘自认其过’的证据”。例如，类似于“I am sorry

---

① 参见曾世雄：《非财产上之损害赔偿》，我国台湾地区元照出版有限公司 2005 年版，第 110 页。

② 参见梁小月：《公开道歉的强制执行问题研究》，西南政法大学 2015 年硕士学位论文。

this happened to you”的声明是受法律保护的。该法案对包括医疗损害在内的所有基于意外事故而引发的道歉行为提供保护。受马萨诸塞州影响，自1999年起，德克萨斯州、加利福尼亚州及佛罗里达州亦相继出台其各州的道歉法案，其立法保护的内容仍限于同情或遗憾的表达，而“承认过错”之表述被排除在外，即后者仍可适用一般的证据法则，如“I am sorry I did this to you”则不受保护。2003年，科罗拉多州开创性地将慰问、遗憾及承认错误的歉意表达规定在法案中，并提供完全的证据豁免保护。这一关键性的立法，彻底消除了医护人员因“道歉”而产生的“自认其过”及“担责”等顾虑。截至目前，美国已有36个州出台了道歉被作为“自认其过”的证据的豁免法案；其中，单纯为医疗事故中医方道歉行为提供“避风港”的有30个州，其余6个州即马萨诸塞州、田纳西州、加利福尼亚州、德克萨斯州、佛罗里达州以及哥伦比亚特区的道歉法案，则对任何意外事件中致害人的歉意表达提供保护。美国法上的道歉，如按道歉的内容区分道歉法，可分为部分道歉法与完全道歉法。前者所保护的内容仅包含同情、遗憾或慰问等言行。对部分道歉提供被作为“自以为过”的证据豁免庇护的州，以加利福尼亚为典型代表。该州法案规定：“相关主体对因意外而伤亡的受害方所承受的苦楚，向受害方所作的任何表达同情（Sympathy）或一般性致意（General Sense of Benevolence）的声明（Statement）、书面陈述（Writing）及动作（Gesture）在诉讼中均不得作为证据使用。”后者除部分道歉所保护的内容外，对“承认过错”的言行亦提供证据豁免之保护。科罗拉多州所采用的即为完全道歉立法模式，该州道歉法案规定：“医疗机构及其工作人员就医疗意外事件向患者及其家属、代理人以及其他因此遭受不利的主体所作的任何以过错承认、道歉为内容的声明、书面陈述抑或行为均不得作为医方‘自认其过’或对其不利的证据。”①

所以，就国家赔偿法的借鉴意义而言，英美法系国家无公法与私法的划分，认为国家赔偿亦属于私法赔偿，是一种特殊的民事责任。因此，在英美等国家，国家侵权精神损害赔偿自始就“自动纳入”民事侵权的范围，亦即民事侵权精神损害赔偿同样适用于国家侵权精神损害赔偿。这种

---

① 参见于平平、刘汉强、杨尚琳、王萍：《美国医疗〈道歉法〉及其启示》，载《医学与法学》2019年第4期。

在立法和实务上的确认，是社会文明发达的产物，也是人类对自身价值和人格尊严重视的表现。如美国联邦侵权赔偿法规定："美国联邦政府，依据本法关于侵权行为赔偿之规定，应在与私人同等的方式和限度内，承担民事责任。"这说明在美国，对于国家侵权责任的规定如同民事侵权，对国家侵权造成的精神损害的处理亦应参照民事法律规定。美国也有专门的关于国家侵权精神损害赔偿的法律规定。美国联邦侵权赔偿特别规定之一即是：若被害人所受的损害是无形的，如精神上损害，则由法官视具体情况裁定。具体来说在美国，许多法院对严重的精神损害可以直接判处单一的金钱赔偿，无论这种精神损害是侵犯财产权引起的，还是侵犯人身权引起的，判例之多，范围之广，不仅包括身体的损伤、痛苦和医疗费用，而且包括感情上的悲痛，丧失工作和伴侣的损害、诽谤的损害、侵犯隐私权的损害、恶意控诉的损害以及非法监禁的损害等，只要这些损害不属于联邦侵权赔偿法规定的例外情况，都可以向法院提出赔偿请求。美国一个法院判例指出："超出通常可以接受的界限的任何行为，这种行为企图造成或事实上已经造成严重的精神折磨，都将引起损害赔偿的诉讼。"英国法官在一个判例中也指出："原告的正当的尊严和自尊的感情受到恶意和违法的损害时，可以判给精神损害赔偿金。"①

总结起来，域外现有的法律规定对于道歉的界定并无太大差异，但保护的尺度却有显著区别。根据所涵盖内容的不同，道歉可被大略分为部分道歉（Partial Apology）和全面道歉（Full Apology）两种，前者是指仅仅包括情感抚慰内容的道歉，而后者除了情感抚慰以外还包括与承认过错相关的内容，一部分司法管辖区只保护部分道歉，凡是承认过失和责任的表态，或与事故关联的事实陈述，都不在道歉法的庇护范围之内，仍然会被视为诉讼外自认因而具备证据的准入资格。而另一部分司法管辖区则将保护伞延伸到了全面道歉，即便在道歉时主动承认过错或是讲述事实经过，受害者也只能听听就算，因为按照道歉法的规定，这既不能算作自认，也不会被纳为证据。从绝对数量上来讲，只保护部分道歉的司法管辖区要比保护全面道歉的更多，例如美国绝大多数州和英国都属于前者，但从发展趋势角度看，新近制定道歉法的司法管辖区几乎全都保护全面道歉，例如

① 参见韩英：《国家侵权之精神损害赔偿制度研究》，东北大学2008年硕士学位论文。

加拿大的一些省。[①] 应当说，消除影响、恢复名誉、赔礼道歉在世界各国都是一个不断完善发展的制度，不仅牵涉国家赔偿责任方式，更牵涉民事侵权责任方式，甚至还涉及证据法上的意义，当然也包括如何强制执行的困扰。

【意见建议】

"很多人都有一种误解，认为修正前的国家赔偿法中没有精神损害赔偿的规定。其实不然，修正前的国家赔偿法对精神损害有规定，那就是第三十条。""我们只能说，修正前的国家赔偿法中没有规定对精神损害的金钱性赔偿。"[②] 但是，即便 2010 年修正后的国家赔偿法增加了对精神损害的抚慰金赔偿，国家赔偿法上对于精神损害的救济制度也远不够完善，关于"为受害人消除影响，恢复名誉，赔礼道歉"的规定就存在诸多问题，笔者认为，至少需要从以下几个方面重构。

一、明确消除影响、恢复名誉、赔礼道歉是几种责任方式

按照国家赔偿法的规定，"消除影响，恢复名誉，赔礼道歉"，似是三种并列的国家承担赔偿责任的方式，因而在实践中时有人提出疑问：消除影响、恢复名誉、赔礼道歉的责任方式是否可以单独适用或者合并适用？如果可以单独适用，不同责任方式之间是否有选择、递进关系？也就是说，是否可以跳开在前的消除影响、恢复名誉，径直适用在后的赔礼道歉？而按照民法典的规定，"消除影响、恢复名誉"与"赔礼道歉"是并列的两种责任方式，既可单独适用，也可合并适用。如果再回到国家赔偿法的条文本身，无论是 2010 年修正前的第三十条还是修正后的第三十五条都采用了一样的表述，"为受害人消除影响，恢复名誉，赔礼道歉"。消除影响、恢复名誉、赔礼道歉之间没有用顿号隔开，而是以逗号切分意群。众所周知在汉语言学上，顿号用以表示并列词语之间的停顿，逗号则鲜有这种功能，那么国家赔偿法上"消除影响，恢复名誉，赔礼道歉"是否意味着其即为一种赔偿责任方式呢？由此，国家赔偿法上的"消除影响，恢

---

① 参见李响：《道歉行为之立法化评析》，载《法治研究》2019 年第 5 期。

② 胡锦光主编：《国家赔偿法》，中国人民大学出版社 2017 年版，第 47~48 页。

复名誉，赔礼道歉”即有可能被解读为一种、两种或者三种责任方式，对国家赔偿责任方式的体系架构产生重大影响。

虽然这一体系架构最终应由立法明确，但最高人民法院的司法解释似已作出了选择。因为从《国赔精损解释》的规定来看，似是采纳了将“消除影响、恢复名誉”与“赔礼道歉”视作并列的两种责任方式的观点。按照司法解释第二条的规定：“公民以人身权受到侵犯为由提出国家赔偿申请，未请求精神损害赔偿，或者未同时请求消除影响、恢复名誉、赔礼道歉以及精神损害抚慰金的，人民法院应当向其释明。经释明后不变更请求，案件审结后又基于同一侵权事实另行提出申请的，人民法院不予受理。”这里将国家赔偿法中“消除影响，恢复名誉，赔礼道歉”的标点符号进行了调整，采用民法典“消除影响、恢复名誉、赔礼道歉”的顿号进行表述。同时在司法解释第四条第一款中，采取了“为受害人消除影响、恢复名誉或者赔礼道歉”的表述，第二款则更进一步明确规定“消除影响、恢复名誉与赔礼道歉，可以单独适用，也可以合并适用，并应当与侵权行为的具体方式和造成的影响范围相当。”显然，采用了与民事法律一样的将“消除影响、恢复名誉”与“赔礼道歉”作为并列的两种责任方式的路径。

但笔者对此有不同的看法，更为倾向于认为消除影响、恢复名誉、赔礼道歉应视为一种责任方式。理由是：民事责任与国家赔偿责任显然不同，所以民事责任体系将“消除影响、恢复名誉”与“赔礼道歉”作为并列的两种责任方式，不足以拘束国家赔偿责任；在国家承担赔偿责任时，赔礼道歉必然产生为受害人消除影响、恢复名誉的效果，这是因为国家行为的公权力属性，赔礼道歉必须公开进行，仅限于双方主体之间的赔礼道歉难以被认定为赔偿义务机关的真诚道歉。因此，将消除影响、恢复名誉、赔礼道歉视为一种责任方式的好处是可以一体适用，而无须考虑选择或者递进，即便当事人的请求中仅要求消除影响、恢复名誉、赔礼道歉中的一种，在裁判结果上也应当三者并行，因为在国家公权力侵犯当事人合法权益的情况下，国家行为的权威性多少都会对当事人造成影响，无法想象仅有消除影响、恢复名誉却不予赔礼道歉的，反之，也不能想象仅赔礼道歉却丝毫不涉及消除影响、恢复名誉的。

二、确定其适用范围应包括侵犯财产权之情形

《国赔精损解释》第一条开宗明义，规定“公民以人身权受到侵犯为由提出国家赔偿申请，依照国家赔偿法第三十五条的规定请求精神损害赔偿的，适用本解释。”显然，司法解释的观点与国家赔偿法一致，即由于现行国家赔偿法第三条和第十七条明确规定“有下列侵犯人身权情形之一的”，故侵犯财产权显然已被排除在外。我国现行国家赔偿法“将国家赔偿责任中的权利保障主要限定在人身权与财产权上”①，故两种权利中，侵犯人身权可能产生精神损害赔偿，而侵犯财产权则被完全排除在“致人精神损害”之外，而这也是值得检讨的。笔者认为，国家赔偿法第三十五条既已明确规定“致人精神损害的”予以限定，则在理论与实务上都没有再限缩于侵犯人身权之必要。如果侵犯财产权确实给受害人造成了精神损害，从“有损害即应有救济、有赔偿”的角度而言，就应当承担相应的赔偿责任，故消除影响、恢复名誉、赔礼道歉也“应适用于国家赔偿中财产侵权等所有国家赔偿”②。当然，证明侵犯财产权亦“致人精神损害”的证明责任应由主张存在精神损害的受害人承担。

三、建立消除影响、恢复名誉、赔礼道歉强制执行的保障机制

虽然《国赔精损解释》第十二条已明确规定：“决定中载明的支付精神损害抚慰金及其他责任承担方式，赔偿义务机关应当履行。”但由于消除影响、恢复名誉、赔礼道歉本质上是“话语责任”“道德责任”，将其“法律化”需要有更为有力的相应的路径保障。有研究者提出了一些颇有实践操作意义的建议：一是“迂回施压”，即一方面，用司法建议的形式，向义务机关的上一级机关提出司法建议，由该上级机关作出相应处理，并将处理结果反馈告知执行法院；另一方面，对义务机关的法定代表人或主要负责人科以罚款，将不利后果与领导人个人利益挂钩，促使义务机关及早履行。二是“转化为钱”，即如果这种道德性的话语责任不能及时得到履行，无异于对受害人造成二次伤害，所以自不履行的一定期限起，对受

① 胡锦光主编：《国家赔偿法》，中国人民大学出版社 2017 年版，第 47 页。

② 王新龙：《国家赔偿中赔礼道歉制度的法社会学考察——一种受害人中心主义视角下的模式选择》，载《湘南学院学报》2017 年第 3 期。

害人支付精神抚慰金。此精神抚慰金与国家赔偿法上已有规定的精神抚慰金不同，不是对此前“致人精神损害”的抚慰性赔偿，而是对新的不履行消除影响、恢复名誉、赔礼道歉的赔偿。三是“事先保证”，即建立保证金制度，在每个义务机关的财政账户中都单列一项保证金，财务考核结算与是否积极认真履行法定义务挂钩，对于视国家生效法律文书确定的义务如无物的义务机关，通过保证金制度在财务上体现惩处。[①]

综上所述，笔者认为，现行国家赔偿法中“为受害人消除影响，恢复名誉，赔礼道歉”的规定无论在理论逻辑的自洽上、制度规范的建构上、甚或配套机制的健全上，都还有很长的路要走。这些问题涉及我国国家赔偿责任方式体系的完善和架构，必须慎重地对待，要避免法律规定久而久之成为不具“生命力”的僵化条文。

（撰稿人：最高人民法院　李晓云）

① 参见王新龙：《国家赔偿中赔礼道歉制度的法社会学考察——一种受害人中心主义视角下的模式选择》，载《湘南学院学报》2017 年第 3 期。

国家赔偿审判中精神损害抚慰金数额的确定

【核心观点】

精神损害抚慰金的算定本身就是困扰理论界和实务界的难题。因为“精神损害本身即无法直接用金钱加以衡量”①，而支付精神损害抚慰金却无异于要将本身即无法“直接用金钱加以衡量”的精神损害转化为“直接用金钱加以衡量”的抚慰金，在根本上存在逻辑悖论。

围绕国家赔偿的标准，存在“抚慰性标准—补偿性标准—惩罚性标准”的理论分歧，还存在单一赔偿标准和多元赔偿标准的分歧。但国家赔偿精神损害抚慰金的赔偿标准应采抚慰性标准，应无疑义。

量化算定国家赔偿精神损害抚慰金是法治发展的方向。世界各国现有酌定赔偿、固定赔偿、最高限额赔偿、医疗费比例赔偿、日标准赔偿五种做法。我国规定的精神损害抚慰金既借鉴了国外的五种实践做法，又没有简单地被归为某一类，应当认为兼采了众家特色。当然还存在一些问题不够完善，可以通过进一步修正而使之健全。

【问题及相关背景】

国家赔偿法于1994年颁布，1995年1月1日起施行，迄今经过了两次修正，2012年的修正仅修改了第十九条第三项，2010年的修正则是一次真正意义上的大修。2010年修正前的国家赔偿法没有对于精神损害作金钱性赔偿的相关规定，2010年国家赔偿法修正的亮点之一，即是增加规定了

① 马怀德、张红：《论国家侵权精神损害赔偿》，载《天津行政学院学报》2005年第1期。

精神损害抚慰金，体现在 2010 年修正后的第三十五条[①]，和 2010 年修正前的第三十条[②]相比较，真正实质性的改变是增加规定了后段："造成严重后果的，应当支付相应的精神损害抚慰金。"

然而增加规定精神损害抚慰金之后，抚慰金数额的算定又成了长期以来困扰理论界和实务界的一大难题，因为"精神损害本身即无法直接用金钱加以衡量"[③]，而支付精神损害抚慰金无异于要将本身即无法"直接用金钱加以衡量"的精神损害，转化为"直接用金钱加以衡量"的抚慰金，根本上就存在逻辑悖论。为了避免适用精神损害抚慰金时缺乏遵循、无所适从，2014 年，最高人民法院制定下发了《最高人民法院关于人民法院赔偿委员会审理国家赔偿案件适用精神损害赔偿若干问题的意见》(法发〔2014〕14 号，以下简称《国赔精损意见》)。《国赔精损意见》第七条专就精神损害抚慰金的数额作出了规定："综合酌定'精神损害抚慰金'的具体数额。人民法院赔偿委员会适用精神损害赔偿条款，决定采用'支付相应的精神损害抚慰金'方式的，应当综合考虑以下因素确定精神损害抚慰金的具体数额：精神损害事实和严重后果的具体情况；侵权机关及其工作人员的违法、过错程度；侵权的手段、方式等具体情节；罪名、刑罚的轻重；纠错的环节及过程；赔偿请求人住所地或者经常居住地平均生活水平；赔偿义务机关所在地平均生活水平；其他应当考虑的因素。人民法院赔偿委员会确定精神损害抚慰金的具体数额，还应当注意体现法律规定的'抚慰'性质，原则上不超过依照国家赔偿法第三十三条、第三十四条所确定的人身自由赔偿金、生命健康赔偿金总额的百分之三十五，最低不少于一千元。受害人对精神损害事实和严重后果的产生或者扩大有过错的，可以根据其过错程度减少或者不予支付精神损害抚慰金。"2021 年 3 月 24 日，最高人民法院又公布了《最高人民法院关于审理国家赔偿案件确定精神损害赔偿责任适用法律若干问题的解释》(法释〔2021〕3 号，以下简称《国赔精损

---

① 2010 年国家赔偿法第三十五条规定："有本法第三条或者第十七条规定情形之一，致人精神损害的，应当在侵权行为影响的范围内，为受害人消除影响，恢复名誉，赔礼道歉；造成严重后果的，应当支付相应的精神损害抚慰金。"

② 1994 年国家赔偿法第三十条规定："赔偿义务机关对依法确认有本法第三条第（一）、（二）项、第十五条第（一）、（二）、（三）项规定的情形之一，并造成受害人名誉权、荣誉权损害的，应当在侵权行为影响的范围内，为受害人消除影响，恢复名誉，赔礼道歉。"

③ 马怀德、张红：《论国家侵权精神损害赔偿》，载《天津行政学院学报》2005 年第 1 期。

解释》)，自2021年4月1日起施行。《国赔精损解释》的第八条至第十二条是关于精神损害抚慰金的标准与支付的规定，其中，第八条至第十条又重点涉及精神损害抚慰金数额的确定。

实事求是地讲，一方面，虽然国家赔偿的精神损害抚慰金脱胎于民事侵权的精神损害抚慰金，但制定《国赔精损意见》毕竟较《最高人民法院关于确定民事侵权精神损害赔偿责任若干问题的解释》[①]（法释〔2001〕7号，以下简称《民事侵权精损解释》）晚了十四年，因而，在确定精神损害抚慰金方面，制度规范的表述也更为成熟。例如，《民事侵权精损解释》规定了确定精神损害赔偿数额的六个因素，[②]《国赔精损意见》则规定了确定精神损害抚慰金具体数额的八个因素，特别是规定了《民事侵权精损解释》所没有的“其他应当考虑的因素”作为兜底条款。另外，《国赔精损意见》还规定了精损抚慰金数额的原则上限和严格下限，即“原则上不超过依照国家赔偿法第三十三条、第三十四条所确定的人身自由赔偿金、生命健康赔偿金总额的百分之三十五，最低不少于一千元”，类似的规定在《民事侵权精损解释》中则无体现。另一方面，《国赔精损解释》又较《国赔精损意见》有所发展，特别是《国赔精损解释》第九条，提出“在兼顾社会发展整体水平的同时”，列出了具体应当参考的七项因素，将《国赔精损意见》第七条中“应当综合考虑以下因素”中的内容法条化了。再者，《国赔精损解释》第八条规定精神损害抚慰金一般应在“人身自由赔偿金、生命健康赔偿金总额的百分之五十以下（包括本数）酌定”，特殊的“可以在百分之五十以上酌定”，以及第十条第二款规定赔偿请求人的请求少于一千元，但经释明又不变更的，可以按照其请求数额赔付，较《国赔精损意见》中的“原则上不超过依照国家赔偿法第三十三条、第三十四条所确定的人身自由赔偿金、生命健康赔偿金总额的百分之三十五，最低不少于一千元”，一是提高了赔偿标准，二是也更为合情合理。

尽管如此，确定国赔精损抚慰金的数额在实践中仍然存在许多问题，

---

① 经2020年12月23日法释〔2020〕21号修正，下同。——编者注

② 2020年12月23日修正的《民事侵权精损解释》第五条规定：“精神损害的赔偿数额根据以下因素确定：（一）侵权人的过错程度，但是法律另有规定的除外；（二）侵权行为的目的、方式、场合等具体情节；（三）侵权行为所造成的后果；（四）侵权人的获利情况；（五）侵权人承担责任的经济能力；（六）受理诉讼法院所在地的平均生活水平。”

比较普遍的有以下几种：一是赔偿请求人请求的精神损害抚慰金数额较高。由于没有民事诉讼预交并承担诉讼费用的制约，同时国家的承债能力明显强于普通侵权人，实践中，赔偿请求人提出几千万元、上亿元的精损抚慰金请求并不罕见，甚至有的还请求赔偿数万亿元。二是《国赔精损意见》中不超过“人身自由赔偿金、生命健康赔偿金总额的百分之三十五”的原则上限在实践中难以掌握，《国赔精损解释》中的“一般”在“百分之五十以下（包括本数）酌定”又未划定下限。以几起典型的案件为例：如刘某林案，2019 年 1 月 7 日，吉林省辽源中院作出国家赔偿决定，赔偿刘某林被羁押 9217 天的人身自由赔偿金 262. 4 万余元、精神损害赔偿金 194 万余元，共计获赔 460 万元，创下了当时国家赔偿的金额纪录。该案中，精神损害赔偿金 194 万余元，占人身自由赔偿金 262. 4 万余元的 73. 9%。另如金某宏案，2019 年 9 月 6 日，金某宏从吉林高院领取了国家赔偿决定书，共计获得国家赔偿 468 万元，其中，羁押 8452 天的人身自由赔偿金 2670324. 88 元、精损抚慰金 2009675. 12 元。金某宏案的国家赔偿金额再次刷新了纪录，精损抚慰金 2009675. 12 元在人身自由赔偿金 2670324. 88 元的占比也达到了 75. 3%，远远超过了《国赔精损意见》所提出的“原则上”“百分之三十五”。因此，由于“原则”具体为何并不清楚，超出“原则”也没有报经上级法院赔偿委员会批准等程序性限制，加之赔偿义务机关与请求人达成赔偿协议的还有可能支付法定赔偿项之外的款项，要准确判断和统计精损抚慰金与“人身自由赔偿金、生命健康赔偿金总额”的比例并不容易，很难回答事实上有多少案件超出了百分之三十五的原则上限以及所支持的精损抚慰金最高占比。而《国赔精损解释》制定出台的时间不长，其所规定的“一般应当在百分之五十以下酌定、特殊可以在百分之五十以上酌定”同样也存在难以掌握的问题，而且同样没有设置报经上级法院赔偿委员会批准等程序性限制。

【理论探讨】

一、国家赔偿精神损害抚慰金标准的理论纷争

（一）国家赔偿标准

国家赔偿标准，是指国家就侵权行为给公民、法人和其他组织造成损害时，在多大程度上予以赔偿，又称结果意义上的国家赔偿范围。[①] 有学者将其称为“国家赔偿标准奉行的原则”或“确认国家赔偿金的原则”，[②] 但基本上指的是同一项事物。

一国在确立其国家赔偿的标准时，一般需要考虑本国的国家财力，同时也要考虑国家赔偿法的立法目的。总的来说，各国赔偿法确立的赔偿标准上大致分为以下三种：（1）惩罚性标准。即赔偿额应等于损失额加上惩罚金额。（2）补偿性标准。即赔偿标准等于实际所受损失额，不仅应该赔偿积极损害，而且应该赔偿消极损害；不仅应该赔偿直接损失，而且应该赔偿间接损失。（3）抚慰性标准。即认为国家赔偿不可能对受害人的实际损失作完全充分的救济，国家机关本身的性质和特征决定了国家赔偿只宜作象征性的抚慰，最高限额显然应限定在实际所受损失额度以内，而且一般还会低于实际损失额。[③]

我国国家赔偿法奉行何种赔偿标准，立法没有明文规定，但从若干具体条文来看，比如，第三十三条规定：“侵犯公民人身自由的，每日赔偿金按照国家上年度职工日平均工资计算。”再如，第三十四条第二款规定：“前款第二项、第三项规定的生活费的发放标准，参照当地最低生活保障标准执行……”以及第三十六条第六项规定：“吊销许可证和执照、责令停产停业的，赔偿停产停业期间必要的经常性费用开支。”学者认为我国的国家赔偿标准基本上是采用抚慰性标准，[④] 笔者对此亦深表认同，但由

① 参见刘静仑：《比较国家赔偿法》，群众出版社 2001 年版，第 206 页。

② 皮纯协、何寿生编著：《比较国家赔偿法》，中国法制出版社 1998 年版，第 172 页。

③ 参见胡锦光主编：《国家赔偿法》，中国人民大学出版社 2017 年版，第 119 页。

④ 参见胡锦光主编：《国家赔偿法》，中国人民大学出版社 2017 年版，第 119 页。

于国家赔偿法没有明确指出我国的赔偿标准,[①] 终归为学理争论留下了空间。

(二) 国家赔偿精神损害抚慰金的赔偿标准

关于我国国家赔偿精神损害抚慰金的赔偿标准，系采抚慰性标准应无争议。这是因为：一是国家赔偿法第三十五条的规定就将其定位于精神损害抚慰金，抚慰之意不言而喻；二是《国赔精损意见》中已明确规定："人民法院赔偿委员会确定精神损害抚慰金的具体数额，还应当注意体现法律规定的'抚慰'性质。"所以，最高人民法院也是从抚慰性标准理解和把握国赔精损抚慰金的赔偿标准。

故无论法律或者司法政策文件，均态度鲜明地认为国家赔偿精神损害抚慰金的支付应当坚持抚慰性标准。无论应然如何，目前的实然，就是对国赔精损抚慰金采取了抚慰性标准。

(三)"抚慰性标准—补偿性标准—惩罚性标准"之分歧

大多数学者认为，我国目前选择抚慰性标准是合理的，因为我国作为一个发展中国家，国家赔偿水平只能与此相适应，不可能对受害人进行充分的赔偿，只能以保障生存和生活为限，这就是我国的生存保障原则。[②] 但也有学者提出，抚慰性标准的采用使受害人所能获得的国家赔偿数额低于甚至是大大低于实际损失。事实上，适当提高国家赔偿标准，修改抚慰性标准为补偿性标准，应当成为学界的共识。[③] 还有学者认为，国家赔偿法采用抚慰性标准在目前情况下并无不妥，但并非最佳选择。采取受害人损失多少就赔偿多少的完全赔偿原则或补偿性赔偿原则，才是最理想的选择。随着经济的发展和综合国力提高，将来国家赔偿法应确立补偿性赔偿

---

① 在国家赔偿法修正过程中，当时的全国人大常委会法工委认为："现实中情况非常复杂，法律难以对赔偿标准作出统一规定，可由最高人民法院根据审判实践中出现的具体问题，作出具体应用的解释。"李适时：《关于〈中华人民共和国国家赔偿法修正案（草案）〉的说明》，载中国人大网 2008 年 10 月 23 日，http://www. npc. gov. cn/npc/c182/200810/824f8553af224db5a0a8171cd2460617. shtml。

② 参见高家伟：《国家赔偿法学》，工商出版社 2000 年版，第 122 页。

③ 参见马怀德主编：《完善国家赔偿立法基本问题研究》，北京大学出版社 2008 年版，第 320 页。

原则，使受害人损失得到完全赔偿。[①]

与上述认为我国应当选择抚慰性标准或者补偿性标准不同，有学者提出单一的抚慰性赔偿标准严重影响了刑事赔偿制度的功能发挥。首先，单一的抚慰性标准影响了刑事赔偿制度弥补损失功能的发挥。其次，单一的抚慰性标准可能影响刑事赔偿制度预防损害功能的发挥。[②] 因此，在一个国家中，既可以确立单一的赔偿标准，也可以根据损害的具体形态确立多元的赔偿标准：对于非财产损害，可以适用抚慰性标准和惩罚性标准，具体适用何种标准，则应根据国家机关侵权的过程及程度确定。因为，对非财产损害的金钱赔偿本质是借助金钱的一般等价物性质，在无法填补损害消除痛苦的情况下，以金钱给付之方法另行创造舒适、方便或乐趣等享受，使被害人因存在条件之调整而掩盖损害事故所引起的痛苦，而非填补损害。[③] 故而持这种观点的学者认为，我国国家赔偿标准应该废除单一的抚慰性标准，建立多元的赔偿标准体系，也就是建立以补偿性赔偿标准为主，以抚慰性和惩罚性赔偿标准为补充的多元赔偿标准体系。[④] 还有学者进一步指出，应当采取抚慰为主、补偿为辅的原则，因为精神损害很难像物质损害那样用数字统计，法律规定精神损害可以物质赔偿的目的在于这种方式有利于缓和或消除受害人精神上所遭受的痛苦，对受害人起到抚慰作用，从而进一步保护受害人的精神权益。这就决定了精神损害赔偿的本身并不是主要目的和唯一方式，精神损害赔偿只不过作为一种手段，并通过在经济上对受害人进行补偿达到抚慰受害人的目的。因此，在精神损害赔偿中，应当坚持抚慰为主、补偿为辅的原则。[⑤]

对此，笔者认为，国家赔偿精神损害抚慰金的赔偿标准原则上应与国家赔偿标准相同，否则，在财产损害赔偿时适用一个标准，在人身损害赔偿时又适用一个标准，在涉及精神损害抚慰金时再适用一个标准，标准的混乱将使得国家赔偿法内在不能自洽。至于有些学者提出的单一的抚慰性

---

① 参见房绍坤、毕可志编著：《国家赔偿法学》，北京大学出版社 2004 年版，第 298 页。

② 参见瓮怡洁：《刑事赔偿制度研究》，中国人民公安大学出版社 2008 年版，第 205 页。

③ 参见马怀德主编：《国家赔偿问题研究》，法律出版社 2006 年版，第 275~277 页。

④ 参见瓮怡洁：《刑事赔偿制度研究》，中国人民公安大学出版社 2008 年版，第 207 页。

⑤ 高文英：《国家赔偿制度中精神损害赔偿的建立和完善》，载《修宪之后的中国行政法——中国法学会行政法学研究会 2004 年年会论文集》，中国政法大学出版社 2005 年版，第 73~83 页。

赔偿标准会严重影响刑事赔偿制度的功能发挥，笔者认为，这是因为该观点混淆了国家赔偿法的目的定位与刑事赔偿制度的目标定位。实际上国家赔偿不仅包括刑事赔偿，同样也包括行政赔偿和非刑事司法赔偿，如果说抚慰性赔偿标准影响了刑事赔偿制度的功能发挥，就对行政赔偿、非刑事司法赔偿制定与刑事赔偿不同的赔偿标准，其结果必然是，加害的原因、主体不同则赔偿标准不同，对于赔偿请求人而言在国家赔偿法面前不能实现“人人平等”。因此，按照行政赔偿、刑事赔偿和非刑事司法赔偿的界分选择抚慰性、补偿性、惩罚性赔偿标准的做法并不可取，国家赔偿法本身不能够因人而异，执行“双标”。所谓单一的抚慰性赔偿标准并不是认为国家赔偿标准只能够在标准中体现抚慰性，完全弃绝补偿性和惩罚性。事实上，在坚持抚慰为主的同时兼具一定补偿、惩罚的赔偿标准，也应当属于抚慰性赔偿标准。而且，正如学者所言，精神损害本身即不具有物质性，给予物质赔偿是为了缓和或消除受害人精神上所遭受的痛苦，对受害人起到抚慰作用，所以，这就决定了精神损害抚慰金的赔偿标准只能是抚慰性标准，因为其本身没有直接的物质性损害，谈不上与损失额相对应的补偿或惩罚。

总而言之，国家赔偿精神损害抚慰金的抚慰性标准既由对非物质的精神损害以物质性的金钱予以赔偿的做法及性质所决定，又与选定国家赔偿标准所需要考虑的因素一样，根本上仍然取决于一国之财力和国家赔偿法的立法目的。

二、国家赔偿精神损害抚慰金的计付方式

（一）国家赔偿精神损害抚慰金的量化方向

有的学者提出，要对精神损害赔偿标准进行量化，因为量化精神损害赔偿标准是法治进程发展的必然结果，也是我国民法实践的推进结果。[①]另有学者提出，国家赔偿精神损害抚慰金可以借鉴民法但不能直接适用民法，结合国外相关立法例，国家赔偿的精神损害抚慰金应当采用限幅原则

① 参见朱芃抒：《精神损害赔偿量化标准探析》，载《山西省政法管理干部学院学报》2012 年第 4 期。

为主，最高限额为辅的原则，然后制定一个具体细化、可操作性强的赔偿标准表，法官根据各项标准规定在最高限额下充分发挥自由裁量权。① 民法的实践做法是根据侵权行为侵犯的客体不同进行分类，并为各类侵权行为造成的精神损害确定不同的赔偿标准。② 国家赔偿标准表是一项考验立法技术的工作，首先要进行科学分类，其次要制定具体分类标准：第一，根据侵权损害内容的不同分别制定赔偿标准；第二，确定标准应考虑的各种因素；第三，法官自由裁量时应考虑的因素。这样有利于法官判决，也避免因无统一标准出现各地判法不一，同时还可以避免因赔偿不一致而引发受害人心里不满，有利于维护公平正义和社会稳定。③

综观国外的实践做法，在具体算定精神损害赔偿抚慰金时所使用的方法大致可以归纳为以下五种：一是酌定赔偿的方法，即法律不制定统一的赔偿标准，而是由法官根据具体案情自由裁量。二是固定赔偿方法，即制定固定的抚慰金赔偿表，就不同性质的精神损害规定抚慰金的最高赔偿限额和最低赔偿标准。现在英国对精神损害赔偿金就采取标准化的固定赔偿方法，依通常的社会标准并根据法律政策修改的价目表估算金额。三是最高限额赔偿法，即对精神损害赔偿的数额限制最高标准，美国、瑞典、捷克等国均采用此种方法。四是医疗费比例赔偿方法，即精神损害赔偿金额根据受害人医疗费的一定比例加以确定。例如，秘鲁民法典第 3 条规定，法官只能在受害人所必须花费的医疗费数额的半数和两倍间来估算受害人的精神损害抚慰金。五是日标准赔偿方法，即确定每日的赔偿标准，总额按照日标准累计计算。例如，丹麦法律规定，致害人对躺在床上的病人每日给付精神损害抚慰金 25 丹麦克朗。④

---

① 参见黄丽：《论〈国家赔偿法〉精神损害赔偿规定的完善》，载《政法学刊》2012 年第 5 期。

② 参见朱芃抒：《精神损害赔偿量化标准探析》，载《山西省政法管理干部学院学报》2012 年第 4 期。

③ 参见黄丽：《论〈国家赔偿法〉精神损害赔偿规定的完善》，载《政法学刊》2012 年第 5 期。

④ 参见马怀德、张红：《论国家侵权精神损害赔偿》，载《天津行政学院学报》2005 年第 1 期。

（二）酌定赔偿和最高限额赔偿之方法：以美国和澳大利亚为例

1. 美国

美国是典型的普通法国家，其不承认公、私法的划分，法院通过司法审查的形式审查国家机关的行为是否符合宪法和法律。1946 年，美国制定了联邦侵权赔偿法，承认精神损害的赔偿。对于人身伤害的赔偿一般包括三个部分：医疗费、收入损失和精神损失。在人身伤害案件中，精神损害赔偿是很个体化的，对于受害人遭受的痛苦、紧张、侮辱、失去的快乐等，并没有固定的标准和方法。精神损害赔偿金的确定主要取决于法官的“良心”，法官对于精神损害赔偿金数额的确定有很大的自由裁量权。

2. 澳大利亚

澳大利亚也将精神损害赔偿金交由法官根据具体案情自由裁量，关押时间的长短、是否存在过失以及政府官员是否存在恶意等，都会影响获得赔偿以及赔偿数额。而且在澳大利亚，通常认为对刑事错案的赔偿没有像一般侵权赔偿那么慷慨。换言之，国家赔偿精神损害赔偿金一般而言少于所支持的民事侵权精神损害赔偿金，毕竟赔多少与一个国家的经济发展水平和老百姓的生活水平密切相关。①

赔偿额的计算既涉及金钱上的损失，也应包括非物质利益的损失。前者如被关押期间收入的减少，这是比较容易计算的；但一个人所遭受的痛苦以及所期待的生活质量方面的损失，就很难以金钱来衡量了。在澳大利亚，各州对刑事错案的赔偿额的计算是大不相同的，即便同在新南威尔士州，个案之间赔偿额的差别还是很大的。另外，澳大利亚的司法实践中还创造了特惠赔偿的概念，所谓特惠赔偿（ex gratia payment），是指作为一种特许权给予的金钱补偿，但不具有法律上的强制力。② 有人将特惠赔偿描述为“一种随心所欲的”赔偿（somewhat arbitrary），而在通常情况下能够获得的赔偿只是一种“非常适中的”（very modest）补偿而已。总体而言，澳大利亚没有建立一套正式的或非正式的损失赔偿标准，在决定是否应该赔偿以及应赔偿多少时，决定者享有极大的自由裁量权，其程序也不

---

① 参见季美君：《澳大利亚刑事错案的赔偿》，载《国家检察官学院学报》2015 年第 6 期。

② Butterworths Concise Australia Legal Dictionary, 3rd ed, Sydney: LexisNexis.

透明，导致案件是否可以获得赔偿、赔偿金额的多少等事项都难以预测。

在澳大利亚提出适用精神损害赔偿金的条件是侵害人的行为和陈述必须在事实上致人精神上的伤害，而这种伤害必须是严重的，并且是真实存在、持久的，而非一时的。自 1928 年“伯德诉霍尔布鲁克”一案以来，这一问题已经明确，即在为损害赔偿而提起的诉讼中，只要能够证明被告为给原告造成肉体伤害而实施了某一故意行为，并且事实上已给原告造成了肉体伤害，即使这种肉体伤害是间接产生的或后来才出现的，法院也准备给予原告某种补偿。这种为肉体伤害之赔偿而提起的诉讼不但适用于与故意行为有关的肉体伤害，而且适用于与故意陈述有关的肉体伤害，只要这种陈述的目的是企图给原告造成肉体伤害即可，高等法院法官赖特在“威尔金森诉唐顿”一案中作出的判决对这种情况作了很好的说明。此外，要求损害赔偿的诉讼也适用于故意施加的神经上的打击，尽管在澳大利亚“布尼安诉福尔登”一案中原告没有胜诉，其原因也没有必要在此探究，但澳大利亚高等法院法官狄克逊（后为高等法院首席法官）明确指出，如果被告通过自己的行为或陈述企图给原告造成神经上的打击并且已经这样做了，那么由于神经上的打击也可以提起要求损害赔偿的诉讼。正如他所说：“无疑，这种病（导致精神崩溃的足够的精神状况就等于精神崩溃这种病）而无须其他更多病症，就是危害和损失的一种形式，对于以伤害为诉讼依据的诉案来说，这些危害和损失已经足够了，也就是说，我们可以假定其他的诉因也存在。”但是一般的被告对神经上的打击了解甚少，它可能被说成是任何一种“可以察觉的精神病”，或者不了解是怎样故意地引起的。常常有这样的事情，被告在许多境遇中企图以惊吓、恐怖、悲伤、羞辱、激怒、窘迫、失望、蒙耻、伤害自尊或伤害感情等方式去施加单纯精神上的伤害，在一定的条件下这种行为产生了神经上的打击甚至肉体的伤害，法院支持原告一方获得损害赔偿，并且将这种神经上的打击或肉体上的伤害归咎于被告的故意。因此，在“威尔金森诉唐顿”一案中，尽管有明显的证据表明，被告所作的陈述实际上只是意在开玩笑，但法院仍准备将造成原告肉体伤害的责任归咎于被告的故意。①

① 参见 F. A. 特林德：《故意施加的单纯精神上的伤害》，李建华译，载《环球法律评论》1988 年第 1 期。

另外，澳大利亚首府地区是一个独立的司法管辖区，它将联合国《公民权利与政治权利国际公约》第 14 条（6）规定的刑事错案赔偿条件在文字上稍作修改，吸收到自己的立法中，在 2004 年人权法第 23 条中规定被错误定罪的个人可以寻求赔偿，具体条件为：一是被法院的终审判决判定为有罪；二是因此罪遭受了惩罚；三是因新的或新发现的事实最终表明是错案而此定罪被推翻或被赦免。人权法第 23 条（2）规定，个人有权依法获得赔偿。根据该法规定，一个人只要被错误定罪，但不一定要坐牢，就有权获得赔偿，即便他被定罪后受到的处罚只是罚金或者仅仅是被定罪的记录。但是，人权法第 23 条（3）进一步规定有权获得赔偿的条件是因发现新的事实最终表明是错案而此定罪被推翻或此人被赦免。事实上，在澳大利亚，除首府地区外，其他司法辖区，无论是普通法还是制定法都没有规定个人被错误定罪或关押后享有获得赔偿的权利。但是，各州政府都自行同意或经当事人申请选择支付特惠赔偿。

（三）固定赔偿之方法：以英国为例①

英国制定了固定的抚慰金赔偿表，故其采用的是固定赔偿的方法。英国的国家赔偿责任包括行政赔偿和刑事赔偿责任，由于信奉法律平等原则，英国的国家赔偿责任与民事侵权责任适用相同的法律原则，故其当然也包含精神损害赔偿制度。精神损害赔偿制度对人格权的保护分为两方面：一是在人身损害中对无法用金钱量化的损害予以赔偿，如对生命权、身体权、健康权的损害赔偿；二是对其他具体人格权的侵害予以保护，如 1952 年的英国损害名誉法确立了对名誉权的保护，伴随《欧洲人权公约》的实施，隐私权保护亦在英国得以确立。

1. 可赔偿精神损害的类型化

英美法系对精神损害没有成文法的规定，司法实践中认定的精神损害主要包括：（1）疼痛与痛苦（pain and suffering），即人身伤害引发的肉体不适、痛苦和情绪创伤。（2）安乐生活的丧失（loss of amenity of life），指受害人由于人身伤害无法按照原有的或可期待的方式去生活，对生活质量

---

① 该部分主要参考杨临萍编著：《国家赔偿案件中精神损害赔偿制度疑难问题研究》，中国法制出版社 2014 年版，第 178~189 页。

造成了重大的不利影响。(3) 丧亲之痛 (distress of loss of relative),指受害人死亡,其亲属因失去原有的情爱、照顾陪伴等所产生的精神痛苦。(4) 精神打击 (mental shock),一般指因目睹事故发生或作为事故受害人的亲属受到的伤害。前两项主要体现为受害人自身的精神损害,后两项则主要针对受害人的配偶、父母或与损害有关的第三人所受到的精神损害。

在英国,伴随人身损害的精神损害分为疼痛和痛苦与安乐生活的丧失两大类。根据英国上议院的要求,1970 年以后法官把伤害赔偿分为四个项目:(1) 到审判之日止金钱上的损失和支出;(2) 未来的支出;(3) 未来收入的损失;(4) 所受到的疼痛和痛苦以及安乐生活的丧失。后者是与人身损害有关的精神损害赔偿的重要内容。

传统英国法律认为疼痛和痛苦应当由受害人予以证明,个体对于疼痛和痛苦的感受不同,不能用统一的尺度来衡量,疼痛和痛苦只能作为人身伤害的因素予以考虑。现代法上则认可疼痛和痛苦既是独立的人身伤害形态,也是可以单独提出赔偿请求的诉因。著名侵权法学者 Harvey McGregor 将疼痛和痛苦定义为:"疼痛"包括在受伤时以及受伤后的真实的肉体疼痛,以及因为治疗而引起的受伤处疼痛;"痛苦"则是由于受伤的后果而感到精神上的或情绪上的折磨。疼痛和痛苦必须伴随人身的有形伤害而发生,而不是一种纯粹的精神不适。在 1967 年的 Frank v. Cox 案中,77 岁的受害人因髋部受伤无法手术,造成身体上的不适、疼痛和行动不便,法院判决认为:"鉴于请求人的年龄……该受害人有权获得'裁定给同类伤害的实质性的赔偿金'。"这是法院就"疼痛"界定的典型案例。"痛苦"一般指医学上可以证明的"精神官能症",毁容引起的难堪、受伤导致的悲痛、恐惧等精神痛苦。根据 1982 年司法管理法第 1 条的规定,在原告预期寿命缩短的情况下,法院在裁定疼痛和痛苦赔偿金时,应当考虑受害人意识到自己的预期寿命缩短而引起或可能引起的痛苦,因此,预期寿命的丧失也是痛苦的表现形式之一。判断疼痛与痛苦时主要考虑以下因素:(1) 严重程度和持续时间;(2) 受害人的年龄;(3) 受害人的性别,特别是在毁容方面,性别原因重要性较为明显;(4) 过错的性质与程度;(5) 双方当事人的经济状况;(6) 受害人因侵权行为受益情况;(7) 其他。

至于安乐生活的丧失或称能力的丧失,与美国侵权法上生活乐趣的丧失 (loss of enjoyment of life) 是相似的概念,是一项可以单独提起侵权赔偿请求的诉讼类型。与痛苦相比，安乐生活的丧失强调伤害引起的间接结果，关注对未来生活的影响。英国法认可的安乐生活的丧失范围较广，对五种感官能力及性功能的丧失等都予以赔偿，范围有不断扩大的趋势，法院认为，如果受害人在受伤后不能再从事令人感到愉快的事，就可以获得赔偿。如在 Morris v. Johnson Matthey&co. 案中，受害人是一个工匠，由于其在受伤害后失去了在工作中可以获得愉悦、骄傲和自尊的可能而获得赔偿，因人身伤害无法欢度假日、因失明不能看到熟悉的事物、因截肢不能远足以及婚姻前景的丧失或减损都可以视为安乐生活的丧失而获得赔偿。

2. 精神损害的赔偿方式

以赔偿目的划分，英国法上精神损害的赔偿方式主要包括五种：一是补偿性赔偿，补偿数额与受害人所遭受损失大体相当，以使其恢复到侵权发生前的状态。二是名义赔偿，即被侵害的利益本身不具有直接的经济价值，受害人亦无法证明具体遭受的金钱或财产损失，法院判令数额较小的赔偿，彰显对被告行为的谴责。三是蔑视性赔偿，仅适用于名誉侵权，法院虽认为原告在法律上胜诉但不赞成其诉讼行为，所以只判决极少的赔偿金。四是加重赔偿，主要适用于侵犯人身、损害争议、名誉及恶意诋毁三类案件，因为侵害行为在人身和财产损害之外还损害了被害人应有的尊严和骄傲。五是惩罚性赔偿，法院专门判决一笔较高数额的赔偿彰显对侵害人行为的惩罚。

3. 精神损害赔偿金的确定

英国法院认为，陪审团无法对精神损害赔偿金做到一致的估算方法，最好由法官单独审理确定。即使如此，各种案件均具有特殊性，法院在无法遵循先例时，只能依靠“由直觉和经验而得出的印象”加以判断，赔偿数额仍具有极大的任意性。麦高法官（L. J. Megaw）认为：“法律并不尝试对每一种特定的人身伤害（不论是严重的或者是轻微的）都判定一个特定的赔偿数额，没有办法去说此种或彼种伤害值多少金钱，实际上，在绝大多数的人身伤害案件中，任何人都会说‘我情愿已经避免了这种伤害，而不愿意接受赔偿所得的任何数额的金钱’。但是，法院必须尽其所能，对各种伤害给予惯常数额的赔偿。法院是根据个案的所有事实来估算所谓的价目表，根据特定案件的特定事实来进行调整。”鉴于此，英国法院采用司法价目表的方法来估算精神损害赔偿，将致残以及各类伤害的赔偿金，依通常社会标准，根据法律政策修改的价目表估算金额。

此外，依1846年的Lord Campbell Act法律的实施，死者的亲属只能得到财产损失的赔偿，不能请求痛苦的赔偿和丧亲之痛的赔偿。直到1982年，英国法律才允许因失去配偶或父母的亲人请求精神损害赔偿，赔偿金为3500英镑。对损害名誉权的赔偿，法院也可在确定赔偿方式后，参考人身损害赔偿的判决予以确认。

对于多个损害赔偿项目的情形，传统上英国法院采用叠加计算法，将精神损害项目进行明确的分类，再依项目分别计算出各自的赔偿数额，相加得出总的赔偿数额。司法实践表明此种计算方法会给损害评估带来很多问题。为此，司法研究委员会在1992年《评估指南》的引言部分特别指出：叠加计算法是不正确的，损害赔偿的目标是对所有的损害进行全面的审查，然后评估这些损害对请求人产生的影响，在此过程中，考虑的主要因素是受害人承受的各个损害中最为严重的损害。因此，在多个损害赔偿项目的情形下，应当主要考虑其中最严重的损害并计算赔偿金，同时对其他项目作通盘考虑。

【意见建议】

显然，《国赔精损意见》和《国赔精损解释》所确定的精神损害抚慰金支付方式既借鉴了国外的五种实践做法，又不能简单地被归为某一类做法，要求“应当综合考虑以下因素确定精神损害抚慰金的具体数额：精神损害事实和严重后果的具体情况；侵权机关及其工作人员的违法、过错程度；侵权的手段、方式等具体情节；罪名、刑罚的轻重；纠错的环节及过程；赔偿请求人住所地或者经常居住地平均生活水平；赔偿义务机关所在地平均生活水平；其他应当考虑的因素”以及“精神损害抚慰金的具体数额，应当在兼顾社会发展整体水平的同时，参考下列因素合理确定”，且“一般应当在百分之五十以下酌定，特殊可在百分之五十以上酌定”的做法，都在一定程度上赋权法官予以酌定权。而提出“一般应当不少于一千元”的最低标准，具有一定的固定赔偿之因素。提出“一般在百分之五十以下”，是借鉴了最高限额赔偿法的标准。另外，由于以“人身自由赔偿金、生命健康赔偿金”作为比较对象，其赔偿金的计算明显会受到医疗费比例赔偿和日标准赔偿的影响。

总之，我国国家赔偿精神损害抚慰金的确定首先坚持了抚慰性标准，在具体的计算方法上则兼采众家，形成了独具特色的计算方法。从未来健全完善之趋势，笔者认为应着力把握以下几点：一是严格的固定赔偿方法未必适合我国，特别是英国量化价目表中的计量方法，可能有违我国民众普遍的社会感观，不符合社会主义核心价值观。二是过于宽松的法官酌定，可能引起诟病。目前较为可行的办法是借鉴刑事量刑规范化的成果，进一步细化影响确定精神损害抚慰金数额的因素，为法官酌定提供帮助和划定参考标准。三是对一般百分之五十的原则限制的突破需要有一定的机制制约。《国赔精损解释》第八条后半段虽明确规定了“后果特别严重，或者虽然不具有本解释第七条第二款规定情形，但是确有证据证明前述标准不足以抚慰的，可以在百分之五十以上酌定。”但没有规定程序性、机制性的限制，可能造成裁判的恣意。四是持续计算精神损害抚慰金的情形。如果按照医疗费比例赔偿方法和日标准赔偿方法计算精神损害抚慰金，其金额很有可能随着医疗费开支的增加和受侵害时日的延长而持续累计，仅一次性地支付精神损害抚慰金是否妥当，值得思考。对未来持续增加的精神损害是否都能够以一个预期的总额涵盖而一次性支付，未来超出了一定年限又如何处理，均是值得研究的问题。

（撰稿人：最高人民法院　李晓云）

国家赔偿中可救济之损害
——以侵犯财产权的损害赔偿为视角

【核心观点】

无救济则无权利，有损害必有赔偿。并非所有形态的损害都属于可救济的赔偿范围，作为赔偿责任构成要件的损害事实本质上是法定损害事实，如何确定可救济的损害是损害赔偿领域的重点和难点所在。从学理和比较法的角度而言，国家赔偿上的损害与民法上的损害并无二致。从受害人的角度而言，其因侵权遭受的损害并不因侵权主体的不同而有显著区别，个别情形下可能因公权力的侵权而损害程度更深。随着社会、经济和法治的发展，各国法律上可救济的损害范围也不断扩大，国家赔偿法亦是如此。在国家赔偿法上，侵犯财产权的损害赔偿限于直接损失，这既不像人身损害赔偿已由法律规定了明确的赔偿项目，也不像精神损害赔偿可用酌量方法一并概括计算，因而会更多地受到法定赔偿和有限赔偿的掣肘。对于侵犯财产权的损害赔偿，将更多的损害纳入可救济的法律视野，一直是国家赔偿理论与实践努力的方向。

【问题及相关背景】

“2001年福州2·20持枪抢劫杀人案”曾轰动全国。该案刑事判决生效后，受害人陈某滔对其涉案财产提出的赔偿请求，历经刑事诉讼、民事诉讼、国家赔偿、民事诉讼的程序辗转，其间伴随着对国家赔偿与民事诉讼的程序适用、连带责任与按份责任的责任形态、直接损失与间接损失的赔偿范围等认识分歧，涉及的一系列法律问题具有典型意义，引人深思。受篇幅所限，本文拟仅从可赔偿损害范围的角度对该案进行分析。

该案基本案情是：2000年，陈某滔与徐某平因联合经营安祥旧车交易市场发生纠纷。卞某忠受陈某滔一方之托，作为中间人介入调解该纠纷。2001 年 2 月 17 日，徐某平与郑某（时任福州市公安局晋安分局岳峰刑警中队中队长）预谋假借卞某忠敲诈、抢劫之名以公安机关抓捕方式，将卞某忠枪杀。同月 20 日，徐某平托请时任晋安分局刑警大队大队长的刘某枪杀卞某忠，并通过时任福州市公安局副局长的王某忠就此给刘某打电话。当晚 8 时许，刘某、郑某带领民警至安祥旧车交易市场预先埋伏。徐某平将卞某忠骗至安祥旧车交易市场办公室，向刘某、郑某发出暗号，刘某即向民警发出行动指令并下令向卞某忠开枪，卞某忠中弹身亡。现场民警将陈某滔雇请的值班员带往派出所，郑某对其非法留置审查四十八小时。徐某平趁机转移陈某滔车场内的 26 辆车辆、办公用品等财产，并将大部分车辆变卖。其后，陈某滔因徐某平诬告被两次以敲诈勒索罪判处有期徒刑，后经重审宣告无罪，共被羁押 1072 天。

2005 年，陈某滔向福州市中级人民法院赔偿委员会申请赔偿人身自由损失、经营损失、精神损害赔偿金等共计 3815846. 49 元。福州市中级人民法院赔偿委员会决定，福州市晋安区人民检察院和福州市晋安区人民法院向陈某滔共同赔偿人身自由赔偿金 89683 元。该赔偿决定还认为，陈某滔主张的经营损失已在相关的刑事案件中提起附带民事赔偿请求，故不在该案审查范围。2006 年陈某滔向福州市中级人民法院提起民事诉讼，请求依据民法通则第一百二十一条判令徐某平继承人徐某丰等四人、王某继承人王某贵等四人、福州市公安局连带赔偿其车辆等直接损失 509. 86 万元、停业间接损失 720 万元、精神损害 100 万元，共计 1329. 86 万元。陈某滔称之所以选择民事赔偿而非国家赔偿的原因之一是国家赔偿比民事赔偿的范围小。2007 年徐某平因故意杀人罪、抢劫罪被判处死刑，郑某、刘某因故意杀人罪分别被判处死刑、死缓。生效刑事附带民事判决还判令公安机关将扣押的 8 辆车返还给陈某滔，继续追缴其余 18 部车及办公用品等返还给陈某滔。2012 年，福州市中级人民法院裁定驳回陈某滔起诉，认为公安机关确有职务侵权行为，但不属于民事案件受理范围，陈某滔可申请国家赔偿。其后，该案被指令重审，福州市晋安区公安局被追加为被告。2015 年 8 月，福州市中级人民法院经一审作出民事判决，福州市公安局晋安分局赔偿陈某滔财产损失 3596580 元、利息损失 3267624 元，合计 6864204 元，徐某丰、王某贵等人以遗产继承范围为限负连带赔偿责任。对此，媒体引陈某滔语报道称，该判决的亮点是对于公权力侵权，适用民法和民事赔偿程序而不是国家赔偿程序。此言虽有偏颇，但该案中的一些法律适用问题的确值得进一步探讨。就可赔偿的损害而言，在该案民事判决中予以支持的326万余元间接损失的赔偿请求，依照目前的国家赔偿法则无法得到支持。

【理论探讨】

赔偿是对损害的填补或救济，损害是赔偿的前提。确定国家赔偿责任的主要目的是对受害人进行赔偿，而损害是国家赔偿责任必备的构成要件。综观世界多数国家的国家赔偿立法及实务，其所谓的损害与民法上的损害基本相同。无论是在民事赔偿还是国家赔偿领域，并非所有形态的损害都属于可救济的赔偿范围，作为赔偿责任构成要件的损害事实本质上是法定损害事实。随着社会、经济和法治的发展，各国法律保护的权益范围也随之不断扩大，国家赔偿法亦是如此。

一、比较法上可救济之损害的理论与实践

罗马法谚云："无损害即毋需赔偿。"损害对于赔偿的重要性自不待言。损害作为责任构成要素，可因违法行为、合法行为、事实行为和自然事件等发生，损害类型的不同，不但影响到法律对行为合法性和行为人过错的判断，也关系受害人受损权益的救济范围，更是限制或扩张国家赔偿责任范围的重要工具。国家赔偿法上的损害的实质、内涵多与民事损害共通。比如，日本关于损害的赔偿范围，即国家对哪类损害给予赔偿，依其国家赔偿法的规定，对侵犯财产权的损害赔偿范围，完全适用民法之规定。相对于专指财产损失的狭义损害，我国国家赔偿法第二条规定的损害属于广义上的，"系指权利或利益受侵害时所生之不利益。易言之，损害发生前之状态，与损害发生后之情形，而相比较，受害人所受之不利益，即为损害之所在。"① 无论是财产上或非财产上的不利益，亦无论该不利益是行为抑或事件所致，更无论其是现实的抑或未来的不利益，只要是确定发生的不利益，均应称之为损害。② 比较法上鲜有精确定义损害概念的立

---

① 王泽鉴：《不当得利》，中国政法大学出版社2002年版，第34页。

② 参见宁金成、田土城：《民法上之损害研究》，载《中国法学》2002年第2期。

法例，至多如奥地利民法典第1293条那样将损害宽泛地定义为：“一个人在其财产、权利和人身上遭受的一切不利侵害。”北欧国家则一般在赔偿法中对损害进行类似界定。在法国，实务界基本上将损害从宽界定为任何一种利益损失，无论该利益是否具有财产上或经济上的价值。在英美法上，所谓损害始终是个需要在个案中具体化的概念；如果能在一般意义上使用，也仅指那些“不使人遭受它已经成为义务内容的不利后果”。

由于社会生活的多样性以及复杂性，损害的形态亦呈多样化。就时间而言，有已发生的损害，有将发生的损害；就程度而言，有重大损害，有轻微损害；就性质而言，有物质损害，有精神损害；就范围而言，有普遍性损害，有异常性损害。并非所有形态的损害都属可赔偿范围，仅在法律明确规定范围内的损害才由特定的赔偿义务机关承担赔偿责任，而各国经济、政治、文化上的独特性决定了其国家赔偿范围价值选择上的多样化。由于各国国家赔偿法一般不对损害现实性与确定性作出具体规定和描述，大都用司法判例进行具体界定，便给损害赔偿范围留下了足够的发展余地。随着社会经济的发展以及伦理道德观念的变迁，各国国家赔偿法保护权益的范围也在不断扩大，从权利的保护发展到法益的保护，更多的间接损失被纳入可赔偿损害的范围。如美国，其联邦侵权赔偿法规定得比较保守，司法判例却有较大突破：例如，甲乙签订一份合同，甲的营业执照被政府错误吊销，致使合同无法履行，在此情况下，甲不仅可要求政府赔偿因吊销营业执照给其造成的直接损失，且可要求政府赔偿如合同正常履行其可获得的收入。又如，某演员乘车去某剧院演出，途中被警察错误拘留，警察局不仅应按日赔偿其一定的损失，还要赔偿该演员与组织演出单位约订的演出报酬。

损害可分为财产损害和非财产损害两种基本类型，划分的标准是加害行为或准侵权行为所导致的损害是否具有财产内容。财产损害，又称有形损害，是指因侵害受害人的财产或人身权利而造成其经济上的损失，一般可用金钱确定。凡是财产上不利的变动都属于财产损害，不仅包括财产的积极损害，即财产的直接减少，也包括财产的消极损害，即应增加的财产未增加。非财产损害，又称无形损害，是指受害人所遭受的财产损害以外的损害，包括精神损害、边际损害、法人人格权损害等无法归入财产损害的不利益。一般而言，侵害受害人的财产权益导致财产损害，侵害受害人的人身权利导致非财产损害。这两种损害可以单独发生，也可以相伴而生，如损毁甲的古董，虽主要为财产上的损害，但使甲遭受精神打击，则为非财产损害。[①] 在各国侵权法上，对于财产损害一般按照全面赔偿的原则予以赔偿，而对于非财产损害通常只限于法律有明确规定时才能加以赔偿，德国、意大利和葡萄牙等国的民法典都有这样的规定。[②] 我国民法典侵权责任编亦是如此。但是，在我国国家赔偿法上，无论是财产损害还是非财产损害，都按照有限赔偿的原则予以赔偿，对于法律有明确规定的损害方给予赔偿。

根据加害行为与损害因果关系的远近，财产损害又可以划分为直接损失（积极损害）与间接损失（消极损害）。[③] 各国对于直接损失，无论是民法还是国家赔偿法，都将其纳入赔偿范围；但对于间接损失，各国规定的赔偿范围并不一致。直接损失是指受害人现有财产的减少，包括因财产权遭受侵害所支付的费用、物品遭受的毁损、因生命健康权受损导致的积极财产损害、财产权益丧失或财产权益受到限制、附随的损失等。这种损害属于固有利益的丧失，与加害行为有直接因果联系，受害人无法采取各种合理措施予以减轻或者避免，应当给予完全赔偿。间接损失是指受害人可得利益的丧失，包括因侵害财产权造成的利益损失、因侵害生命健康权所造成的各种消极损害、各种机会的损失。[④] 间接损失特别是机会损失，属于可期待利益的丧失，是因其他媒介因素介入才引发，与加害行为之间无直接因果联系，仅当满足相当性等要求时才予以赔偿。例如，经营场所被非法查封期间所损失的营业收入为间接损失。间接损失具有三个特征：一是损失的是一种未来的可得利益，而不是既得利益。在侵害行为实施时，它只具有财产取得的可能性，尚不是现实的财产利益。二是这种丧失的未来利益是具有实际意义的，是必得利益而不是假设利益。三是这种可得利益必须是在一定的范围之内，即侵权行为的直接影响所及的范围，对此通常以可预见性规则予以限定。

---

① 参见何孝元：《损害赔偿之研究》，我国台湾地区商务印书馆1968年版，第25页。

② 参见王利明：《侵权行为法研究》（上卷），中国人民大学出版社2004年版，第358～360页。

③ 参见曾世雄：《损害赔偿法原理》，中国政法大学出版社2001年版，第137页。

④ 参见王利明：《侵权行为法研究》（上卷），中国人民大学出版社2004年版，第362页。

二、我国国家赔偿法上可救济之损害的变迁与发展

在我国，国家赔偿法比民法规定的损害赔偿范围窄，国家赔偿实行限额赔偿，原则上以直接损失为限，间接损失的赔偿由法律明确规定。对于应否赔偿间接损失，在1994年国家赔偿法起草过程中曾有不同意见。第一种意见认为，应当赔偿间接损失，因为国家不对间接损失负责，实际上是将间接损失的负担加在受害人身上。第二种意见认为，赔偿间接损失，会使国家的财政负担过重，且域外也有不赔偿间接损失的情况。我国国家赔偿法刚起步，且国力有限，赔偿范围应逐步扩大，因此，主张应以赔偿直接损失为限。第三种意见认为，对间接损失，不能全赔，也不能全不赔。对其中必然可得利益或不可避免的损失应当赔偿，而对其他间接损失不赔偿。第四种意见认为，原则上，国家只赔偿直接损失，必须赔偿的间接损失，由法律加以具体列举。国家赔偿法最终采纳的是第四种意见。对于侵犯人身权的损害赔偿范围，不仅包括直接损失，还包括间接损失，例如，侵害健康权应赔偿误工损失，该误工损失属于间接损失；造成部分或全部丧失劳动能力的应赔偿残疾生活补助具费、康复费，此类费用可包含间接损失；残疾赔偿金、死亡赔偿金亦可包含间接损失。对于侵犯财产权的损害赔偿范围，在2010年修正国家赔偿法之前仅包括直接损失，不包括间接损失。根据1994年国家赔偿法第二十八条的规定，侵犯财产权造成损害的，赔偿直接损失。立法机关在国家赔偿法释义中曾举例说明：在一起侵犯经营自主权的案件中，强迫农民砍掉果树种植其他作物，但因为缺乏其他作物的经验，导致农民收益大减。被砍掉的果树是果农的直接损失，而果树如不被砍掉可能收获的果子是可得利益的损失，不应当按照直接损失赔偿，即对砍掉的果树进行赔偿，而不是对可能的、预计的收获进行赔偿。因为果树的损失是已经发生的、真实存在的，而果树有无收获，可能收获多少，以及收获后能否卖出，都是不确定的，对不确定的损失不予赔偿。①

立法与司法对于侵犯财产权的损害赔偿仅限于直接损失的规定，一直

① 参见全国人大常委会法制工作委员会民法室：《〈中华人民共和国国家赔偿法〉释义》，法律出版社1994年版，第75页。

在尝试突破与扩张。2000 年《最高人民法院关于民事、行政诉讼中司法赔偿若干问题的解释》[1] 在第六条对直接损失赔偿作出具体细化规定的基础上，在第十二条第三项增加了对贷款在借贷状态下的贷款利息予以赔偿的规定。按照该项规定，在保全、执行过程中冻结、扣押或者扣划的款项系国家批准放贷的金融机构贷款时，贷款利息作为直接损失应予赔偿。在实践中，关于利息是属于直接损失还是间接损失，存有争议，但多数意见认为其属于间接损失。该解释以贷款利息是当事人必须要向金融机构偿付为由，将其解释为直接损失，[2] 同时，强调《最高人民法院关于民事、行政诉讼中司法赔偿若干问题的解释》第十二条关于直接损失的规定，只能适用于国家赔偿案件，而不能适用于其他诉讼案件。[3] 2010 年国家赔偿法修改时，不少学者提出要增加对间接损失的赔偿。但基于国家财政负担、财政来源等国情的考虑，修正后的国家赔偿法第三十六条保留了仅对侵犯财产权的直接损失予以赔偿的基本价值定位，“根据本条的规定，国家赔偿只对直接损失予以赔偿，而对于间接损失等不予赔偿”[4]。与此同时，该条第七项规定通过将利息视为直接损失的方式，对赔偿范围进行了一定程度的扩张，即在第三十六条第七项新增了返还执行的罚款或者罚金、追缴或者没收的金钱，解除冻结的存款或者汇款的，应当支付银行同期利息的规定。2016 年《最高人民法院关于审理民事、行政诉讼中司法赔偿案件适用法律若干问题的解释》第十五条、第十六条避开了利息是否属于直接损失的分歧，并较大幅度地拓宽了应予赔偿利息的情形，即规定返还金融机构合法存款的，按照合同约定利率支付存款合同存续期间的利息；应当返还的财产系现金的，按照作出生效赔偿决定时中国人民银行公布的一年期人民币整存整取定期存款基准利率支付利息；返还国家批准的金融机构贷款的，除贷款本金外，还应当支付该贷款借贷状态下的贷款利息。

---

① 已被 2020 年 12 月 23 日法释〔2020〕16 号废止。——编者注

② 有观点认为，利息属于间接损失，但贷款利息属于直接损夫，因为受害人支付贷款利息意味着现有财产的减少。

③ 参见苏戈：《〈关于民事、行政诉讼中司法赔偿若干问题的解释〉的理解与适用》，载《人民司法》2000 年第 11 期。

④ 许安标、武增主编：《中华人民共和国国家赔偿法解读》，中国法制出版社 2010 年版，第 161 页。

【意见建议】

对于可救济的损害范围，国家赔偿法随着社会、经济、文化的发展正在逐步予以扩大，司法解释也在为更加充分地救济权利作不懈的努力。非财产损害的赔偿如精神损害抚慰金赔偿，得益于其属于酌定赔偿范畴，在国家赔偿司法实践中已经大幅提升，在一些案件中甚至超出了类似民事赔偿案件的金额和比例。而侵犯财产权的损害赔偿，受法定的有限赔偿的要求所限，难以实现根本性的突破，其赔偿范围往往窄于类似情形下的民事赔偿，难以更好地满足司法实践的现实需求。在未来国家赔偿法的修改及司法解释的起草中，笔者建议按照“当赔则赔、应救尽救”的理念，不断拓宽财产损害赔偿中可救济的损害范围，真正做到对损害的填平补齐。

一、将确定的间接损失明确纳入财产损害的赔偿范围

如前所述，在财产损害中，直接损失是现有财产的减少，间接损失是可得利益的丧失。损害赔偿是对实际损害的补救，不仅应赔偿直接损失，对于法律确定的间接损失也应予以赔偿，以尽可能恢复至未遭受侵害之前的状态。国家赔偿与民事赔偿的侵权主体不同，但同属损害赔偿，受害人获得的救济不应因侵权主体不同而过于悬殊。从理论上而言，只要是当事人已经预见或者能够预见，并且可以期待、必然得到的利益，就应当予以赔偿。在民事赔偿中，对财产损害适用全部赔偿和实际损害赔偿的原则，不仅要赔偿直接损失，对确定的间接损失也要予以赔偿。1986 年施行的民法通则第一百一十七条第三款即规定：“受害人因此遭受其他重大损失的，侵害人并应当赔偿损失。”2009 年侵权责任法未作明确规定，但视赔偿确定的间接损失为应有之义。

相对于民事赔偿，国家赔偿可救济的损害范围比较窄，但一直在朝着不断扩大赔偿范围，更多地实现权利救济的方向努力。对于侵犯人身权的财产损害赔偿，自 2010 年国家赔偿法增加了支付护理费、残疾生活辅助具费、康复费等规定以来，赔偿范围既包括医疗费、护理费、残疾生活辅助具费、康复费、丧葬费等直接损失，也包括误工费、残疾赔偿金、死亡赔偿金、被扶养人生活费等间接损失，与民事赔偿差别不大。此类赔偿，司法实践也一直在现行法律框架内积极给予受害人更多的救济，最高人民法

院2020年2月14日针对黄某亿申请广西壮族自治区平果县公安局违法使用武器赔偿一案作出的（2019）最高法赔他2号案答复即是典型一例。关于因人身损害致残获得国家赔偿后超过相应期限或年限能否再次申请国家赔偿的问题，该答复认为，对于支付护理费、残疾生活辅助具费等因残疾而增加的必要支出的申请，人民法院赔偿委员会应予受理，并可依据国家赔偿法第三十四条的规定精神，决定由赔偿义务机关继续支付五年至十年的相关费用。该答复根据法律规定中蕴含的人权保障和权利救济精神，作出了符合未来法治发展的适度扩张解释，秉持的理念值得引鉴。

对于侵犯财产权的损害赔偿，实践中的呼声更高，其可待将更多的损害纳入赔偿范围，尤其是将间接损失明确纳入财产损害的赔偿范围。自1995年国家赔偿法施行以来，学术界及司法实践普遍认为该法第二十八条关于侵犯财产权之具体赔偿标准与民事赔偿相比，不足以弥补受害人之损失，赔偿请求人对于赔偿的项目及数额之期望值几乎全部高于决定赔偿之项目及数额。[①] 2010年修正的国家赔偿法在表述上仍规定赔偿范围限于直接损失，但因增加了特殊情形下的利息赔偿，实际上已经将赔偿范围扩张至间接损失。2016年《最高人民法院关于审理民事、行政诉讼中司法赔偿案件适用法律若干问题的解释》在此基础上进一步延伸解释了应予赔偿利息的情形，将国家赔偿案件中大多数应当返还的货币化财产纳入了赔偿利息的范围。囿于国家赔偿法对于财产损害限于直接损失的规定，非货币化实物财产的间接损失仍游离于法定赔偿范围之外，类似前述陈某滔申请赔偿案中的间接损失依然无法通过国家赔偿程序，获得与民事诉讼同样的救济。在对财产损害中的直接损失予以赔偿之外，对确定的间接损失也予以赔偿，既是与同属国家赔偿体系之下的人身损害赔偿保持一致，也是与同属损害赔偿体系之下的民事侵权损害赔偿保持一致。因此，建议未来国家赔偿法修正过程中将确定的间接损失亦明确纳入财产损害的赔偿范围，进一步加大对受害人权利救济的力度。

具体而言，可以采取概括加列举的方式将确定的间接损失明确为可救济的财产损害，一方面规定既赔偿直接损失，也赔偿确定的间接损失；另

① 参见江必新主编、最高人民法院赔偿委员会办公室编著：《〈中华人民共和国国家赔偿法〉条文理解与适用》，人民法院出版社2010年版，第337页。

一方面将应当赔偿的间接损失予以具体列举。例如，对于因停产停业致使丧失唯一生活费用来源的赔偿请求人，应当将其营运损失纳入赔偿范围。审判实践中，不乏人民法院违法查封、扣押公民赖以生存的工具或者设备，比如铺面摊位、简单设备（如复印机、炉具等）、运输工具（如三轮车、摩托车、出租车、货车等）等的案例。上述物品的本值或者维系费用或许不高，但对于依赖这些工具、设备获得唯一生存来源的个人及其家庭而言，却十分重要。这些受到公权力侵害的人，多是从事小规模生产经营的业主，抵御风险的能力低，受到损害的程度深，如将营运损失排除在赔偿范围之外，不足以充分救济赔偿请求人的权利。2016 年《最高人民法院关于审理民事、行政诉讼中司法赔偿案件适用法律若干问题的解释》起草过程中，送审稿曾将此种情形下的营运损失纳入赔偿范围，后在讨论通过时因国家赔偿法未明确侵犯财产权的间接损失赔偿，该解释最终对此未予规定。在近年来的司法实践中，已有将这类营运损失予以赔偿的个案突破，建议国家赔偿法及司法解释在总结实践经验的基础上，将与之类似的确定的间接损失列为可救济之损害，以求在制度设计上做到当赔则赔和应救尽救。

二、以更为多元的标准与方式计算财产损害中直接损失和间接损失

在财产损害和人身损害中，都有直接损失和间接损失，即便精神损害也有精神利益中财产因素的直接损失和间接损失。在实践中，由于人身损害赔偿和精神损害赔偿已将直接损失和间接损失予以概括，或已由法律规定了明确的赔偿项目，或可用酌量方法一并计算，无须详细区分直接损失和间接损失，按项目赔偿即可。然而，如何计算财产损害中直接损失和间接损失一直是重点和难点所在。在原物无法返还的情形下，法律实践已更多地采用多元的标准与方式，来计算财产损害中直接损失和间接损失。

对于财产损害中的直接损失，适用折价赔偿，即按照财产实际减少价值进行赔偿。对于侵害财产使原物灭失即原物的价值全部丧失的，以原物的原有价值进行赔偿；对于侵害财产使原物受到损坏，可返还原物或恢复原状，但原物价值减少的，按照原物实际减少的价值进行赔偿。财产不能恢复原状或者灭失的，原则上按照侵权行为发生时市场价格计算直接损

失。2010年《最高人民法院关于审理民事、行政诉讼中司法赔偿案件适用法律若干问题的解释》第十二条第二款规定原则上以侵权行为发生时作为计算时点，按照损害赔偿学理上的通说，侵权行为发生时往往就是损失发生时，但前者较后者的时点更为确定，便于实务理解和操作。考虑到一些特定财产如不动产、稀缺物品或者大宗商品等，受到侵权损害的时间较长且受损财产价值发生较大波动，按照财产原价值计算直接损失，显失公允，该款同时还规定，市场价格无法确定或者该价格不足以弥补其所受损失的，可以采用其他合理方式计算损失。按照这一规定，如果按照侵权行为发生时当地市场价格赔偿对受害人显失公平的，可按照决定赔偿之日的当地市场价格进行赔偿。计算损失的其他合理方式可以是资产重置的方法，也可以根据财产所在地价格统计数据来计算，还可以委托有关专业机构评估等，根据案件实际情况而定。由此，直接损失的确定大致可分为以下情形：（1）原价高，现价低的物品，按照侵权行为发生时的当地市场价格计算，即足以填补受害人的全部损失；（2）原价低、现价高的物品，可按照决定赔偿之日的当地市场价格计算，否则受害人的合法财产权益无法获得切实保护；（3）原价高、现价低的特殊物品，例如贵重首饰等，现价低于原价且难以重购，可在受害人有足够证据证实的情况下，按照其购买价格计算。

对于财产损害中间接损失的赔偿，只要是赔偿请求人已经预见或者能够预见的利益，并且是可以期待、必然得到的，就应当予以赔偿，以尽可能恢复到未遭受侵害之前的状态。在间接损失的计算上，通常有三种方法：（1）收益参照法。即通过参照赔偿请求人在受到侵害之前一定时间内单位时间平均收益值，来计算收益损失。例如，甲经营汽车运输，汽车被扣押三个月无法营运。对此，可以参照扣押前一段时间的营运总收益，计算单位时间平均收益值，进而计算该汽车营运的收益损失。在使用这种计算方法时，需注意季节等条件因素对经营的影响，应取同等条件或相似条件的季节作为参照来计算。（2）同类比照法。即确定条件相同或基本相同的同类生产、经营者，以其为对象，计算同等条件下的平均收益值，作为受害人损失的单位时间增值效益的数额，按此数额确定受害人所受损失。使用这种计算方法需注意同等条件，如同等劳力、同等财产、同等生产、经营因素等。条件越相似，计算就越接近准确。（3）综合法。即将以上两种方法综合使用，使计算的结果更趋于准确。对于“影响效益发挥的时间”的计算，因财产的损坏和财产的侵占、灭失而不同。财产的一般损坏，其影响效益发挥的时间，是从损坏发生之时到经维修为正常使用之时。财产的侵占、灭失，则从侵害发生之时，到返还、购买的财产正常使用之时。[①] 需要说明的是，在营运损失的计算中，如果无法按照上述方法确定，可以按照利息损失标准如银行同期同类贷款利率标准来计算。

（撰稿人：最高人民法院　梁清）

① 参见江必新、梁凤云、梁清：《国家赔偿法理论与实务》，中国社会科学出版社 2010 年版，第 873 页。

四、赔偿程序

司法赔偿程序的若干问题

【问题及相关背景】

国家赔偿法在2010年修正时取消了司法赔偿确认程序，增加了赔偿协商制度，完善了赔偿委员会的相关规定等。但司法赔偿程序仍存在如赔偿义务机关先行处理、司法赔偿案件书面审查等一些不容忽视的问题，亟待研究并予以完善。

【理论探讨】

国家赔偿程序是赔偿请求人在请求国家赔偿的过程中，国家赔偿法律关系中的赔偿请求人、复议机关和人民法院共同遵循的方式、步骤、时限等程序规则的总和。根据我国国家赔偿法的规定，国家赔偿程序包括行政赔偿程序和司法赔偿程序，鉴于我国行政诉讼法对行政赔偿程序作了比较明确的规定，本文仅讨论司法赔偿程序有关问题。

2010年4月，全国人大常委会对国家赔偿法进行了修正，关于国家赔偿程序的修改主要体现在以下几个方面：一是取消了国家赔偿的确认程序。依照1994年国家赔偿法的规定，确认程序是司法赔偿的必经程序，违法侵权事由未经确定不能进入赔偿程序。2010年国家赔偿法取消了司法赔偿的确认程序，明确规定了“要求刑事赔偿，应当先向赔偿义务机关提出”，对非刑事司法赔偿的“赔偿请求人要求赔偿的程序，适用刑事赔偿程序的规定”，从程序上保障了赔偿请求人的救济权利。二是增加了赔偿的协商制度、赔偿请求人对赔偿决定的诉权和举证责任的规定。2010年国家赔偿法在第二十三条详细规定了司法赔偿的协商与决定程序，并在司法实践中得到了广泛的运用。例如，河南赵某海案中，河南省有关部门便是通过与赵某海协商制定赔偿方案，最终获得赵某海的认可，该案得到了圆满解决。协商制度在一定程序上弥补了精神损害抚慰金赔偿数额的不足。2010 年国家赔偿法在第二十四条增加了关于赔偿请求人对赔偿义务机关的赔偿决定的诉权的规定。该规定能督促赔偿义务机关及时处理赔偿请求，同时保障赔偿请求人的权益。2010 年国家赔偿法第二十六条明确了当事人的举证责任，以及特殊情况下的举证责任倒置，弥补了 1994 年国家赔偿法没有举证责任规定的不足。三是完善了赔偿委员会的相关规定。赔偿委员会是解决国家赔偿的专门组织，1994 年国家赔偿法仅对赔偿委员会的组成等问题作了浅显的规定，而 2010 年国家赔偿法第三十条分别从赔偿委员会对赔偿案件的审理方式、审理期限、赔偿委员会的设置和组成及其赔偿决定的效力、对赔偿委员会赔偿决定的申诉和监督程序四个方面作出了较为全面的规定。

2010 年国家赔偿法对司法赔偿程序的规定共 10 条，虽然较 1994 年国家赔偿法在司法赔偿程序上可圈可点，但仍存在一定的问题。一是关于赔偿义务机关先行处理程序，2010 年国家赔偿法第二十三条保留了原来的赔偿义务机关先行处理程序。但实践中赔偿义务机关通过先行处理程序解决赔偿请求人的诉求后，赔偿请求人不再向复议机关申请复议或人民法院赔偿委员会申请作出赔偿决定的案件甚少，可见用先行处理程序化解矛盾纠纷的效果甚微。二是关于审理案件时的书面审查。人民法院的审查方式仍是书面审查的办法，既没有双方的参与和辩论，更没有裁判者居中的倾听和询问。国家赔偿采用非诉方式，实际上这种非诉方式与复议没有多大区别。2010 年修正后的国家赔偿法将书面审理方式条文化，再辅助以特殊情形下的听证程序。但笔者认为，书面审查这种不公开、不透明的方式既不符合现代法治理念，也有损司法机关公正、中立的形象。三是关于自赔程序、复议程序与人民法院赔偿委员会审理程序的衔接。国家赔偿法第二十三条、第二十五条规定，赔偿义务机关、复议机关两个月内未作出决定，赔偿请求人可自期限届满之日起三十日内向上一级机关申请复议或向复议机关所在地的同级人民法院赔偿委员会申请赔偿。但实践中，人民法院赔偿委员会在受理申请后复议机关方作出决定，人民法院赔偿委员会继续审理的案例屡见不鲜。

根据国家赔偿法的规定，公民、法人和其他组织可以根据不同情况，分别通过以下几种途径获得国家赔偿：第一，在刑事赔偿中，非人民法院的赔偿义务机关所作赔偿决定，赔偿请求人不服或该赔偿义务机关逾期不作决定的，赔偿请求人向其上一级机关申请复议，对复议决定不服或复议机关逾期不作决定的，赔偿请求人依法向复议机关所在地的同级人民法院赔偿委员会申请作出赔偿决定。第二，赔偿义务机关为人民法院的，赔偿请求人对人民法院的赔偿决定不服，或人民法院逾期不作决定，赔偿请求人向上一级人民法院赔偿委员会申请作出赔偿决定。第三，向赔偿义务机关提出国家赔偿申诉。国家赔偿法虽然对国家赔偿的基本途径作了规定，但对具体的赔偿程序则未作详尽规范，特别是关于程序法的适用等基本操作规程问题，国家赔偿法没有规定具体解决的办法。

对于如何完善司法赔偿程序，学术界主要有两种观点。一种观点认为，人民法院在赔偿程序中应当居中心地位，应建立统一的国家赔偿诉讼程序，摒弃现有的行政、司法两套程序的赔偿模式，通过国家赔偿诉讼来解决赔偿问题。另一种观点认为，立足现有的赔偿程序，完善司法赔偿程序，即对现有的程序框架进行补充和完善。

笔者认为，没有程序的正义，就没有结果的公正。国家赔偿程序是国家赔偿责任的实现过程，更是受害人的权益得到救济或恢复的途径，缺乏程序保障的权利无法实现。国家赔偿程序设计科学与否直接决定着赔偿请求人的权利能否实现以及如何实现。没有程序保障的权利是难以实现的，只有通过正当程序的运行，司法赔偿制度才能发挥应有的作用。但司法赔偿程序的完善不是一蹴而就的。程序设计应当公正公开，高效便民，具有可操作性。

首先，对赔偿义务机关先行处理程序。根据国家赔偿法第二十二条的规定，赔偿请求人要求赔偿，应当先向赔偿义务机关提出。许多国家和地区的法律均规定，赔偿请求人在最终解决刑事赔偿争议之前须经赔偿义务机关先行处理，这种做法被称为赔偿义务机关先行处理原则。笔者认为，可以将先行处理程序变更为赔偿请求人可以自行选择的选择性程序，即当事人可以申请赔偿义务机关赔偿，也可以直接向其上级机关申请作出赔偿决定，还可以直接向人民法院提起诉讼或向人民法院赔偿委员会申请作出赔偿决定。

对先行处理程序本身而言，先行处理程序应作具体化规定。为严格执行法律、贯彻先行处理原则，建议可以制定国家赔偿先行处理程序的司法解释，以将先行处理程序规定得更明确、更具体。可从受理、审查的期限、参加人、主持人、证据、协议及裁决等程序各方面均作出明确规定，增强司法实践中赔偿义务机关先行处理程序的可操作性，为规范双方在解决国家赔偿问题中的行为、提高国家赔偿的效率及公正程度提供保障和依据。

其次，对书面审查。国家赔偿法第二十七条规定："人民法院赔偿委员会处理赔偿请求，采取书面审查的办法。必要时，可以向有关单位和人员调查情况、收集证据。赔偿请求人与赔偿义务机关对损害事实及因果关系有争议的，赔偿委员会可以听取赔偿请求人和赔偿义务机关的陈述和申辩，并可以进行质证。"《最高人民法院关于人民法院办理自赔案件程序的规定》（以下简称《自赔程序规定》）第七条规定："人民法院应当全面审查案件，充分听取赔偿请求人的意见。必要时可以调取原审判、执行案卷，可以向原案件承办部门或有关人员调查、核实情况。听取意见、调查核实情况，应当制作笔录。案件争议较大，或者案情疑难、复杂的，人民法院可以组织赔偿请求人、原案件承办人以及其他相关人员举行听证，听证情况应当制作笔录。"即人民法院赔偿委员会对司法赔偿案件或人民法院作为赔偿义务机关的案件，均采取书面审查为主，非书面审查为辅的审查方式。

在国家赔偿案件中引入听证程序，是最高人民法院在2002年第三次全国高级法院赔偿委员会主任会议上，作为"国家赔偿审判工作改革创新"的内容正式提出的，起初适用于赔偿委员会审查程序，与国家赔偿法第二十七条规定的质证类同。在此后实践中，许多法院不仅在赔偿委员会审查程序中适用听证，在自赔案件程序中也加以适用，确实起到了扩大程序参与、提升程序正当性的积极效果，有利于人民法院听取各方意见、查清案件事实、准确适用法律，是国家赔偿工作的有益经验。2010年国家赔偿法修正后明确规定，人民法院赔偿委员会审理国家赔偿案件，赔偿请求人与赔偿义务机关对损害事实及因果关系有争议的，赔偿委员会可以听取赔偿请求人和赔偿义务机关的陈述和申辩，并可以进行质证。这意味着在赔偿委员会审查程序中应当以质证方式进行，而听证则可以继续在人民法院自赔程序中加以适用。因此，《自赔程序规定》将听证实践转化为司法解释条文，既是以往经验的总结延续，也是国家赔偿法第二十三条增加充分听取赔偿请求人的意见、第二十七条规定质证的立法精神的体现。

司法赔偿案件比较复杂，涉及的领域也比较广，很多情况下仅仅依靠书面审查的方式是很难查清案件事实的。书面审查最主要的特点是封闭性，即不需要赔偿请求人到庭进行口头陈述，也不需要彼此进行质证，所有的程序都是复议机关或人民法院赔偿委员会按照双方提交的书面材料来决定的。其结果是容易导致案件事实不清而复议机关、人民法院赔偿委员会只能维持原来的决定。笔者认为，书面审查方式不太适合我国国家赔偿制度司法化的预期，不利于司法赔偿目的的实现。

辩论审查方式指明了司法赔偿程序向司法化发展的方向，这也契合大众心中对程序正义的呼唤。司法实践中，听证式、质证式审查方式得到了应用，关于听证、质证的一些具体程序和规则也不断得到完善。《最高人民法院关于人民法院赔偿委员会审理国家赔偿案件程序的规定》《最高人民法院关于人民法院赔偿委员会适用质证程序审理国家赔偿案件的规定》就是在对实践经验的总结基础上出台的。与书面审查方式相比，非书面审查方式确实更加符合现代法治的特点。但非书面审查方式如何适用还存在争议，如果对所有的司法赔偿案件均强制规定采用非书面审查方式不太符合目前的司法实践。因此，既然国家赔偿法规定实施的以书面审查为原则的弊端已日益显现，以非书面审查为原则的审查方式也不符合我国国情和实际，笔者建议，可以采取分情况论之的选择式审查模式。这样可以给予复议机关、人民法院赔偿委员会和赔偿请求人更多的选择权。复议机关和人民法院赔偿委员会可以根据具体的司法赔偿案件情况灵活决定适用何种审查方式，且对于赔偿请求人来说因其在审查方式上具有一定的发言权，更利于保护自身的合法权益。

最后，关于自赔程序、复议程序与人民法院赔偿委员会审理程序的衔接问题。对此问题可由公安机关、检察院、法院等各单位建立国家赔偿联席会议机制，共同研究解决。国家赔偿联席会议机制是没有隶属关系但有工作联系的司法机关，为了解决国家赔偿法没有规定或规定不够明确的问题，由一方或多方牵头，以召开会议的形式，在充分发扬民主的基础上，达成共识，形成具有约束力的规范性意见，用以指导工作，解决问题。国家赔偿联席会议机制有利于了解各单位国家赔偿工作开展情况，有利于交流国家赔偿工作经验，研究工作中凸显的问题和探寻解决的方法，有利于共同解决司法赔偿实践中遇到的相关问题。2015 年 11 月 15 日，由最高人民法院赔偿委员会办公室、财政部条法司联合主办的国家赔偿联席会议第一次年会在云南省昆明市召开，此次会议的召开，意味着最高层级的国家赔偿联席会议制度正式建立。国家赔偿联席会议机制在加强工作经验交流、实现信息资料共享、会商解决重大事项、统一法律适用标准等方面发挥着重大的作用，各联席单位通过这种联席机制加强沟通合作，共同谋划和推动了国家赔偿工作的发展。

【意见建议】

国家赔偿法融实体与程序为一体，并以实体内容为主。国家赔偿程序相当繁杂，既有行政程序，又有司法程序。国家赔偿法采取行政赔偿与刑事赔偿、非刑事赔偿统一立法的模式，国家赔偿义务机关既涉及行政机关，又涉及司法机关。笔者建议，可以考虑由最高人民法院以司法解释的形式对司法赔偿程序、国家赔偿协商程序、赔偿决定程序、赔偿决定执行程序、追偿程序等各个环节、步骤和期限等作出明确的规定。

（撰稿人：最高人民法院　陈娅）

国家赔偿审判中的举证责任

【核心观点】

举证责任素有诉讼脊梁之称，正如古罗马法谚所云“举证之所在，败诉之所在”，其在国家赔偿中亦是如此。自2010年修正的国家赔偿法第十五条和第二十六条首次对国家赔偿举证责任作出规定以来，2011年《最高人民法院关于人民法院赔偿委员会审理国家赔偿案件程序的规定》第十二条和第十三条在此基础上对国家赔偿中的举证责任分配规则予以明确；2014年《最高人民法院关于人民法院赔偿委员会适用质证程序审理国家赔偿案件的规定》对与质证程序相关的证据规则作出了较为详细的规定，进一步明确了举证责任的分配，证据的举证、质证和认证等内容；2015年《最高人民法院、最高人民检察院关于办理刑事赔偿案件适用法律若干问题的解释》第八条、第十三条对赔偿义务机关的举证责任再予细化补充。这些规定有利于充分保障公民、法人和其他组织的合法权益，也有利于统一、规范人民法院赔偿委员会审理国家赔偿案件的尺度。本文拟结合法律规定和审判实践，对国家赔偿举证责任问题进行阐述和探讨。

【理论探讨及建议】

一、举证责任内涵之检视

举证责任的渊源可以追溯到古罗马法的“原告有举证之义务”，最初是从行为意义上来理解举证责任的本质，将其等同于证据提出责任。在大陆法系中，19世纪末德国学者格拉斯（Glaser）将举证责任提升到与举证结果相联系的层面，将之划分为主观的举证责任和客观的举证责任，该双重含义说后成为通说并为司法实践广泛接受。英美法系的理论和实务上一般主张举证责任具有多重含义，但对于举证责任本质的理解与大陆法系并无二致。在我国学理上，尽管有的学者将举证责任解释为提供证据责任或主张责任，有的学者则解释为证明责任，但在近些年的法律实践中，举证责任的双重含义说得到了更多的遵循，比如，《最高人民法院关于适用〈中华人民共和国民事诉讼法〉的解释》第九十条和《最高人民法院关于人民法院赔偿委员会适用质证程序审理国家赔偿案件的规定》第五条的规定。笔者认为，从行为和结果这两个层面上来理解举证责任，更符合司法实践发展的需要。

行为意义上的举证责任，亦称主观意义或形式意义上的举证责任，即通常之所谓“谁主张，谁举证”，当事人对其提出的于己有利的主张有提供证据的责任。行为意义上举证责任的特点体现在：第一，外在形式上受当事人主张责任所牵引，是诉讼过程中无条件出现的一种举证责任。凡有诉讼即有请求，任何请求又须以一定的主张为依托，只要提出主张即会发生提供证据的责任。第二，随一方当事人举证程度的变化可多次反复举证，是一种动态的举证责任。一方当事人起诉时所提供的证据，因对方当事人的答辩或反驳而发生证明力减弱，使法官对原告所提的事实主张无法获得内心的确信，从而需要原告针对被告在答辩中提交的证据再次举证。如此反复举证，使得行为意义上的举证责任因双方证据证明力的强弱变化，在同一主体上进行多次的重复。第三，因一方当事人提供证据证明力的强弱而在当事人之间移位，是一种可以在当事人之间互相转移的举证责任。发生举证责任转移的情况主要有：(1) 主张事实的一方证实了事实，但对方予以否认且欲推翻。此时，举证责任发生转移，由对方承担。(2) 主张事实的一方所主张的事实不能全证系对方妨害的行为所致。不能全证是指证明没有完成，但已不能继续证明。此时，举证责任发生转移，由对方承担。(3) 主张事实的一方已经证实的事实可以构成推定的基础事实。成立推定后，如对方不接受，则举证责任发生转移，由对方承担。

结果意义上的举证责任，也称客观意义上的举证责任或实质意义上的举证责任，即待证事实真伪不明时，由依法负有举证责任的人承担不利后果的责任。这是举证责任的重要功能所在，对此，德国学者罗森贝克(Rosenberg) 教授指出：“证明责任的本质和价值就在于，在重要的事实主张的真实性不能被认定的情况下，它告诉法官应当作出判决的内容。也就是对不确定的事实主张承担证明责任的当事人将承受对其不利的判决。”①结果意义上的举证责任的特点主要在于：第一，不受当事人主张责任所牵引，由法律预先设定，在每一个诉讼开始前就已存在，是一种不能转移的举证责任。其属于一种法定的风险分配形式，是对真伪不明的风险分配，即对事实状况的不可解释性的风险所进行的分配。第二，是一种隐形存在的举证责任，仅当案件待证事实真伪不明时才凸显出来。当行为意义上的举证责任已履行完毕，案件中的待证事实仍真伪不明时，结果意义上的举证责任的作用才开始凸显，为法官最终的判断提供一种预先设定的规则。第三，是一种附条件的证明责任，仅当待证事实真伪不明时，才要求负有举证责任的一方当事人承担不利的后果。结果意义上的举证责任潜存于每个案件中，但如果当事人通过积极履行行为意义上的举证责任使案件事实得以证明，法官完全能够从当事人双方提供的证据中获取内心确信的全部信息，结果意义上的举证责任便无用武之地。

由此可知，举证责任具有行为意义和结果意义的双重含义，更侧重于后者即待证事实真伪不明时不利诉讼后果的承担。行为责任依附于结果责任，负有结果责任的一方负有在先的行为责任即最先提供证据的责任，但结果责任具有实质的分配意义，更能引导双方合理举证。根据国家赔偿法及相关司法解释的规定，国家赔偿中的举证责任包含以下基本规则：（1）赔偿请求人和赔偿义务机关对自己提出的有利于己的主张所依据的事实，有责任提供证据加以证明；（2）赔偿请求人和赔偿义务机关对反驳对方的主张所依据的事实，有责任提供证据加以证明；（3）没有证据或者证据不足以证明赔偿请求人或赔偿义务机关主张的事实的，由依法负有举证责任的一方承担不利后果。赔偿请求人的赔偿请求如无证据或没有足够的证据证实，即可能发生被驳回或不予支持的法律后果；赔偿义务机关作出的赔偿决定、复议机关作出的复议决定如无证据证实，或经证实违反法律规定，即可能面临被撤销、被变更的法律后果。

二、国家赔偿举证责任之分配

举证责任之分配可以远溯到古罗马法上两条法则：“主张者承担证明，

① ［德］莱奥·罗森贝克：《证明责任论》，庄敬华译，中国法制出版社2002年版，第2页。

否定者不承担证明”和“事物的性质上不要求否定者承担证明”。其后，两大法系传统的举证责任分配在实质上强调同一理论，即诉讼中主张积极性（肯定）事实的当事人承担证明责任，将消极性（否定）事实引入诉讼中的当事人无须对该事实承担证明责任。随着证据法的不断发展，传统的举证责任分配理论已被突破，当代举证责任分配理论主要有英美法系的利益衡量说和大陆法系的法律要件分类说。

利益衡量说主张根据证明对象与证明主体之间的利益关系来分配举证责任，认为举证责任分配不存在一般性标准，只能在综合政策、公平和盖然性等诉讼利益的基础上就具体案件进行具体分配。以德国学者罗森贝克（Rosenberg）为代表的法律要件分类说最大限度地统一了大陆法系各国在举证责任领域内的法律实践，该说主张根据现行法律规定来分配举证责任，即按照法条的措辞、构造以及适用顺序，将法律规定分为权利根据规定、权利妨碍规定、权利消灭规定和权利行使阻止规定，并以法律规定的分类为依据，以法律规定的原则性与例外性关系及基本规定和相反规定的关系为标准分配举证责任。换言之，主张权利存在的人，应就权利产生的法律要件事实举证；否定权利存在的人，应对妨碍该权利的法律要件事实举证；主张权利消灭的人，应对权利已经消灭的法律要件事实举证；主张权利受制的人，应对权利受制的法律要件事实举证。《最高人民法院关于适用〈中华人民共和国民事诉讼法〉的解释》第九十一条即是从这一角度对民事案件的举证责任规则予以规定。近年来，我国更多地按照法律要件分类说来分配举证责任，主要是因为：（1）从实体法的构成来看，我国的实体法结构基本上与大陆法系的实体法规范结构相同，各种法律要件也比较明确。法律要件事实又称“主要事实”，是指由实体法规范规定的作为产生、变更或消灭特定民事权利义务关系的基本要素的事实。在国家赔偿领域中，适用无罪羁押赔偿原则案件的法律要件事实包括损害事实、因果关系、侵权行为；适用违法归责原则案件的法律要件事实包括损害事实、因果关系、侵权行为、违法性；适用过错归责原则案件的法律要件事实则包括损害事实、因果关系、侵权行为、过错。（2）在司法实践中，采用法律要件分类说来分配举证责任比交由各级法官根据利益衡量、举证难易来决定举证责任分配，更符合公平正义的要求，也更容易为当事人接受。这在2019年《最高人民法院关于修改〈关于民事诉讼证据的若干规定〉的决定》中得到了体现，该决定对 2001 年《最高人民法院关于民事诉讼证据的若干规定》第七条关于法官分配举证责任的规定未再保留。（3）法律要件分类说的缺陷可以通过例外规定修正。一些特殊类型的案件，可以通过举证责任的移转使其分配更符合公平正义的标准。比如，按照国家赔偿法第十五条第二款和第二十六条第二款的规定，被羁押人死亡或者丧失行为能力的情形中，赔偿义务机关在因果关系的证明上负有被移转的举证责任。

诉讼过程中的证明对象可依次分为三个层次，即法律要件事实、间接事实和辅助事实。间接事实是用来推断要件事实是否存在的事实，辅助事实则是与证据能力和证明力相关的事实。这三个层次的事实均属证明对象，但举证责任分配的重要意义在于针对法律要件事实，依法将不同要件事实的诉讼风险在赔偿请求人、赔偿义务机关之间进行分配。按照法律要件分类说，结合国家赔偿法及司法解释的相关规定，赔偿请求人和赔偿义务机关举证责任的分配主要体现在以下方面。

（一）赔偿请求人的举证责任

赔偿请求人对自己提出的于己有利的主张或者反驳对方主张所依据的事实应当提供证据加以证明。赔偿请求人对于其依法负有举证责任的待证事实，没有证据或者提供的证据不足以推翻赔偿义务机关提供的证据的，应当承担不利的法律后果。

具体而言，赔偿请求人应当承担的举证责任包括：（1）证明赔偿请求人具有赔偿请求主体资格，即证明赔偿请求人是受到赔偿义务机关及其工作人员职权行为侵害的公民、法人或者其他组织，受害公民的继承人、其他有扶养关系的亲属，或者已终止的受害法人、其他组织的权利承受人等。（2）证明赔偿义务机关实施了侵权行为，比如，提供原职权行为已被依法撤销、解除或者纠正等予以否定的证据等。（3）证明赔偿请求人人身权、财产权受到侵害，以及损害范围、损害程度和损失金额等损害事实。但是，对于因赔偿义务机关及其工作人员的行为造成赔偿请求人无法证明损害范围、损害程度和损失金额的，例如，查封财产的人民法院在采取保全措施时未出具财产清单，被查封财产灭失的，在理论上应由赔偿义务机关负举证责任。（4）证明赔偿义务机关侵权行为与赔偿请求人损害结果之间存在因果关系，但国家赔偿法第二十六条第二款规定的情形除外。(5) 证明赔偿请求人已依法向赔偿义务机关、复议机关提出赔偿请求，即提供赔偿请求人向赔偿义务机关、复议机关提出赔偿申请、复议申请的证据，赔偿义务机关、复议机关逾期未作出赔偿决定、复议决定的证据，赔偿义务机关、复议机关作出的赔偿决定、不予赔偿决定、复议决定不符合事实或者法律规定的证据。(6) 提供证明赔偿请求成立的其他相关证据。

（二）赔偿义务机关的举证责任

赔偿义务机关对自己提出的于己有利的主张或者反驳对方主张所依据的事实应当提供证据加以证明；赔偿义务机关对于其依法负有举证责任的待证事实，没有证据或者提供的证据不足以推翻赔偿请求人提供的证据的，应当承担不利的法律后果。

具体而言，赔偿义务机关应当承担的举证责任包括：(1) 证明作出被请求赔偿职权行为的事实和法律依据。这也是由公权力机关职权法定引申而来的举证责任。2015 年《最高人民法院关于人民法院赔偿委员会审理国家赔偿案件程序的规定》第十三条规定了赔偿义务机关对其职权行为合法性的举证责任，实质上就是要求赔偿义务机关证明其作出职权行为的事实和法律依据。赔偿请求人主张赔偿义务机关怠于行使职权造成其损害的，赔偿义务机关则应当证明其不负职责或者已尽职责的事实和法律依据。此外，在适用过错归责的案件中，赔偿义务机关对其无过错负有举证责任。(2) 证明具有免责、减责、赔偿时效届满等抗辩事由。抗辩事由是赔偿义务机关主张有妨碍赔偿请求人权利的事由，在举证责任分配上属于正置，须由赔偿义务机关主张并负责举证，如其不主张，则无须举证。2013 年《最高人民法院关于人民法院赔偿委员会适用质证程序审理国家赔偿案件的规定》第七条规定了赔偿义务机关对法定免责的情形，如赔偿请求超过法定时效以及其他抗辩事由的举证责任。(3) 证明损害事实不存在，损害范围、损害程度和损失金额小于赔偿请求人所提请求，或者损害已由国家给予补偿。例如，2015 年《最高人民法院、最高人民检察院关于办理刑事赔偿案件适用法律若干问题的解释》第十三条规定，关于医疗费的赔偿，赔偿义务机关对治疗的必要性和合理性提出异议的，应当承担举证责任。(4) 证明其行为与损害事实之间不存在因果关系或者仅存在部分因果关系。

具有国家赔偿法第十五条第二款和第二十六条第二款规定情形的，赔偿义务机关应当对其行为与被羁押人的死亡或者丧失行为能力之间是否存在因果关系负举证责任，即赔偿义务机关在因果关系的证明上负有被依法移转的举证责任。(5) 提供作出赔偿或者不予赔偿决定的事实和法律依据。

三、国家赔偿举证责任之移转

国家赔偿举证责任之移转，来自国家赔偿法及司法解释基于特殊情形的案件中公平正义的考量而对举证责任分配作出的例外规定，即对赔偿请求人提出的权利主张由否定其主张成立或否定其部分事实构成要件的赔偿义务机关承担举证责任。自古罗马以来，举证责任分配制度一直建立在原告负担说和主张者负担说的法理基础之上。20 世纪中叶以来，人们基于现代民法精神中的正义和公平理念提出了举证责任的特殊规则，即通过举证责任移转对传统诉讼法中的“谁主张，谁举证”原则进行补充和矫正。

举证责任移转的法理基础和价值取向在于：(1) 由形式正义向实质正义转变。近代民法建立在契约自由的基础之上，追求形式上的契约自由与主体平等，无须顾及契约主体的个体差异。现代民法理念抛弃形式正义观念而追求实质正义，利用情势变更原则和公序良俗原则来实现民事权益主体之间的利害冲突，干预契约内容，确认某些契约条款无效，以实现实质上的公平正义。受上述民法理念转变的影响，现代证明责任理论也开始了对传统证明责任理论的挑战。损害归属说就是其中具有代表性的学说之一。该说倡导从实体法的各种具体原则来获取举证责任的分配原则，将举证责任分配中的最高原理即公平正义原则，具体化为盖然性原则、保护原则、担保原则、惩罚原则及社会危险分配原则等，在具体案件中进行综合分析，决定取舍。[①] (2) 由过错责任向过错推定责任和无过错责任转变。近代民法奉行过错责任原则，过错是民事主体承担侵权责任的前提基础。20 世纪以来，随着科学技术和高度工业化、社会化的商品经济的发展，特殊侵权行为的范围更加宽泛，现代民法引入了过错推定原则和无过错责任原则。按照无过错责任原则和过错推定原则，只要有损害事实的发生而无

---

① 参见最高人民法院民事审判第一庭：《民事诉讼证据司法解释的理解与适用》，中国法制出版社 2002 年版，第 33~34 页。

其他免责条件或加害人无法证明自己无过错时，加害人就应当承担侵权的民事责任，从而大幅减轻了受害人举证的负担。“实体法上的损害归属的规定与举证责任分配的关系，无异影之相随”①，肇始于民事诉讼法上的举证责任倒置规则正是适应实体法上的这一转变而产生的。在过错推定责任之下，被推定有过错成为被告承担举证责任以推翻该推定的前提；在无过错责任之下，实体法规定的免责事由成为被告承担举证责任的基础。(3) 由个人权利向社会责任转变。近代法律主要以保护和实现个人权利与自由为取向，而现代社会是一个高度的风险社会，大量的工业事故、交通事故、产品缺陷、环境公害以及公共卫生事件等造成的损害无法从个人行为的可归责性上得到解释，进而使现代法律转向对消费者、劳动者和赔偿请求人等弱势群体的保护。实体法价值取向的转变必然带动程序法、证据法的相应转变，现代证明责任理论不断地对传统的法律要件分类说进行修正和补充。

随着社会和法治的发展，国家赔偿法也经历了一个从侧重于如何追究国家机关公权力行为的违法性，到侧重于如何救济受害人受侵害的合法权益的过程。国家赔偿法及司法解释对于因果关系、职权行为合法性等事实的举证责任移转的规定，进一步彰显了国家赔偿法作为宪法相关法保障人权的功能。2014 年《最高人民法院关于人民法院赔偿委员会适用质证程序审理国家赔偿案件的规定》第六条规定：“下列事实需要证明的，由赔偿义务机关负举证责任：(一) 赔偿义务机关行为的合法性；(二) 赔偿义务机关无过错；(三) 因赔偿义务机关过错致使赔偿请求人不能证明的待证事实；(四) 赔偿义务机关行为与被羁押人在羁押期间死亡或者丧失行为能力不存在因果关系。”在特殊情形之下，部分举证责任之所以移转给赔偿义务机关承担，是因为：(1) 对于特殊情形下的案件，以距离证据的远近、举证的难易等为标准在赔偿请求人和赔偿义务机关之间分配举证责任，符合公平原则的精神。距离待证事实所必要的证据最为接近的人，应当就该事实进行举证。如果当事人与证据之间的距离相当，举证责任的分配以举证的难易或事实存在与否的可能性大小为标准。国家赔偿法及司法解释对于职权行为合法性和特殊情形中因果关系的举证责任移转的规定，正是体现了这样的要旨。(2) 对于赔偿义务机关的行为与被羁押人死亡或

① 陈荣宗：《举证责任分配与民事程序法》，我国台湾地区三民书局 1984 年版，第 58 页。

者丧失行为能力之间是否存在因果关系，作为监管机关的赔偿义务机关有职责和能力进行举证。监狱法和看守所条例均对监管机关对被羁押人进行看守、教育、管理和保障的义务和职责作出了规定。在客观上，监管场所装有监控录像等设备，监管机关具有举证的便利条件。赔偿义务机关否认因果关系的存在，往往需要从以下方面进行：第一，无其损害行为也会发生损害结果；第二，有他人或者受害人的过错行为存在，并且是损害产生的原因，从而否认或者减轻国家赔偿责任；第三，其行为不是造成损害发生的原因。需要注意的是，在这类案件中赔偿请求人仍须就初步的因果关系进行证明，即至少必须证明被羁押人遭受了人身损害，该损害与赔偿义务机关的行为有关，不宜将因果关系的移转误认为赔偿请求人不承担任何举证义务。（3）对于适用违法归责原则的国家赔偿案件，规定由赔偿义务机关对其职权行为的合法性承担举证责任，符合促进国家机关依法行使职权和充分保障受害人权益的目的。我国国家赔偿法采用的是以违法责任原则为主，结果责任原则、过错责任原则等原则为辅的多元归责原则体系。违法责任原则作为国家赔偿的一般归责原则，不仅适用于所有的行政赔偿，也适用于部分刑事赔偿和民事、行政诉讼中的司法赔偿。一方面，职权行为特别是行政行为的构成要件要求该行为符合法定程序的最基本规则是“先取证、后裁决”，即公权力机关对公民、法人或其他组织作出的具体职权行为应当有事实和法律依据。公权力机关被申请国家赔偿时，应当有充分的证据证明其职权行为的合法性。另一方面，在公权力机关行使职权的法律关系中，其居于主动地位，实施职权行为无须征得行为相对人的同意，双方地位并不平等。为了衡平赔偿请求人和赔偿义务机关之间天然的不对等性，法律在国家赔偿举证责任的分配上向处于弱势的赔偿请求人倾斜，要求赔偿义务机关证明其职权行为的合法性，否则应当承担举证不利的后果；与之相应的是，赔偿请求人可以提供证明赔偿义务机关职权行为违法的证据，这是一种选择性的权利，而非强制性的义务，并且不因此免除赔偿义务机关对其职权行为合法性的举证责任。（4）在适用过错归责原则的国家赔偿案件中，赔偿义务机关对其无过错负有举证责任，符合国家赔偿作为特殊侵权案件的需要。原因如下：一是赔偿请求人证明赔偿义务机关过错的难度并不亚于对赔偿义务机关行为违法的证明，行为违法实际上是客观化的过错，二者在举证责任分配问题上可以作同等考量。二是否定事实或者消极事实难以直接证明，但仍可以间接证明。比如，证明甲不在A地的事实，可以通过证明甲彼时在B地的事实来间接证明。我国法律早些年即有证明无过错等否定事实的类似规定，如民法通则第一百二十六条①规定："建筑物或者其他设施以及建筑物上的搁置物、悬挂物发生倒塌、脱落、坠落造成他人损害的，它的所有人或者管理人应当承担民事责任，但能够证明自己没有过错的除外。"三是在侵权责任法出台以前，民法学理上一般根据民法通则第一百二十一条的规定，将国家机关及其工作人员职务侵权作为民事侵权的特殊类型，并认为应当适用过错推定原则，即赔偿义务机关应证明其不具有过错。四是在国家赔偿实践中，不少国家赔偿案件如不作为侵权案件涉及过错的证明，例如，监狱对患病的羁押人员是否尽到及时救治义务，作为赔偿请求人的被羁押人或者其亲属往往很难收集证据，作为赔偿义务机关的监狱更为接近相关证据，由赔偿义务机关证明其无过错更为合理。（5）对于因赔偿义务机关过错致使赔偿请求人举证不能的待证事实，由赔偿义务机关负举证责任，符合特殊情形中权利保障和权力谦抑的要求。在比较法上，澳门民法典第三百三十七条规定，"因对方之过错使负举证责任之人不能提出证据时，举证责任亦倒置"。在司法实践中，一些因赔偿义务机关过错致使赔偿请求人对某些事实举证不能，例如，涉及证明法院是否有超标的查封行为的案件，法院在查封时未列财产清单致使赔偿请求人无法举证，应由该法院对自己不存在超标的查封行为承担举证责任。

（撰稿人：最高人民法院　梁清）

---

① 2020年5月28日中华人民共和国主席令第四十五号民法典第一千二百五十三条规定："建筑物、构筑物或者其他设施及其搁置物、悬挂物发生脱落、坠落造成他人损害，所有人、管理人或者使用人不能证明自己没有过错的，应当承担侵权责任。所有人、管理人或者使用人赔偿后，有其他责任人的，有权向其他责任人追偿。"——编者注

质证程序若干重要规定的理解与适用

【核心观点】

人民法院赔偿委员会审理国家赔偿案件适用非诉讼的决定程序，以书面审理为原则，质证程序为补充。不论适用何种方式审理，均离不开事实认定和对作为事实认定基石的证据的评判。《最高人民法院关于人民法院赔偿委员会适用质证程序审理国家赔偿案件的规定》（以下简称《质证程序规定》）对质证的程序性事项和相关证据规则进行了规定，为适用质证程序审理国家赔偿案件提供了法律依据。在没有适用质证程序审理的国家赔偿案件中，有些通用性的程序性规定和证据规则，也可以参照适用。但因缺乏明确的法律授权，难以产生强制性法律效果，无法有效约束赔偿请求人与赔偿义务机关。笔者建议，渐进性推动国家赔偿审理方式的发展：一是在《质证程序规定》中增加授权性条款，准许书面审理的案件可以参照《质证程序规定》中的举证时限、证据规则等规定；二是整合《质证程序规定》与《最高人民法院关于人民法院赔偿委员会审理国家赔偿案件程序的规定》（以下简称《国赔程序规定》），明确适用于书面审理、质证程序的一般规则、特殊规则；三是推动国家赔偿法非诉讼决定程序的诉讼化改造。

【问题及相关背景】

1994 年国家赔偿法未规定赔偿委员会审理国家赔偿案件的方式。赔偿委员会审理案件依法不公开进行。① 为解决因程序不公开、不透明造成的

① 《人民法院赔偿委员会审理赔偿案件程序的暂行规定》第十三条规定："赔偿委员会审理案件依法不公开进行。"该规定已被 2011 年 3 月 17 日法释〔2011〕6 号废止。——编者注

国家赔偿矛盾突出状况，实践中，一些地方人民法院积极探索，在审理国家赔偿案件中引入听证程序。有些高级人民法院出台了听证规定，人民法院赔偿委员会审理国家赔偿案件时听取意见，一般均称之为听证。2010 年国家赔偿法吸取实践经验，首次使用了质证概念。之后，2012 年《最高人民法院办公厅关于国家赔偿法实施中若干问题的座谈会纪要》[①]（以下简称《座谈会纪要》）等，正式区分了质证与听证：赔偿委员会居中审理国家赔偿案件，必要时可以组织赔偿请求人和赔偿义务机关进行质证；人民法院作为赔偿义务机关办理自赔案件，必要时可以组织赔偿请求人、原案件承办人以及其他相关人员进行听证。听证、质证虽然存在很多共性，但仍是两项并列的制度，在现行法律框架下存在明确区分。《质证程序规定》依据 2010 年国家赔偿法第二十六条、第二十七条的规定制定，涵盖了举证、质证和认证全过程，包括质证的程序事项和相关证据规则的内容。分析国家赔偿审理方式及现行关于质证的规定，实践中存如下疑问。

其一，书面审理是审理国家赔偿案件的基本原则，但规范国家赔偿审理程序的国家赔偿法和《国赔程序规定》中关于证据规则的规定较为原则，而较为详细规定证据规则的《质证程序规定》，并未明确可以适用于书面审理的案件。那么未适用质证程序审理的国家赔偿案件是否可以适用《质证程序规定》的相关规定？如举证期限，书面审理中有时也存在赔偿请求人、赔偿义务机关未在法院规定时间内提交证据，或者在审理阶段随时提交证据等问题。对于不适用质证程序审理的赔偿案件，能否适用《质证程序规定》中的举证期限以及其他举证、质证、认证的规定？

其二，质证程序是审理国家赔偿案件的补充程序，而非必经程序。在质证程序的适用上，国家赔偿法第二十七条采用“必要时”“并可以进行质证”的表述；《质证程序规定》适当拓展了质证程序的适用范围，但仍

---

① 《座谈会纪要》第九条规定：“人民法院办理自赔案件，应当充分听取赔偿请求人的意见。案件争议较大或者案情疑难、复杂的，人民法院可以组织赔偿请求人、原案件承办人以及其他相关人员进行听证。人民法院赔偿委员会审理国家赔偿案件，对符合《最高人民法院关于人民法院赔偿委员会审理国家赔偿案件程序的规定》第十四条规定情形的，可以组织赔偿请求人和赔偿义务机关进行质证。人民法院或人民法院赔偿委员会进行听证、质证的，应当对听证、质证的情况制作笔录。”

采用“经书面审理不能解决的，赔偿委员会可以组织赔偿请求人和赔偿义务机关进行质证”等表述①，赋予赔偿委员会是否适用质证程序的决定权。因此，只有正确理解立法本意，把握质证程序适用条件，才能分清什么时候采用书面审理，什么时候应当适用质证程序，建立讨论第一个疑问的正当基础，否则应当适用质证程序却进行书面审理，再讨论《质证程序规定》的哪些规则可以参照适用，有规避质证程序适用之嫌。

其三，书面审理、质证程序虽有原则与补充之分，但均是审理国家赔偿案件的方式，有各自特殊的程序要求，也有其共性的证据规则。《国赔程序规定》适用于赔偿委员会审理的国家赔偿案件，但仅第十二条涉及证据规则；《质证程序规定》规定了证据规则，但仅适用于质证程序审理的案件。如何有效整合司法解释规定，避免有规定也只能参照适用、即便参照也无法产生强制性法律效果的尴尬，是一个有待解决的问题。实践中，质证已成为赔偿委员会审理国家赔偿案件特别是非刑事司法赔偿案件的主要审理方式，多数中级人民法院赔偿委员会质证率达90%以上，高级人民法院赔偿委员会质证审理案件也普遍多于书面审理案件。国家赔偿关于以书面审理为原则的规定已经滞后于实践，非诉讼决定程序的诉讼化改造具有现实基础。

【理论探讨】

1994年国家赔偿法建立的人民法院赔偿委员会制度，是各方协调后的

① 《质证程序规定》第二条规定：“有下列情形之一，经书面审理不能解决的，赔偿委员会可以组织赔偿请求人和赔偿义务机关进行质证：（一）对侵权事实、损害后果及因果关系有争议的；（二）对是否属于国家赔偿法第十九条规定的国家不承担赔偿责任的情形有争议的；（三）对赔偿方式、赔偿项目或者赔偿数额有争议的；（四）赔偿委员会认为应当质证的其他情形。”

最终结果[①]。这一制度存在天生的缺陷和不足，它没有辩论程序，没有二审程序，难以保障双方当事人的诉讼权利。[②] 这些质疑，正反映出1994年国家赔偿法规定的赔偿委员会采用非诉讼的决定程序审理国家赔偿案件与诉讼程序审理的核心区别，即书面审查、决定终局，而非口头审理[③]、二审终审。这样的制度安排，是正确理解国家赔偿审理程序设计的前提。一般认为，质证程序"有利于增强国家赔偿程序的正当性和公开性，有利于最大限度地查明案件事实，有利于保障赔偿请求人的知情权、参与权和表达权，确保人民法院在每一个国家赔偿案件中，以人民群众可见、可知、可信的方式实现公平正义"[④]。但现行法律框架下，质证程序只是书面审理的补充。司法实践中，有的法院不管当事人对损害事实和因果关系是否存在异议，一律适用听证程序；有的法院认为国家赔偿案件如果不经过听证审理，被视为错案，上级人民法院一经发现即指令再审，这种做法有些欠妥。[⑤] 为避免书面审理、质证程序适用上的不明确，需要正确理解立法本意，把握质证程序适用条件。

---

① 国家赔偿法在制定之初，草案曾规定了国家赔偿诉讼，即属于行政赔偿的，可以向人民法院提起诉讼；属于刑事赔偿的，对错误拘留、错误逮捕、错误判决或者违法对财产采取查封、扣押、冻结、追缴等措施造成损害的，可以向赔偿义务机关的上一级机关申请复议或者向人民法院提起诉讼；对刑讯逼供、违法使用武器、警械、殴打或者以其他暴力行为，造成公民身体伤害的，可以向人民法院提起诉讼。后因一些公权力机关强烈主张对国家赔偿争议的管辖权，最终导致取消了国家赔偿诉讼制度。而代之以其他形式的终局解决国家赔偿争议的制度。当时可供选择的方案如下：一是通过复议程序终局解决；二是通过赔偿裁决委员会终局解决；三是由法院通过诉讼最终解决；四是由法院的法官组成专门的赔偿委员会决定最终解决。经过激烈讨论，最终选择了第四种方案。在国际上通行的国家赔偿诉讼制度最后被具有中国特色的人民法院赔偿委员会制度替代。参见胡康生：《关于〈中华人民共和国国家赔偿法（草案）上〉的说明——在1993年10月22日在第八届全国人民代表大会常务委员会第四次会议上》；江必新、梁凤云、梁清：《国家赔偿法理论与实务》，中国社会科学出版社2010年版，第1156~1161页。

② 参见肖峋：《中华人民共和国国家赔偿法的理论与实用指南》，中国民主法制出版社1994年版，第225页。

③ 口头审理，又称言辞主义，是指当事人以口头方式进行陈述，法院通过开庭审理，以当面听取当事人陈述、证人证言等的方式来审理案件的原则。口头审理包括但不限于开庭审理。与此对应的是书面审理，又称书状主义，是指当事人以书面方式进行陈述，法院通过直接审查包括当事人陈述在内的书面证据材料的方式来审理案件的原则。

④ 杨临萍、胡仕浩、陈现杰等：《〈最高人民法院关于人民法院赔偿委员会适用质证程序审理国家赔偿案件的规定〉的理解与适用》，载《国家赔偿办案指南》2014年第4期。

⑤ 参见江必新、梁凤云、梁清：《国家赔偿法理论与实务》，中国社会科学出版社2010年版，第1190页。

一、质证程序的适用条件

质证程序适用规定见于国家赔偿法第二十七条、《国赔程序规定》第十四条、《质证程序规定》第二条，这些规定的拓展、演进，展现了立法机关、人民法院对质证程序的认知变化。

（一）国家赔偿法第二十七条[①]

第一，文意解释可知三层含义：其一，“人民法院赔偿委员会处理赔偿请求，采取书面审查的办法。”这样规定的根源在于国家赔偿适用非诉讼决定程序，而非诉讼程序。其二，“必要时，可以向有关单位和人员调查情况、收集证据。”国家赔偿法第二十六条[②]规定了“谁主张，谁举证”的基本原则。赔偿请求人、赔偿义务机关承担举证责任为主，“必要时”[③]，人民法院赔偿委员会依职权或依申请收集证据作为补充。其三，“赔偿请求人与赔偿义务机关对损害事实及因果关系有争议的，赔偿委员会可以听取赔偿请求人和赔偿义务机关的陈述和申辩，并可以进行质证。”即可以进行质证的前提是对损害事实、因果关系存有争议。三句话微言大义，体现了非诉讼决定程序中以书面审查为原则、质证程序为补充，以当事人举证为原则、赔偿委员会调查取证为补充的基本框架。

第二，逻辑上可见三层递进关系。书面审查、调查取证、质证层层递进：其一，赔偿委员会通过书面审查，根据一般举证规则查明事实、作出

---

① 国家赔偿法第二十七条规定：“人民法院赔偿委员会处理赔偿请求，采取书面审查的办法。必要时，可以向有关单位和人员调查情况、收集证据。赔偿请求人与赔偿义务机关对损害事实及因果关系有争议的，赔偿委员会可以听取赔偿请求人和赔偿义务机关的陈述和申辩，并可以进行质证。”

② 国家赔偿法第二十六条规定：“人民法院赔偿委员会处理赔偿请求，赔偿请求人和赔偿义务机关对自己提出的主张，应当提供证据。被羁押人在羁押期间死亡或者丧失行为能力的，赔偿义务机关的行为与被羁押人的死亡或者丧失行为能力是否存在因果关系，赔偿义务机关应当提供证据。”

③ 人民法院赔偿委员会审理的赔偿案件，在大多数情况下由于经历了刑事诉讼等程序，事实较为清楚，证据较为充分，对于侵害事实（特别是对人身自由权的侵害事实）争议不大。争议较大的往往是财产权和生命健康权的侵害事实。赔偿请求人、赔偿义务机关就财产损害的程度、生命健康损害的程度等争议较大。在赔偿请求人要求查看赔偿义务机关的证据时，赔偿义务机关往往以各种理由拒绝提供或者出示，造成双方争议激烈。此时，人民法院赔偿委员会有必要向有关单位和人员调查情况、收集证据，以平衡双方的举证能力。

决定，是赔偿委员会审理国家赔偿案件的基础模式。其二，为实现国家赔偿法保障公民、法人和其他组织享有依法取得国家赔偿的权利，促进国家机关依法行使职权的立法目的，平衡赔偿请求人与赔偿义务机关的举证能力，避免因证据原因导致“不该支持的当事人被支持，该支持的当事人不被支持的局面发生”，人民法院赔偿委员会履行调查取证职责，作为当事人承担举证责任的补充，是一种救济手段，也是一种职权行为。其三，仍不足以解决损害事实及因果关系争议的，可以听取陈述和申辩，并可以进行质证。只有在赔偿请求人与赔偿义务机关对损害事实及因果关系有争议，且赔偿委员会认为有必要时，才需组织质证。赔偿委员会组织质证，是为了查清事实，分清责任。对于案件事实清楚，赔偿请求人和赔偿义务机关没有争议或者仅对适用法律问题有争议的，赔偿委员会无须组织质证，应当及时作出决定。换言之，质证只是针对部分赔偿案件的特定事项，而非全部。[①] 三者层层递进，彰显立法对书面审查的坚持和对质证程序适用的审慎态度。

第三，目的上可知较大的裁量空间。“可以进行质证”的规定表明国家赔偿案件审理中质证程序并非法定必经程序，而是一种选择性程序，赋予赔偿委员会根据案件具体情况确定适用或不适用的较大自主裁量权。

（二）《国赔程序规定》第十四条[②]

相比国家赔偿法第二十七条关于“对损害事实及因果关系有争议的”质证程序适用范围的规定，《国赔程序规定》第十四条增加了对损害结果、是否属于国家赔偿法第十九条规定的国家不承担赔偿责任及赔偿方式、赔偿项目或者赔偿数额争议较大的情形，同时增加兜底条款“赔偿委员会认为应当质证的其他情形”，扩张了质证程序的适用范围。虽仍沿袭国家赔偿法“可以进行质证”的表述，但逻辑上分析，对“赔偿委员会认为应当

---

① 参见高京雯：《〈最高人民法院关于人民法院赔偿委员会审理赔偿案件程序的暂行规定〉条文精解》，载江必新主编：《最高人民法院国家赔偿最新司法解释理解与适用》，中国法制出版社2012年版，第127页。

② 《国赔程序规定》第十四条规定：“有下列情形之一的，赔偿委员会可以组织赔偿请求人和赔偿义务机关进行质证：（一）对侵权事实、损害后果及因果关系争议较大的；（二）对是否属于国家赔偿法第十九条规定的国家不承担赔偿责任的情形争议较大的；（三）对赔偿方式、赔偿项目或者赔偿数额争议较大的；（四）赔偿委员会认为应当质证的其他情形。”

质证的其他情形”“赔偿委员会可以组织赔偿请求人和赔偿义务机关进行质证”，体现了司法解释对国家赔偿法的兼顾，也体现了司法解释对符合条件的争议应当进行质证的态度。

（三）《质证程序规定》第二条①

该条是对《国赔程序规定》第十四条规定的继承和发展，增加了“经书面审理不能解决的”限制，将“争议较大的”改成了“有争议的”，与国家赔偿法第二十七条的表述更加契合。其一，“经书面审理不能解决的”对应国家赔偿法第二十七条关于“必要时”的规定，重申并推进了书面审理方式和质证审理方式之间的适用关系：对于事实没有争议、只涉及法律适用的可采用书面审理方式，对于有事实争议的原则上均应当采用质证审理方式。② 其二，“有争议的”直接引用国家赔偿法第二十七条的表述，避免《国赔程序规定》中“争议较大的”主观判断标准引发不必要的争议，也回避了《国赔程序规定》对“有争议的”限缩解释、对“损害事实及因果关系”扩大解释的纠结，更好地兼顾了司法实践与国家赔偿法的规定。其三，即便兜底条款中有“应当质证”的表述，但仍赋予赔偿委员会自主选择权，只有其认为应当质证的情况，才可以选择质证。《质证程序规定》实施后，《国赔程序规定》中的相应规定被取代。

综合以上规定，质证程序的适用需满足如下三个要件：其一，存有特定争议：（1）侵权事实、损害后果及因果关系；（2）是否属于国家赔偿法第十九条规定的国家不承担赔偿责任的情形；（3）赔偿方式、赔偿项目或者赔偿数额；（4）赔偿委员会认为应当质证的其他情形。其二，上述争议经书面审理不能解决。其三，赔偿委员会决定适用。需要明确的是，只有明确了质证程序的适用条件，正确区分哪些可以书面审理，哪些必须适用质证程序，才有研究本文列出的疑问的必要。否则应当适用质证程序审理

---

① 《质证程序规定》第二条规定：“有下列情形之一，经书面审理不能解决的，赔偿委员会可以组织赔偿请求人和赔偿义务机关进行质证：（一）对侵权事实、损害后果及因果关系有争议的；（二）对是否属于国家赔偿法第十九条规定的国家不承担赔偿责任的情形有争议的；（三）对赔偿方式、赔偿项目或者赔偿数额有争议的；（四）赔偿委员会认为应当质证的其他情形。”

② 参见杨临萍、胡仕浩、陈现杰等：《〈最高人民法院关于人民法院赔偿委员会适用质证程序审理国家赔偿案件的规定〉的理解与适用》，载《国家赔偿办案指南》2014年第4期。

而未适用，要么导致事实认定不清，引发改判；要么为不适用质证程序寻找替代规定、规避质证程序，便缺乏了正当性。

二、《质证程序规定》规范的内容

《质证程序规定》共26个条文，分析其内容可知其适用范围是否及于书面审理的案件；对相应条款内容进行分类可知哪些是质证的特殊性程序、规则，哪些是可以适用于国家赔偿案件的通用规则。基于此，笔者将《质证程序规定》的条文进行了分类：其一，准用规定。《质证程序规定》第一条、第二条、第二十六条，明确《质证程序规定》的适用范围、质证程序的适用条件及与《质证程序规定》不一致的以《质证程序规定》为准等。《质证程序规定》第一条规定："赔偿委员会根据国家赔偿法第二十七条的规定，听取赔偿请求人、赔偿义务机关的陈述和申辩，进行质证的，适用本规定。"其将书面审理排除在适用之外。故在《质证程序规定》未作修改之前，在书面审理的国家赔偿案件中直接适用《质证程序规定》缺乏依据。其二，质证规则。《质证程序规定》对组织质证主体、参加质证人员、质证通知、质证准备内容、质证顺序、质证记录、延期质证、质证效力等作出规定，并要求具备条件的人民法院对质证活动进行全程同步录音录像等。除质证公开原则、质证权利义务等综合性、程序性规定以及举证责任分配外，证据规则融于举证、质证、认证等质证程序之中，故笔者对其也进行了相应的归类，以更好地分析相应条款的可参照性（见表一）。

表一 《质证程序规定》的条文分类及其法律依据

条文分类	规范的内容	相关法律及司法解释
准用规定	第一条　本规定的适用	国家赔偿法第二十七条
	第二条　质证范围	
	第二十六条　本规定适用效力	

（续表）

<table>
<tr><th colspan="2">条文分类</th><th>规范的内容</th><th>相关法律及
司法解释</th></tr>
<tr><td rowspan="25">质证规则</td><td rowspan="3">程序规定</td><td>第三条　质证公开原则</td><td rowspan="3"></td></tr>
<tr><td>第四条　质证权利义务</td></tr>
<tr><td>第二十五条　延期质证</td></tr>
<tr><td rowspan="4">举证责任分配</td><td>第五条　举证责任分配</td><td rowspan="3">国家赔偿法第二十六条、《国赔程序规定》第十二条、第十三条</td></tr>
<tr><td>第六条　特殊情形下的举证责任</td></tr>
<tr><td>第七条　抗辩事由的举证责任</td></tr>
<tr><td>第八条　复议机关的说明责任</td><td></td></tr>
<tr><td rowspan="2">调查取证</td><td>第九条　赔偿请求人申请调查取证</td><td rowspan="2"></td></tr>
<tr><td>第十条　赔偿委员会依职权调查取证</td></tr>
<tr><td>举证</td><td>第十一条　举证时限</td><td></td></tr>
<tr><td rowspan="8">质证</td><td>第十二条　证据交换</td><td rowspan="8"></td></tr>
<tr><td>第十三条　质证通知</td></tr>
<tr><td>第十四条　质证效力</td></tr>
<tr><td>第十五条　质证内容</td></tr>
<tr><td>第十六条　质证准备</td></tr>
<tr><td>第十七条　质证顺序</td></tr>
<tr><td>第十八条　赔偿委员会调取证据的质证</td></tr>
<tr><td>第二十三条　质证笔录</td></tr>
<tr><td rowspan="4">认证</td><td>第十九条　自认</td><td rowspan="4"></td></tr>
<tr><td>第二十条　免证事实</td></tr>
<tr><td>第二十一条　妨碍举证的推定</td></tr>
<tr><td>第二十二条　赔偿委员会的认证原则</td></tr>
<tr><td>法律后果</td><td>第二十四条　拒不质证的后果</td><td></td></tr>
</table>

由表一可知，《质证程序规定》除部分条款是对国家赔偿法第二十六条、第二十七条规定的解释外，很多规定如证据规则、举证时限、质证内

容、认证规则等都是司法解释在总结实践经验基础上，对国家赔偿法规定的拓展与创设。这些规定遵循国家赔偿法立法本意，兼顾赔偿请求人与赔偿义务机关举证能力，具有超出其特定的适用范围，适用于整个国家赔偿案件的“能力”。

三、书面审理可参照适用的证据规则

适用于质证程序的证据规则不适用于书面审理的案件，而书面审理的案件又缺乏相应的证据规则指引，且《质证程序规定》从制定之初，即放眼长远，“为指导各级人民法院赔偿委员会更好地适用质证程序审理国家赔偿案件，同时为将来制定专门的国家赔偿证据规则作循序渐进的探索，《质证程序规定》对质证的程序事项和相关证据规则的原则性内容作出了规定。”[①] 因此，书面审理时参照适用《质证程序规定》便成为解决矛盾的缓兵之策。具体可参照内容如下。

（一）举证责任分配

举证责任包括行为意义上的举证责任和结果意义上的举证责任。行为意义上的举证责任是指对于待证事实，应当由谁提出证据加以证明的责任；结果意义上的举证责任，是指当待证事实的存在与否最终处于真伪不明的状态时，应当由谁承担因此而产生的不利法律后果的责任。二者有机统一，构成举证责任完整的内涵。国家赔偿法第二十六条的规定只确立了行为意义上的举证责任，并未确立结果意义上的举证责任，没有解决要件事实真伪不明时，赔偿委员会如何作出决定、由谁承受不利后果的问题。此外，对于实践中经常发生的对于同一个需要证明的问题，一方主张了一些肯定性的事实，另一方主张了一些否定性的事实，此时应当由哪一方承担证明责任的问题，仅依照“谁主张，谁举证”的原则难以作出准确判断。

《质证程序规定》第五条至第七条，侧重于从结果意义规定举证责任，将不同法律要件事实的举证不能的不利后果在赔偿请求人、赔偿义

① 杨临萍、胡仕浩、陈现杰等：《〈最高人民法院关于人民法院赔偿委员会适用质证程序审理国家赔偿案件的规定〉的理解与适用》，载《国家赔偿办案指南》2014 年第 4 期。

务机关之间进行分配。其一，规定举证责任分配的一般原则是赔偿请求人、赔偿义务机关对其主张有利于自己的事实负举证责任。其二，规定举证责任分配的特殊规则，赔偿义务机关在特殊情形下应对合法性、过错、因果关系等法律要件事实负举证责任。其三，强调赔偿义务机关对其提出的抗辩事由负举证责任。这些规定具有一致性，都是突出结果意义上的举证责任，即主要从诉讼风险承担的角度规定举证责任，具有实质的分配意义，更能引导双方合理举证，解释、完善了国家赔偿法第二十六条的规定。这些规定对法官在书面审理案件中分配举证责任、认定事实无疑具有指引作用。

此外，复议机关作为赔偿义务机关的上级机关，是国家赔偿审理前置程序复议程序中的裁决者，并非国家赔偿法规定的国家赔偿责任的承担者，故不负有举证责任，但对其作出复议决定的事实和法律依据负有说明的责任。《质证程序规定》第八条规定，赔偿委员会认为必要时，可以通知复议机关参加质证，并不因复议机关维持、变更、撤销赔偿决定或者逾期未作出决定而有所不同。书面审理的案件中，也有必要要求赔偿义务机关说明责任，如提供书面意见等，以利于赔偿委员会综合审查各方意见作出正确决定。

（二）举证时限

举证时限是对证据随时提出主义的限制。国家赔偿法及其司法解释未规定书面审理的举证时限，在司法实践中存在证据随时提出的现象，证据随时提出主义带来不少弊端：一是容易造成证据突袭，有损程序公正价值；二是容易造成程序回流，破坏程序的稳定性；三是容易造成新证据提交而增加案件改判率，有损判决的既判力。《质证程序规定》倡导证据适时提出主义，在第十一条中对举证时限、逾期举证的后果、延期举证等作出了原则性、引导性规定。其一，举证期限。赔偿请求人、赔偿义务机关应当在收到案件受理通知书之日起十日内提供证据。其二，延期举证。确因客观事由造成的举证障碍，人民法院赔偿委员会可以根据申请人的举证能力、申请人不能在举证期限内提供证据的原因等因素综合判断，决定是否准许延期举证。其三，逾期举证的法律后果。《质证程序规定》作出了宣示性、引导性的规定，即赔偿请求人、赔偿义务机关无正当理由逾期提供证据的，应当承担相应的不利后果。这些规定，相比证据随时提出的弊端，无疑更加有利于国家赔偿案件及时、高效审理，在书面审理的案件中具有参照适用的紧迫性。

（三）质证内容

证据是事实认定的基石。赔偿请求人、赔偿义务机关提供的未经法院认证的证据实际上是证据材料，这些证据材料要上升到具有认定案件事实意义的证据，还必须经过去伪存真的证据遴选过程，不因采用质证程序或书面审理方式而由所区分。国家赔偿案件审理中的质证是由质证主体、客体和内容构成的。质证主体是指参与质证活动的赔偿请求人与赔偿义务机关。质证客体，是质证主体质证时所指向的对象，即各种证据材料，包括书证、物证、视听资料、赔偿请求人与赔偿义务机关的陈述、证人证言、鉴定笔录和勘验笔录。质证的内容是指质证客体的客观性、关联性和合法性。证据的客观性，是指凡是作为定案根据的证据都必须是客观存在的真实情况。证据的关联性，是指证据必须与其证明的案件事实有内在的、相当程度的联系。证据的合法性，是指证据必须符合法定的证据形式，且是依照法定的程序取得。证据的这三个属性存在的领域、层次和时间有先后顺序之分。证据的客观性最先产生，是没有主观性的自在之物，处在事实领域。证据的关联性其次产生，是经过人的主观判断产生的，处在逻辑领域。证据的合法性在证据的客观性和关联性的基础上产生，是法律调整后的产物，处在法律领域。具有合法性的证据，包含了证据的客观性和关联性，处在证据的最高层次。① 因此，证据材料最终能否成为证据，关键是考察其是否具有客观性、关联性和合法性。《质证程序规定》总结诉讼中的质证规则经验，在第十五条、第十七条、第十八条对质证的内容、顺序、调取证据的质证进行了规定。书面审理中同样面临对证据的审查，上述规定可以引导法官认证证据所需要审查的内容、顺序等，具有参照适用价值。

（四）认证规则

《质证程序规定》第十九条至第二十二条规定了质证程序中的认证规

---

① 参见汤维建：《民事证据立法的理论立场》，北京大学出版社2008年版，第27页。

则。其一，自认。包括自认、拟制自认、代理人的自认以及不发生自认效力的情形。其二，免证事实。规定自然规律以及定理、定律，众所周知的事实，根据法律规定推定的事实，已经依法证明的事实，根据日常生活经验法则推定的事实等，属于免证事实。其三，妨碍举证的推定。赔偿义务机关妨碍举证时，赔偿委员会可以就待证事实作出有利于赔偿请求人的推定，该规定与《质证程序规定》第六条第三项的规定一致。其四，赔偿委员会认证的原则。遵照法定程序，全面、客观地审核证据，运用逻辑推理和日常生活经验，对证据的证明力进行独立、综合的审查判断。这些规定不仅可以适用于书面审理，而且因证据认证通常表现为法官心证的过程，更多是对法官的约束，可以无障碍地适用于书面审理的案件。

此外，书面审理并未排除赔偿委员会履行调查取证的职责。国家赔偿案件不同于其他诉讼案件，有其特殊性，赔偿请求人一般属于弱势群体，特别在证据的采集上处于劣势。赔偿委员会在审理案件过程中，如果发现赔偿请求人举证有困难，或是相关证据对案件处理有重大影响，如涉及国家利益、公共利益或者他人合法权益的事实认定，赔偿请求人因客观原因不能自行收集证据材料，赔偿义务机关不提供对赔偿请求有利的证据等，为了查清案件事实，赔偿委员会亦可以参照《质证程序规定》第九条、第十条的规定，向有关单位和人员调查情况、收集证据。

需要明确的是，上述可参照执行的规定，在面临不利法律后果承担时，因缺乏授权适用的规定，无法产生刚性约束力。为回应实践关切，真正解决矛盾，需渐进性推动国家赔偿审理方式的发展。

【意见建议】

综合实践需求的迫切程度及立法、司法解释的可行性，渐进性推动国家赔偿审理方式的发展，建议照如下步骤进行。

一、在《质证程序规定》中增加授权性条款

回应实践关切的当务之急是解决可参照的条款中关于不利法律后果承担的问题，即解决只能参照、无法执行的尴尬。而解决这一问题最便捷、可操作性最强的方法，即在《质证程序规定》中增加授权性规定，如："人民法院赔偿委员会采取书面审查的办法处理赔偿请求，关于举证责任

分配、举证期限、证据认定等，参照本规定。”

二、融合《国赔程序规定》《质证程序规定》

将当前规范国家赔偿案件审理程序的两部司法解释融会贯通，制定统一的司法解释，明确书面审理、质证审理普遍适用的规则和各自特殊规则，让司法解释体系更加完整、逻辑更加自洽。同时，建议解决如下问题。

（一）明确书面审理、质证程序的适用界限

在质证程序的适用上，立法落后于实践。自2006年起，各级法院对疑难、复杂、争议较大的国家赔偿案件主要适用质证程序审理。质证成为赔偿委员会审理赔偿案件，特别是非刑事司法赔偿案件的主要方式，在各高、中级法院赔偿委员会审理案件中，质证率最高已达到100%。[①] 现有司法解释关于质证程序的适用出现“赔偿委员会认为应当质证的其他情形”“可以组织赔偿请求人和赔偿义务机关进行质证”的逻辑障碍，理论上对符合质证程序条件的，赔偿委员会也有权决定不适用。笔者认为，应当限缩赔偿委员会在适用质证程序上的裁量空间，明确符合条件的“应当”适用质证程序，从而厘清书面审理、质证程序的界限，避免含混不清，相互替代。同时，加强对赔偿委员会的约束，明确应当适用质证程序审理而未适用时应承担的不利法律后果，增强质证程序适用的刚性约束力。

（二）明确国家赔偿案件审理的普适性证据规则

《质证程序规定》在制定之初即兼顾“为将来制定专门的国家赔偿证据规则作循序渐进的探索”，在其实施十年后，基于时间需求，有必要将其中的证据规则如举证责任分配、举证时限及质证、认证规则等作为普适性规则在融合后的司法解释中予以明确，使得整个解释逻辑更加清晰，对实践的指导更加具有针对性。

---

① 参见梁清：《〈最高人民法院关于人民法院赔偿委员会适用质证程序审理国家赔偿案件的规定〉条文精义》，载《国家赔偿办案指南》2014年第4辑。

（三）明确逾期举证、拒不参加质证的刚性后果

质证的法律效果，包括两个方面，即未经质证的证据能否作为认定案件事实的依据，以及拒不参加质证或者中途退出质证的法律后果。笔者有如下建议：其一，明确逾期举证的法律后果。《质证程序规定》仅作出“应当承担相应的不利后果”的宣示性规定，难以产生有效的约束，应当明确不利后果的内容，才更具强制性。其二，明确“未经质证的证据不得作为认定案件事实的依据”。该规定是三大诉讼都遵循的证据一般原则。特别是在明确了适用质证程序的“应当性”后，作出该规定不必然导致“书面审理案件和质证案件在定案依据要求上的截然不同”的质疑，抑制拒不参加质证现象发生。其三，强化拒不参加质证的后果。《质证程序规定》第二十四条作出了温和的规定，由此导致逻辑上难以自圆其说：赔偿请求人或赔偿义务机关不参加质证，并不导致证据不被质证的法律后果，当然不能因未经质证而被排除在证据之外；无论是否参与质证，最终“赔偿委员会可以综合全案情况和对方意见认定案件事实”，质证因其缺乏刚性规定，而存在被架空的可能。建议明确对于赔偿请求人应“视为撤回赔偿申请”，对于赔偿义务机关应“视为放弃质证权利”，从而与民事诉讼、行政诉讼拒不到庭的效果保持一致。当然为维护处于弱势地位、需要寻求救济的赔偿请求人的合法权益，实现国家赔偿的实质正义，可以设置“视为撤回赔偿申请”的严格程序限制，如经催告，无正当理由仍拒不参加质证的，视为撤回赔偿申请。

三、实现国家赔偿审理程序的诉讼化改造

在我国以往的法律规定中，无论是民事赔偿的举证责任还是行政赔偿的举证责任，都设置在诉讼程序中，而非诉讼程序之外。国家赔偿法将举证责任首次规定于非诉讼程序的决定程序中，不妨理解为刑事赔偿案件处理程序向诉讼程序逐步过渡的一个预示。[①] 随着赔偿委员会审理国家赔偿案件的程序向诉讼程序的逐步过渡，其发展趋势应是口头审查方式的更多

---

① 参见江必新主编：《〈中华人民共和国国家赔偿法〉条文理解与适用》，人民法院出版社 2010 年版，第 252~253 页。

运用。如将书面审理为主、质证程序为补充的规定，改造成两种审理方式并行的模式，符合质证条件的适用质证程序，否则可以适用书面审理。这种实践中通常的操作，应当被立法肯定。毕竟，作为现代诉讼制度的基本要素，口头审理原则和公开审判原则是作为一种效率、自由和社会公正的现代程序制度要素出现的。

（撰稿人：浙江省衢州市柯城区人民法院　秦新举）

五、其他相关问题

多因一果情形下司法程序的协调

【核心观点】

国家赔偿案件的成因较为复杂，很多案件表现为共同致害、混合过错等多因形态，既可能是国家侵权和民事侵权交织，又可能牵涉多个公权力机关侵权，还可能同时涉及民事侵权赔偿案件、行政赔偿案件、司法赔偿案件，从而造成多因一果赔偿案件归责难的问题，处理此类案件时既要保护被侵权人的利益，亦不能慷国家之慨，无故加重国家赔偿责任；既要保证各类诉讼程序各司其职，又要保障诉讼效率，切实解决纠纷。对于国家侵权和民事侵权交织的损害赔偿，因国家赔偿与民事侵权赔偿适用不同的审理程序，受害人不得不分别通过国家赔偿程序和民事诉讼程序寻求救济。对于多个公权力机关侵权的国家赔偿，因国家赔偿分为行政赔偿、司法赔偿，受害人也可能要通过不同的国家赔偿程序分别向不同的赔偿义务机关申请赔偿。在现行审判模式下，多因一果赔偿案件分别由民事审判庭、行政审判庭、赔偿委员会审理，不利于减少群众诉累、合理划分责任和实现裁判统一。所以要顺应司法改革的要求，积极探索侵权赔偿合并审理机制。可以考虑在部分地方法院先行试点，探索由赔偿委员会统一归口审理的模式。

【问题及相关背景】

2014 年，受到普遍关注的张某华等五人诉天水市公安局麦积分局行政不作为赔偿案由天水市中级人民法院主持调解，双方当事人达成调解协议，天水市公安局麦积分局一次性向张某华等五人支付死亡赔偿金 20 万元。因本案涉及公安机关存在违法拖延出警、未及时履行保护公民人身安全的义务的情形，并最终通过调解方式妥善化解争议，由此引起理论界和实务界的极大关注。本案的案情为：2006 年 3 月，被害人刘某路过甘肃省天水市麦积区某农行储蓄所门前时，遭到罪犯苏某的拦路抢劫。刘某被刺伤后喊叫求救，个体司机胡某、美容中心经理梁某听到呼救后先后三次拨打“110”报警，“110”值班接警人员于两小时后指令派出所出警，此时刘某因失血过多已经死亡。被害人的近亲属张某华等五人以公安机关行政不作为为由向天水市公安局麦积分局提出行政赔偿申请，该局作出不予行政赔偿的决定。张某华等五人遂以该局为被告，向法院提起行政赔偿诉讼。天水市麦积区人民法院一审认为天水市公安局麦积分局应当按照国家规定支付死亡赔偿金、丧葬费总额的 20%份额。一审宣判后，张某华等五人认为判决以 20%的份额承担赔偿责任太少、被告天水市公安局麦积分局则认为不应该予以赔偿，双方不服提出上诉。

本案的焦点在于：在有第三人直接侵权行为介入的责任形态下，是否应坚持穷尽一切其他救济的原则，如何处理国家赔偿程序与民事诉讼程序的关系，赔偿义务机关和第三人之间究竟是连带责任、按份责任还是补充责任的关系？

【理论探讨】

一、多因一果的含义

因果关系，主要是指加害人的加害行为与受害人的损害后果之间的客观联系。在侵权行为中，多因一果是指原因为复数，结果为单数，原因为多个行为人的多个加害行为，结果为受害人单一的损害后果。在国家赔偿案件特别是非刑事司法赔偿案件中，多因一果情形包括数个公权力机关侵权造成损害结果的情形，第三人与公权力机关共同造成损害结果的情形，以及赔偿请求人、第三人与公权力机关共同造成损害结果的情形。审理这类国家赔偿案件，既关系建立侵权赔偿合并审理机制的问题，也关系不同责任主体之间的责任分担问题，需要从法理上进行深入研究。

需要指出的是，共同侵权行为虽然有数个加害人参与了加害行为，但是各自的行为不具有独立的价值，而只是构成具有关联性的统一行为的一部分，正是这一具有关联性的统一行为导致了损害结果的发生。因此，共同侵权行为不属于多因一果的情况。

二、多因一果责任承担方式的类推适用

由于国家赔偿法对多因一果的责任承担方式没有具体的规定，且公权力主体侵权与私权力主体侵权的责任承担并无本质相异，故可以借鉴民事侵权的相关理论和类推适用《最高人民法院关于审理人身损害赔偿案件适用法律若干问题的解释》[①]（以下简称《人身损害赔偿解释》）和民法典侵权责任编的相关规定。

（一）《人身损害赔偿解释》

根据2003年《人身损害赔偿解释》第三条[②]的规定："二人以上共同故意或者共同过失致人损害，或者虽无共同故意、共同过失，但其侵害行为直接结合发生同一损害后果的，构成共同侵权，应当依照民法通则第一百三十条规定承担连带责任。二人以上没有共同故意或者共同过失，但其分别实施的数个行为间接结合发生同一损害后果的，应当根据过失大小或者原因力比例各自承担相应的赔偿责任。"《人身损害赔偿解释》将无意思联络的数人侵权中侵害行为间接结合导致同一损害结果的情形排除在共同侵权范围之外，第一次以司法解释的形式明确规定多因一果侵权行为的构成要件并确立了按份的责任承担原则。

多因一果侵权行为的构成要件在于：第一，各行为人无过错联系。各行为人之间不存在主观上的意思联络，未预见到自己的行为与他人的行为发生结合时会造成受害人的同一损害结果，因而既没有共同故意，也没有共同过失。无过错联系的共同致害与一般共同侵权行为的区别主要在于主观方面，即数侵权行为人之间，无主观上的过错联系。一般共同侵权行为的各行为人具有统一地致他人损害的共同故意和共同过失。第二，各行为人的行为偶然结合造成对受害人的同一损害。由于数人在主观上无过错联系，只是因为偶然因素致使无过错联系的各行为结合而造成同一损害后果，因此使各行为人的行为结合在一起的因素，不是主观因素，而是行为人所不能预见和认识的客观情况。

---

① 根据2022年4月24日法释〔2022〕14号修正，下同。——编者注

② 该条内容因被民法典吸收，被2020年12月23日法释〔2020〕17号删除。——编者注

多因一果行为的责任承担应按照过失程度和原因力的大小来确定各行为人所应承担的责任，即按份责任。对于过失程度判断的基本原则是：重过失重于一般过失；一般过失重于轻过失。各种过失轻重程度的判断一般以注意义务的程度高低来确定。原因力比例大小的判断原则一般是：直接原因的原因力大于间接原因；主要原因的原因力大于次要原因；与损害结果距离近的原因事实的原因力大于距离较远的；等等。对过失程度与原因力的综合判断有时会是一件很困难的事。但两者有一个共同的衡量标准，就是要看对损害发生的实证意义的大小。

确定2003年《人身损害赔偿解释》第三条第二款规定的侵权行为人的责任，应当依照以下规则进行：第一，各行为人对各自的行为所造成的后果承担责任。无过错联系的共同致害属于单独侵权而非共同侵权，各行为人的行为只是单独的行为，只能对其行为所造成的损害后果负责。在损害结果可以单独确定的前提下，法官应当责令各行为人就其行为的损害承担赔偿责任。这是按份责任的体现。第二，各行为人在共同损害结果无法分割的情况下，按照各行为人的过错大小和所实施行为的原因力，按份额各自承担责任。在这种情况下，应当将赔偿责任确定为一个整体责任，依据各行为人的行为对损害后果的原因力划分责任的份额，由各行为人按照自己的份额承担责任。因而，这种分配责任的形式，是典型的按份责任。第三，对于无法区分原因力的，应按照公平原则，区分各行为人的责任份额。对此，一是按照等额分配份额，二是考虑各行为人的经济负担能力，适当分割份额，仍按份额承担责任。由于此种侵权人间不实行连带责任，因此，无论在何种情况下，各行为人都只对自己应承担的份额承担责任，既不能让某个行为人负全部赔偿责任，也不存在行为人内部的求偿关系。

（二）民法典侵权责任编

根据民法典第一千一百七十一条的规定："二人以上分别实施侵权行为造成同一损害，每个人的侵权行为都足以造成全部损害的，行为人承担连带责任。"本条是关于虽然分别实施侵权行为但都能造成全部损害时承担连带责任的规定。二人以上分别实施侵权行为，行为人对所造成的损害承担按份责任。但如果每个行为人的侵权行为都足以造成全部损害，行为人则应当根据本条规定承担连带责任。适用本条规定需要符合以下构成要件：一是二人以上分别实施侵权行为。本条中的“分别”是指实施侵权行为的数个行为人之间不具有主观上的关联性，各个侵权行为都是相互独立的。每个行为人在实施侵权行为之前以及实施侵权行为过程中，没有与其他行为人有意思联络，也没有认识到还有其他人也在实施类似的侵权行为。二是造成同一损害后果。“同一损害”指数个侵权行为所造成的损害的性质是相同的，都是身体伤害或者财产损失，并且损害内容具有关联性。三是每个人的侵权行为都足以造成全部损害。本条中的“足以”并不是指每个侵权行为都实际上造成了全部损害，而是指即便没有其他侵权行为的共同作用，独立的单个侵权行为也有可能造成全部损害。

根据民法典第一千一百七十二条的规定：“二人以上分别实施侵权行为造成同一损害，能够确定责任大小的，各自承担相应的责任；难以确定责任大小的，平均承担赔偿责任。”本条是关于分别实施侵权行为承担按份责任的规定。适用本条规定需要符合以下构成要件：一是二人以上分别实施侵权行为。这一要件与民法典第一千一百七十一条中“二人以上分别实施侵权行为”的含义相同，要求数个侵权行为相互之间是独立的，不存在应当适用民法典第一千一百六十八条共同侵权制度的情形。二是造成同一损害后果。这一要件与民法典第一千一百七十一条中“造成同一损害”的含义也是一样的，如果数个侵权行为造成的损害后果不同，可以明显区分，应当适用民法典第一千一百六十五条或者民法典第一千一百六十六条的规定。民法典第一千一百七十二条与第一千一百七十一条同属分别侵权制度，但在构成要件上有所不同，第一千一百七十一条规定的构成要件更加严格，要求“每个人的侵权行为都足以造成全部损害”。

三、域外责任承担的一般模式

域外及我国台湾地区对于混合侵权导致的损害均规定了赔偿请求权，但在责任划分及赔偿方式上各有不同。有的国家也是通过多种渠道的社会救助来弥补国家赔偿之不足。

（一）按份责任模式

关于国家行为与民事侵权行为竞合引起国家赔偿，法国行政法院的处理原则是按照行为人在损害形成过程中的作用大小承担赔偿责任，即采取按份责任模式。如果损害主要是第三人侵权导致的，应当由第三人承担主要的赔偿责任；国家机关的行为与损害发生存在一定因果关系的，应当承担一定的赔偿责任。一般而言，在法国，对于民事侵权主体无力承担的赔偿部分是通过救助基金对受害人予以救助，这不属于国家赔偿责任，而是国家承担的救助责任。

（二）连带责任模式

日本国家赔偿法第 1 条第 1 款规定，行使国家或公共团体权力之公务员因故意或者过失不法加害于他人者，国家或者公共团体对此应负赔偿责任。日本的共同侵权理论非常典型：有意思联络的共同侵权人之间负连带赔偿责任，无意思联络的共同侵权人之间负不真正连带责任。因此，在存在国家行为与民事侵权行为竞合的责任承担上，通说认为国家承担的是不真正连带责任。在日本，没有区分国家责任主体的故意。

（三）补充责任模式

在德国，国家赔偿案件适用的是德国基本法和民法典。德国基本法第 34 条规定，公职人员受委托执行公务时，相对第三人违反了有关应履行的公职义务的，原则上由国家或其所在的公共服务机构承担责任。德国民法典第 839 条第 1 款规定，公务员故意或者过失违背其对于第三人应尽的职务义务的，应当赔偿第三人因此而产生的损害。仅因公务员的过失造成损害的，只有在受害人不能以其他方式得到赔偿时，始得向公务员要求赔偿。因此，在存在国家行为与民事侵权行为竞合的责任承担上，按照德国民法理论，属于故意的，承担相应份额的赔偿责任；属于过失的，则按规定承担相应的补充责任。在德国，职务责任的赔偿是第一位的，此外还有社会救助等其他获得救助的途径。

四、国家赔偿混合责任的承担

国家赔偿混合责任是指在一个侵权案件中，侵权结果的发生是由国家机关工作人员行使职权的侵权行为和第三人侵权行为共同作用的结果。鉴于混合侵权导致损害情形的复杂性和多样性，且采取任何一种责任分担原则均无法应对纷繁复杂的客观事实，应当针对不同的情形，灵活适用一种或多种责任分担形式，做到公平、合理分担责任。参照民法典侵权责任编关于共同侵权行为及其责任的规定，混合侵权案件中民事责任与国家责任的划分有以下情形。

（一）有意思联络的国家赔偿混合责任的承担

通常情况下，国家机关的违法行为是因为职责上的疏忽，并非故意而为。但是也不排除实践中可能会存在国家机关工作人员与第三人事先恶意串通“共谋”的情形。对于国家工作人员或委托的组织与民事侵权人共同故意导致损害发生的，该情形属于共同侵权的范畴，国家机关及其工作人员的违法行为与第三人的侵权行为产生了“意思连带”，虽然国家主体未实行全部侵权行为，但其主观意思是导致全部损害结果的发生，应该对整个行为负责，国家机关与民事侵权人应对受害人的直接损失承担连带责任。

对有意思联络的国家赔偿混合侵权责任，应当赋予被侵权人选择权，即被侵权人可以选择向国家主体或民事侵权主体任何一方要求承担全部赔偿责任，该方履行了全部赔偿义务，则该共同侵权行为在受害人和加害人之间的请求权即告消灭。若一方无力承担全部损害赔偿责任，则另一方根据补充责任原则承担剩余赔偿责任。当然，此种情形下，赔偿义务机关赔偿损失后，一是有权向民事侵权人继续追偿；二是应当责令有故意或者重大过失的工作人员或者受委托的组织或个人承担部分或全部赔偿费用。

（二）无意思联络的国家赔偿混合责任的承担

无意思联络的混合侵权责任，是指国家机关及其工作人员与侵权第三人之间没有共同故意，其各自的行为在一定条件下相结合，导致损害结果的出现。大多数混合侵权的国家赔偿案件中，国家机关的违法行为与民事侵权人的过错行为的结合是有偶然性的，国家机关的违法行为对损害结果而言并非直接或者必然导致损害结果的发生，其只是为民事侵权行为直接或者必然导致损害结果发生创造了条件，而其本身不会、也不可能直接或者必然引发损害结果。

无意思联络的国家赔偿案件包括两种情形：一种是国家机关不履行、拖延履行法定职责的行为与民事侵权行为相结合的情形；另一种是国家机关违法作为与民事侵权行为相结合的情形。

笔者认为，无意思联络的国家赔偿混合责任应有别于有意思联络的国家赔偿混合责任的责任承担方式。一是因为无意思联络的国家赔偿混合责任中，国家机关及其工作人员多为过失，更没有与其中一方串通来损害另外一方利益的“共谋”，行为可谴责性远低于有意思联络的国家赔偿混合责任。二是各方侵权人之间的行为关联性低，不构成“连带”，类似于民事侵权中的“原因竞合”行为。数人之间行为只是偶然结合，客观关联度较弱，而且分别实施的侵权行为都不足以造成全部损害，各个行为相互叠加才造成全部损害，故不适用连带责任说。同时，无意思联络的国家赔偿混合责任，还应当就国家侵权主体是作为还是不作为作出区分。

对于国家主体的不作为行为与民事侵权行为相结合导致损害发生的，笔者的观点是侵权主体应承担相应的补充责任。不作为是相对于作为而言的，指行为人负有实施某种积极行为的特定义务，并且能够履行而不履行的行为。混合责任中不作为侵权，是指国家机关的不作为行为与第三人的侵权行为共同造成受害人损害的情形。其构成要件应包括以下几个方面：(1) 侵权主体两人以上；(2) 侵权行为的违法性，即国家机关的不作为和第三人的作为侵权行为，且侵权主体之间无意思联络；(3) 存在实际损害，损害结果是指国家机关的不作为行为与第三人的侵权行为共同侵犯他人合法权益所产生的后果；(4) 非直接因果关系。

1. 诉讼程序类型。依据补充责任理论，只有第三人不明确或不能承担完全责任时由不作为侵权人承担补充责任，部分学者以此为依据认为非刑事司法赔偿案件中不作为侵权问题应先通过民事诉讼的途径解决，在受害人无法获取赔偿或者赔偿不足时方可申请国家赔偿。也有学者认为，对于第三人侵权的问题通过民事诉讼程序解决，而对于不作为侵权的问题通过国家赔偿程序解决。笔者对此持不同意见，补充责任设定了责任承担的序位，这是由侵权行为特性所决定的，但并不意味着在程序选择上必须优先适用民事诉讼程序，且依侵权行为性质分别适用不同的诉讼程序势必会增加当事人的诉累。对于非刑事司法赔偿中不作为侵权案件应适用国家赔偿程序，并依据不同的侵权责任认定规则同时对两个行为进行审查，这样做一方面可保障责任认定的准确，另一方面可有效防止赔偿义务人和法院在程序选择上相互推诿。

2. 当事人诉讼地位。在非刑事司法赔偿不作为侵权案件中，第三人与不作为侵权人应为共同被告。在能够确定直接侵权人的情况下，受害人仅以不作为侵权机关为被告提起国家赔偿诉讼的，应当告知受害人追加直接侵权人为共同被告，因为依据补充责任理论，只有在第三人不明确或者不能完全承担赔偿责任时才能由不作为侵权主体承担相应的补充责任。因此，在判定不作为侵权主体承担责任前必须确定直接侵权人无力承担完全责任。

3. 举证责任。国家赔偿法第二十六条第一款规定："人民法院赔偿委员会处理赔偿请求，赔偿请求人和赔偿义务机关对自己提出的主张，应当提供证据。"即在国家赔偿案件中，一般适用"谁主张，谁举证"原则。笔者认为，在国家机关行使职权的法律关系中，国家机关居于主动地位，其实施职权行为无须征得处于被动地位的相对人的同意。也正是由于双方当事人的这种不平等地位，相对人往往无法或者难以收集到证明国家机关职权行为违法的证据。为了衡平赔偿请求人和赔偿义务机关之间天然的不对等性，法律在国家赔偿举证责任的分配上应当向处于弱势的赔偿请求人倾斜，要求赔偿义务机关证明其职权行为的合法性，否则应当承担举证不利的后果；与之相应的是，赔偿请求人可以提供证明赔偿义务机关职权行为违法的证据，这是一种选择性的举证权利，而非强制性的举证义务，并不因此免除赔偿义务机关对其职权行为合法性的举证责任。因此，非刑事司法赔偿中不作为侵权案件应适用举证责任倒置原则。从总体上说，不作为侵权主体需承担的举证责任包括：（1）证明依法履行职责的事实及依据；（2）证明损害事实不存在，损害范围、损害程度和损失金额小于赔偿请求人所提请求，或者损害已由国家给予赔偿；（3）证明其行为与损害事实之间不存在因果关系或者仅存在部分因果关系的证据。

4. 责任份额。非刑事司法赔偿中不作为侵权主体承担补充责任，即补充直接责任人所承担责任之不足。在数人侵权行为中，过错的程度不同，承担的责任也不同。因我国国家赔偿适用违法责任原则，因此，非刑事司法赔偿中不作为侵权人责任承担的大小不应以过错为评判标准，而应与原因力大小相适应。对于补充责任究竟是针对不作为侵权人违法行为相应责任部分的补充还是直接责任人无力承担部分的全部补充问题，笔者认为，不作为侵权主体承担的补充责任应是与其违法行为相应责任部分的补充，其承担的补充责任是以其能够防止和制止损害的范围为限度的，并不对他人的过错行为承担责任，是一种自负责任。

对于国家主体的作为行为与民事侵权行为相结合导致损害发生的，可适用民法典第一千一百七十二条的规定，即二人以上分别实施侵权行为造成同一损害，能够确定责任大小的，各自承担相应的责任。此种情形下责任人应当承担按份赔偿责任，在具体案件中应根据各自过错在损害形成中的作用来确定，划分各责任人承担责任的范围则应考察各侵权主体过错程度或者原因力比例，根据过错程度明确划分国家机关与民事侵权主体的责任。

【意见建议】

笔者建议，在审理混合侵权国家赔偿案件的程序中，一并解决所涉及的民事侵权，其具有以下意义：（1）国家赔偿案件的审理机关是赔偿委员会，避免法院审理自己作为被告案件的情形；（2）由专门机关来审理专业性较强的国家赔偿案件，利于案件结果公正；（3）由赔偿委员会审理，国家机关比较容易接受。

启动国家赔偿程序审理混合侵权案件，需遵循一个基本的原理，即理顺各种法律关系，区分各自应当承担的责任，国家不替代诉讼当事人承担其自身过错。具体分析如下：立案审查阶段，对于发现的存在混合侵权的案件，可告知申请人先行通过民事诉讼追究相关民事侵权人的责任，当申请人拒绝提起民事诉讼或者不能确定是否存在混合侵权的情形下，可先行作为国家赔偿案件立案受理。案件审理阶段，对混合侵权国家赔偿案件的审理，可将相关民事侵权人列为第三人参与到国家赔偿程序中。案件审理中，应根据造成权益损害的直接原因厘清各方对权利人所承担的责任，如果经审查发现民事侵权人的行为是造成权利人权益损害的直接原因的，则告知申请人向民事侵权人主张权利。国家赔偿案件可建议申请人撤回申请或驳回其诉讼请求。如果是国家机关的违法行为造成权利人权益受损或国家机关的违法行为与民事侵权行为共同导致权利人权益损害的，则应在赔偿决定中一并作出处理，从而确保通过一个程序，解决国家赔偿责任与民事侵权责任的界限划分和责任分担问题。尽量遵循国家赔偿途径，也是由国家赔偿的特殊性所决定的，有利于保障国家赔偿请求人维权路径的相对顺畅，也有利于实现司法的统一。

（撰稿人：最高人民法院　梁清　康桥）

刑事追诉程序与国家赔偿程序的衔接

——以责任划分为视角

【核心观点】

国家赔偿主要分为行政赔偿和刑事赔偿，本文讨论的是刑事赔偿部分，即刑事司法侵权损害赔偿。生命健康权是公民的生命权和健康权两种权利的统称，是公民享有的最基本的人权。生命权是指公民享有的生命安全不被非法剥夺、危害的权利；健康权是指公民保护自己身体各器官、机能安全的权利。生命与健康是公民享有一切权利的基础。侵犯生命健康权的行为，既可以是国家赔偿程序追责的对象，又可以是刑事追诉程序追究的对象。在2010年国家赔偿法修正前，提起刑事赔偿，需要对司法行为是否违法进行确认，或者存在视同确认的情形。2010年国家赔偿法修正后，确认程序被取消，侵犯生命健康权的案件进入国家赔偿程序的时间点成为亟待解决的问题。

产生国家赔偿案件的原因有单一也有多种。在实际工作中，国家赔偿程序不宜代替刑事追诉程序进行刑事审判，且应当最大限度保护赔偿请求人的利益。因此，应当确定一种刑事追诉程序与国家赔偿程序衔接的基本思路，即将多种原因导致的案件根据刑事优先原则，在刑事追诉程序终结后进入国家赔偿程序；将单一原因导致的案件根据“确赔合一”原则，无须等待刑事追诉程序终结直接进入国家赔偿程序。

【问题及相关背景】

目前，在我国现行法律框架内，关于国家赔偿案件中刑事追诉问题的责任划分仍存在盲点，侵犯生命健康权的刑事追诉案件何时进入国家赔偿程序，尚无明确的法律法规及相关司法解释规定，从而导致国家赔偿程序代替刑事追诉程序进行刑事审判，使赔偿请求人的利益没有得到最大限度保护。从赔偿案件的判决结果来看，多种原因导致的案件与单一原因导致的案件，其赔偿义务机关的责任划分也不相同。

一、多种原因导致国家赔偿的案例

案情事实：2011 年 1 月 28 日 21 时 25 分，王某微从河南省高级人民法院（以下简称河南高院）西门步行进入机关大院，在欲进入该院 4 号楼时，保安韩某克进行阻拦，两人发生争执、撕扯，韩某克将王某微摔倒在地，造成王某微重伤。2015 年 11 月 27 日，湖北省枣阳市人民法院作出（2013）鄂枣阳刑一初字第 88 号刑事判决，认为韩某克故意伤害被害人身体致重伤，其行为已构成故意伤害罪；鉴于韩某克系累犯，应当从重处罚，考虑到本案系韩某克在履行职责中发生，被害人当天缠访，在下班时间不听制止，强行进入河南高院，受到阻拦时有过激行为，在案件起因上有一定责任，可以酌情从轻处罚，以故意伤害罪判处韩某克有期徒刑三年六个月。韩某克不服，提出上诉。2016 年，襄阳市中级人民法院作出（2016）鄂 06 刑终 9 号刑事裁定，驳回上诉，维持原判。

赔偿情况：王某微于 2017 年 7 月 27 日以被殴打致伤致残为由，向河南高院申请国家赔偿。河南高院于 2018 年 8 月 6 日作出（2017）豫法赔 2 号国家赔偿决定，认为王某微在申诉信访过程中被该院保安伤害致重伤，保安韩某克亦因此被追究刑事责任，根据国家赔偿法的有关规定，由此给王某微造成的损害，该院应承担赔偿责任，并向王某微赔礼道歉。

另外，该刑事判决认定，本案是在履行职责过程中发生，王某微当天缠访，在下班时间不听制止，强行进入法院，受到阻拦时有过激行为，在案件起因上有一定责任，可以适当减轻河南高院的赔偿责任，河南高院应对王某微损失的 70% 承担赔偿责任。经鉴定王某微的损伤程度为五级伤残，丧失大部分劳动能力。因此，河南高院作出如下决定：赔偿王某微 672511. 34 元（医药费 14642. 77 元、护理费 7470. 3 元、误工费 194477. 42 元、残疾辅助具费 960 元、残疾赔偿金 743180 元，合计 960730. 49 元×70%）；赔偿王某微精神损害抚慰金 100000 元；向王某微赔礼道歉；驳回王某微提出的其他赔偿申请。

王某微对河南高院该决定不服，又向最高人民法院赔偿委员会申请作出赔偿决定。最高人民法院经审理认为，王某微在就刑事申诉案件信访过程中被河南高院保安伤害致左膝重伤、五级伤残，保安韩某克已因此被追究刑事责任，根据国家赔偿法有关规定，对于由此给王某微造成的损害，河南高院应承担相应赔偿责任，并向王某微赔礼道歉。河南高院认定的主要事实清楚、适用法律正确，赔偿责任划分及赔偿项目和数额计算准确，应予维持。

二、单一原因导致国家赔偿的案例

案情事实：林某因涉嫌抢劫罪于2008年3月16日被刑事拘留，同年4月16日被逮捕。林某在辽宁省本溪市看守所（以下简称本溪市看守所）羁押期间，不服从管教，监管支队管教吴某光于同年7月10日14时让同监室在押人员张某成帮忙给林某“定位”。“定位”过程中，林某不服，抢下张某成手中的“定位”锁，同监室在押人员李某从吴某光身后过去踢了林某面部一脚，造成林某左眼损伤。2009年6月12日，本溪市公安局经调查作出《关于司某（系林某养母）信访问题的调查报告》，认为司某信访反映林某被打致伤系民警所为的问题失实。

赔偿情况：林某以殴打、虐待致伤为由，于2017年9月25日向本溪市公安局提出国家赔偿申请。赔偿义务机关本溪市公安局于2017年11月14日作出本公赔决字（2017）001号国家赔偿决定，不予赔偿。林某不服该决定，于2018年1月4日向辽宁省公安厅申请复议。辽宁省公安厅于2018年2月25日作出辽公赔复决字（2018）001号国家赔偿复议决定，维持本溪市公安局国家赔偿决定。林某仍不服，向辽宁省高级人民法院（以下简称辽宁高院）赔偿委员会申请作出赔偿决定。

辽宁高院赔偿委员会认为，本溪市公安局在林某受伤过程中不存在殴打、虐待或唆使、放纵他人殴打、虐待林某的行为，但存在着一定的监管责任。本溪市公安局从林某受伤之日起十余次带林某到本溪、沈阳、北京、上海等地医院诊治、复查、鉴定等，支付给林某医药费、救济金等共计100余万元，已尽到积极救治的义务。林某因抢劫罪被河北省平山县人民法院判处有期徒刑十三年，但因其伤情一直处于暂予监外执行状态。因此，辽宁高院赔偿委员会驳回了林某的赔偿请求，维持了本溪市公安局国家赔偿决定及辽宁省公安厅国家赔偿复议决定。

综上所述，两案均涉及刑事侵权问题，又与国家赔偿责任具有相关性。此类问题在国家赔偿案件中刑事追诉问题上具有代表性，即何种情况下应待刑事追诉程序终结后进入国家赔偿程序，何种情况下直接进入国家赔偿程序，需要国家赔偿法作进一步规定。

【理论探讨】

关于刑事追诉程序与国家赔偿程序的衔接问题，外国法律体系中也没有明确的法律规定。但英美法系中关于行政赔偿的相关法律法规，特别是细化赔偿义务机关责任的司法理念，可供我国参考借鉴。

一、美国联邦侵权赔偿法中对于行政赔偿案件遵循行政优先原则

在美国，在涉及国家赔偿的案件中，80%~90%的案件是依据联邦侵权赔偿法，由行政机关处理，且很多情况下由行政赔偿义务机关对受害人的请求直接处理，一般不与请求人协商或讨论，受害人只能接受或拒绝接受决定。例如，联邦侵权赔偿法第 2672 条规定，对于受害人的请求，联邦行政机关首长或其指定人必须依法予以考虑，评估、调解、决定或妥协、和解，受害人如果接受了这种决定或妥协、和解，则发生最终效力，不得再行请求或起诉。第 2675 条第 1 款规定，除非请求人先向有关联邦行政机关提出赔偿请求，且被请求之行政机关作出最终拒绝，不得对美国政府提起请求金钱赔偿的民事诉讼。第 2672 条第 2 款规定，因政府雇员在职务或雇佣范围内活动时的疏忽、错误的作为、不作为等导致的财产损失、人身伤害或死亡而提起的金钱赔偿请求，只有首先向适当的联邦机关提起并被该机关以书面形式最终拒绝，且该拒绝以证明或挂号邮件送达时，法院才予受理。有关机关在申请提出六个月内未作出最终处理的，申请人选择的任何时间都可以被视为对申请的最终拒绝。

从以上法条可以看出，受害人向相关机构提出行政要求后，该机构有六个月的时间接受或拒绝，在行政请求被拒绝前或该机构在六个月内没有对行政请求采取行动，不能提出申诉。

二、英国王权诉讼法中对于行政赔偿案件遵循行政优先原则

英国 1947 年王权诉讼法第一部分第 2 条第 1 款规定，成年或具有行为能力的个人，政府应对下列民事侵权行为承担全部责任：(1) 由其公务人员或代理人所实施的民事侵权行为；(2) 违反普通法上作为雇主应对其雇员或代理人所应尽的那些义务；(3) 违反普通法上隶属于财产所有权、占有权、持有或控制权的责任；除非该作为或不作为在本法规定之外，构成对公务员、代理人或其财产提起侵权诉讼的理由外，不应以第 1 款第 1 项关于政府的公务员或代理人的作为或不作为的规定为由，对政府提起诉讼。第 2 款规定，如果政府受一种对政府和其官员以及其他人有同样拘束力的法定义务约束，依照本法，在未能履行该义务时，政府将同一个成年的和有行为能力的个人一样，承担由此引发的全部侵权责任。第 3 款规定，如果依普通法规则或制定法赋予或给予某政府官员以任何职务，且该官员在履行或试图履行职务时有侵权行为，如果这些职务是由政府依法赋予的，那么政府对该侵权行为应负的责任与其下达之命令相当。第 4 款规定，在根据本条关于政府或政府官员犯有侵权行为的规定而对政府提起诉讼的，任何否认或限制政府部门或政府官员，该政府部门或官员所犯侵权行为的法规，应适用于政府。如果对政府的诉讼就是对政府部门或政府官员诉讼，此种法规适用于政府部门和官员。第 5 款规定，对于任何人在履职或试图履职或执行职责的作为或不作为，不应以本条为依据对政府提起诉讼。第 6 款规定，对于政府官员的作为、疏忽或过失，不应依据本条之规定对政府提起诉讼。但下列情况除外，即该官员直接或间接地由国王任命，且他作为政府官员在履职的实际时间内所取得的报酬完全来源于联合王国的统一公债基金、议会批准的款项、道路基金或其他由财政部证实符合本款宗旨的基金，或者财政部证实在该官员实际任职的时间内应当正常地领取通过上述方式而取得的报酬。

【意见建议】

一、刑事追诉程序终结与刑事诉讼程序终结的关系

我国的刑事诉讼是指国家专门机关在当事人及其他诉讼参与人的参加

下，依照法律规定的程序，追诉犯罪，解决被追诉人刑事责任的活动。刑事追诉程序终结指国家专门机关（主要指人民法院、人民检察院、公安机关及国家安全机关）依照法律规定的程序追诉犯罪，且已经对被追诉人是否犯罪、是否承担刑事责任作出的最终结论。

关于国家赔偿案件中已经启动刑事追诉程序的案件是否需要等待刑事案件结案后才能作出处理，即关于刑事诉讼程序终结问题的探讨，《最高人民法院关于适用〈中华人民共和国国家赔偿法〉若干问题的解释（一）》（以下简称《解释》）首次引入了“刑事诉讼程序终结”这一概念，所以，刑事追诉程序终结即为刑事诉讼程序终结。

二、我国国家赔偿法中对于刑事赔偿与刑事诉讼程序终结衔接的规定

国家赔偿法第十七条规定：“行使侦查、检察、审判职权的机关以及看守所、监狱管理机关及其工作人员在行使职权时有下列侵犯人身权情形之一的，受害人有取得赔偿的权利：（一）违反刑事诉讼法的规定对公民采取拘留措施的，或者依照刑事诉讼法规定的条件和程序对公民采取拘留措施，但是拘留时间超过刑事诉讼法规定的时限，其后决定撤销案件、不起诉或者判决宣告无罪终止追究刑事责任的；（二）对公民采取逮捕措施后，决定撤销案件、不起诉或者判决宣告无罪终止追究刑事责任的；（三）依照审判监督程序再审改判无罪，原判刑罚已经执行的；（四）刑讯逼供或者以殴打、虐待等行为或者唆使、放纵他人以殴打、虐待等行为造成公民身体伤害或者死亡的；（五）违法使用武器、警械造成公民身体伤害或者死亡的。”

《解释》第七条规定：“赔偿请求人认为行使侦查、检察、审判职权的机关以及看守所、监狱管理机关及其工作人员在行使职权时有修正的国家赔偿法第十七条第（一）、（二）、（三）项、第十八条规定情形的，应当在刑事诉讼程序终结后提出赔偿请求，但下列情形除外：（一）赔偿请求人有证据证明其与尚未终结的刑事案件无关的；（二）刑事案件被害人依据刑事诉讼法第一百九十八条的规定，以财产未返还或者认为返还的财产受到损害而要求赔偿的。”

根据以上法律及司法解释不难看出，《解释》第七条未对国家赔偿法第十七条中的以下两种情形进行规范：一是刑讯逼供或者以殴打、虐待等

行为或者唆使、放纵他人以殴打、虐待等行为造成公民身体伤害或者死亡的；二是违法使用武器、警械造成公民身体伤害或者死亡的。

三、进一步完善刑事赔偿与刑事诉讼程序终结衔接应遵循的原则

关于上述《解释》第七条未对国家赔偿法第十七条进行规范的两种情形，是否等待刑事追诉程序结束再进入国家赔偿程序，法学界观点不一。有观点认为，根据国家赔偿法及相关司法解释的规定，这两种情形不可被排除在外，仍然要等到刑事追诉程序终结后才能申请国家赔偿。也有观点认为，赔偿请求人无须等到刑事追诉程序终结即可申请国家赔偿。综合上述观点，结合法院办案工作实际，鉴于多种原因或单一原因均可产生国家赔偿案件，应当将多种原因导致的国家赔偿案件根据刑事优先原则，在追诉后进入国家赔偿程序；将单一原因导致的国家赔偿案件根据“确赔合一”思路，直接进入国家赔偿程序。

（一）刑事优先原则

在刑事案件与赔偿案件交叉时，刑事案件的审理程序应当具有优先性，赔偿案件的审理程序应当在刑事案件审理终结后再进行审理。一般认为，就多因案件来看，如果国家赔偿程序先行，势必会对赔偿请求人及义务机关的责任认定产生影响，甚至会出现逃避法律制裁等不公正现象。坚持刑事优先原则，会有效防止类似情况的发生，更好地保障国家和人民的利益。对于刑事证据而言，由侦查部门调查搜集到的证据更加具体、全面、标准更高，能够有效节约司法资源。

关于刑事追诉程序与国家赔偿程序的衔接。由于赔偿内容具有相同性、赔偿主体具有关联性、损害方式具有相关性、损害结果和请求赔偿主体具有同一性，如被追诉人具有刑事附带民事追诉的赔偿能力，则由被追诉人先行赔偿，其余部分由国家进行补充赔偿；在多因导致的国家赔偿案件中，赔偿比例按照刑事责任比例进行划分，基于以下三点考虑：一是进一步保障了公民的人身权利。国家赔偿法的直接作用在于让公民受到非法损害的合法权益能够得到充分、及时、有效的赔偿。二是进一步增强了司法机关工作人员的自我约束能力。司法机关工作人员在履职期间造成非法

侵害，除承担刑事责任外，还要承担经济上的赔偿责任，这对于政纪、法纪观念不强的司法人员具有一定的威慑作用。三是进一步促进了司法机关对工作人员的监督和教育。当司法机关工作人员实施非法侵害，本人承担刑事附带民事赔偿责任后，司法机关仍可能承担赔偿责任，这利于司法机关完善岗位责任，强化约束机制。

以王某微案为例，虽然本案确系在保安韩某克的履职期间发生，且王某微确实身体受到损伤，但根本原因在于王某微滥用诉权，扰乱法院工作秩序，个人过错明显。诸如此类由多种原因导致的案件，应采用刑事优先原则，先行终结刑事追诉程序，更显公正。

（二）“确赔合一”原则

“确赔合一”原则，即取消单独确认程序，将需要确认的事实在赔偿程序中一并解决。由于国家赔偿实行法定原则，办案人员只需审查是否符合国家赔偿法规定的赔偿情形来确定赔偿情况即可，这基于以下两方面考虑：一方面，该程序符合2010年修正后国家赔偿法的规定；另一方面，能够简化审理程序，畅通赔偿请求渠道，使赔偿请求人申请国家赔偿更加便捷，更好地保障赔偿请求人的合法权益。

以林某案为例，本案系单一原因导致的国家赔偿案件，林某的受伤结果系同监犯李某所致。对于此类由单一原因导致的案件，侦查、检察机关已经作出了终结决定，应直接适用“确赔合一”原则进入国家赔偿程序。

（撰稿人：最高人民法院　李延忱　王一茗）

终结本次执行与国家赔偿的衔接

【核心观点】

《最高人民法院关于适用〈中华人民共和国国家赔偿法〉若干问题的解释（一）》（以下简称《赔偿法解释（一）》）第八条及《最高人民法院关于审理民事、行政诉讼中司法赔偿案件适用法律若干问题的解释》（以下简称《民事行政赔偿解释》）第十九条均规定，赔偿请求人认为人民法院有国家赔偿法第三十八条规定情形的，应当在民事、行政诉讼程序或者执行程序终结后提出赔偿请求。由于上述规定中的执行程序终结规定的比较原则，实践中常常对此有不同理解，即只有人民法院依据民事诉讼法第二百六十四条的规定作出终结执行的裁定，才可以提出国家赔偿申请，还是终结本次执行后就可以提出国家赔偿申请。笔者试图通过对上述规定的内涵、终结本次执行的性质以及诉权理论对终结本次执行与国家赔偿程序的衔接问题进行探讨。

【问题及相关背景】

被执行人无可供执行财产、案件客观执行不能已成为一种普遍现象，据统计，在目前的未执结案件中，无财产可供执行的大约占到40%左右，[①]出于合理配置有限司法资源等目的，对于符合《最高人民法院关于严格规范终结本次执行程序的规定（试行）》（以下简称《终结本次执行程序规定》）所规定条件的无财产可供执行的案件会裁定终结本次执行。在国家赔偿领域，错误执行和违法保全两类赔偿案件约占全部司法赔偿案件的一半。据了解，错误执行赔偿案件中决定赔偿案件的数量远低于刑事赔偿案

① 参见刘贵祥、朱燕等：《〈最高人民法院关于严格规范终结本次执行程序的规定（试行）〉理解与适用》，载《人民司法》2017年第16期。

件中决定赔偿案件的数量，造成这种差异的原因是多方面的，其中一个重要原因是刑事赔偿案件只要符合国家赔偿法第十七条、第十八条规定的刑事赔偿范围的，都能进入国家赔偿程序，而根据《赔偿法解释（一）》第八条及《民事行政赔偿解释》第十九条的规定，赔偿请求人认为人民法院有国家赔偿法第三十八条规定情形的，除司法解释规定的特殊情形外，均应在执行程序终结后才能提出赔偿请求。实践中对于上述规定的“在执行程序终结后提出赔偿申请”认识不一，导致人民法院裁定终结本次执行程序后，赔偿请求人以错误执行为由申请国家赔偿时，人民法院往往简单地以执行程序未终结为由不予受理或者程序性驳回申请，这就造成一些终结本次执行后，已经实际执行不能或者确实没有其他途径予以救济的错误执行案件被挡在国家赔偿程序外，这与国家赔偿法保障公民、法人和其他组织享有依法取得国家赔偿的权利的立法目的相悖。

【理论探讨】

执行终结，是指在执行程序中出现民事诉讼法第二百六十四条规定的法定事由，由于执行程序不可能或没有必要继续执行，而依法彻底结束执行程序，以后也不再恢复执行。这意味着人民法院不再以司法强制力迫使被执行人履行义务，当事人所享有的实体权利也失去了法律的保护。根据民事诉讼法第二百六十四条的规定，裁定终结执行的情形包括：（1）申请人撤销申请的；（2）据以执行的法律文书被撤销的；（3）作为被执行人的公民死亡，无遗产可供执行，又无义务承担人的；（4）追索赡养费、扶养费、抚养费案件的权利人死亡的；（5）作为被执行人的公民因生活困难无力偿还借款，无收入来源，又丧失劳动能力的；（6）人民法院认为应当终结的其他情形。终结本次执行程序即是依据民事诉讼法第二百六十四条第六项“人民法院认为应当终结执行的其他情形”的规定，由人民法院创设的一种执行程序和制度。实践中，在部分金钱债权执行案件中，人民法院穷尽财产调查措施及相应的强制执行措施后，仍然没有发现被执行人有可供执行的财产，或者仅发现部分财产并执行完毕后，申请执行人债权仍不能全部得到实现，终结本次执行程序即是人民法院针对上述情形，在被执行人无可供执行财产情形下，依法对本次执行程序终结执行的一种特殊形式。[①]

终结本次执行程序制度经历了从无到有，从规范性文件到司法解释的一个创设过程。1998年《最高人民法院关于人民法院执行工作若干问题的规定（试行）》第108条[②]规定了四种执行结案方式，但没有明确无财产可供执行案件的结案方式。根据执行实践的需要，一些法院对这类案件一般以中止执行的方式报结。而中止执行的结案方式存在诸多缺陷，部分地方法院遂开始探索以“发放债权凭证”“终结本次执行程序”等方式处理这类案件。[③] 2009年，为了集中清理执行积案，中央政法委、最高人民法院联合发布《关于规范集中清理执行积案结案标准的通知》规定了无财产可供执行的案件，执行程序在一定期间无法继续进行的七种情形，经合议庭评议，可裁定终结本次执行程序后结案，这是首次以规范性文件的形式确立了终结本次执行程序。此后，经过较长时间的实践积累，特别是随着人民法院执行手段日趋多样化、现代化，被执行人隐匿财产变得越发困难，社会各界对于确无财产可供执行案件的退出机制逐步达成了共识。2015年，最高人民法院出台的《最高人民法院关于执行案件立案、结案若干问题的意见》第十四条，将终结本次执行程序列为除执行财产保全裁定、恢复执行案件外的其他执行实施类案件的六种结案方式之一，第十六条对终结本次执行程序具体情形作了比较详细的规定。同年2月4日施行的《最高人民法院关于适用〈中华人民共和国民事诉讼法〉的解释》首次以司法解释的形式确立了终结本次执行程序，该解释第五百一十九条[④]规定：“经过财产调查未发现可供执行的财产，在申请执行人签字确认或者执行法院组成合议庭审查核实并经院长批准后，可以裁定终结本次执行程

---

① 参见刘贵祥、朱燕等：《〈最高人民法院关于严格规范终结本次执行程序的规定（试行）〉理解与适用》，载《人民司法·应用》2017年第16期。

② 经2020年12月23日法释〔2020〕21号修正，现为第64条，即“执行结案的方式为：(1) 执行完毕；(2) 终结本次执行程序；(3) 终结执行；(4) 销案；(5) 不予执行；(6) 驳回申请。”下同。——编者注

③ 参见百晓锋：《程序变革视角下的终结本次执行程序制度——以〈民诉法解释〉第519条为中心》，载《华东政法大学学报》2015年第6期。

④ 经2022年4月1日法释〔2022〕11号修正，现为第五百一十七条，内容未作修改。——编者注

序。依照前款规定终结执行后，申请执行人发现被执行人有可供执行财产的，可以再次申请执行。再次申请不受申请执行时效期间的限制。”至此，终结本次执行程序成为执行案件的一种法定结案方式。2016年，为了进一步规范终结本次执行制度，最高人民法院出台了《终结本次执行程序规定》，对终结本次执行程序进行了更加系统、详尽的规定，明确规定了终结本次执行程序的实质标准和程序标准。该规定第一条规定：“人民法院终结本次执行程序，应当同时符合下列条件：（一）已向被执行人发出执行通知、责令被执行人报告财产；（二）已向被执行人发出限制消费令，并将符合条件的被执行人纳入失信被执行人名单；（三）已穷尽财产调查措施，未发现被执行人有可供执行的财产或者发现的财产不能处置；（四）自执行案件立案之日起已超过三个月；（五）被执行人下落不明的，已依法予以查找；被执行人或者其他人妨害执行的，已依法采取罚款、拘留等强制措施，构成犯罪的，已依法启动刑事责任追究程序。”终结本次执行程序是人民法院为适应社会、经济发展而采取的有益探索，它将我国的执行程序变成了可以“多次启动、多次结案”，相较传统的“一次启动、一次结案”执行程序模式，更加灵活、开放，可以有效化解实践中一些无财产可供执行案件带来的不利影响。

终结本次执行制度是我国所独创的一种制度，这主要是源于我国的执行程序和其他一些国家的执行程序有较大的区别。国外一些国家的执行终结包括执行程序整体结束和具体执行程序的结束。执行程序整体结束与我国对执行终结的理解基本相同，是指针对一个执行依据的所有执行程序全部实施完毕。具体执行程序结束是指针对特定财产的执行程序实施完毕，如果对特定财产执行完毕仍没有全部实现债权的话，债权人还可以重新申请同一种类或不同种类的执行方法，此时执行机关重新实施的执行行为属于新的具体执行程序。之所以有此差异，是因为这些国家的执行程序是以执行标的为单元的分散型的程序构造，每种不同的执行标的，对应一套独立的、完整的执行程序，是为“子程序”。这些“子程序”的集合，构成了我国所理解的执行程序。[①] 以英国为例，英国的强制执行法规定，申请

---

① 参见百晓锋：《程序变革视角下的终结本次执行程序制度——以〈民诉法解释〉第519条为中心》，载《华东政法大学学报》2015年第6期。

人可以自己决定选择哪种执行方法。判决之后的执行方法，交由申请人自己决定。金钱给付的执行方法有以下几种：（1）债权人向法院申请签发令状，以促使执行人员变价出售被执行人被扣押的动产；（2）向法院申请“押记令”，强制抵押债务人的房屋，以确保优先受偿权；（3）向第三方执行，被执行人的银行存款对第三人的到期债权；（4）执行债务人的收入。对于这四种方法，每种方法都设有不同的相应法定程序。申请执行时，债权人必须明确其选择的执行方法，并可以同时或先后使用不同的执行方法，每种方法都是一个具体的执行程序。在德国、日本、韩国等大陆法系国家，虽然不存在英国那样细分的执行方法，但也有针对不同执行标的的执行种类划分。以德国为例，德国对金钱债权的执行分为对有体物的执行、对债权和其他财产性权利的执行、对不动产的执行三个大类。这三个大类都是相对独立的程序系统，由不同的执行机关负责。其中，对有体物的强制执行由执行员负责，对不动产、债权和其他权利的执行由执行法院负责。这三类强制执行程序的启动，都需要债权人向有管辖权的执行机关提出申请。①

通过将我国执行终结和终结本次执行的相关规定与域外国家执行终结制度的对比可以看出，执行终结和终结本次执行程序，二者之间的关系类似执行程序整体结束和具体执行程序结束之间的关系，一个是指针对执行依据的全部执行程序的结束，一个是在整体执行程序中对于确无可供执行财产且符合法定条件的具体执行阶段的结束。终结本次执行程序与执行终结的区别还在于，一是二者的适用条件不同，终结本次执行程序主要适用于被执行人确无财产可供执行，且符合《最高人民法院关于适用〈中华人民共和国民事诉讼法〉的解释》第五百一十七条及《终结本次执行程序规定》第一条规定的终结条件。执行终结则应符合民事诉讼法第二百六十四条规定的条件，且执行终结的条件明显要比终结本次执行的条件严格。二是根据《终结本次执行程序规定》第八条、第九条的规定，终结本次执行程序后，被执行人应当继续履行生效法律文书确定的义务；申请执行人发现被执行人有可供执行财产的，可以向执行法院申请恢复执行，终结本次

① 参见百晓锋：《程序变革视角下的终结本次执行程序制度——以〈民诉法解释〉第519条为中心》，来源法信。

执行程序的五年内执行法院应当每六个月通过网络执行查控系统查询一次被执行人的财产，符合恢复执行条件的，执行法院应当及时恢复执行。而执行终结意味着执行程序彻底结束，除法律、司法解释明确规定的例外情况外，不能再恢复执行，人民法院也不再以司法强制力保障债权人的债权。综上所述，终结本次执行程序后执行案件仍处在广义上的“执行程序”中，案件终结本次执行程序后，只是执行案件的结案，不是彻底的执行终结。

【意见建议】

《民事行政赔偿解释》第十九条第一款规定：“公民、法人或者其他组织依据国家赔偿法第三十八条规定申请赔偿的，应当在民事、行政诉讼程序或者执行程序终结后提出，但下列情形除外：（一）人民法院已依法撤销对妨害诉讼的强制措施的；（二）人民法院采取对妨害诉讼的强制措施，造成公民身体伤害或者死亡的；（三）经诉讼程序依法确认不属于被保全人或者被执行人的财产，且无法在相关诉讼程序或者执行程序中予以补救的；（四）人民法院生效法律文书已确认相关行为违法，且无法在相关诉讼程序或者执行程序中予以补救的；（五）赔偿请求人有证据证明其请求与民事、行政诉讼程序或者执行程序无关的；（六）其他情形。该规定与《赔偿法解释（一）》第八条均规定司法赔偿的提出应在执行程序终结后，此为一般原则。

上述司法解释如此规定，主要有以下几种考虑：一是通常而言在执行程序终结后，才能对执行程序中存在的各种违法、过错行为以及行为与损害结果之间的因果关系进行终局性审查；二是从损害结果的角度看，一般执行程序终结，损害结果才能确定；三是执行程序中的司法赔偿作为一种由“全体纳税人买单”的“最后的救济手段”，当事人一般应在穷尽其他救济手段后才能寻求国家赔偿。而民事诉讼法及相关司法解释规定了当事人、利害关系人、案外人可以在执行程序中通过提出执行异议、复议、案外人异议之诉及执行申诉监督等手段纠正错误的执行行为，挽回、弥补所受的损失。因此，上述司法解释规定的执行终结是指实质意义上的执行终结，而不是仅指依据民事诉讼法第二百六十四条的规定作出执行终结裁定。

如前所述，终结本次执行不是民事诉讼法第二百六十四条规定的终结执行，而是对于确无可供执行财产且符合法定条件的执行案件的具体阶段的终结。但是，一方面根据《终结本次执行程序规定》第一条的规定："人民法院终结本次执行程序，应当同时符合下列条件：（一）已向被执行人发出执行通知、责令被执行人报告财产；（二）已向被执行人发出限制消费令，并将符合条件的被执行人纳入失信被执行人名单；（三）已穷尽财产调查措施，未发现被执行人有可供执行的财产或者发现的财产不能处置；（四）自执行案件立案之日起已超过三个月；（五）被执行人下落不明的，已依法予以查找；（六）被执行人或者其他人妨害执行的，已依法采取罚款、拘留等强制措施，构成犯罪的，已依法启动刑事责任追究程序。"同时根据该规定第三条，终结本次执行程序需要穷尽传统财产调查方式、网络执行查控方式、搜查、审计调查、公告悬赏等财产调查措施。从上述规定不难看出，一方面，终结本次执行程序的条件是非常严格的。一个案件想要终结本次执行程序，就必须采取以下三个方面措施，即穷尽强制执行措施、穷尽财产调查措施和穷尽执行制裁措施。[①] 另一方面，终结本次执行程序是具体执行阶段的终结，在这一执行阶段中采取的一些执行实施行为已经结束，这意味着如果存在违法及过错行为以及其与损害结果之间的因果关系也能够基本确定。因此，终结本次执行程序虽然不是整体执行程序的终结，但因其严格的终结条件及具有执行阶段结束的作用，使得一部分终结本次执行案件实质上属于执行程序终结。在审判实践中也确实存在此类情形，例如，最高人民法院公布的其提审的首例错误执行赔偿案：丹东益阳投资有限公司申请辽宁省丹东市中级人民法院错误执行赔偿案，即属于人民法院虽然裁定终结本次执行程序，但实质上案件已经无法再继续执行的情形。

那么，既然实践中存在执行程序已实质性终结的终结本次执行案件，司法赔偿应如何与终结本次执行衔接呢？笔者认为，司法赔偿与终结本次执行的衔接有两层内涵，其一是司法赔偿与终结本次执行在程序上的衔接，即赔偿申请人在终结本次执行后申请国家赔偿的立案受理；其二是司

---

① 参见刘贵祥、朱燕等：《〈最高人民法院关于严格规范终结本次执行程序的规定（试行）〉理解与适用》，载《人民司法·应用》2017 年第 16 期。

法赔偿案件实体审理与终结本次执行的衔接。

1. 司法赔偿与终结本次执行在程序上的衔接。根据诉权的一般原理，诉权是指当事人为维护自己合法权益，要求人民法院对争议进行裁判的权利，其实质是启动司法程序以解决纠纷，是法治国家中公民所享有的寻求司法裁判的一项基本权利。国家赔偿作为救济公民、法人、其他组织因公权力侵害所致合法权益遭受损害的一项人权保障法律制度，更应当切实保护赔偿请求人就司法机关侵犯其合法权益寻求司法裁判的基本权利，对于符合立案规定中立案审查条件的国家赔偿案件，人民法院应当应收尽收。一方面，《最高人民法院关于国家赔偿案件立案工作的规定》第四条至第八条有关立案审查条件的规定中并未将执行终结后提起国家赔偿列为立案审查的条件。另一方面，终结本次执行标志着一个具体执行阶段的终结，在这一执行阶段中采取的一些执行实施行为已经结束，对于执行实施行为是否违法、损害结果是否已经发生、是否已经穷尽其他救济途径等在立案审查阶段难以进行判断。因此，赔偿请求人在终结本次执行程序后申请国家赔偿的，人民法院应当立案受理。此外，有观点认为，如果把终结本次执行程序后申请国家赔偿的情形全部纳入国家赔偿程序审查，之后又不赔偿，不仅会将矛盾引向国家赔偿领域，也会造成当事人诉累。笔者认为，如果站在人民法院的角度考虑，确实会出现这种担忧，但无论是执行部门还是国家赔偿部门都是人民法院的组成部分，矛盾最终都要由人民法院化解，而且从保护权利的角度考虑，更不应本末倒置以胜诉权来判断诉权，否则有剥夺当事人诉权之嫌。

2. 司法赔偿案件实体审理与终结本次执行的衔接。如前所述，在判断执行程序是否终结时不能仅以未依据民事诉讼法第二百六十四条作出终结执行裁定，简单地以形式标准判定执行程序尚未终结，而应从实质上理解执行程序终结。有观点认为，可以以终结本次执行程序后经过一定的时间，如二年或五年，执行程序仍没有恢复，则可以认定执行程序已经实质性终结。对此，笔者认为，实践中个案的区别往往较大，单纯以终结本次执行加时间标准难以判断执行程序是否已经实质性终结，也难以制定一个统一的时间标准。判断终结本次执行程序是否实质意义上的执行程序终结，应综合实际损害结果是否已经发生以及是否已无法通过其他救济途径获得补救进行判断。具体而言：

第一，根据民事诉讼法及相关司法解释的规定，在执行程序中，当事人、利害关系人、案外人可以通过执行异议、执行复议以及执行监督等程序纠正错误的执行行为，挽回损失。其中，执行监督不同于执行异议、复议程序，执行监督是人民法院依职权启动的程序，而非依当事人申请，是否启动、何时启动并不受当事人控制。因此，如果赔偿请求人已经就申请国家赔偿涉及的执行实施行为在执行程序中提出过执行异议、复议，则可以认为其已穷尽了执行救济手段。此种情况下，如果申请国家赔偿时，终结本次执行程序后已经经过一段合理时间仍没有恢复执行的，可以认定执行程序已经实质性终结。至于合理时间的长短以及是否有再恢复执行的可能，只能由法官根据个案的实际情况进行判断。实践中，还存在申请赔偿时执行部门已经启动执行监督程序的情况，对此要具体情况具体分析。如果执行监督程序已经撤销了原错误执行裁定，有较大的可能通过执行程序弥补赔偿请求人损失的，此时可以督促启动执行监督程序的法院加大执行力度或者中止赔偿案件审理，等待一段合理时间后再作出决定；反之，对于虽然已进入执行监督程序的，但在合理时间内仍没有纠正原执行裁定，也没有弥补当事人损失的，则可以直接就执行实施行为是否违法进行审理并依法作出决定。

第二，根据《最高人民法院关于人民法院办理执行异议和复议案件若干问题的规定》第六条第一款的规定："当事人、利害关系人依照民事诉讼法第二百二十五条①规定提出异议的，应当在执行程序终结之前提出，但对终结执行措施提出异议的除外。"该规定中的执行终结是指执行完毕、终结执行、销案，不包括终结本次执行程序。② 根据该规定，当事人、利害关系人、案外人在终结本次执行程序后仍能够就某些执行行为提出执行异议、复议。如果赔偿请求人没有就申请国家赔偿涉及的执行实施行为在执行程序中提出过执行异议、复议，且经审查认为虽然已经终结本次执行程序，但其提出的国家赔偿请求仍可能通过执行异议、复议程序予以救济的，则可以通过程序驳回其申请，并告知其应当首先通过执行异议、复议程序寻求权利救济。例如，根据《终结本次执行程序规定》第七条的规

---

① 现为2021年修正民事诉讼法第二百三十二条，下同。——编者注

② 最高人民法院执行局编著：《最高人民法院执行司法解释条文适用编注》，人民法院出版社2019年版，第357页。

定："当事人、利害关系人认为终结本次执行程序违反法律规定的，可以提出执行异议。人民法院应当依照民事诉讼法第二百二十五条的规定进行审查。"如果赔偿请求人在终结本次执行后以人民法院故意拖延执行或者不执行为由申请国家赔偿，但未就终结本次执行提出过执行异议的，可以告知其应首先向执行部门就终结本次执行程序违法提出执行异议。

（撰稿人：最高人民法院　王京）

非刑事司法赔偿与民事诉讼保全、执行程序救济途径的区分与联系

【核心观点】

国家赔偿法第三十八条为权利人申请非刑事司法赔偿提供了法律依据。根据该条规定，人民法院在民事诉讼、行政诉讼过程中，违法采取对妨害诉讼的强制措施、保全措施或者对判决、裁定及其他生效法律文书执行错误造成损害的，权利人有权要求赔偿。民事诉讼法以及相关司法解释规定了民事诉讼中因保全、强制执行影响权利人权利行使或者侵害权利人合法权益的救济途径。司法实践中，如何正确区分非刑事司法赔偿程序与民事诉讼保全、执行程序中法律规定的权利救济途径，保障权利人的合法权利，值得我们深入研究和探讨。

【问题及相关背景】

国家赔偿法第二条第一款规定："国家机关和国家机关工作人员行使职权，有本法规定的侵犯公民、法人和其他组织合法权益的情形，造成损害的，受害人有依照本法取得国家赔偿的权利。"根据该条规定，国家赔偿案件实行法定赔偿原则，即仅在符合国家赔偿法以及相关司法解释规定的情形内，权利人方得申请国家赔偿。另外，相较于其他救济途径，国家赔偿法为权利人提供的权利救济更具有滞后性和终局性。因此，民事诉讼中，因保全、强制执行导致权利人的权利受到妨碍或者侵害的，权利人应当首先在民事诉讼法以及相关司法解释中寻找权利救济途径。只有在民事诉讼法以及相关司法解释没有为权利人提供救济途径且其申请符合国家赔偿法以及相关司法解释规定的国家赔偿案件受理条件时，权利人才可以依法提出国家赔偿请求。

具体实践中，民事诉讼法及其司法解释针对保全、强制执行领域不同情形规定了权利人可以寻求权利救济的途径，主要包括以下几种：(1) 针对申请人提出的保全错误给其造成的损失，可以提起民事损害赔偿诉讼；(2) 针对执行程序中执行行为违反法律规定的，可以提出执行异议，对执行法院作出的异议裁定不服的，权利人可以向上一级人民法院申请复议；执行过程中，案外人如果对执行标的提出异议，可以在执行程序终结前向执行法院提出针对执行标的的异议，如果对执行法院驳回其异议的裁定不服的，申请人或者案外人还可以按照法律规定提起申请人执行异议之诉、案外人执行异议之诉；另外，《最高人民法院关于适用〈中华人民共和国民事诉讼法〉的解释》（以下简称《民诉法解释》）第五百零九条还规定了执行程序中债权人、被执行人的执行分配异议之诉制度。司法实践中，正确理解与适用上述法律制度，能够科学厘清非刑事司法赔偿案件与其他有关诉讼制度的界限，能够很好地保护权利人的合法权益。需要说明的有以下两点：第一，民事诉讼法第二百三十四条规定的案外人执行异议之诉，与该条同时规定的案外人申请再审制度以及民事诉讼法第五十九条规定的第三人撤销之诉三种不同诉讼制度之间的关系。该三种诉讼制度在审判实践中经常发生混淆，如何合理界定各自的适用范围需要结合相关的法律条文，综合案件具体情况来判断。因该问题与本文的主旨联系不大，本文不再展开论述。第二，非刑事司法赔偿与执行监督的区分与联系。笔者认为，从现有的法律规定以及司法实践看，二者很难做到泾渭分明。但我们应该承认的是，这两种诉讼制度各有其固有的诉讼价值和功能，具体案件中，任何一种诉讼制度的裁判结论也不能对另一种诉讼制度产生拘束力。该问题涉及国家赔偿审判与执行工作的协调与配合，如何厘清二者关系，需要在理论上做更深层次地研究与论证，亦非本文能够解决的问题。本文仅就上面所提的几种具体诉讼制度与国家赔偿救济之间的区分与联系进行阐述。

【理论探讨】

一、因申请保全错误产生的损害赔偿的权利救济问题

民事诉讼法第一百零八条规定，申请有错误的，申请人应当赔偿被申

请人因保全所遭受的损失。《民诉法解释》关于保全问题专门作出具体规定，最高人民法院针对财产保全问题也先后作出一系列司法解释，比较重要的有《最高人民法院关于人民法院办理财产保全案件若干问题的规定》（以下简称《保全规定》）、《最高人民法院关于当事人申请财产保全错误造成案外人损失应否承担赔偿责任问题的解释》、《最高人民法院关于诉前财产保全几个问题的批复》。同样，国家赔偿法第三十八条也规定了违法采取保全措施造成损害的，权利人可以依法申请国家赔偿。《最高人民法院关于审理民事、行政诉讼中司法赔偿案件适用法律若干问题的解释》（以下简称《民事行政赔偿解释》）第三条专门就违法保全作出规定。司法实践中，因申请人保全错误应当承担损害赔偿责任的情形，主要包括保全对象错误、超范围保全或者保全措施不当以及符合法定情形的未及时解除保全给被申请人或者案外人财产造成损失等情形。

（一）保全对象错误

民事诉讼中，人民法院一般应根据申请人提交的保全申请进行保全。保全申请应当明确被申请人的身份、请求保全所依据的事实和理由。人民法院应当核对申请人提交的申请并依据申请裁定采取相应的保全措施。如果因为申请人提交的保全申请对于被申请人的信息错误导致人民法院采取保全措施造成对象错误的，其责任在于申请人，申请人应当对此承担损害赔偿责任。如果申请人提交的申请对于被申请人的记载没有错误，人民法院核对被申请人信息时出现错误导致保全了他人的财产，此时申请人没有错误，人民法院应对自己的司法行为承担国家赔偿责任。司法实践中，保全对象错误多发生在诉前保全中，申请人对于将要起诉的对象认识错误，导致不当地保全了他人财产。一般来说，人民法院对于此类错误的认定应当适当把握，如果申请人与被申请人在法律上具有一定的联系，并且申请人在保全后的法定期间内提起了诉讼，只要申请人不是出于恶意采取诉前保全措施的，一般不宜认定构成保全对象错误。

（二）超范围保全或者不当保全

民事诉讼法第一百零五条规定，保全限于请求的范围，或者与本案有关的财物。财产保全应当坚持执行比例原则。《保全规定》第十五条规定：

“人民法院应当依据财产保全裁定采取相应的查封、扣押、冻结措施。可供保全的土地、房屋等不动产的整体价值明显高于保全裁定载明金额的，人民法院应当对该不动产的相应价值部分采取查封、扣押、冻结措施，但该不动产在使用上不可分或者分割会严重减损其价值的除外。对银行账户内资金采取冻结措施的，人民法院应当明确具体的冻结数额。”实践中，如果执行人员的具体保全行为超出了保全裁定限度，给被申请人造成损失的，则属于国家赔偿法规定的保全违法的情形，有关法院应当对此承担国家赔偿责任。另外，还需要探讨的是，如果保全裁定超出请求范围或者保全了与本案无关的财物，应该如何处理。对于民事诉讼法第一百零五条所规定的“请求的范围”的理解，笔者认为，在诉讼保全情形下，请求保全的范围应当以诉讼请求范围为限。申请人的申请如果超出诉讼请求范围或者申请对与本案无关的财物进行保全，由此造成被申请人损失的，应由申请人承担责任，被申请人可以就此提起民事损害赔偿诉讼；诉前保全情形下，只要申请人申请保全范围不超过其后提起诉讼的请求范围，就不能认定属于超范围保全。人民法院保全裁定确定的范围，应当与申请人申请保全的范围相一致，否则超出申请范围或者未达到申请范围，由此给被申请人或者申请人造成损失的，均可能引起国家赔偿问题。

《保全规定》第十三条规定：“被保全人有多项财产可供保全的，在能够实现保全目的的情况下，人民法院应当选择对其生产经营影响较小的财产进行保全。人民法院对厂房、机械设备等生产经营性财产进行保全时，指定被保全人保管的，应当允许其继续使用。”根据该条规定，财产保全应当坚持适当原则。财产保全的目的在于保证将来确定的债权能够得到实现，但采取财产保全措施时也应当注意保护被保全人的权益。如果被保全人有多项财产可供保全的，人民法院应当在能够实现保全目的的情况下，选择对被保全人影响较小的财产进行保全。实践中对此条的理解与把握，应当区分不同的情况。如果保全的财物就是与本案有关的财物，比如，申请人起诉请求的就是返还某一具体的机械设备，那么即使保全该机械设备对被保全人的生产经营会产生影响，人民法院根据保全人的申请，也应当对该机械设备采取保全措施。但是，在金钱债权请求中，如果被保全人有多项财产可供保全的，人民法院在采取具体保全措施时，应当坚持适当原则，选择对被保全人生产经营影响较小的财产进行保全。如果因为保全不当给被保全人造成损失的，属于申请保全人的原因，被保全人可以通过提起民事损害赔偿诉讼寻求救济；如果属于保全法院的原因，被保全人可以通过申请国家赔偿寻求救济。

根据《民事行政赔偿解释》第三条第六项至第九项规定，下列情形中，人民法院因违法保全造成损失的，权利人可以申请国家赔偿：（1）对查封、扣押、冻结的财产不履行监管职责，造成被保全财产毁损、灭失的；（2）对季节性商品或者鲜活、易腐烂变质以及其他不宜长期保存的物品采取保全措施，未及时处理或者违法处理，造成物品毁损或者严重贬值的；（3）对不动产或者船舶、航空器和机动车等特定动产采取保全措施，未依法通知有关登记机构不予办理该保全财产的变更登记，造成该保全财产所有权被转移的；（4）违法采取行为保全措施的。上述情形中，申请人或者被保全人并无过错，造成财产损失的主要原因在于保全法院违反法律规定或者自身的职责要求，未及时采取必要的执行措施，因此《民事行政赔偿解释》规定出现上述情形的，保全法院的行为构成了违法保全，应对此承担国家赔偿责任。

进一步探讨，是不是人民法院保全的范围只要超出申请范围或者不当保全就当然引起国家赔偿？笔者认为，还应对此作合目的性解释，不宜一刀切式地作出认定。当事人申请财产保全，其法律上的目的在于确保将来生效裁判能够得到顺利执行。人民法院进行的财产保全行为一般只要符合这个法律上的目的，就不宜轻易认定构成国家赔偿。比如，保全的财产是房地产项目中的若干套在售商品房，法院在采取保全措施时无法提前对拟查封的商品房市场价进行评估鉴定，往往结合周边楼市价格作一个大致的预估来确定保全的具体范围。司法实践中，法院采取保全措施以后申请人与被申请人经常就被保全财产价值或者保全范围产生分歧或争执，保全法院要在充分听取各方合理意见基础上最终确定保全财产的范围。即便如此，各方当事人也均有可能对保全法院的行为存有异议，并提出了保全错误的国家赔偿请求。法院在审理此类案件中，要综合全案事实作合目的性的审查，合理确定是否构成国家赔偿。不当保全也是一样，在国家赔偿审判中要注重适当原则与合目的性审查，如果没有明显的违反具体的法律规定并给当事人造成损失的，要慎重认定国家赔偿责任。

（三）未及时解除保全

《民诉法解释》第一百六十五条、第一百六十六条以及《保全规定》第二十三条分别规定了在符合法定情形时，应当及时解除保全。关于解除保全的主体，《民诉法解释》第一百六十五条规定："人民法院裁定采取保全措施后，除作出保全裁定的人民法院自行解除或者其上级人民法院决定解除外，在保全期限内，任何单位不得解除保全措施。关于解除保全的情形，《民诉法解释》第一百六十六条第一款规定了人民法院应当主动解除保全措施的四种情形。《保全规定》第二十三条第一款规定了申请人应当及时申请解除的六种情形。除此之外，还包括其他解除保全的法定情形：(1) 民事诉讼法第一百零四条第三款还规定，申请人在人民法院采取保全措施后三十日内不依法提起诉讼或者申请仲裁，人民法院应当解除保全。(2) 民事诉讼法第一百零七条、《保全规定》第二十二条规定，财产纠纷案件，被申请人或者第三人提供充分有效担保请求解除保全，人民法院应当裁定准许。被保全人请求对作为争议标的的财产解除保全的，须经申请保全人同意。(3) 依据《民诉法解释》第一百六十三条规定，法律文书生效后，进入执行程序前财产保全的，债权人在法律文书指定的履行期限届满后五日内不申请执行的，人民法院应当解除保全。综合分析上述解除保全的规定，有的明确解除保全的决定权在人民法院，有的规定申请人应当申请解除保全。《保全规定》第二十三条第四款还规定，被申请人申请解除保全，人民法院经审查认为符合法律规定的，应当在该条第二款规定的五日内裁定解除保全。关于因未及时解除保全给被保全人造成损失的责任承担以及救济途径问题，笔者认为，应当根据法律和司法解释规定，分析该情形下应由人民法院依职权主动解除还是应根据申请人的申请再行解除来进行区分。如果法律明确规定人民法院应当依职权主动解除，而该人民法院未及时解除给被保全人造成损失的，被保全人可以申请国家赔偿寻求救济；如果法律规定申请人在法定情形下应及时申请解除，但申请人未及时申请解除给被保全人造成损失的，被保全人应当通过提起民事损害赔偿诉讼寻求救济。另外，根据《民事行政赔偿解释》第三条第二项规定，依法不应当解除保全措施而解除，因此造成申请人损失的，申请人可以请求保全法院承担国家赔偿责任。

二、针对执行行为提出异议和复议的权利救济

民事诉讼法第二百三十二条规定："当事人、利害关系人认为执行行为违反法律规定的，可以向负责执行的人民法院提出书面异议。当事人、利害关系人提出书面异议的，人民法院应当自收到书面异议之日起十五日内审查，理由成立的，裁定撤销或者改正；理由不成立的，裁定驳回。当事人、利害关系人对裁定不服的，可以自裁定送达之日起十日内向上一级人民法院申请复议。"该条规定了权利人针对人民法院具体执行行为进行权利救济的途径，包括向执行法院申请异议以及对异议裁定不服的可向上一级人民法院申请复议。《民诉法解释》以及《最高人民法院关于人民法院办理执行异议和复议案件若干问题的规定》（以下简称《执行异议复议规定》）均对权利人根据民事诉讼法第二百三十二条提出执行异议和复议作出进一步的解释和规定。

（一）关于有权提出异议的主体

民事诉讼法第二百三十二条规定，当事人、利害关系人有权依据该条规定提出执行异议。当事人包括申请执行人与被执行人，根据《执行异议复议规定》第五条规定，当事人以外的自然人、法人和非法人组织，在符合法定情形时，均可作为利害关系人提出执行异议。

（二）关于提出异议的期间

《执行异议复议规定》第六条第一款规定："当事人、利害关系人依照民事诉讼法第二百二十五条[①]规定提出异议的，应当在执行程序终结前提出，但对终结执行措施提出异议的除外。"《最高人民法院关于对人民法院终结执行行为提出执行异议期限问题的批复》进一步规定"当事人、利害关系人依照民事诉讼法第二百二十五条规定对终结执行行为提出异议的，应当自收到终结执行法律文书之日起六十日内提出"。《最高人民法院关于严格规范终结本次执行程序的规定（试行）》第七条规定："当事人、利害关系人认为终结本次执行程序违反法律规定的，可以提出执行异议。人

① 现为2021年修正民事诉讼法第二百三十二条，下同。——编者注

民法院应当依照民事诉讼法第二百二十五条的规定进行审查。”根据该条规定，当事人、利害关系人针对终结本次执行程序提出异议的，不受上述六十日期限的限制。

（三）关于当事人可以提出异议的具体情形

《执行异议复议规定》第五条、第七条规定了当事人或者利害关系人可以提出执行异议的具体情形。另外，《最高人民法院关于执行和解若干问题的规定》第十二条、第十七条、第十九条，《最高人民法院关于人民法院确定财产处置参考价若干问题的规定》第二十二条，《最高人民法院关于公证债权文书执行若干问题的规定》第二十二条也针对执行程序中的不同情况作出了当事人、利害关系人提出执行异议的规定。笔者认为，执行程序中出现上述情况，当事人或者利害关系人均应通过提出执行异议和复议救济其自身的合法权益。权利人针对上述情形申请国家赔偿的，人民法院不宜受理，应同时告知权利人通过执行异议寻求救济。

（四）执行异议、复议与国家赔偿的区分与衔接

执行异议和复议被称为执行救济，有关执行救济和国家赔偿救济的衔接，是目前国家赔偿审判领域一个焦点问题，司法实践中经常产生争议。如何划清二者的界限并做好衔接，很多人采取一刀切的标准，试图在将来通过制定司法解释确定一个原则来加以明确规定。但笔者认为，如果能够这样当然最好，但执行工作的复杂性以及执行异议所涉范围的广泛性，试图确定一个指导原则来一劳永逸地解决问题的想法未必现实。

就现有的法律规范而言，《民事行政赔偿解释》第十九条第一款规定：“公民、法人或者其他组织依据国家赔偿法第三十八条规定申请赔偿的，应当在民事、行政诉讼程序或者执行程序终结后提出，但下列情形除外：（一）人民法院已依法撤销对妨害诉讼的强制措施的；（二）人民法院采取对妨害诉讼的强制措施，造成公民身体伤害或者死亡的；（三）经诉讼程序依法确认不属于被保全人或者被执行人的财产，且无法在相关诉讼程序或者执行程序中予以补救的；（四）人民法院生效法律文书已确认相关行为违法，且无法在相关诉讼程序或者执行程序中予以补救的；（五）赔偿请求人有证据证明其请求与民事、行政诉讼程序或者执行程序无关的；

（六）其他情形。”该条首先确定了一个一般原则，就是国家赔偿程序的启动“应当在民事、行政诉讼程序或者执行程序终结后”；同时该条规定了几种除外情形。笔者认为，该条规定的原则没有问题，执行程序终结以前，当事人在一般情况下是可以通过执行异议、复议寻求救济的，国家赔偿应适当保持谦抑，没有必要过早介入。但对于该条的理解和适用，第一个问题在于如何合理认定这里规定的“执行程序终结”？《最高人民法院关于执行案件立案、结案若干问题的意见》第十四条至第二十八条规定了执行工作中的各类执行案件的结案方式和标准，这里的各类执行案件包括：执行实施类案件、执行财产保全裁定案件、恢复执行案件、执行异议案件、执行复议案件、执行监督案件、执行请示案件以及执行协调案件。这里的“执行程序终结”是仅限于执行实施类案件，抑或是适当扩充包括执行异议、执行复议类案件，还是最大限度扩充包括所有的执行类案件？在司法实践中，很少有人意识到这个问题。这个问题没有解决，执行程序与国家赔偿程序二者的区分与衔接就不可能界定清楚。

第二个问题在于《民事行政赔偿解释》第十九条但书的规定，是否能够满足审判工作需要？区分国家赔偿与执行，现有的司法解释是以程序的终结为标准，从原则上讲固然没有问题。但作为“程序”的执行程序，往往涵盖太多的内容，既包括具体的执行实施行为，而且可能是多个相互独立的执行行为，还包括各种类型的执行审查行为（异议、复议、恢复与否的决定、监督、请示、协调），能否不加区分地得出结论，即各类具体执行行为没有终结均不得启动国家赔偿程序，或者说上述各类执行行为的终结均构成国家赔偿案件受理的前置条件？例如，执行程序中，因法院保管不善致使被执行人某一车辆灭失，符合《民事行政赔偿解释》第五条第八项规定的“不履行监管职责，造成财产毁损、灭失”的构成要件，是否还需要待整个执行程序终结以后，被执行人才能申请国家赔偿？《执行异议复议规定》第六条第二款规定：“案外人依照民事诉讼法第二百二十七条[①]规定提出异议的，应当在异议指向的执行标的执行终结之前提出；执行标的由当事人受让的，应当在执行程序终结前提出。”根据该条的规定，实践中如果案外人没有在异议指向的执行标的执行终结前提出，也就是超过

① 现为2021年修正民事诉讼法第二百三十四条。——编者注

法定期限提出异议的，人民法院对其后提出的执行异议将不予支持。那么，案外人下一步能否就此申请国家赔偿，如果可以申请，是否也需要待执行程序终结以后才能申请？

对于上述两个问题的思考，笔者认为是明确执行程序与国家赔偿程序区分与衔接时必须认真思考和解决的作为抛砖引玉之谈，供大家共同研究和解决。

三、案外人针对执行标的产生争议的权利救济

民事诉讼法第二百三十四条规定："执行过程中，案外人对执行标的提出书面异议的，人民法院应当自收到书面异议之日起十五日内审查，理由成立的，裁定中止对该标的的执行；理由不成立的，裁定驳回。案外人、当事人对裁定不服，认为原判决、裁定错误的，依照审判监督程序办理；与原判决、裁定无关的，可以自裁定送达之日起十五日内向人民法院提起诉讼。"该条是执行异议之诉的法律根据。《民诉法解释》用了专门一个部分规定执行异议之诉的相关程序性法律问题，《执行异议复议规定》则用了若干条文规定执行异议之诉的有关实体裁判规则，但审判实践中依然有大量新的法律适用问题不断出现，各地人民法院司法裁判的标准也不统一，执行异议之诉的有关法律适用问题仍有待进一步研究和探索。

执行程序中，案外人如果认为执行法院针对执行标的采取的执行措施侵害其合法权益的，应当按照法律规定通过提出执行异议或者提起执行异议之诉来寻求救济。此类救济途径既涉及程序性法律问题，也涉及实体性法律适用问题，与国家赔偿审判工作具有密切联系的是《民诉法解释》第三百一十三条、第三百一十四条的有关规定。《民诉法解释》第三百一十三条第一款规定，案外人执行异议之诉审理期间，人民法院不得对执行标的进行处分。申请执行人请求人民法院继续执行并提供相应担保的，人民法院可以准许。根据该条规定，案外人执行异议之诉的审理期间，人民法院不得对执行标的进行处分。但是，如果申请执行人请求人民法院继续执行并提供相应担保的，人民法院可以准许。司法实践中，如果执行法院违反该条规定，在案外人执行异议之诉审理期间违法处分执行标的，导致案外人在执行异议之诉取得生效的胜诉裁判但合法权益受到无法恢复的损害的，案外人可以据此向执行法院申请国家赔偿。另外，还需要注意的是，

《民诉法解释》第四百六十三条第二款规定："驳回案外人执行异议裁定送达案外人之日起十五日内，人民法院不得对执行标的进行处分。"司法实践中应结合上述两个条款来理解和把握，既不能在案外人起诉期限内处分执行标的，也不能在案外人执行异议之诉审理期间违反法律规定处分执行标的，否则均有可能引起国家赔偿。

《民诉法解释》第三百一十四条规定："人民法院对执行标的裁定中止执行后，申请执行人在法律规定的期间内未提起执行异议之诉的，人民法院应当自起诉期限届满之日起七日内解除对该执行标的采取的执行措施。"正确理解该条规定，一方面，要注意执行法院根据案外人的申请，裁定对执行标的中止执行后，不得立即解除对该执行标的已经采取的执行措施，以等待申请人决定是否在该裁定送达之日起十五日内提起执行异议之诉；另一方面，如果起诉期限届满，申请人确定不起诉的，执行法院应当在起诉期限届满之日起七日内解除对该执行标的采取的执行措施。也就是说，执行法院在起诉期限届满之前解除保全或者申请人确定不起诉后的起诉期限届满之日起超过七日未及时解除保全的，均属不当甚至构成违法执行，因此给申请人或者被申请人造成损失的，均可能引起国家赔偿。

四、有关执行分配异议的权利救济

《民诉法解释》第五百一十条规定了执行分配异议之诉制度。该条规定，债权人或者被执行人对分配方案提出书面异议的，执行法院应当通知未提出异议的债权人、被执行人。未提出异议的债权人、被执行人自收到通知之日起十五日内未提出反对意见的，执行法院依异议人的意见对分配方案审查修正后进行分配；提出反对意见的，应当通知异议人。异议人可以自收到通知之日起十五日内，以提出反对意见的债权人、被执行人为被告，向执行法院提起诉讼；异议人逾期未提起诉讼的，执行法院按照原分配方案进行分配。诉讼期间进行分配的，执行法院应当提存与争议债权数额相应的款项。除该条外，《民诉法解释》第五百零六条至第五百一十四条均是有关执行分配的法律规定。执行分配异议之诉是执行程序中除执行异议复议和执行异议之诉以外另一个法定的权利救济程序，主要解决在已经开始的执行程序中，因其他已经取得执行依据的债权人申请参与执行分配，在申请执行人、申请参与分配的债权人以及具有法定优先权、担保物权的债权人之间，就债务人现有的财产如何进行分配的一项法律制度。《民诉法解释》上述条款对于执行分配的程序性以及实体性法律适用问题均已作出比较全面和系统的规定，有关因执行分配产生的纠纷，当事人应当按照上述规定主张自己的合法权益。从国家赔偿审判工作的视角来审视执行分配制度，我们更应该注意相关条款所规定的执行法院的作为义务的履行，如及时制作分配方案并送达各债权人和被执行人，对于债权人或者被执行人就分配方案提出的异议，应当及时通知未提出异议的债权人和被执行人，执行法院应当按照合法成立的异议意见修正分配方案并进行分配，执行分配异议之诉诉讼期间进行分配的应当提存与争议债权数额相等的款项等。如果执行法院违反了上述规定因此给当事人造成损失的，应当依法承担国家赔偿责任。当事人以与上述规定无关的事由申请国家赔偿的，不属于国家赔偿案件的审理范围，人民法院对该申请不应予以受理，并告知有关当事人按照法律的相关规定主张自己的合法权益。

【意见建议】

非刑事司法赔偿与保全程序、执行程序中有关执行救济程序各自具有其独立制度价值，但二者在保护权利人合法权益，促进人民法院依法行使法定职权方面是一致的。如何能够最大限度发挥各自的制度功能，全面实现制度价值，需要国家赔偿审判工作和执行工作深入研究和探索，明确各自的职责任务，在具体工作中加强沟通协调，既注重制度的区别，又加强工作的联系，最大限度发挥职能作用，共同做好当事人权利保护和人民法院审判执行工作。

（撰稿人：最高人民法院　李延忱）

国家赔偿案件审理期限若干疑难问题探究

【核心观点】

根据我国法律规定，国家赔偿案件的审理期限为三个月，大大短于民事、行政一审案件六个月的审理期限。实体公正与诉讼效率具有辩证统一性，只有合理协调二者才能全面维护司法公正。国家赔偿案件的复杂性、特殊性，决定了三个月的审理期限过短，建议将审理期限改为六个月。

【问题及相关背景】

2010 年修正前的国家赔偿法实行确认前置程序，赔偿义务机关需要对自己的行为是否违法进行先行确认。根据《最高人民法院关于审理人民法院国家赔偿确认案件若干问题的规定（试行）》[①] 第十三条、第十四条规定，审理确认案件的审限为六个月，申诉案件的审限为三个月。需要延长期限的，报请本院院长批准后，可以延长三个月。根据《最高人民法院人民法院赔偿委员会审理赔偿案件程序的暂行规定》[②] 第二十条规定，赔偿案件应当在三个月内作出是否赔偿的决定，案情复杂的，经本院院长批准，可以延长一个月；仍需延长审限的，报请上级人民法院批准，最多不得超过三个月。从上述规定看，经确认程序后进入赔偿程序的案件，审限分别计算，加起来为九个月。

2010 年修正后的国家赔偿法取消了确认前置程序，采取“确赔合一”的审理模式。赔偿请求人可以直接向人民法院申请作出赔偿决定，人民法院一并对赔偿义务机关行为的合法性以及赔偿数额进行审理。根据 2010 年修正后国家赔偿法第二十八条的规定，人民法院赔偿委员会应当自收到赔

① 已被 2013 年 2 月 26 日法释〔2013〕7 号废止。——编者注

② 已被 2011 年 3 月 17 日法释〔2011〕6 号废止。——编者注

偿申请之日起三个月内作出决定；属于疑难、复杂、重大案件的，经本院院长批准，可以延长三个月。确认程序与赔偿程序合并后，审理期限反而从九个月缩短为三个月。国家赔偿案件，特别是非刑事司法赔偿案件，涉及民事、行政诉讼中的强制措施、保全措施以及执行措施，需要认定行为违法性，确定是否存在损害及其范围与程度，并非简单的算账理赔，较刑事赔偿案件更复杂、处理难度更大，审判实践中，审理期限过短既不利于案件事实的审查，也不利于实质争议的化解。因此，确有必要适当延长国家赔偿案件审理期限。

【理论探讨】

在法现象的诸种价值形态中，公正与效率一直被视为司法制度设计与运作的基本价值目标。司法公正表明人们对司法活动的正当性的追求，司法效率则表明人们对司法活动所产生的效益的追求。

公正与效率是当今世界普遍关注的问题，也是司法机关和司法人员必须面对并且必须处理好的问题。人民法院办理各类案件，都必须做到实体公正与诉讼效率的辩证统一，才能全面维护司法公正。公正与效率可以相互促进。如果诉讼过程和结果是公正的，就必然减少上诉、抗诉、申诉程序，也就降低了因重复诉讼而对司法资源的浪费和当事人的诉累。但是，没有效率也就没有公正。实体判决虽然正确，但由于长期拖延审理期限，造成了严重的不公正，甚至对一方当事人造成致命的损害。这种迟来的正义、不能实现的正义是司法不公的一个重要表现，其危害往往不亚于实体上办错案。因此，在保证案件质量的前提下，严格执行审理期限制度，努力提高办案效率，尽快实现当事人的合法权利，恢复正常社会秩序，是司法公正的必然要求。

在审理期限的长短这一问题上，有两种截然不同的观点。有的观点认为，我国的三大诉讼法设定了非常严格的审理期限，而且审理期限非常短，不论是审判期限，还是执行期限在世界上都是最短的，应该就此问题向全国人大提出立法建议。大陆法系国家虽有审判期限，但它比我国的审理期限要长得多。也有的观点认为，我国久拖不决的现象比较严重，审理期限应当缩短。笔者认为，我国审理期限不宜设置得太短，因为案件性质各有不同，应当给法官具体操作留下可行的自由裁量空间，这样才能实现实质公平。事实上，审理期限设置过短，将给法官带来极大的压力，甚至会产生一系列的负面效果，不利于公正的实现。

【意见建议】

一、延长国家赔偿案件审理期限

2010年建议国家赔偿法修正再次修改时，应当适当延长国家赔偿案件审理期限，主要原因如下。

（一）国家赔偿案件审理难度大

国家赔偿法取消确认程序，增设了人民法院赔偿委员会的终局确认权和检察机关对赔偿案件的监督权，增加了精神损害赔偿，对国家赔偿审判工作提出了更高的要求。取消确认程序，将大量过去因公安、检察、监狱管理机关等不予确认使赔偿请求不能进入法院赔偿委员会审理程序的案件，纳入赔偿委员会受理范围，人民法院赔偿委员会必须对相关司法行为是否侵权进行审查判断，并作出是否赔偿的决定。精神损害赔偿是2010年国家赔偿法修改的亮点之一，法律规定的原则性和公众对精神损害的过高预期使人民法院赔偿委员会如何确定精神损害赔偿数额成为社会关注的焦点。民事案件解决的是平等民事主体之间的权利义务关系，证据在当事人手中，一般遵循“谁主张，谁举证”的原则，人民法院履行居中裁判的职责便可。国家赔偿案件审理的是公安、检察、法院和监狱管理机关是否存在侵权行为、职权行为是否构成违法、是否应该赔偿以及如何赔偿的问题，法律关系复杂，受害人举证困难。由于涉及公权力的行使，一般都需要调取原办案机关的卷宗材料并进行调查取证，审理难度大、周期长。

（二）国家赔偿案件矛盾尖锐

国家赔偿案件中，赔偿请求人大都是社会弱势群体，认为其合法权益受到公权力机关的不当侵害，对抗不满情绪较为强烈。实践中，有相当数量的案件因时过境迁，事实已难以查清、损害责任难以划分，或者司法机关行使职权时确实存在瑕疵或不规范之处，虽然根据国家赔偿法的规定可不予赔偿，但赔偿请求人很难接受。由于赔偿案件的特殊性，对于这些案件，人民法院赔偿委员会不宜简单地根据法律规定一决了之。为了从根本上解决纠纷，维护赔偿请求人的权益，取得良好的政治效果、法律效果和社会效果，法院根据请求人在合理范围内的实际损失，还会通过司法救助或社会救助等其他方式予以补偿。国家赔偿案件矛盾的尖锐性，决定了部分案件需要花费大量时间和精力，需要赔偿义务机关、地方政府、政法委等相关部门配合，有时甚至需要多地往返做大量释法析理、说服动员工作，短时间内很难完成。

（三）应与民事、行政一审审理期限相一致

民事诉讼法第一百五十二条规定："人民法院适用普通程序审理的案件，应当在立案之日起六个月内审结。有特殊情况需要延长的，由本院院长批准，可以延长六个月；还需要延长的，报请上级人民法院批准。"2014年行政诉讼法修正时，对第一审案件审理期限有不同的声音。有的观点认为，审判效率应当服从审判质量，有的行政案件审理难度大，三个月内很难审结，建议延长普通案件的审理期限，与民事诉讼制度一致，将第一审案件的审理期限由三个月延长为六个月。还有的观点则认为，行政案件一般不复杂，实践中行政案件的审理不需要太长时间，对于增加的案件提高工作效率是可以审理完成的，而且还有延长审限的规定，可以满足实践需要。加之延长审理时限不利于行政法律关系的尽早稳定，使当事人的诉讼负担加重，因此建议维持原有规定。经过研究，立法机关在修法中将行政诉讼一审案件的审理期限由三个月改为六个月。主要理由是：我国行政诉讼法关于第一审行政案件审理期限的规定，不仅大大短于民事诉讼第一审案件的审理期限，也大大短于国外行政案件的审理期限。随着行政案件的复杂性和专业性日益凸显，很多案件难以在规定的期限内审结，但按期结案是一项重要的绩效考核指标，不可避免导致法官在办案压力下仓促下判，不利于审判质量的保障。行政诉讼一审案件审理期限三个月延长为六个月，给国家赔偿法相应修改审理期限提供了借鉴。

二、明确不计入国家赔偿审理期限的事由

我国国家赔偿法及相关司法解释，并没有关于不计入国家赔偿审理期限的事由的相关规定。但是，《最高人民法院关于适用〈中华人民共和国

民事诉讼法〉的解释》《最高人民法院关于适用〈中华人民共和国行政诉讼法〉的解释》以及《最高人民法院关于严格执行案件审理期限制度的若干规定》，均有关于刑事诉讼、行政诉讼以及民事诉讼中不计入审理期限事由的规定。国家赔偿也是一种审判活动，应该参照其他司法解释的规定，特殊情况经过的期间可以不计入审理期限。具体事由如下。

（一）公告

案件审理中需要公告的，自公告发布之日起至公告期满之日止的期间不计入审理期限。

（二）鉴定、评估

自有关专业机构接受人民法院委托之日起至人民法院收到专业机构出具意见之日止的期间不计入审理、执行期限。实践中确实存在需要对执行标的、侵权行为损害后果和损失范围等进行鉴定、评估的情形，例如，对于在保全执行、终局执行中查封房屋、厂房、机器设备和其他财产的价值，各方存在不同意见，决定进行评估的；对于违法执行、错误执行造成损害后果和损失范围，各方存在不同意见，决定进行鉴定的，等等。对相关财产的损害后果和损失范围进行评估、鉴定，不但有利于查清事实，也有利于作为赔偿义务机关的人民法院与赔偿请求人协商协调处理纠纷，将此类情形不计入审理期限，在司法实践中有客观需要。

（三）中止审理

案件中止审理的，自人民法院赔偿委员会作出中止裁定之日起至恢复之日止的期间不计入审理期限。《最高人民法院关于人民法院赔偿委员会审理国家赔偿案件程序的规定》第十七条第一款规定："有下列情形之一的，赔偿委员会应当决定中止审理：（一）赔偿请求人死亡，需要等待其继承人和其他有扶养关系的亲属表明是否参加赔偿案件处理的；（二）赔偿请求人丧失行为能力，尚未确定法定代理人的；（三）作为赔偿请求人的法人或者其他组织终止，尚未确定权利义务承受人的；（四）赔偿请求人因不可抗拒的事由，在法定审限内不能参加赔偿案件处理的；（五）宣告无罪的案件，人民法院决定再审或者人民检察院按照审判监督程序提出抗诉的；（六）应当中止审理的其他情形。”

（四）调解

2010年修正前的国家赔偿法没有关于协商或调解的规定，但根据行政诉讼法第六十条的规定，行政赔偿诉讼可以适用调解。实践中，刑事赔偿程序中的赔偿请求人与赔偿义务机关通过协商解决赔偿争议，或是在赔偿委员会组织下，通过协商、调解解决赔偿争议的情况并不少见。实践证明，通过协商、调解解决赔偿争议，一方面，可以提高办案效率，使赔偿请求人的损失尽早得到弥补和恢复；另一方面，为赔偿请求人和赔偿义务机关提供了一个平等对话、友好商谈的机会，有助于消除对立情绪，缓解矛盾。2010年国家赔偿法修改中，立法机关采纳了各界建议，增加了关于赔偿义务机关可以与赔偿请求人进行协商的规定。司法解释根据立法精神，在总结实践经验的基础上，《最高人民法院关于人民法院赔偿委员会审理国家赔偿案件程序的规定》第九条规定：“赔偿委员会审理赔偿案件，可以组织赔偿义务机关与赔偿请求人就赔偿方式、赔偿项目和赔偿数额依照国家赔偿法第四章的规定进行协商。”应当注意以下两点：第一，协商的范围仅限于赔偿方式、赔偿项目和赔偿数额，赔偿范围不在可协商之列。第二，国家赔偿法第四章对赔偿方式、赔偿项目和赔偿数额已有明确规定的，不能组织协商。根据《最高人民法院关于人民法院赔偿委员会审理国家赔偿案件程序的规定》第十条规定：“组织协商应当遵循自愿和合法的原则。赔偿请求人、赔偿义务机关一方或者双方不愿协商，或者协商不成的，赔偿委员会应当及时作出决定。”自愿原则和合法原则是赔偿委员会组织协商的总的指导原则。自愿原则包括程序上的自愿和实体上的自愿两项要求。程序上的自愿是指通过协商解决赔偿纠纷，应出于赔偿请求人和赔偿义务机关的真实意愿，征得双方同意。赔偿请求人、赔偿义务机关一方或者双方不同意协商的，或者经协商不能达成协议的，人民法院赔偿委员会应当及时作出决定，而不能强迫协商或是久拖不决。实体上的自愿是指赔偿请求人和赔偿义务机关能否达成协议以及协议的内容必须取决于双方的真实意愿。赔偿委员会虽然可以提出方案，但仅供双方参考，而不能将赔偿委员会的意见强加给赔偿请求人和赔偿义务机关。合法原则亦包括程序上的合法和实体上的合法。关于程序上的合法，虽然目前国家赔偿法及司法解释对于协商程序尚未作出明确、具体的规定，但作为赔偿委员会审理程序的一个重要环节，对赔偿委员会组织协商提出程序意义上合法的要求是十分必要的。组织协商时，赔偿请求人、赔偿义务机关各方参加协商人员的资格、赔偿委员会组织协商的审判人员等方面，均应具有合法性。关于实体上的合法，包括两层意思：一是国家赔偿法有明确规定，不得违反已有的规定；二是国家赔偿法规定不明确的，协议的内容不得违反法律、行政法规禁止性规定，不得损害国家利益、社会公共利益、案外人的合法权益。

公正和效率是司法不变的话题，更是我国现代司法改革所追求的目标。案件审理的过程，既是司法权力与公民权利动态制衡的过程，也是一场公平与效率的博弈，而审理期限，正是这一过程的时间维度，如何准确确定，对案件最终的审理结果是否符合法律和社会的价值都至关重要。由于国家赔偿案件的复杂性、特殊性，三个月的审理期限不能满足审判实践的需要。适当延长国家赔偿案件的审理期限，有利于提升国家赔偿案件的审判质量，更好地维护当事人的合法权益，这是国家赔偿法修改需要重点考虑的问题。

（撰稿人：最高人民法院　张元光）

司法赔偿追偿制度的完善

【核心观点】

国家赔偿法第十六条和第三十一条分别对国家赔偿后的追偿、追责进行了规定。其中，国家赔偿后的追责只是追究国家机关工作人员责任的一个方面，虽有其特点，但并未超出党纪、政纪、刑事责任的范畴，追责的依据仍然是刑法、刑事诉讼法、《中国共产党纪律处分条例》、《人民法院工作人员处分条例》、《人民检察院司法责任追究条例》等刑事、党纪、政纪方面的法律、法规，而追偿则是国家赔偿法所特有的对于有过错的国家工作人员在经济上予以惩戒的一项制度。相较于行政赔偿中的追偿而言，因司法工作的特殊性，司法赔偿中的追偿问题更为复杂。近年来，人民法院赔偿委员会审理了一批有重大影响的刑事冤错国家赔偿案件，司法赔偿中的追偿问题随之持续受到社会公众的关注。但国家赔偿法第三十一条仅对刑事赔偿中的追偿问题作出了原则性规定，缺少具体、可操作性的规定，导致司法赔偿中的追偿制度难以落地，社会公众对追偿的呼声难以得到有效回应。针对这一问题，理论界和实务界有三种完善思路：一是修改国家赔偿法，并在国家赔偿法中设专章规定行政及司法赔偿追偿制度；二是就国家追偿制度专门立法；三是制定司法解释或司法政策，对司法赔偿中的追偿问题进行细化规定。鉴于我国目前立法工作的实际情况，短时间内立法或修改法律都是不现实的，因此唯有第三个思路，即“释法”思路既具合理性，又具可行性。“释法”应重点对司法赔偿追偿的目的和作用、追偿的条件、追偿的标准以及追偿的程序等方面进行细化规定。

【问题及相关背景】

国家赔偿法第三十一条规定，赔偿义务机关赔偿后，应当向具有法定情形的工作人员追偿部分或者全部赔偿费用，并依法给予处分；构成犯罪的，还应依法追究刑事责任。① 然而，囿于缺乏具体的可操作性规定，在司法赔偿决定赔偿案件逐年递增的大趋势下，实践中真正落实追偿的案件很少，即便是一些已经追偿的案件也存在先追偿、后赔偿以及乱追偿等问题。具体而言：第一，大多数司法赔偿案件有赔偿而无追偿，追偿制度被淡化、弱化，一些司法赔偿决定赔偿案件数量较多的省份，从未启动过追偿。赔偿义务机关也普遍认为反正赔偿金由财政负担，一赔了事，缺少追偿的意识。权责一致、违法必究的法治原则无法落实。第二，片面追责现象突出，一并追偿、追责的很少。赔偿是追偿的前提，追偿之后应当一并追责。然而，在司法赔偿后，赔偿义务机关更倾向于追究相关工作人员的党纪、政纪责任或者刑事责任，落实经济追偿的案件很少，以"追责替代追偿"的现象突出。第三，追偿金额标准不统一，两极分化严重。在一些决定追偿的案件中，追偿金额跨度较大，有的案件直接以决定赔偿的金额作为追偿金额，单笔追偿金额较大，但实际却执行不了；有的案件追偿金额很低，有"轻纵"责任人员之嫌。第四，决定追偿的案件以刑事赔偿案件为主，非刑事司法赔偿案件为辅。在决定追偿的案件中，多数为有较大影响的刑事冤错赔偿案件。这是因为与非刑事司法赔偿案件相比，人民群众要求对刑事冤错案件有关责任人员进行追偿的意愿更强烈，赔偿义务机关追偿的动机也更足。

司法赔偿追偿制度被虚化固然有赔偿义务机关追偿意识淡薄、追偿所涉利益关系复杂、追偿动力不足等原因，但主要原因还是国家赔偿法关于司法赔偿追偿的条文内容粗简，不具有可操作性。严格执法的前提是有法可执。通常而言，法律的确定性越高，运行的效果就越好，反之则负面效应越大。国家赔偿法关于司法赔偿追偿的规定仅仅寥寥数字，笼统规定了追偿的法定情形与启动机关，内容过于原则，难以满足司法赔偿追偿工作

① 国家赔偿法第三十一条规定："赔偿义务机关赔偿后，应当向有下列情形之一的工作人员追偿部分或者全部赔偿费用：（一）有本法第十七条第四项、第五项规定情形的；（二）在处理案件中有贪污受贿，徇私舞弊，枉法裁判行为的。对有前款规定情形的责任人员，有关机关应当依法给予处分；构成犯罪的，应当依法追究刑事责任。"该法第十七条第四项、第五项的规定情形为："（四）刑讯逼供或者以殴打、虐待等行为或者唆使、放纵他人以殴打、虐待等行为造成公民身体伤害或者死亡的；（五）违法使用武器、警械造成公民身体伤害或者死亡的。"

的具体需要。《国家赔偿费用管理条例》虽然规定了未依法追偿的责任，[①]但因追偿权在赔偿义务机关，故其无法追究公安、法院、检察院等司法机关工作人员的责任。因此，司法赔偿追偿难以落实的根本原因是法律关于追偿制度的设计缺少实践性规定，比如，赔偿义务机关追偿，具体应由哪个部门负责；追偿的工作程序应如何展开，如何确保被追偿人的正当权利；人民法院错案追究责任制度、违法审判责任制度与司法赔偿追偿制度如何分梳衔接；等等。这些问题具体而微，却是司法赔偿追偿制度有效发挥功能的充分条件，缺乏这些可操作的具体规则，司法赔偿追偿制度就执行无据，难以落地生根，追偿只能不了了之。

【理论探讨】

追偿制度与国家赔偿制度是直接相关的，是国家赔偿制度的必要延伸，也是国家赔偿制度发展到一定阶段的产物。在"国家无责任"盛行的时代，国家主权是被豁免的，被称为"国王不可能为非"，官吏侵害人民的利益被认为完全是个人行为，与国家无关，国家不负任何责任，因而赔偿费用全部由官吏人员负担，也不存在追偿问题。但在这样的模式中，一方面，受公权力侵害的人因官吏个人偿付能力有限，往往不能及时得到赔偿；另一方面，官吏在执行职务时为了不承担赔偿责任而谨小慎微，以致逃避责任不作为，不利于发挥其执行公务的主观能动性。随着人民主权理论的兴起，国家主权豁免理论的衰落，国家逐渐被拟人化，被视为公法人，具有独立的法律人格，与一般公民一样受到法律约束，国家机关工作人员违法时由国家承担赔偿责任，而国家工作人员个人不承担赔偿责任，这使得被公权力侵害的人能够获得及时有效的救济，也使得国家工作人员勇于行使职权。但这样一来，又造成少数国家工作人员因为不用承担赔偿责任而胆大妄为、滥用职权，损害国家的利益。各国为了惩戒实施违法行为的工作人员，促使工作人员恪尽职守，依法正确行使职权，纷纷以成文

---

① 《国家赔偿费用管理条例》第十二条规定："赔偿义务机关应当依照国家赔偿法第十六条、第三十一条的规定，责令有关工作人员、受委托的组织或者个人承担或者向有关工作人员追偿部分或者全部国家赔偿费用。赔偿义务机关依照前款规定作出决定后，应当书面通知有关财政部门。有关工作人员、受委托的组织或者个人应当依照财政收入收缴的规定上缴应当承担或者被追偿的国家赔偿费用。"

法和判例法建立了国家赔偿追偿制度。例如，奥地利国家赔偿法第 3 条第 1 款规定，依本法为赔偿的官署可以向因故意或重大过失行为所引起损害和赔偿的机关行使请求权。日本国家赔偿法第 1 条第 2 款规定，公务员有故意和重大过失时，国家或公共团体对该公务员有请求权。[①] 韩国国家赔偿法的规定与日本类似，该法第 2 条规定，公务员执行公务，因故意或重大过失违反法令致使他人受损害，发生损害赔偿责任时，国家或地方自治团体对该公务员有求偿权。土耳其宪法第 40 条规定了国家赔偿责任和国家对公务员的追偿权，因受国家官员违法对待而蒙受损害的任何人，应由国家给予赔偿，同时，国家保留对肇事官员的追偿权。[②]

可以看出，各国对公务员追偿的条件之一就是公务员主观上有故意或重大过失，仅有一般过失的，国家不能对公务员追偿。但是由于司法机关工作本身具有的客观复杂性，即便司法机关工作人员主观上极尽注意义务，仍有可能发生对事实认定的错误或法律适用的不当。因此，一些国家和地区在向司法机关工作人员追偿时都采取更加严格的限制。例如，我国台湾地区所谓的“国家赔偿法”在第 2 条规定了对公务员一般的求偿权外，另在第 13 条对有审判或追诉职务的公务员的追偿作了特别规定：“对有审判或追诉职务的公务员，因执行职务侵害人民自由或权利，就其参与审判或追诉之案件犯职务上之罪，经判决有罪确定者，适用本法规定。”美国联邦侵权赔偿法则规定：“执行司法职务的法官一般说享有绝对的豁免，即使他的行为是欺诈性的。”[③] 即便是作为行政法母国、国家赔偿制度先驱的法国以及普通法的代表国家英国，对于向司法人员追偿也是采取非常谨慎的态度。据了解，在法国和英国涉及对司法人员追偿的情形，一般是证人作伪证的场合，侦查、起诉机关刑讯逼供、刻意陷害的行为很少。如果类似行为实际发生，则有关部门会对公职人员进行处分，主要是除名或者剥夺养老金，但通常是责任人主动引咎辞职，从而无须再剥夺其养老金待遇。所谓追偿，通常指的是民事追偿，包括受害人对那些故意制造假案、作伪证的人提出诉讼。对此，受理侵权之诉的民事法庭通常会运用一

① 参见翁怡洁：《刑事赔偿制度研究》，中国人民公安大学出版社 2008 年版，第 245 页。

② 参见刘静仑：《比较国家赔偿法》，群众出版社 2001 年版，第 140 页。

③ 参见江必新、梁凤云、梁清：《国家赔偿法理论与实务》，中国社会科学出版社 2010 年版，第 676 页。

些司法政策，限制、排除对公职人员的追偿。

【意见建议】

如前所述，国家赔偿法对于司法赔偿追偿规定得过于原则，已成为追偿制度难以落地的主要原因。鉴于我国目前立法工作的实际情况，短时间内立法或修改法律都是不现实的，因此唯有在现有法律规定的框架内，立足实践，通过制定司法解释或司法政策的方式，对司法赔偿追偿制定细化规定，才能使司法赔偿追偿工作真正做到有法可依，有章可循，有规可守。

一、司法赔偿追偿的目的和作用

对司法赔偿追偿制定细化规定前，首先需要探讨和明确的就是建立司法赔偿追偿制度的目的和作用。对此，社会公众及法学理论界有不同认识和看法。一是社会公众对追偿的认知普遍比较混乱。有的主张只要是在司法机关行使职权中发生了损害，就应当由司法机关工作人员个人赔偿；有的认为应把不属于司法赔偿的情形当作是“政府代赔”，如司法机关向受害者提供必要的司法救助、社会救助；还有少数人误导舆论，把司法赔偿追偿制度简化为凡赔偿必追偿，绝对不容忍以公共税收支付赔偿金。这些错误观点，遮蔽了正确、理性的司法赔偿追偿观念，在一定程度上阻碍了司法赔偿及其追偿制度的法治化运行。二是法学理论界一般都认为司法赔偿追偿制度具有教育、惩戒、促进司法机关工作人员依法谨慎履职的作用。但也有一些学者认为，除此之外，司法赔偿追偿制度还具有减少国家财政负担和损失，弥补国家赔偿费用，维护纳税人的财产权的功能。其理由是，如果只是由国家对受害人进行赔偿，实际上就是让全体纳税人为有关责任者“买单”，这样做既侵犯了纳税人的财产权，也不公平。

对此，笔者认为，探讨司法赔偿追偿的目的和作用不能就追偿而论追偿，司法赔偿追偿是司法赔偿制度的组成部分，也是广义上追究司法工作人员责任的一部分。因此，应当将追偿放在司法赔偿制度以及国家关于追究司法工作人员责任的法律法规这样一个追责制度中，从以下几个方面考察司法赔偿追偿制度的目的和作用。

第一，国家赔偿制度经历了从“国王不能为非”的主权豁免到“无恶即无过，或无过即无责”的附条件国家责任再到国家有责任及无过错责任的演进，这一过程凸显了国家对公民权利保护的日益完善。依法、尽速救济受害人所遭受的损失，也成了国家设立国家赔偿制度的首要宗旨，其他功能包括追偿都应当从属并服务于这一宗旨。国家赔偿后向有责任的司法机关工作人员追偿，客观上起到了一定减少国家财政负担和损失，维护纳税人财产权的作用，但如果将其作为追偿的目的，势必会造成财政机关要求先追偿再赔偿，追偿权被滥用。如果先追偿才能赔偿，那有关责任人员何不直接找受害人私了，直接支付钱款，息事宁人，这样做既不会给工作单位添麻烦，自己又不会被追究党纪、政绩责任。长此以往，会使国家赔偿在实践中变为个人赔偿，极大地淡化国家赔偿依法、尽速救济受害人所受损失的宗旨。

第二，从国家赔偿法对受害人的司法赔偿规定与对责任者的司法赔偿追偿规定来看，因为司法赔偿的范围与司法赔偿追偿范围不同，国家对受害人的赔偿费用难以从司法赔偿追偿中挽回。例如，国家赔偿法关于刑事赔偿的范围，包括侵犯人身权和侵犯财产权两类，共七种情形。而根据该法第三十一条的规定，刑事追偿仅限于对侵犯人身权的第四项和第五项以及“在处理案件中有贪污受贿、徇私舞弊、枉法裁判行为”的情形进行追偿。显然，刑事追偿范围远小于刑事赔偿范围，即便对责任人一律追偿全部赔偿费用，也不可能挽回全部刑事赔偿费用，更何况国家赔偿法并没有规定一律追偿全部赔偿费用，而是规定追偿“部分或者全部赔偿费用”。从总量上看，追偿占国家全部赔偿费用的比例很低。

第三，对于责任者的追偿并不是追究有关人员责任的唯一方式。根据国家赔偿法第三十一条的规定，对有关责任人追偿后还应当依法给予处分，构成犯罪的，应当依法追究刑事责任，即司法机关工作人员行使职权给受害人造成损害，引起国家赔偿后，对于符合国家赔偿法规定的追偿条件的，其不仅要受到经济上的追偿，还应当同时追究其党纪、政纪乃至刑事责任。从追偿和追责的性质和对责任者的实质影响来看，追责尤其是追究刑事责任要重于追偿。因此，追偿对于责任人员虽然具有惩戒、教育功能，但追责对于责任者的惩戒、教育功能更强、更重，在惩戒、教育责任人员时追责才是主要的、基本的，而追偿只能起次要和辅助的作用。然而实践中，司法赔偿义务机关对于责任者的处理，不仅追偿不足，而且追责不力。在追责不力的情形下，不能期望追偿足以承担全部的惩戒、教育功能。

综上所述，司法赔偿追偿制度，从表面看是一种“责任转移”的机制，但本质上是“内部制约”机制，不应当承载挽回国家财政损失、保护纳税人财产的作用。司法赔偿追偿具有惩戒实施违法行为的司法机关工作人员，加强对司法机关工作人员的监督，促使其恪尽职守、依法正确行使职权以及保护依法行使职权的司法机关工作人员得以免责的作用，与追责相比，追偿对于责任人员的惩戒、教育作用应该是次要和从属的。在完善司法赔偿追偿制度时，我们应该一方面回应人民群众对司法赔偿追偿的期待，另一方面也要理性看待司法赔偿追偿制度的目的及作用，妥善处理好打击违纪、违法责任人员与维护正常工作秩序、工作积极性之间的矛盾以及严格追偿与规避、推诿赔偿之间的矛盾。

二、完善细化司法赔偿追偿制度

在现有法律规定的框架内对司法赔偿追偿制度作细化规定，应重点明确以下几个方面的内容：第一，追偿的条件；第二，追偿的标准；第三，追偿的程序。

（一）关于司法赔偿追偿的条件

国家赔偿法第十六条和第三十一条分别规定了行政赔偿追偿和刑事赔偿追偿的条件。对于非刑事司法赔偿的追偿，国家赔偿法并没有直接作出规定，该法第三十八条仅规定非刑事司法赔偿适用刑事赔偿程序的规定。如果单纯对国家赔偿法规定作文意解读的话，并不能得出应对非刑事司法赔偿中有关责任人员进行追偿的结论。但实践中，非刑事司法赔偿也可能存在与刑事赔偿追偿类似的情形，如采取对妨碍诉讼的强制措施时殴打他人致残致死、在执行程序中徇私舞弊等，对非刑事司法赔偿中存在的人民法院工作人员违法行使职权行为也予以追偿，更加符合国家赔偿法促进国家机关依法行使职权的立法目的。考虑到非刑事司法赔偿与刑事司法赔偿都属于司法赔偿的范畴，因此，可以将国家赔偿法规定的刑事赔偿追偿的条件扩展为包括非刑事司法赔偿追偿在内的司法赔偿追偿的条件。

从国家赔偿法的规定看，无论是行政赔偿追偿还是司法赔偿追偿，均需要在赔偿义务机关赔偿后才能进行追偿，二者的区别是，行政赔偿追偿对责任人员追偿的条件是工作人员具有故意或者重大过失，而司法赔偿追偿则采用列举的方式，规定司法机关工作人员有刑讯逼供、殴打、虐待或唆使、放纵他人殴打、虐待或违法使用武器、警械造成受害人身体伤害或者死亡的事实行为以及在处理案件中有贪污受贿，徇私舞弊，枉法裁判行为的，应予追偿全部或部分国家赔偿费用。从法律规定的文字表述来看，司法赔偿追偿较行政赔偿追偿的条件更为严格，范围较为狭窄。但也有学者认为，虽然国家赔偿对司法赔偿追偿与行政赔偿追偿条件的表述不一样，但司法赔偿追偿列举的应予追偿的情形也都是工作人员具有故意或重大过失，二者实质上是一致的。

对此，笔者认为，一方面，与行政行为相比，司法活动更为复杂。以刑事诉讼为例，刑事诉讼需要在严格的时间限制内，查明已经发生的犯罪事实，这是一种非常复杂的认识活动，即使侦查、起诉及审判人员在刑事诉讼各个阶段均达到了法定的证明标准，但其所认定的事实与案件的客观事实之间仍可能存在一定差距，因而可能会发生错判。英美有学者指出："有些错误的定罪是由不幸或者无法避免的事件导致的，在这种情况下，不能指责任何个人或者机构。"[①] 这也是国家赔偿法对于错误逮捕、错判有罪的赔偿采用结果归责原则的原因。司法工作的复杂性，使得国家不能对行使侦查、检察、审判、执行等权力的工作人员过于苛责。另一方面，实践中刑事冤错案件的发生、民事诉讼和行政诉讼当中的违法行为，以及执行程序中的各类错误，通常涉及多方面的因素。有的是因为领导干预办案，有的是因为公、检、法组成专案组办案、多方工作失误，有的是因为行政机关的原因，比如行政行为依据错误、财产登记错误等，有的存在受害人自己错误、第三人错误等复杂性因素，还有司法观念陈旧、制度缺陷等方面的原因，如果简单将错案的原因归于司法机关工作人员的责任，有失公平。因此，对司法机关工作人员追偿，应严格按照国家赔偿法第三十一条规定，不能随意扩大或者缩小追偿的条件，更不能将应予追偿的情形扩大解释为凡是司法机关工作人员在行使职权时存在故意、重大过失的都应予追偿。此外，对于殴打、虐待等事实行为的追偿，通常应以暴力或者放纵暴力为限，对于非暴力行为，如监狱未尽到及时救治义务致罪犯因病

① 翁怡洁：《刑事赔偿制度研究》，中国人民公安大学出版社2008年版，第119页。

死亡导致国家赔偿的，只有在负有监管职责的狱警以虐待为目的故意不送医救治时才可以对其追偿。对于侦查、检察、审判人员也只有在审理案件中存在徇私舞弊、枉法裁判、贪污贿赂等情形，且经有权机关认定后，才能对其追偿，因能力、知识导致错案的不能追偿。

（二）关于追偿的标准

如前所述，司法赔偿追偿唯一的目的就是惩戒实施违法行为的司法机关工作人员，督促司法机关工作人员恪尽职守、依法正确行使职权。因此，在确定追偿标准时，不应抱有试图通过追偿挽回国家赔偿费用、减少财政损失的错误观念。在制定追偿标准时，应当考虑我国各地区经济发展不平衡，司法机关工作人员工资水平差异较大的实际情况，不宜规定一个全国统一的追偿标准，可以授权各级司法机关根据本辖区经济社会发展水平制定具体的追偿标准，但要确保同一地区、同一时期和同一类型案件的追偿金额保持相对统一，避免畸轻或者畸重。

在对个案进行追偿时，赔偿义务机关不能只考虑损害后果和社会影响，应当综合考虑违法行使职权的过错程度，侵权行为的手段、方式及与损害结果间的因果关系，造成的损害后果和社会影响，尤其是要考虑被追偿人工资收入和实际经济能力，合理确定追偿的金额。

（三）关于追偿的程序

如果说在司法赔偿追偿主体和追偿标准问题上，国家赔偿法的规定只是不尽完备的话，那么，在追偿程序上国家赔偿法几乎没有涉及。这也是司法赔偿追偿在实践中几乎成为“休眠条款”的主要原因。因此，科学构建追偿程序应当是完善司法赔偿追偿制度的重中之重。追偿程序应当包括以下内容。

第一，追偿的主体。一般而言，追偿应当由司法机关内部的纪检监察部门负责。但根据中共中央办公厅、国务院办公厅关于《保护司法人员依法履行法定职责规定》第十四条①的规定，法官、检察官履行法定职责的

① 《保护司法人员依法履行法定职责规定》第十四条规定：“法官、检察官履行法定职责的行为，非经法官、检察官惩戒委员会审议不受错案责任追究。……”

行为，非经法官、检察官惩戒委员会审议不受错案责任追究。根据这一规定，对于因错案造成国家赔偿的，如果要对造成错案的法官、检察官进行追偿的话，需要由法官、检察官惩戒委员会作出法官、检察官在审理案件中是否存在过错以及该过错是否属于国家赔偿法规定的应予追偿情形的决定。因此，对法官、检察官错案追偿的有权机关是法官、检察官惩戒委员会，而不是法院、检察院的纪检监察部门。《最高人民法院、最高人民检察院关于建立法官、检察官惩戒制度的意见（试行）》对惩戒委员会的工作机制作了原则性和指导性规定，但对于惩戒委员会及其职责、监察部门与惩戒委员会的关系、惩戒程序等尚待有权机关明确规定。

第二，追偿线索的移送。司法机关负责办理国家赔偿案件的部门在办理本机关为赔偿义务机关的案件时，如发现应对有关人员追偿的，应当在赔偿决定生效后，及时将案件材料和相关线索提交本机关负责追偿的工作部门。人民法院赔偿委员会在审理赔偿案件时，发现应对有关人员追偿的，可以在赔偿决定生效后向赔偿义务机关作出追偿的司法建议。

第三，追偿的办理方式。司法机关纪检监察部门或法官、检察官惩戒委员会在办理追偿案件时，应当调取、核实相关材料，询问有关人员，组织听证，充分听取、如实记录被调查人员的陈述和申辩，确保追偿工作始终在法治化的轨道上运行，避免在追偿的同时制造新的错案。

第四，复议及申诉程序。为了充分保障被追偿人的权利，应当规定：被追偿人对追偿决定不服的，可以向作出原决定的纪检监察部门或法官、检察官惩戒委员会申请复议。不服复议决定的，还可以向上一级司法机关的纪检监察部门或法官、检察官惩戒委员会提出申诉。如果上一级司法机关的纪检监察部门或法官、检察官惩戒委员会认为原决定不当的，可以责令作出原决定的机关予以变更或者撤销，也可以直接变更或者撤销原决定，但不得加重处罚。

综上所述，通过出台司法解释或司法政策的方式，将司法赔偿追偿制度进行完善和细化，对于落实国家赔偿法规定的司法赔偿追偿制度，加强对司法权运行的制约和监督，推进国家治理体系和治理能力现代化，回应人民群众的关切均具有重要意义。

（撰稿人：最高人民法院　王京）

国家赔偿监督程序的审查范围

【核心观点】

赔偿委员会对于立案受理的申诉案件，应当着重围绕申诉人的申诉事由进行审查。如果发现决定损害国家利益、社会公共利益、他人合法权益的，应当决定直接审理或者指令下级人民法院赔偿委员会重新审理。

【问题及相关背景】

实践中，申诉人认为原生效赔偿决定的数额较低，向上级法院赔偿委员会申诉。上级法院赔偿委员会审查发现，该案不应赔偿或原决定确定的赔偿标准、数额超出法律规定。在此情形下应该如何处理，实践中有不同的观点。有的认为，国家赔偿法实行法定赔偿原则，人民法院赔偿委会必须严格按照国家赔偿法规定的赔偿范围、赔偿方式和计算标准进行赔偿，否则，上级法院赔偿委员会应当依法予以改判。有的认为，国家赔偿应当注重保障赔偿请求人的合法权利，即使确定的赔偿标准、数额超出法律规定，上级法院赔偿委员会也不能轻易改变原决定。因此，有必要从理论和实践层面对该问题加以研究，从根本上解决该难题，统一法律适用标准。

【理论探讨】

一、既判力理论

既判力是指在诉讼中法院的终局判决作出后，无论判决结果如何，当事人及法院均要接受该判决内容的约束，当事人不得就该判决的内容再进行相反的主张，法院也不得就该判决的内容作出相矛盾的判决，判决所具有的这种拘束力被称为司法既判力。司法既判力是建立在生效裁判的层面上的，从其内容来看，司法既判力包括两方面的含义：一是指生效裁判具有确定力，即不管是法院还是当事人，都不得对同一案件再次发起诉讼；二是生效裁判具有执行力，当事人不能因为对裁判不服而拒绝执行。

20 世纪 90 年代初期，国内已有学者开始陆续介绍大陆法系国家如德国、日本的既判力学说。20 世纪 90 年代中期，有学者在教科书中引入既判力概念，将既判力作为判决的效力之一。[①] 近年来，随着我国诉讼法理论研究的不断深入，关于既判力研究的文章逐渐丰富，为司法实践提供了一定的理论支撑。

在最高人民法院的司法解释中，没有更多地涉及既判力的问题，仅在个别的司法解释中涉及既判力的客观范围和生效判决的事实效力。涉及既判力客观范围的司法解释，如《最高人民法院关于确定民事侵权精神损害赔偿责任若干问题的解释》（法释〔2001〕7 号）。该解释第六条[②]规定："当事人在侵权诉讼中没有提出赔偿精神损害的诉讼请求，诉讼终结后又基于同一侵权事实另行起诉请求赔偿精神损害的，人民法院不予受理。"该条规定的实质意义在于，在生效判决的既判力客观范围方面，前诉法院已经裁判的侵权事实争议对后诉法院有约束力，基于该事实所发生的主张，当事人没有主张的部分视为当事人已经放弃。这一规定显然将精神损害事实看成同一侵权事件所发生的事实的一部分。该规定也表明最高人民法院不认同同一诉讼标的的诉讼请求可以任意拆分。在生效判决的事实效力方面，最高人民法院 2001 年发布的《最高人民法院关于民事诉讼证据的若干规定》认可已经生效的裁判具有相对的证明效力。其第九条第四项[③]规定，当事人对"已为人民法院发生法律效力的裁判所确认的事实"，无须提出证据加以证明，产生免证效力。所谓相对的证明效力，是指如果对方当事人提出相反的证据足以推翻时，当事人依然要承担提出证据加以证明的责任，如果不能证明，该事实属于主要事实，且真伪不明时将承担相应的不利后果（客观证明责任）。2011 年 1 月最高人民法院召开的第一次全国民事再审审查工作会议中提到"既判力"一词。《第一次全国民事再审审查工作会议纪要》第 3 条提出："民事再审审查工作应当坚持依法

① 参见刘家兴主编：《民事诉讼法学教程》，北京大学出版社 1994 年版，第 274 页。
② 2020 年 12 月 23 日法释〔2020〕17 号将该条废止。——编者注
③ 2019 年 10 月 14 日法释〔2019〕19 号将其修改为第十条第六项。——编者注

裁定原则。再审申请符合法定再审事由的，应当裁定再审，不符合的，应当裁定驳回，既要注重保护当事人的申请再审权，又要注重维护生效裁判的既判力。”

二、审判监督程序与判决既判力之间的关系

总体来说，审判监督程序与判决既判力之间存在相互对立、此消彼长的关系。既判力原理要求审判监督程序必然是一项补救制度，作为一种特殊审判程序，并不是每一个案件必经的程序。这涉及在审判监督程序内部，当事人权利保障与既判力维护的价值如何选择并作平衡问题。审判监督程序的设置意义在于通过特定情形下的重新审理弥补既判力绝对原则下公正的缺失。既判力的不足只有通过审判监督程序来矫正。但是，如果对审判监督程序不加以规范和限制，随意对生效判决进行重新审理，则会违背审判监督程序的设立初衷，不但不会对既判力原则起查漏补缺作用，反而会破坏司法裁判的终局性和权威性。因此，必须承认审判监督程序的有限性，其无法承担为所有的裁判错误提供相应补救的使命。审判监督程序之诉不同于通常诉讼程序下的起诉和上诉，有其特殊性。当事人在一审、二审程序内的起诉和上诉是基于当事人的诉权和程序基本保障权，当事人行使其起诉权或上诉权，通常均不要求有特定的事实或理由，一般依其主观判断即可提起。而再审程序的启动，必定触及生效裁判的既判力，影响法院依照正当程序作出裁判的稳定性和权威性。因此，再审程序的启动，必须有符合一般公平正义理念的正当理由。

三、国家赔偿监督程序

1994 年国家赔偿法没有对赔偿委员会作出的决定进行监督的程序规定。最高人民法院于 1996 年制定的《最高人民法院关于人民法院赔偿委员会审理赔偿案件程序的暂行规定》[①] 第二十三条规定，赔偿委员会决定生效后，赔偿委员会如发现原认定的事实或者适用法律错误，必须改变原决定的，经本院院长决定或者上级人民法院指令，赔偿委员会应当重新审理，依法作出决定。这里规定了法院系统内部对赔偿决定的监督程序。虽

① 已被 2011 年 3 月 17 日法释〔2011〕6 号废止。——编者注

然 1994 年国家赔偿法和司法解释均没有规定申诉问题，但司法实践中一直认可赔偿请求人的申诉权。

2010 年国家赔偿法增加了对人民法院赔偿委员会决定进行监督的程序规定，即第三十条的规定：“赔偿请求人或者赔偿义务机关对赔偿委员会作出的决定，认为确有错误的，可以向上一级人民法院赔偿委员会提出申诉。赔偿委员会作出的赔偿决定生效后，如发现赔偿决定违反本法规定的，经本院院长决定或者上级人民法院指令，赔偿委员会应当在两个月内重新审查并依法作出决定，上一级人民法院赔偿委员会也可以直接审查并作出决定。最高人民检察院对各级人民法院赔偿委员会作出的决定，上级人民检察院对下级人民法院赔偿委员会作出的决定，发现违反本法规定的，应当向同级人民法院赔偿委员会提出意见，同级人民法院赔偿委员会应当在两个月内重新审查并依法作出决定。”按照该条的规定，对人民法院赔偿委员会决定有三种法定的监督渠道：一是赔偿请求人和赔偿义务机关申诉，二是法院内部监督，三是检察院监督。

2017 年 2 月 27 日，最高人民法院发布了《最高人民法院关于国家赔偿监督程序若干问题的规定》（以下简称《国家赔偿监督规定》），根据国家赔偿法并结合审判实践，对国家赔偿监督程序进行了统一规范。《国家赔偿监督规定》颁布之前，并无国家赔偿监督的称谓，国家赔偿法第三十条也没有明确提出该称谓。国家赔偿案件的特点是一决生效，即人民法院赔偿委员会的赔偿决定一经作出，送达后即生效。这与刑事、民事、行政三大诉讼法规定的两审终审不同，但是申诉审查后决定是否重新审理及法院、检察院启动的重新审理程序与三大诉讼的审判监督程序相似。国家赔偿监督程序就类似于刑事、民事、行政诉讼法规定的审判监督程序，是对赔偿委员会决定依法进行监督的程序。国家赔偿法规定这一程序，旨在纠正可能存在的错误，从而维护当事人的合法权益。重新审查并不是对原赔偿决定的上诉审，重新审查期间，原赔偿决定仍然发生法律效力，不停止执行。

四、国家赔偿监督程序与委赔程序的异同

国家赔偿监督程序不同于委赔程序，虽然两者都是为了保障人民法院裁判的准确性，纠正原决定错误的程序，但二者存在显著的不同，主要表

现在以下方面。一是二者的定位不同。委赔程序是审理国家赔偿案件一般阶段；国家赔偿监督程序不是赔偿案件的必经阶段，是特殊阶段。二是二者审理对象不同。委赔程序审理赔偿义务机关的决定或者复议机关的复议决定认定事实是否清楚、适用法律是否正确，如果赔偿义务机关、复议机关逾期未作决定的，查清事实后依法作出决定；国家赔偿监督程序审理对象是已经发生法律效力的赔偿委员会决定。三是提起的主体不同。委赔程序是赔偿请求人提起的；国家赔偿监督程序有三种法定的监督渠道，即赔偿请求人和赔偿义务机关申诉、法院内部监督、检察院监督。

五、赔偿委员会的赔偿决定的效力

赔偿委员会作出的赔偿决定是终局的，是立即生效的决定，必须执行。对赔偿委员会的赔偿决定不服，不得上诉，只能提出申诉，但不影响赔偿决定的执行。作出这样的规定，是考虑到赔偿委员会作出赔偿决定之前，赔偿申请人经过了较长的前置程序，再延长程序不利于其及时获得赔偿；规定赔偿委员会的赔偿决定必须执行，有利于保证赔偿金的及时支付；赔偿委员会在中级以上人民法院设立，其级别较高，已具有一定的权威性，可以确保赔偿案件的正确处理。

【意见建议】

合理界定国家赔偿监督案件的审理范围。在以往的司法实践和审判观念中，比较强调国家赔偿相较于民事诉讼的特殊性。一般认为，民事诉讼是人民法院严格根据当事人的诉讼请求对民事权利义务和法律事实作出确认的过程。而国家赔偿则是对国家机关及其工作人员行使职权行为的合法与否作出判断的过程，相对独立于赔偿请求人的赔偿请求，人民法院赔偿委员会往往是以职权行为的合法性为国家赔偿案件的审理中心，容易忽视赔偿请求人的赔偿请求。

行政诉讼与国家赔偿类似，之前也存在注重行政行为的合法性审查，忽视原告诉讼请求的情况。2014 修正的行政诉讼法，将“解决行政争议”作为立法目的之一，强化了行政诉讼对原告诉讼请求的回应力度。最高人民法院于 2018 年颁布的《最高人民法院关于适用〈中华人民共和国行政诉讼法〉的解释》第一百二十条规定：“人民法院审理再审案件应当围绕再审请求和被诉行政行为合法性进行。当事人的再审请求超出原审诉讼请求，符合另案诉讼条件的，告知当事人可以另行起诉。被申请人及原审其他当事人在庭审辩论结束前提出的再审请求，符合本解释规定的申请期限的，人民法院应当一并审理。人民法院经再审，发现已经发生法律效力的判决、裁定损害国家利益、社会公共利益、他人合法权益的，应当一并审理。”该条根据行政诉讼法的修法精神，明确规定了行政案件再审审理范围应以当事人再审请求和被诉行政行为合法性为准。

国家赔偿相关司法解释对监督程序的审查范围予以规定。《国家赔偿监督规定》第八条规定：“赔偿委员会对于立案受理的申诉案件，应当着重围绕申诉人的申诉事由进行审查。必要时，应当对原决定认定的事实、证据和适用法律进行全面审查。”根据该条规定，申诉审查范围坚持重点审查和全面审查相结合的方式。一方面，强调申诉审查的针对性即重点对申诉人的申诉事由进行审查；另一方面，由于国家赔偿实行法定赔偿，且涉及国家财政资金，所以必要时应进行全面审查，这也体现了国家赔偿案件的特点。作出这一规定的主要原因在于：第一，围绕具体申诉人的申诉事由进行审查更有针对性，更有利于解决实际问题，化解矛盾纠纷。第二，我国国家赔偿制度实行“一决终局”，如果国家赔偿监督程序仍进行全面审查，则破坏了制度设计的初衷。第三，在义务机关和复议机关已经进行全面审查的情况下，如果国家赔偿监督程序仍然进行全面审查，尤其对赔偿请求人未提出的事项进行审查，不利于节约司法资源，也不符合监督程序的定位。

实践中，申诉人认为原生效赔偿决定的数额较低，向上级法院赔偿委员会申诉。上级法院赔偿委员会审查发现，该案不应赔偿或原决定确定的赔偿标准、数额超出法律规定。在此情形下，应当着重围绕申诉人的申诉事由进行审查。如果赔偿义务机关没有就相关事项申诉，一般不宜超过申诉人的申诉请求决定直接审理或者指令下级人民法院赔偿委员会重新审理。当然，如果上级法院赔偿委员会发现已经发生法律效力的判决、裁定损害国家利益、社会公共利益、他人合法权益的，应该根据《国家赔偿监督规定》第十四条的规定，决定直接审理或者指令下级人民法院赔偿委员会重新审理。需要指出的是，在此情形下，要先根据《国家赔偿监督规定》第十三条的规定的处理，即申诉人主张的重新审理事由不成立，或者不符合国家赔偿法和本规定的申诉条件的，书面驳回申诉。然后，再根据《国家赔偿监督规定》第十四条的规定进行处理，即最高人民法院对各级人民法院赔偿委员会生效决定，上级人民法院对下级人民法院赔偿委员会生效决定，发现违反国家赔偿法规定的，有权决定直接审理或者指令下级人民法院赔偿委员会重新审理。

（撰稿人：最高人民法院　张元光）